中炮急冲中兵对屏风马

【下册】

梁文斌 著

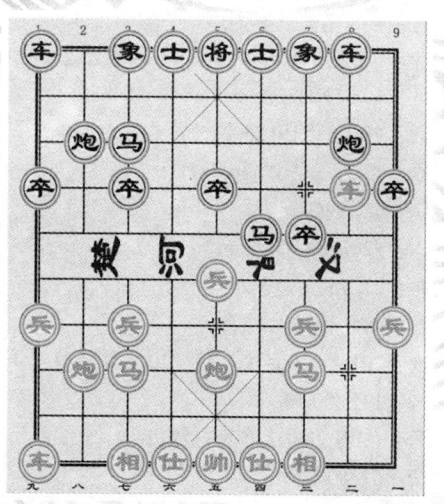

经济管理出版社·棋书中心

图书在版编目（CIP）数据

中炮急冲中兵对屏风马. 下册/梁文斌著. —北京：经济管理出版社，2014.3
ISBN 978-7-5096-2912-3

Ⅰ. ①中… Ⅱ. ①梁… Ⅲ. ①中国象棋—布局（棋类运动） Ⅳ. ①G891.2

中国版本图书馆 CIP 数据核字（2014）第 017241 号

组稿编辑：张　达　王　琼
责任编辑：郝光明　史思旋
责任印制：黄章平
责任校对：陈　颖

出版发行：经济管理出版社
（北京市海淀区北蜂窝 8 号中雅大厦 A 座 11 层　100038）
网　　址：www.E-mp.com.cn
电　　话：(010) 51915602
印　　刷：北京广益印刷有限公司
经　　销：新华书店
开　　本：720mm×1000mm/16
印　　张：21.75
字　　数：414 千字
版　　次：2014 年 3 月第 1 版　2014 年 3 月第 1 次印刷
印　　数：1—5000 册
书　　号：ISBN 978-7-5096-2912-3
定　　价：57.00 元

·版权所有　翻印必究·
凡购本社图书，如有印装错误，由本社读者服务部负责调换。
联系地址：北京阜外月坛北小街 2 号
电话：(010) 68022974　邮编：100836

总 序

在大师的指引下

象棋金牌教练梁文斌大师与经济管理出版社倾力合作,将金牌教练教象棋丛书奉献给广大象棋爱好者。首部作品《梁大师讲中局》(第一辑)已问世,受到了广大读者的由衷喜爱。

我们能看到的出版时间最早的象棋书是明朝的象棋谱。如果将当今的一般象棋书与600余年前的象棋书相比较,会得出这样的分析结果:今天的象棋书在内容上要丰富得多,历史上的象棋书与其不可同日而语,但在棋书的形式上却没有多大变化。今天,象棋已有了极大的发展,广大象棋爱好者对象棋书早已有更高的要求,但象棋书的出版无论内容还是形式都远远未能反映出时代的变化和读者的需求,这真是极大的缺失和遗憾。

我们向梁大师请教,进行思想交流,便有了我们和梁大师的真诚合作,有了金牌教练教象棋丛书。

人间要好诗

1200年前,唐朝诗人白居易拜读前辈大诗人李白和杜甫的诗集后,从心灵深处发出一声呐喊:"天意君须会,人间要好诗!"(白居易《读李杜诗集因题卷后》)这一声呐喊化为时代的呼唤。

1200年前,大唐帝国从开元盛世陷入"安史之乱"的灾祸,盛世的繁荣和乱世的流离成就了历史上两位最伟大的诗人。

唐朝的开元时期(713~741年)是中国封建社会的鼎盛时期,也是造就李白和杜甫的时代。历史告诉我们,只有国运昌盛,才有文学的兴旺发达,才有文化的繁荣,才有象棋运动的蓬勃发展。今天,人民的物质生活水平空前提高,因此人们对包括象棋在内的文化需求也有了极大提高,喜爱象棋的人越来越多,数以千万计的象棋爱好者需要更多更好的棋书,借助读棋书提高棋艺水平。"人间要好诗",时代需要好书,需要好棋书。

然而,现有的棋书显然不能满足人们的需求。虽然读者可以看到很多棋书，但它们内容与形式大多雷同，是不同作者对象棋竞技的个人认识，是对棋局胜负得失的见解和分析。各种象棋书均独立存在，彼此缺乏统一性和联系性，更缺乏循序渐进的特性，而这一特性恰恰是学习象棋的规律性的根本体现，是广大象棋爱好者最需要的。很多读者都有这样的体会：买回一本棋书，照书打谱，认识大有提高，但很难在实战中提高成绩。究其原因，本质上是读者的水平与弈战的象棋大师以及作者的水平相去甚远，实际上不能真正理解棋书中的大部分内容。没有理解就无法记忆，没有记忆就没有真正的提高，就不能和大师以及作者产生共鸣。广大象棋爱好者需要的是这样的棋书：它由浅入深、循序渐进，引领读者一步步地在提高棋艺水平的道路上探索着不断前进，使读者的实战水平不断提高，对象棋的认识不断升华，最终能与象棋大师对话。

广大象棋爱好者迫切需要更适合他们学习和使用的一整套自学象棋工具书。金牌教练教象棋丛书正是在这种新形势、新时代的呼唤下应运而生的。它的规模和结构如下：《象棋布局系列》、《梁大师讲中局》、《梁大师讲残局》和《梁大师讲排局》。布局、中局、残局、排局各由多辑组成，选材务求精要，从而构成一整套自成体系、独具特色的象棋自学工具书。我们坚信，读者只要认真学习，刻苦研练，并把学到的新知识在实践中大胆运用，就一定能获得意想不到的成功。

我们坚信，有了金牌教练教象棋这首"好诗"，广大读者一定能依据它优美的旋律，演绎出成功人生的美好华章。

寂寞壮心惊

今天的象棋成型于宋朝。千年以来，中华民族承受了世界史上罕有的灾祸，象棋却不仅没有被湮灭，反而不断地发扬光大。这是因为，它具有为人民群众所喜爱的极其深厚的基础，不仅是历代智者和勇者共同喜爱的高水平的竞技游戏，更是中华民族在苦难与辉煌交替发展的历史中演变出的走向成功的思维武器。它不仅已经成为中华民族文化的重要组成部分，而且已经成为世界文化的一部分。唯其如此，在物质生活极其丰富的今天，象棋运动才得到前所未有的大发展。有统计资料显示，我国的象棋爱好者数以亿计，全世界的象棋爱好者也越来越多。

喜爱象棋是一回事，学好象棋是另一回事，两者之间没有那种很多人幻想的因果关系。象棋已经发展成为独立的思想体系和知识体系。它犹如一座规模宏大、结构复杂的宫殿。它的大门虽然永远向一切访问者敞开，但访问者须有行千里路、读万卷书的深厚功力，否则不能登堂入室。细数当代象棋大师的名

总　序

字，竟然寥寥不过百人，足见象棋的难度和深度。

多数喜爱象棋的人之所以不能达到学好象棋的目的，是因为大多数人不能忍受寂寞。然而，任何事业的成功无一例外地是寂寞人生的高回报，学好象棋自然也是如此。

金牌教练教象棋丛书是帮助读者成为象棋大师的书。读者须志存高远，摒弃虚荣和浮躁，保持淡泊和宁静，在纯净的心灵光芒的照耀下探寻象棋的真理，在读书和研习中追求理想，实现精神的升华。

志存高远的人总是与寂寞为伴。究其实质，寂寞是人类的高尚品质和操守，是人生的至高境界，是世俗不能理解、更不能企及的思想，是人类精神的核心要素之一。读者若能接受这样的认识，在难得的寂寞中学习象棋，学好象棋就不再是难事。

要想达到目的，就要耐得寂寞。其实，耐得寂寞是要人被动接受，处于精神升华的初级阶段，只有选择寂寞、追求寂寞才是高境界，才能获得成功。如果谁能使自己的人生与寂寞不再分离，那他就距成功不远了。

梁文斌大师是一个与寂寞相伴的人。因此，他拒绝灯红酒绿、五光十色的世俗生活，潜心于象棋的研究和教学。正是由于这种选择，梁大师有令人惊叹的健康体魄。他年近古稀，每天睡眠时间不过5小时，大量的时间用于著述和教学，因而能够不断地为广大读者提供好书。

因为寂寞，梁大师成为享誉棋界的金牌教练，把那些在寂寞中生活的男孩和女孩培养成为象棋大师。读者若能选择寂寞，梁大师会用双手扶着你，帮助你站在象棋巨人的肩上。

你当然熟悉这些名字：胡荣华、柳大华、吕钦、许银川……

"济时敢爱死？寂寞壮心惊！"（杜甫：《岁暮》）当年，国难当头，以天下为己任的杜甫本想投身政治却报国无门，于是选择了寂寞与诗歌。历史成就了杜甫。

"语不惊人死不休！"（杜甫：《江上值水如海势，聊短述》）这是杜甫的名句，是梁大师最喜爱的格言。梁大师喜爱杜甫，把"语"变成了"棋"。生逢盛世，梁大师选择了寂寞与象棋。历史成就了梁文斌。

亲爱的读者，如果你选择了象棋且矢志不渝，那么只要同时选择寂寞，在大师的指引下学习，沿着大师的足迹前进，历史也一定会公平而慷慨地成就你的事业和人生。

郝光明

2011年10月28日

序

中炮急冲中兵对屏风马是庞大象棋布局体系中的精华战术。因其深奥复杂的攻守、惊险跌宕的搏杀、刺刀见红的决斗，曾吸引无数棋手竞折腰！演绎了轰轰烈烈、威武雄壮、一幕又一幕的经典战斗大片！

本书是以特级大师、大师、绿林大英雄的原版对局，以及作者多年授课教案为素材，由浅入深、由表及里，层层展开，使读者对各种战术发展脉络一目了然，并能加深记忆与理解。

本书内容丰富多彩，各种飞刀战术琳琅满目，并有作者自研飞刀第一次面世……

本书虽然是为广大的象棋爱好者而写，但是水平很高的专业棋手与绿林英雄参阅也必获益良多！

本书也是提高象棋学生棋艺水平的优良教材，一局局直观名人经典布局战术，会使学生经久不忘，学以致用。

在汗牛充栋的棋谱年代，却一直没有中炮急冲中兵的研究专著。为填补空白，作者于20世纪80年代开始编著这本书。虽然呕心沥血潜心研究，断断续续反复修改近30载，因追求"棋不惊人死不休"而数易其稿，终因"丑媳羞于见公婆"的感觉迟迟没有付梓出版。

2010年，经济管理出版社编辑部主任郝光明先生，闻讯不远遐路多次亲临小城辽源指导策划，使《中炮急冲中兵对屏风马》一书很快与读者朋友见面，值此表示深深的谢意！

当上册出版之后，很多读者来信来电期望尽快出版下册，为了答谢读者朋友热情支持，作者昼夜伏案，奋笔疾书，现在"急冲"下册终于与读者朋友见面了。本书共分九章，各种中炮急冲中兵对屏风马的经典战术与2013年为止的最新战术交相辉映，尽收眼底！

梁文斌
2013年10月4日

目 录

第一章 中炮急冲中兵对窝心马 …………………………………………… 1
- 第1局 冲中兵左炮过河对窝心马边炮轰车 ……………………………… 1
- 第2局 弃车砍炮对窝心马分卒欺车 ……………………………………… 5
- 第3局 弃车砍炮对窝心马弃炮轰相 ……………………………………… 9
- 第4局 弃车砍炮对窝心马弃炮轰相 ……………………………………… 11
- 第5局 弃车砍炮对窝心马弃炮轰相 ……………………………………… 14
- 第6局 弃车砍炮对窝心马炮轰底相 ……………………………………… 17
- 第7局 过河炮对窝心马弃卒断桥 ………………………………………… 21
- 第8局 过河炮对窝心马补中炮 …………………………………………… 26
- 第9局 过河炮对窝心马补中炮 …………………………………………… 30
- 第10局 过河炮兑车对窝心马肋道穿马 …………………………………… 34
- 第11局 双兵渡河对窝心马肋道穿马 ……………………………………… 37
- 第12局 炮轰中卒对飞马兑炮 ……………………………………………… 41
- 第13局 炮轰中卒对飞马兑炮高边车 ……………………………………… 44
- 第14局 炮轰中卒对窝心马蹬车 …………………………………………… 46
- 第15局 炮轰中卒对窝心马蹬车 …………………………………………… 50
- 第16局 炮轰中卒肋车对窝心马飞右象 …………………………………… 55
- 第17局 炮轰中卒对窝心马飞左象 ………………………………………… 58
- 第18局 炮轰中卒肋道避车对窝心马飞左象 ……………………………… 61
- 第19局 炮轰中卒弃车砍马对窝心马飞左象 ……………………………… 66
- 第20局 退车杀卒对窝心马 ………………………………………………… 70
- 第21局 急冲中兵对窝心马左炮轰车 ……………………………………… 73
- 第22局 急冲中兵对窝心马后补中炮 ……………………………………… 76
- 第23局 炮轰中卒对窝心马后补中炮 ……………………………………… 78

第二章 中炮三路叠兵对屏风马 …………………………………………… 82
- 第24局 五六炮叠兵对屏风马左车过河 …………………………………… 82

第25局	五六炮叠兵对屏风马左车过河	87
第26局	五六炮叠兵对担子炮	90
第27局	五七炮叠兵对退炮打车弃马	95
第28局	五七炮叠兵对退炮打车弃马	99
第29局	五七炮叠兵对肋道出车弃炮	105
第30局	五七炮叠兵对高炮轰车	108
第31局	五七炮叠兵对高炮轰车	111
第32局	五七炮叠兵对高炮轰车	115
第33局	五七炮叠兵对高炮轰车	117
第34局	叠兵捉马对车吃底相弃马	122
第35局	叠兵捉马对退边马	124
第36局	中炮叠兵对退边马	127
第37局	中炮叠兵对退边马	130
第38局	中炮叠兵对退边马	135
第39局	中炮叠兵对退炮打车弃马	137
第40局	中炮叠兵对退炮打车弃马	140
第41局	中炮叠兵对过河车压马	143
第42局	中炮叠兵对飞象吃兵	145
第43局	三兵吃卒对中卒吃兵	149
第44局	三兵吃卒对中卒吃兵	151
第45局	三兵吃卒对中卒吃兵	155
第46局	三兵吃卒对中卒吃兵	159
第47局	三兵吃卒对中卒吃兵	160

第三章　中炮急冲中兵对屏风马平炮打车　166

第48局	七路马退车兵林对补中炮跳外马	166
第49局	跳左马退车兵林对补中炮跳外马	168
第50局	五七炮对补中炮	171
第51局	盘头马对冲卒逐车	174
第52局	冲中兵跳左马对跳外马冲卒逐车	181
第53局	冲中兵跳左马对跳外马冲卒逐车	183
第54局	肋车捉炮对跳外马	186
第55局	冲中兵七路马对8路车点穴	191
第56局	冲中兵七路马对8路车点穴	193

第57局　冲中兵七路马对冲卒逐车 …………………… 196
第58局　冲中兵七路马对8路车点穴 ………………… 200
第59局　冲中兵七路马对8路车点穴 ………………… 204

第四章　中炮急冲中兵高边车对屏风马 …………………… 207
第60局　高边车对象位车 ……………………………… 207
第61局　高边车对分里卒炮轰底相 …………………… 210
第62局　高边车对分里卒炮轰底相开边炮 …………… 214
第63局　高边车对分里卒炮轰底相进底车 …………… 217
第64局　高边车对分里卒炮轰底相进底车 …………… 219
第65局　高边车对分里卒打相 ………………………… 221
第66局　高边车对分里卒炮轰底相中卒吃兵 ………… 225
第67局　高边车对分外卒打相 ………………………… 227
第68局　高边车对五步穿槽马弃炮谋车 ……………… 230

第五章　中炮缓冲中兵对屏风马 …………………………… 234
第69局　盘头马飞边相对担子炮 ……………………… 234
第70局　盘头马飞边相对担子炮 ……………………… 237
第71局　盘头马飞边相对进炮二路 …………………… 241
第72局　盘头马飞边相对8路车点穴 ………………… 242
第73局　盘头马飞边相对8路车点穴 ………………… 247
第74局　盘头马飞边相对8路车点穴 ………………… 250
第75局　盘头马飞边相对8路车点穴 ………………… 254
第76局　盘头马飞边相对巡河车 ……………………… 256

第六章　中炮拐弯兵对屏风马 ……………………………… 260
第77局　中炮拐弯兵对屏风马 ………………………… 260
第78局　中炮左拐弯兵对屏风马 ……………………… 263
第79局　中炮左拐弯兵对屏风马 ……………………… 268

第七章　中炮肋道踏马对屏风马 …………………………… 273
第80局　肋道踏马对分左卒轰相 ……………………… 273
第81局　肋道踏马对分左卒轰相 ……………………… 274
第82局　肋道踏马对贴将马 …………………………… 277

第八章 中炮急冲中兵补右仕对屏风马……285
 第83局 补右仕对分外卒轰相……285
 第84局 补右仕兑炮对分里卒轰相……289
 第85局 补右仕退车吃卒对炮轰底相……291
 第86局 补右仕退车吃卒对炮轰底相……296
 第87局 补右仕退车吃卒对炮轰底相……299
 第88局 五九炮对进车粘相……301
 第89局 五九炮对退边马……304
 第90局 五九炮对进车粘相……307
 第91局 五九炮对象位车……310
 第92局 仕角炮对贴将车……311

第九章 中炮急冲中兵对屏风马拐弯卒……314
 第93局 急冲中兵对拐弯卒……314
 第94局 急冲中兵对拐弯卒……318
 第95局 急冲中兵对拐弯卒……320
 第96局 急冲中兵对拐弯卒……322
 第97局 急冲中兵对拐弯卒……325
 第98局 急冲中兵对拐弯卒飞右象……328
 第99局 急冲中兵对拐弯卒飞右象……332
 第100局 急冲中兵对拐弯卒……335

第一章　中炮急冲中兵对窝心马

"中炮急冲中兵对窝心马"战术，因其具有丰富的深奥惊险攻杀而得到攻击型棋手的青睐。窝心马几乎是"高风险"的代名词，棋谚云："马跳窝心不死发昏！"尤其窝心马在"炮镇五子"的高压攻击下，容易遭到肋车绝杀与马跳卧槽的毁灭性打击而发昏，往往令人"谈窝心而色变"，不敢轻易越雷池一步。

窝心马抗击中炮急冲中兵萌发于20世纪70年代。这一新兴战术刚一亮相，几乎不堪一击，进而被束之高阁陷于沉寂。直到21世纪来临，棋手们的思维触角才伸向这一神秘而又未被开发的处女地，从而引发一场轰轰烈烈的炮马争雄之战！

第1局　冲中兵左炮过河对窝心马边炮轰车

1. 炮二平五　马8进7
2. 马二进三　卒7进1
3. 车一平二　车9平8
4. 车二进六　马2进3
5. 兵七进一　炮8平9
6. 车二平三　炮9退1
7. 兵五进一　马3退5

窝心马是象棋兵法中的大忌，但是"马跳窝心不死发昏"仅代表一般规律，有时也会产生出奇制胜的效果。

8. 炮八进四　……

"左炮过河"是颇有攻击力的佳着。

8. ……　　　炮9平7

平炮轰车是朴素直观的眼光招，从而招致无穷后患。

9. 炮八平五（图1）　……

炮轰中卒，使黑棋难以招架！

9. ……　　　马5进3

飞马踢炮轰车看似有得子之望，实则是海市蜃楼虚幻的美景。

另有两种选择：①马7进5，炮五进四，马5进3，炮五退一，炮7平8，车三平七，炮8进3，车七进一，红棋多兵优势。②象7进5，车三平四，马7进5，炮五进四，车1平2，炮五退一，炮2进1，车四进二，炮7进2，相七进五，炮7平5，炮五平八，车2平1，兵五进一，炮5平4，马八进七，红棋仍然优势，但黑方要比实战好得多。

10. 兵五进一 ……

车不逃，炮不动，一步冲兵叫杀使黑棋打车踏炮的计谋不攻自破。

10. …… 车8进5（图2）

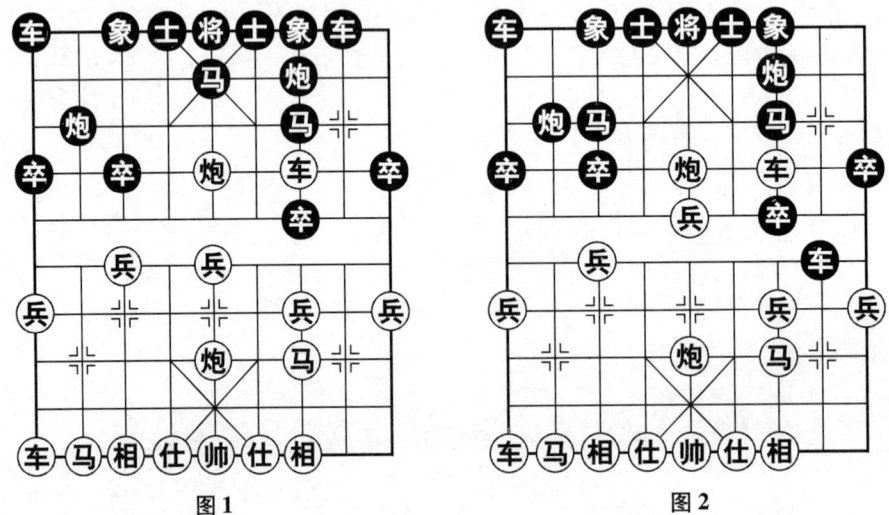

图1　　　　　　　　图2

黑车倒骑河解杀实属无奈。若错走将5进1，前炮平一，象3进5，车三进一，红棋速胜。

图2形势下，红棋有前炮平九与车三平二两种选择。

（甲）前炮平九

蔡定珍 和 张延福

（1976年6月10日弈于全国象棋赛）

11. 前炮平九 ……

炮轰边卒是谋卒多兵战略。倘若车三平四，马7进5，兵五进一，炮7平5，马八进七，马3进5，兵三进一，车8平7，马七进五，马5进4，仕四进五，炮5进6，帅五平四，士4进5，马五进三，炮2平6，仕五进四，炮5平7，马三进五，炮6平8，车四平二，炮8平7，车九平八，象3进5，车二平六，马4退6，红棋虽然优势，但黑棋尚有和棋之望。

11. ……　　士4进5（图3）

黑棋另有两种选择：①炮7平5，车三平七，马3退2，炮五进六，士6进5，相七进五，象3进5，马八进七，车8平5，兵五平六，马2进4，车七平三，红棋多兵优势。②车8平5，车三平七，马3退5，马八进七，红棋胜势。

12. 车三平七　　……

倘若改走兵五平六会怎样呢？以下有三种变化：①象7进5，车三进一，车1进3，车三进一，车8平3，马八进九，红棋胜势。②车8平5，车三平七，马3

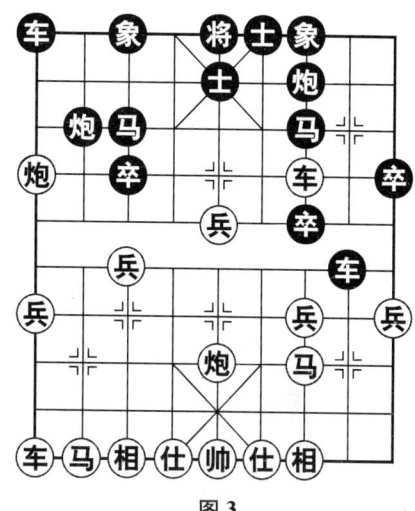

图3

退4，炮九退二，车5退3，车七平八，炮2退1，马八进七，红棋胜势。③将5平4，车三平七，马7进6，炮五平六，车8平4，车九进二，马6进7，炮九退二，炮2进3，兵七进一，炮2退4，车七进一，象3进5，车七退一，红棋胜势。

12. ……　　马3退4
14. 马三进五　　车8平7（图4）
15. 车九进一　　……

红方有很强大的多兵优势，那么如何把优势转化为胜势呢？似可车九平八，炮2平5，车八进三，卒7进1，兵五进一，炮5进4，车八平五，马7进8，炮九退二，红棋胜势。

15. ……　　卒7进1
16. 车九平四　　卒7平6
献卒反击，背水一战！
17. 车四进三　　炮2平5
18. 马五进六　　马7进8
19. 车四平二　　车7退2（图5）

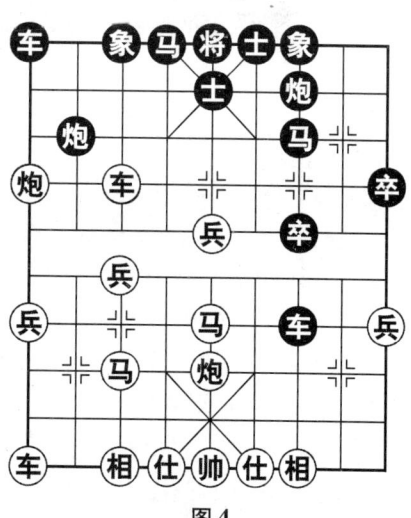

图4

为什么不走炮7进8轰相呢？试演如下：仕四进五，炮7平9，仕五进四，车7进3，帅五进一，车7退1，帅五退一，炮5进5，相七进五，马8退7，车二平三，车7进1，帅五进一，车7退4，相五进三，马4进5，马六进五，象3进5，马七进五，车1平2，马五进六，红棋有很大攻势。

20. 相三进一 ……

错失良机！似可车七平二，炮7进8，仕四进五，炮7平9，帅五平四，炮5平6，炮九平五，马4进5，后车进一，车7进5，帅四进一，车7退3，相七进九，车1平2，马七进八，红棋稳操胜券。

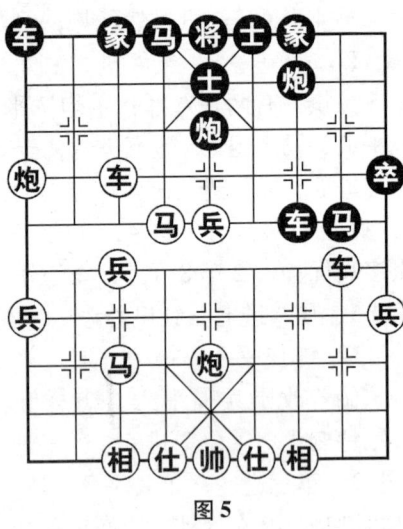

图5

20. ……	炮5进5
21. 相七进五	车7平5
22. 马七进五	马4进5
23. 马六进五	象3进5
24. 马五进三	车5进3
25. 仕四进五	马8退9
26. 车二退二	车5平8
27. 马三退二	

余略，和棋。

点评：这盘棋是窝心马抗击中炮急冲中兵的第一枪。因为黑炮轰车要遭到毁灭性打击，无疑是自杀式战术，从此之后在大型比赛中无影无踪，但在网上时而可见。倘若重演此阵，还是请君止步！

（乙）车三平二

11. 车三平二 ……

精妙！为红棋总攻赢得时机！

11. …… 车8平3（图6）

12. 前炮平三

平炮抽子是简单掌握优势的方法。亦可相七进九，车3平6，前炮平三，马3退5，炮三进二，炮2平5，马八进七，炮5进5，相三进五，车6平5，马三进五，车5退1，车九平八，马7进5，相九退七，后马进7，车八进八，红棋亦优势。

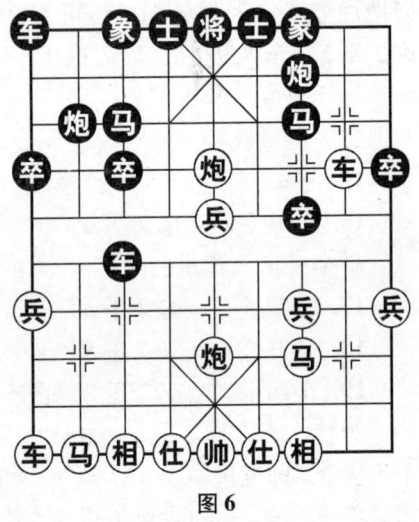

图6

12. ……	士4进5
13. 炮三进二	车3进4
14. 马三退五	车3退4

第一章 中炮急冲中兵对窝心马

倘若车3退3，马八进九，车3平2，车二平三，马7退9，车九平七，车1平2，车三平一，马9进7，车一平七，马3退4，前车进三，红棋胜势。

16. 马八进七　马3退4
17. 车九平八　炮2平5（图7）

倘若车1进2，马七进五，车3平6，兵五进一，红棋亦胜势。

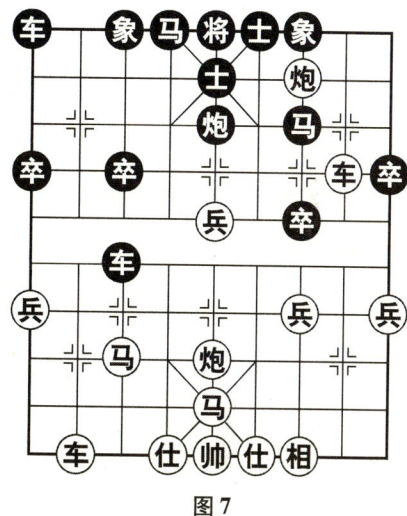

图7

17. 炮三退三　象7进9
18. 炮五进五　马4进5
19. 炮三退一　车1进2
20. 车二进一　马5退3
21. 车八进九　士5退4
22. 车八退五　……

稳健！倘若车八平七，马3进4，红棋无趣。

22. ……　　　卒3进1　　23. 炮三平五　士6进5
24. 车二平一

红棋胜势。

点评：黑棋误入死亡之谷，必败无疑。

第2局　弃车砍炮对窝心马分卒欺车

中炮急冲中兵经半个多世纪风风雨雨的发展，让棋手爱恨交加。忽而，她会占据主流布局巅峰而成为傲视群雄的拼命武器，忽而，也会让人体会到贪婪和恐惧所带来的失败苦痛。虽然对急冲战术的研究是路漫漫其修远兮，可是棋手们仍不离不弃上下而求索，新的战术不断地横空出世。

第一届全国智运会象棋赛于2009年11月于成都举行，千姿百态的布局新武器争奇斗艳层出不穷。既有小巧玲珑绵里藏针太极型，也有走石飞沙翻江倒海的惊雷型，最引人注目的是申鹏与许银川两位大师之战，"中炮急冲中兵弃车砍马的飞刀"从天而降，演绎乱石穿空，惊涛拍岸，卷起千堆雪的现代象棋版赤壁之战，无疑是现代象棋氢弹爆炸，蘑菇云尚未散去，已经引起棋坛朝野轰动……

申鹏 胜 许银川
（2009年11月20日弈于成都智运会）

1. 炮二平五　马8进7　　2. 马二进三　车9平8
3. 车一平二　卒7进1　　4. 车二进六　马2进3
5. 兵七进一　炮8平9　　6. 车二平三　炮9退1
7. 兵五进一　马3退5

补士是主流，实战退马窝心是老式冷门武器，其战略是为避开流行套路。

8. 炮八进四　……

过河炮在几十年前是令人恐惧的经典反击战术。

8. ……　　卒3进1

"弃卒断桥"再攻车是反击精华！使沉寂长达几十年的老式兵器"窝心马"终于咸鱼翻身，重新回到主流战场。

9. 兵七进一　炮9平7

炮轰中卒是21世纪兴起的新战术。

10. ……　　象3进5

11. 车三进一（图8）　……

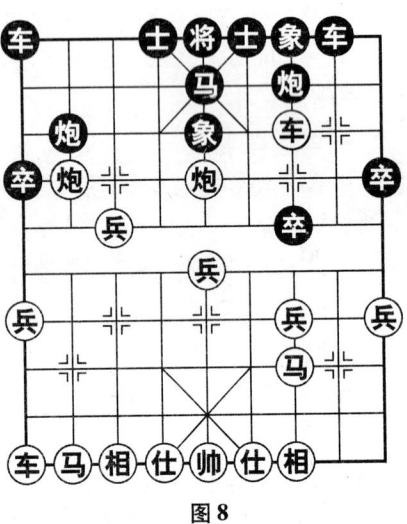

图8

弃车砍马乃惊天动地的新招！由于比赛在网上直播，此时网上掀起轩然大波，进而产生褒贬两派粉丝团的论战。尤其终局因小许贪胜不和而马失前蹄后，有帖曰："面对最顶尖的高手，在开局阶段便果断弃车，需要超乎常人的勇气与胆识！申鹏与许银川这局棋注定会成为历史名局！"随即有人跟帖反驳："我认为许不想和棋，第31招求变强杀招致败局，不是什么名局。"更有一帖非常有趣："谁给了申鹏那条捆仙绳？"因很多追星族对天下第一的许银川出神入化炉火纯青的棋艺敬重与喜爱，称小许为"许仙"。一个仙字是代表法力无边无所不能的"神"，足见粉丝们的崇敬之情。

申鹏大师的粉丝把弃车砍炮称为"捆仙绳"足可看出对这步棋的推崇。可是"谁给了"的答案就难了。作者认为这是申鹏大师匠心独运的杰作。此前已在网上时而可见，但在大型比赛中这是首次亮相。

11. ……　　炮2平7　　12. 兵五进一　……

第一章 中炮急冲中兵对窝心马

双兵联手与双炮组成坚实的攻防兵团。

12. ……　　　卒7进1
13. 马三进五　卒7进1
14. 相七进五　……（图9）

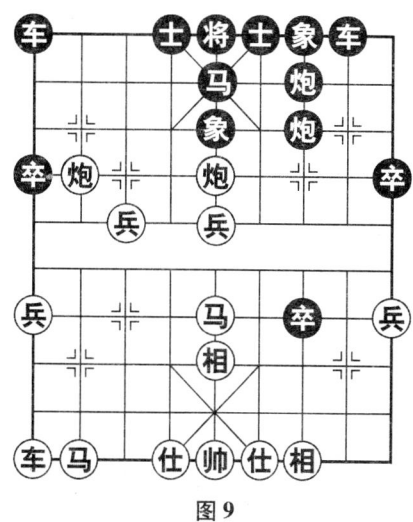

图9

小卒连冲,与车双炮向红侧翼阵地进攻,大有黑云压城城欲摧之势。想不到此时申鹏大师不但不防,反而飞左相卖个破绽,真是有点匪夷所思了,留下令人费解的重重谜团。

14. ……　　　卒7平6

"分卒欺马"有点怪!第一感觉必然是启动远程导弹按钮炮轰底相,可以实施连续两次精确定点爆炸,似乎可以形成车炮卒"三子归边一局成"之势。可是为什么许特大面对巨大诱惑视而不见呢?为什么不走炮轰底相却分卒欺马呢?难道是看走眼了吗?非也!其实这正是许特大的高瞻远瞩。欲知详情请看以下变化。

这盘棋赛后在网上掀起激烈争论,有一位"许粉"对心中偶像许银川的失利感到伤心与愤怒,对许银川分卒这步棋提出质疑,认为应走:"车1平2,炮八平七,卒7平6,马五进四,前炮进2,马八进六,车8进8,车九平八,车2平3,仕四进五,卒6进1,仕五进四,车8平4,仕六进五,后炮平8,马四进三,炮8进8,仕五退四,车4平6,仕四退五,炮7进4,车八平六,炮7平5,车六进五,炮5平1,马三退四,车6进1,帅五进一,车3平2,兵七平八,炮8退5,车六平七,车6退3（参考图）,炮七进二,炮8平7,炮七进一,车2平3,马四进五,象7进5,车七进四,炮7平2,车七退七,车6平9,车七平八,炮2进2,黑方多子,胜局已定。"

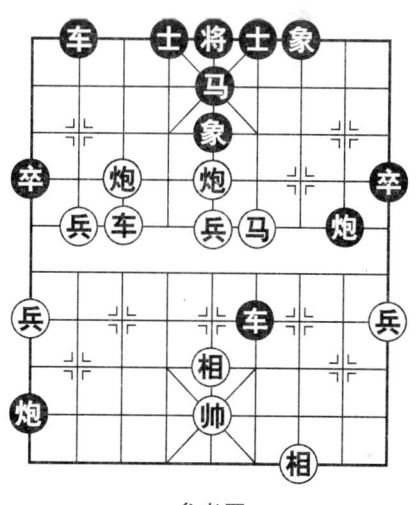

参考图

以上所拟变着颇有一定的深度与道理,但也略有值得商榷之处,因震怒之下有时智商会下降,判断会失误。

作者拙见:在参考图形势下红棋似可马四进二!以下黑有两种选择:①炮

8平3，兵五平四，车6退2，马二退四，炮3进4，帅五退一，炮3平6，马四进五，象7进5，炮七平一，炮6平8，炮一平三，绝杀红胜。②车6退5，炮七进三，车2平3，车七进四，炮8进1，车七退五，炮8进1，车七平六，红胜。

15. 马八进七　……

先弃车再弃马，不成功便成仁的决战姿态跃然枰上。其实这种拼命所付出的代价是值得的。在此之前申鹏大师从没有战胜过天下第一的大英雄许银川，倘若赢了这盘棋，不但声名大振而且又可增加今后与超一流对手交战信心；假如输了也心安理得，因为许银川太强大了。

15. ……　　　　卒6平5

欣然鲸吞红马。现在黑棋拥有极大物质优势，可是红棋炮镇五子，使"窝心马"有较大的风险，如何驱逐红炮镇顶是今后黑棋重要战术目标。

16. 马七进五　车8进6　　17. 马五进四　前炮进2
18. 兵七平六（图10）……

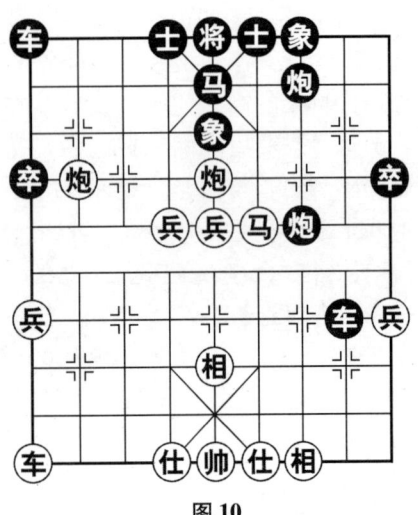

图10

双兵与双炮形成的战斗堡垒，使中炮死死锁住黑棋五子。虽然黑净多一车，可是难有驱逐中炮镇顶之策，充分说明"兵在精而不在多"的弈理！

18. ……　　　　车1平2
19. 炮八平七　车2平3
20. 炮七平八　车3平2
21. 炮八平七　卒9进1

挺边卒预防七路红炮伺机右移，是精细之作！

22. 车九平八　车2平3
23. 炮七平六　……

兵前藏炮，形成坚固的"方块阵"，是难得一见的怪景。

23. ……　　　　车3进2

升车护象是用兵谨慎未雨绸缪的策略，但是留下底线漏风之虞。

24. 车八进四　车8平6　　25. 仕四进五　……

大敌当前谨慎为上。

25. ……　　　　车3平4　　26. 炮六平八　车4平2
27. 炮八平七　车2平3　　28. 炮七平六　车3平4
29. 炮六平八　车4平2　　30. 炮八平七　车2平3

第一章　中炮急冲中兵对窝心马

31. 炮七平六　后炮平9

申鹏大师频频摇动橄榄枝，作出鸣金收兵不变和棋的决策。因许银川是广东队的带头大哥，天降大任于斯人，在净多一车之下不肯签和约，萌生变着求胜，造成严重后果。看来还是应车3平4，和为上，忍为高！

32. 车八平三　……

挥车骚扰是佳着，使黑棋陷于进退维谷之境地。

32. ……　　　象7进9（图11）

许银川历来用兵谨慎，现在飞象出现天大漏着是绝少一见。因在前面复杂之势耗时过多，终因时间恐慌而决策失误。正是"一步错棋满盘皆输"。倘若改走炮7平8，虽然也难挽狂澜，但尚不至于速败。

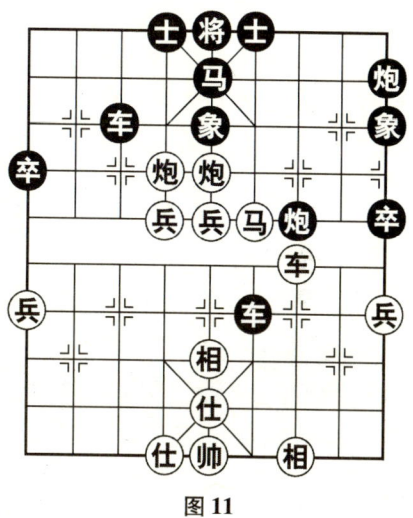

图 11

33. 车三平七

兑车是绝妙的夺命一掌！如车3平2，炮六平七，车2平3，马四进五，车3平5，炮七进三，绝杀。

红胜。

点评：双炮双兵与窝心马组成奇特阵型，与悬念丛生的攻杀构成一道精美的视觉盛宴，为中炮急冲中兵战术增写亮丽一笔。因变化深奥与复杂，作者所拟变着难免多有谬误之处，仅供抛砖引玉。

第3局　弃车砍炮对窝心马弃炮轰相

"许仙"的窝心马遭到毁灭性打击，必然令人产生恐慌与望而却步！可是浙江特级大师陈寒峰迎难而上！启动炮轰底相的洲际导弹按钮，一举摧毁红棋防线，攻城擒王！

怪！为什么如此凶悍的反击战术却像划破夜空的流星，瞬间闪亮之后又消失了呢？

蒋凤山　负　陈寒峰

（2009年11月26日弈于全国象棋个人赛）

1. 炮二平五　……

原局是炮八平五，为了便于研究，改为炮二平五。

1. ……	马8进7	2. 马二进三	卒7进1
3. 车一平二	车9平8	4. 车二进六	马2进3
5. 兵七进一	炮8平9	6. 车二平三	炮9退1
7. 兵五进一	马3退5	8. 炮八进四	卒3进1
9. 兵七进一	炮9平7	10. 炮五进四	象3进5
11. 车三进一	炮2平7	12. 兵五进一	卒7进1
13. 马三进五	卒7进1		
14. 相七进五	前炮进7（图12）		

胆大包天炮轰底相！特级大师陈寒峰抛出最新布局飞刀！

15. 相五退三　炮7进8
16. 仕四进五　炮7平9
17. 帅五平四　……

黑炮开边叫抽，出帅似乎顺理成章，实则是惯性思维的随手棋。

17. ……　　　车8进9
18. 帅四进一　车8退5

先进车"将军"，再退车捉兵，是保持牵制的佳着。

19. 兵七平六　……

倘若马五进四，卒7进1，炮八退四，车8进4，帅四退一，卒7进1，帅四平五，卒7平6，黑胜。

19. ……　　　炮9平5（图13）

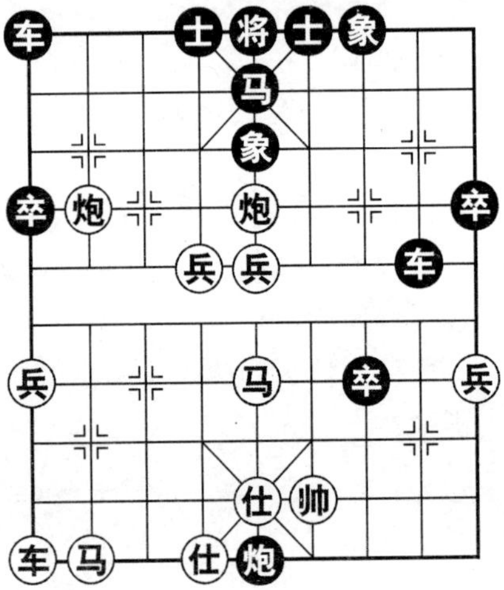

攻守兼备的佳着！亦可车1平2，炮八平七，再走炮9平5，车九进二，炮5平2，黑棋亦优势。

20. 兵六进一　……

倘若仕五进六，车1平3，兵六进一，车3进8，仕六退五，车8进1，帅四退一，炮5退3，车九进二，车8平6，车九平四，车6进2，仕五进四，炮5退3，炮八平五，车3平2，黑棋胜势。

20. ……　　　车1平3

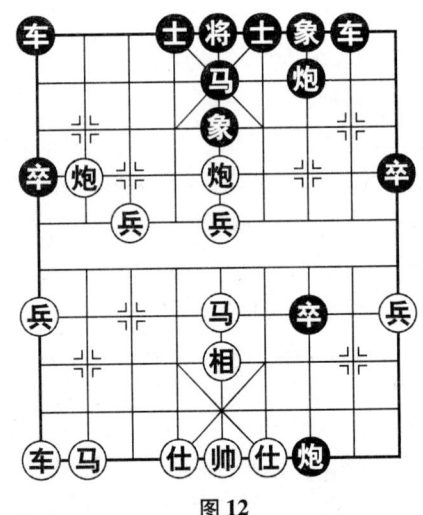

图12

图13

倘若炮5退3，车九进二，炮5平6，车九平五，炮6退3，帅四退一，车8进5，帅四进一，卒7平6，兵五平四，卒6平5，兵四进一，卒5进1，马八进七，车8退1，帅四退一，车1平3，炮八平七，车8进1，帅四退一，车8退3，帅四退一，车8平4，兵四进一，车4退3，兵四进一，卒5平6，仕五进四，车4平5，黑棋胜势。

21. 帅四退一　炮5退3　　　　**22.** 车九进二　炮5退3

亦可车8进5，帅四进一，炮5平6，马八进六，炮6退1，仕五进六，卒7进1，帅四平五，卒7平6，炮八平七，炮6平7，黑棋胜势。

23. 炮八平五　车3进6
24. 车九平四（图14）……

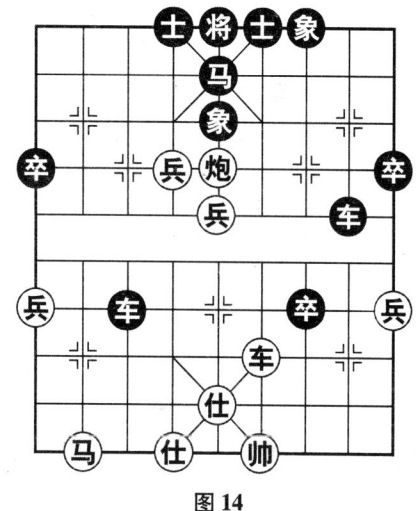

图14

倘若帅四平五，车3平6，马八进六，车6平4，车九平四，车8进5，仕五退四，车4进2，兵六平七，车8退5，黑棋胜势。

24. ……　　　　车3平6

兑车稳健！倘若卒7平6，车四平三，车3退1，马八进七，车3平6，车三退一，卒6平7，帅四平五，车8进5，仕五退四，车8平6，帅五进一，卒7进1，车三进一，后车进3，帅五进一，后车平3，黑棋胜势。

25. 车四进一　卒7平6　　　　**26.** 马八进七　车8平5
27. 帅四平五　车5进1

老练细腻！

28. 马七退九　车5平4　　　　**29.** 兵六平七　车4平3
30. 兵七平六　车3进3

黑胜。

点评："出帅避抽"是慌不择路导致失败的症结，重演此阵红棋有高风险。

第4局　弃车砍炮对窝心马弃炮轰相

上局特级大师陈寒峰首创"炮轰双相"的洲际导弹，取得令人瞩目的效果，那么能不能找到与其对抗的战术呢？

1. 炮二平五　马8进7　　　　**2.** 马二进三　车9平8

3. 车一平二　卒7进1
4. 车二进六　马2进3
5. 兵七进一　炮8平9
6. 车二平三　炮9退1
7. 兵五进一　马3退5
8. 炮八进四　卒3进1
9. 兵七进一　炮9平7
10. 炮五进四　象3进5
11. 车三进一　炮2平7
12. 马三进五　卒7进1
13. 兵五进一　卒7进1
14. 相七进五　前炮进7
15. 相五退三　炮7进8
16. 仕四进五　炮7平9
17. 帅五平四　车8进9
18. 帅四进一　车8退5（图15）

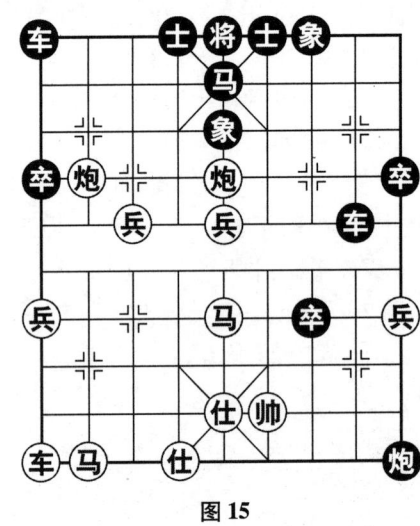

图 15

图15形势下，红棋有帅四退一与车九进二两种选择：

（甲）帅四退一

19. 帅四退一　……

为了减少黑炮牵制的压力，不得已而为之。

19. ……　　　车8平5
20. 兵七进一　车5进2
21. 车九进二　车1平3
22. 车九平七　车5平6
23. 帅四平五　卒7进1

弃卒是打开局面的精巧佳着！

24. 车七平三　……

倘若马八进六，车6平8，车七进一，车8进3，仕五退四，车8退1，仕四进五，卒7进1，马六进五，车8进1，仕五退四，卒7平6，马五退四，车8退3，仕四进五，车8平3，兵七平六，前车平8，黑棋胜势。

24. ……　　　车3进3
25. 炮八进三　车3退3
26. 炮八退五　……

倘若车三平八，车6平5，车八进四，车3平2，车八进三，车5退3，黑棋胜势。

26. ……　　　车6平8
27. 帅五平四　炮9平4（图16）

弃炮轰仕打开缺口！黑棋渐入佳境。

第一章　中炮急冲中兵对窝心马

28. 马八进七　……

为什么不走车三平四呢？车8进3，帅四进一，炮4平6，车四平五，车8退1，帅四退一，车3进9，仕五退六，车3平2，车五平四，车2平4，炮五退六，车4平5，帅四平五，马5进7，黑棋优势。

28. ……　　　　车8平6
29. 帅四平五　　炮4平1
30. 炮八退三　　……

倘若炮八平九，炮1退4，兵九进一，车3进6，黑棋胜势。

30. ……　　　　车6平9
31. 车三平四　　车9进3
32. 仕五退四　　车3平2
34. 炮五退三　　车9退4

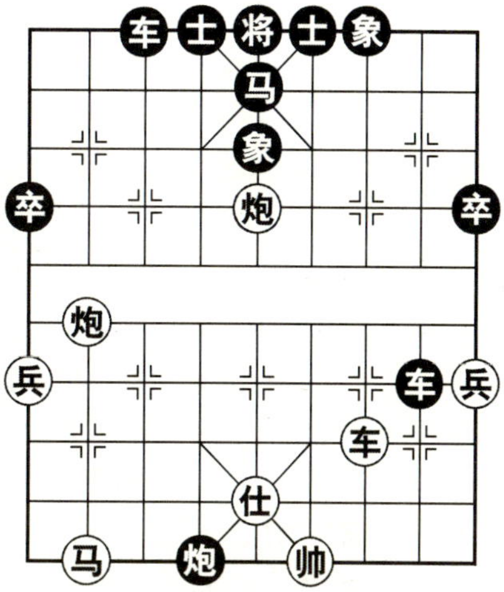

黑棋优势。

33. 炮八进三　　车2进4

图16

点评：黑棋物质优势雄厚，红棋虽然较有攻势，但终因难以突破而陷于劣势。

（乙）车九进二

19. 车九进二　……

高边车弃马是寻求搏杀的强硬决策！

19. ……　　　　炮9平2
20. 马五进三（图17）　……

弃车跳马虎视眈眈！红棋虽然少子，但强大攻势不可低估。

20. ……　　　　炮2退1

倘若车1平2，马三进四，车8进4，帅四进一，卒7平6，帅四平五，车8退1，仕五进四，卒6进1，帅五平六，卒6平5，炮五退四，马5进7，帅六退一，马7进8，马四进三，将5进1，兵七进一，车8平7，兵五平四，将5平6，炮五平四，将6平5，车九平六，车2进1，兵四平三，马8退7，兵三平四，马

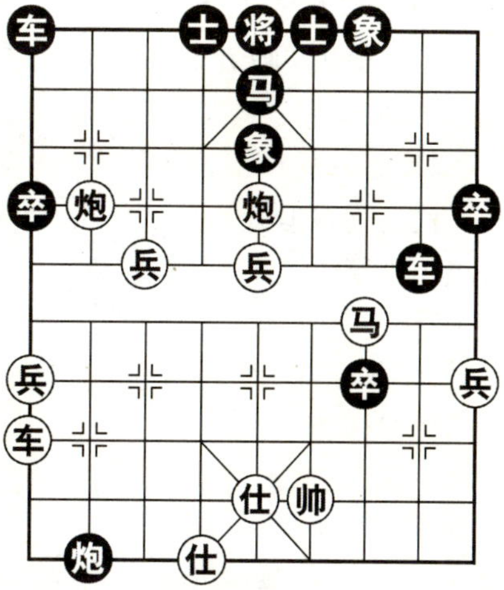

图17

7进6,马三退四,将5平6,马四退六,马6进8,炮八退二,相互乱战,红棋攻势强大。

21. 仕五退四 ……

保持弃车的诱惑！另有两种选择：①仕五进四,车8平7,车九平八,炮2退5,仕四退五,炮2进3,车八进一,车7进1,黑棋胜势。②仕五进六,卒7进1,帅四平五（如马三进四,车8进4,帅四退一,炮2进1,仕六进五,车8进1,帅四进一,卒7进1,帅四进一,车8退2,绝杀黑胜）,车8平7,车九平八,炮2退5,车八进二,车1平3,兵五平六,车7退1,炮五平六,车7平5,马三进五,炮2退3,黑棋胜势。

| 21. …… | 车8进4 | 22. 帅四进一 | 卒7平6 |

23. 帅四平五 卒6平5

献卒精妙！使红棋面临多种复杂决策。

24. 炮五退三（图18） ……

"退炮打卒"使黑棋蜗居的窝心马得到解放。倘若动帅向左右肋道方向逃,请看下一局。

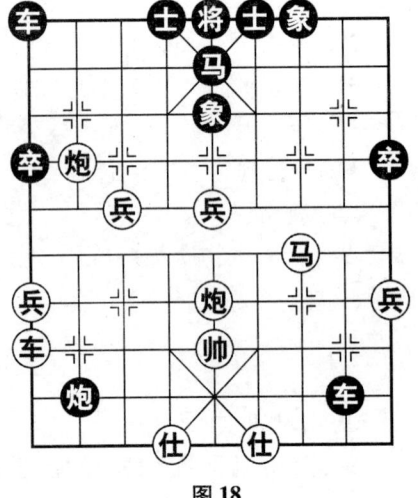

图18

24. ……	马5进7
25. 车九平八	马7进8
26. 兵五平六	士4进5

27. 马三退四 ……

倘若炮八退五,马8进7,炮五平四,车8退1,帅五退一,车8平2,黑棋胜势。

| 27. …… | 车8平4 | 28. 炮八平六 | …… |

倘若炮八退五,马8进7,炮五平四,象5进3,兵六平七,车4退2,帅五退一,车4平6,黑棋胜势。

| 28. …… | 马8进6 | 29. 炮五平四 | 车4平3 |
| 30. 帅五平六 | 车1平3 |

黑棋优势。

点评："退炮打卒"也难抗衡黑棋强大攻势。

第5局 弃车砍炮对窝心马弃炮轰相

| 1. 炮二平五 | 马8进7 | 2. 马二进三 | 车9平8 |

3. 车一平二	卒7进1	4. 车二进六	马2进3
5. 兵七进一	炮8平9	6. 车二平三	炮9退1
7. 兵五进一	马3退5	8. 炮八进四	卒3进1
9. 兵七进一	炮9平7	10. 炮五进四	象3进5
11. 车三进一	炮2平7	12. 兵五进一	卒7进1

13. 马三进五 卒7进1
14. 相七进五 前炮进7
15. 相五退三 炮7进8
16. 仕四进五 炮7平9
17. 帅五平四 车8进9
18. 帅四进一 车8退5
19. 车九进二 炮9平2
20. 马五进三 炮2退1
21. 仕五退四 车8进4
22. 帅四进一 卒7平6
23. 帅四平五 卒6平5（图19）

图19 形势之下，红棋有马三退五、帅五平四、帅五平六三种选择。

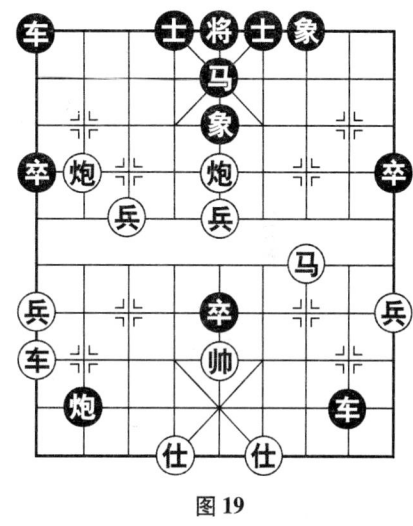

图19

（甲）马三退五

24. 马三退五 ……

弃车踏卒背水一战！为什么不走炮五退三呢？马5进7，车九平八，马7进8，兵五平六，士4进5，马三退四，车8平4，炮八平六，马8进6，炮五平四，车4平3，帅五平六，车1平3，黑棋优势。

24. ……   车8退1
25. 帅五退一 车8平1
26. 马五进四（图20） 后车平2

黑棋净多一车，但是要小心红棋炮镇窝心马的攻势。

27. 马四进二 车1平6
28. 炮八平六 ……

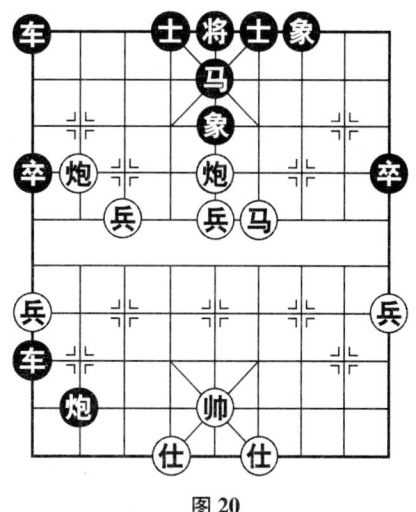

图20

为什么不走兵五平四拦车叫杀呢？车6退3，马二退四，车2进3，马四进三，车2平4，黑棋胜势。

28. ……　　炮2退5　　　**29.** 兵五平四　……

倘若马二进三，车6退6，炮六进二，车6平7，炮六平三，炮2进6，黑棋胜势。

29. ……　　车6退3　　　**30.** 兵七进一　……

倘若马二退四，炮2平5，炮六平一，车2进6，黑棋胜势。

30. ……　　炮2平4
31. 马二退四　炮4退2（图21）
32. 帅五退一　……

倘若马四进二，车2进8，帅五退一，车2平6，兵七平六，炮4平1，黑棋胜势。

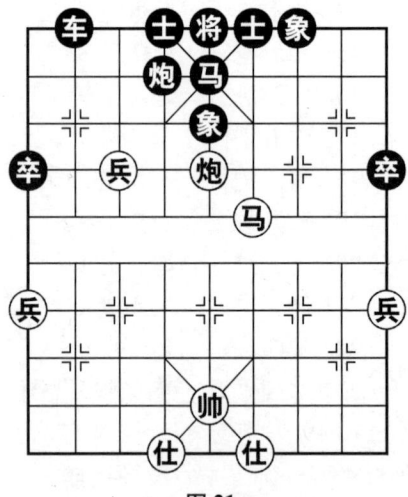

图21

32. ……　　车2进5
33. 马四进二　车2平6
34. 仕六进五　炮4平1
35. 兵七平六　车6退2
36. 马二退三　车6平5
37. 兵六平五　马5进7　　　**38.** 兵五平四　炮1进5

黑棋胜势。

点评："弃车蹬卒"损失太大，很难与黑棋对抗。

（乙）帅五平六

24. 帅五平六（图22）　……

倘若帅五平四会怎样呢？车8退3，马三退五，车8进2，帅四退一，车8平1，马五进四，前车退1，马四进二，前车平6，帅四平五，车1平2，炮八平六，炮2退5，兵五平四，车6退2，兵七进一，炮2平4，马二退四，炮4退2，黑棋胜势。

24. ……　　车8退3　　　**25.** 马三退五　……

弃车踩卒别无良计！

25. ……　　车8进2　　　**26.** 帅六退一　车8平1
27. 马五进四　前车平8　　　**28.** 兵五平六　……

倘若马四进二，车8退4，炮八平二，卒1进1，黑棋优势。

第一章　中炮急冲中兵对窝心马

28. ……　　炮2平3　　　　29. 马四进六　车1平3（图23）

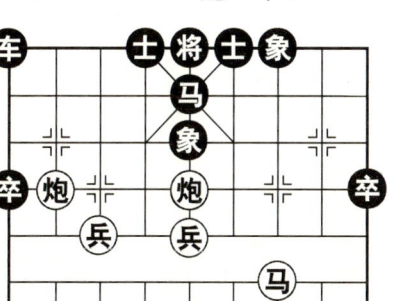
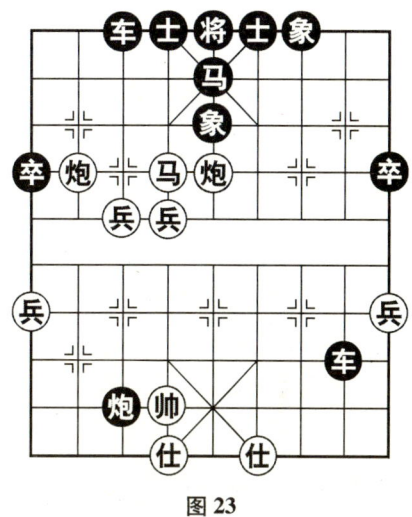

图22　　　　　　　　　　　　图23

30. 炮五退一　……

为什么不走炮五退五呢？车8平6，炮五平七，马5进3，跳出窝心马，黑棋优势。

30. ……　　车8平6　　　　31. 仕六进五　车6退2
32. 帅六退一　炮3退2　　　33. 炮八进一　炮3平8

倘若车6退4，兵七平八，炮3平4，兵六平七，车6进2，马六进四，车6退1，炮八平四，黑棋无趣。

34. 马六进四　车6退3　　　35. 炮八平四　车3平2
36. 炮四退一　车2进9　　　37. 帅六进一　车2退1
38. 帅六进一　炮8进2　　　39. 仕五进四　炮8退5

黑棋多子胜势。

点评：通过以上多种变化演绎，证明第17回合红棋帅五平四是导致失败的主要原因，倘若陷于此阵红棋必凶多吉少！

第6局　弃车砍炮对窝心马炮轰底相

通过以上各局的分析，"出帅逃驾"很难抵挡黑方弃炮轰相连消带打的反击。那么如何调整战术打击黑方呢？请看本局双马腾挪上演救主大戏！

1. 炮二平五　马8进7　　　　2. 马二进三　车9平8
3. 车一平二　卒7进1　　　　4. 车二进六　马2进3

5. 兵七进一	炮8平9	6. 车二平三	炮9退1
7. 兵五进一	马3退5	8. 炮八进四	卒3进1
9. 兵七进一	炮9平7	10. 炮五进四	象3进5
11. 车三进一	炮2平7	12. 兵五进一	卒7进1
13. 马三进五	卒7进1	14. 相七进五	前炮进7
15. 相五退三	炮7进8	16. 仕四进五	炮7平9

17. 马五进四（图24） ……

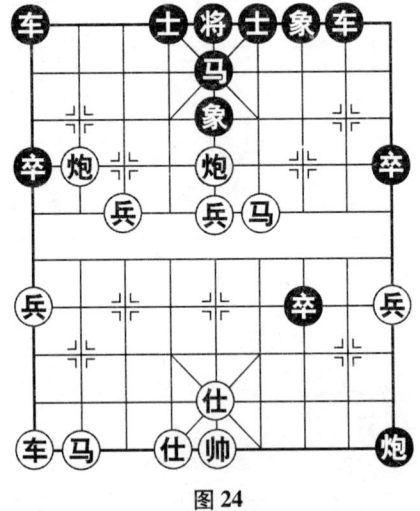

图24

黑棋车炮卒攻势凌厉，大有攻城劫寨之势！现在红棋飞马蹬卒是攻守兼备精妙佳着！开放后防，彻底与黑军殊死一战！这是"前马救主"的序曲。

17. ……	车8进9
18. 仕五退四	车8退1
19. 仕四进五	卒7进1

近战快战，小卒急冲，与车炮形成侧翼锋锐攻势！

| 20. 马八进六 | 卒7进1 |
| 21. 马六进五（图25） | …… |

上演前仆后继的"后马救主"！飞马盘中大有一夫当关万夫莫入之势，使黑棋的攻势大减光彩。

21. …… 车8进1

倘若卒7平6，马五退四，车8平6，马四进二，车1平2，兵五平四，车6退4，马二退四，车2进3，马四进二，绝杀红胜。

22. 仕五退四	车1平2
23. 炮八平七	车8退2
24. 仕四进五（图26）	……

倘若帅五进一，炮9退1，帅五退一，车8平5，仕四进五，炮9平5，仕六进五，卒7平6，黑棋胜势。

图26形势之下，黑棋有车8平5与象7进9两种选择：

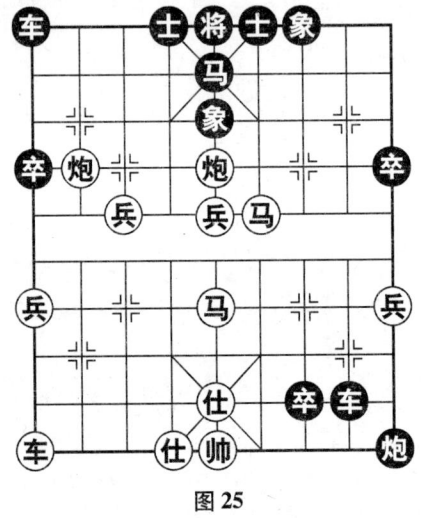

图25

第一章　中炮急冲中兵对窝心马

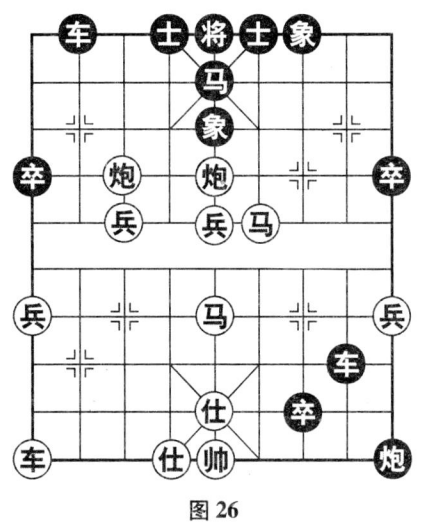

图26

（甲）车8平5

24. ……　　车8平5　　**25.** 马五退三　……

弃马精妙！是简明的取胜佳着。

25. ……　　卒7进1

为什么不走车5平7吃马呢？马四进二，车7退5，车九进二，卒7平6，车九平三，车7平8，车三平四，车8平7，车四退一，车7进7，车四退一，红棋胜势。

26. 马三退四　车5平8
27. 车九平八　车2平3
28. 车八进二　车8进2
29. 车八平四　……

趁势追击黑难招架！

29. ……　　卒7平6
30. 仕五退四　车8退6

倘若车3平2，马四进三，车8退2，仕四进五，车8平6，仕五进四，炮9平7，马三退四，炮7退5，炮七平一，车2进2，炮一平三，车2平4，炮三进一，车4进1，马四进五，象7进5，炮三进二，红胜。

31. 仕四进五（图27）　车8平5

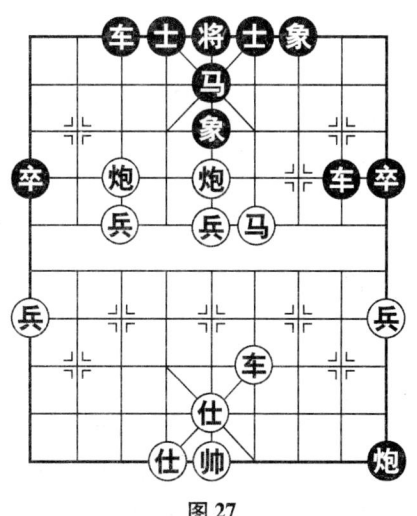

图27

弃车砍炮，暂解燃眉之急。

32. 兵五进一　　象 5 进 3

倘若车 3 进 2，马四进二，马 5 进 7，马二进三，将 5 进 1，兵五进一，象 7 进 5，炮七平二，将 5 平 4，兵七进一，车 3 平 2，炮二进二，士 4 进 5，车四平六，车 2 平 4，车六进五，将 4 进 1，马三进五，象 5 进 3，仕五进四，红棋亦胜势。

33. 马四进二　　马 5 进 7

倘若马 5 进 6，马二进四，将 5 进 1，车四平二，将 5 平 6，炮七平四，将 6 进 1，炮四退五，红胜。

34. 马二进三　　将 5 进 1　　　　**35. 兵五进一　　……**

弃卒精巧，一气呵成。

35. ……　　　　象 3 退 5　　　　**36. 炮七平二　　将 5 平 4**

37. 车四平六　　将 4 平 5　　　　**38. 炮二进二**

红胜。

点评："双马救主"彻底颠覆黑棋"炮轰底相"的必胜秘笈！

（乙）象 7 进 9

24. ……　　　　象 7 进 9（图 28）

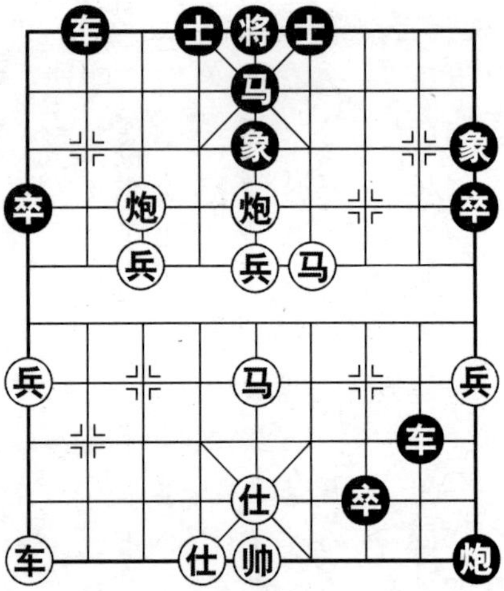

飞边象是准备再飞象阻止红马卧槽。

25. 车九进二　　……

另有两种选择：①车九平八，卒 7 进 1，仕五退四，车 8 平 5，仕六进五，车 2 进 9，黑胜。②马四进五，车 8 进 2，仕五退四，车 8 退 7，仕四进五，车 8 平 5，车九进二，车 5 进 1，兵五进一，车 2 进 6，马五进三，马 5 进 3，车九平一，炮 9 平 8，车一平二，卒 7 进 1，仕五退四，车 2 平 7，红棋的攻势受到一定的延缓。

图 28

25. ……　　　　车 8 进 2

26. 仕五退四　　象 9 进 7

27. 车九平三　　车 8 退 2　　　　**28. 仕四进五　　车 8 进 1**

无好棋可走，等待红方决策。倘若车 8 平 7 兑车，马五退三，红棋胜势。

29. 车三平一　　……

为什么不走车三进三吃象呢？车 8 进 1，仕五退四，车 8 退 6，仕四进五，卒7进1，仕五退四，卒7平6，帅五平四，车8平5，车三退三，车5平4，兵七平六，车4平3，马四进五，马5退7，前马退七，马7进6，红棋虽然优势，但取胜之路漫长。

29. ……　　车8进1

30. 仕五退四　炮9平6

31. 帅五进一（图29）　炮6平5

倘若炮6退4，车一平八，车2平3，车八平四，炮6平5，炮五退二，车8退4，炮五进三，象7退5，炮七平五，车8退3，马五进六，车3进4，马四进五，红棋胜势。

32. 车一平八　车2平3

33. 车八平四　炮5退3

34. 马四退五　车3平2

35. 马五进四　……

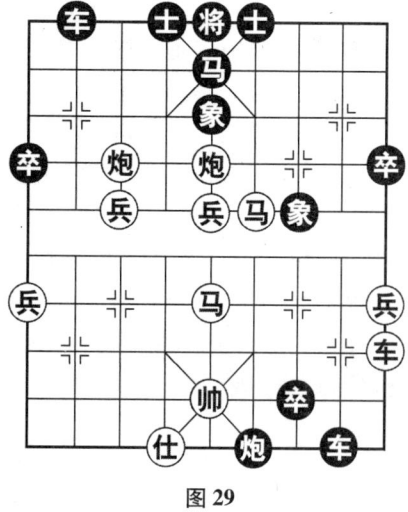

图29

红炮限制黑左车离开底线，红马开赴前沿阵地有惊无险。

35. ……　　车8退7

36. 兵五平六　卒1进1

无可奈何！倘若车2平3，马四进六，象7退9，炮七平八，车8进1，马六进七，车3进1，炮八平二，象9退7，炮二进三，红胜。

37. 马四进六　车2平3　　**38. 炮七平八　车8进4**

39. 炮五退四　车8退5

黑棋双车疲于奔命，可见"窝心马"造成的严重后果。

40. 炮八进三

红胜。

点评："马跳窝心不死发昏"是其真实写照，细细体会必获益匪浅！

第7局　过河炮对窝心马弃卒断桥

中炮急冲中兵对窝心马的争斗中，过河炮瞄卒一直是威慑打压窝心马的"巡航导弹"，使20世纪70年代出世的窝心马被束之高阁长达十余载。1997年第五届世界象棋锦标赛首次拉开"弃卒断桥"新战术序幕。也许因为出自华裔外国人，当时并未引起棋界的关注。21世纪来临，网上象棋大潮波涛滚滚而来，针对"弃卒断桥"战术也在暗流涌动。

1. 炮二平五　马8进7
2. 马二进三　车9平8
3. 车一平二　马2进3
4. 兵七进一　卒7进1
5. 车二进六　炮8平9
6. 车二平三　炮9退1
7. 兵五进一　马3退5
8. 炮八进四　卒3进1（图30）

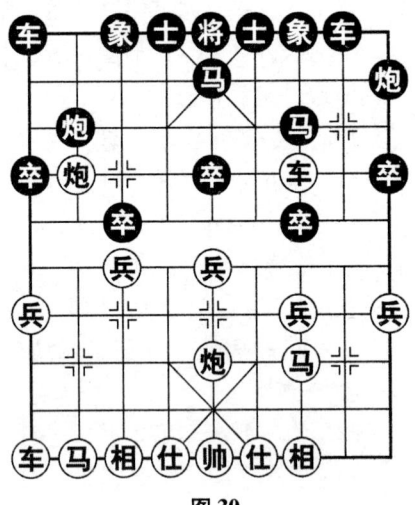

图30

新加坡著名棋手康德荣抛出划时代"弃卒断桥"最新布局飞刀！所谓断桥就是拆断炮架，使八路炮不能炮炸中卒。

9. 兵七进一　炮2平5

图30形势下，红棋有仕四进五与马八进七两种选择：

（甲）仕四进五

罗卿华　负　康德荣
（1997年11月19日弈于香港世界杯象棋赛）

10. 仕四进五　……

"补仕"是稳健的决策！倘若兵七进一，炮9平7，车三平五，卒7进1，车九进一，卒7进1，马三退一，马7进5，炮五进四，各有顾忌。

10. ……　　车1平2　　11. 兵七进一　炮9平7

12. 车三平四　……

为什么不走车三平五吃卒呢？炮5平3，相七进九，马7进5，炮八平五，马5进7，兵七进一，马7进5，兵五进一，炮7平5，兵五进一，炮5进6，相三进五，车2进8，黑棋优势，但红方要比实战好点。

12. ……　　炮5平3

打相闪击，必得一车！

13. 兵七进一　马5进6　　14. 炮八平四　车2进6

抢占兵林要道，使红棋呈现压力沉重之势。

15. 马八进七　车2平3　　16. 车九进二　士6进5

17. 马七进五　……

雪上加霜！似应炮四平九，象7进5，兵五进一，卒5进1，马七进五，车3退4，车九平八，红棋尚可一战。

17. ……　　　马7进6　　　18. 兵五进一　……

无奈！倘若车九平七，车3进1，马五退七，象7进5，炮五进四，卒7进1，有车杀无车，红棋也难抵抗。

18. ……　　　马6进5　　　19. 马三进五　车3平5
20. 兵五进一　车5退3　　　21. 炮四平九　象7进5
22. 炮九进三　炮7进5

似可车8进9，仕五退四，车8平7，仕六进五，车7退3，车九平七，炮7平9，黑棋优势。

23. 仕五退四　车8进9　　　24. 车九平七　车8平7
25. 兵七进一（图31）　车7平8

分车叫抽黑难招架！亦可将5平6，仕六进五，炮7平5，帅五平六，炮5进2，黑棋胜势。

26. 帅五进一　车8退1
27. 帅五退一　炮7进3
28. 仕四进五　车8进1
29. 仕五退四　车5平2
30. 帅五平四　……

倘若仕六进五，炮7平3，仕五退四，炮3平6，黑亦胜势。

30. ……　　　炮7平4
31. 帅四进一　车2平8
32. 仕四退五　后车进5　　33. 帅四进一　后车平5

黑胜。

点评：这是"弃卒断桥"第一枪，从而点燃一场几十年的布局大战。

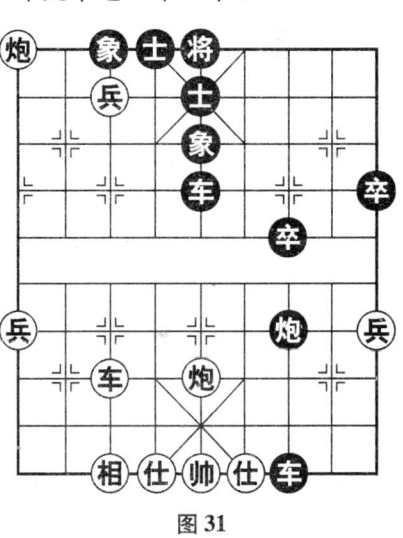

图31

（乙）马八进七

武志凌　胜　乔言

（2009年9月11日弈于山西第13届全国象棋擂台赛）

10. 马八进七（图32）　……

山西太谷名手武志凌抛出最新布局飞刀！

10. ……　　　车1进2

高边车暗伏打死车陷阱！似应炮9平7，车三平二，车8进3，炮八平二，车1平2，车九进一，炮5进3，马三进五，卒5进1，兵七平六，车2进4，兵六平五，炮5进2，相七进五，车2平5，车九平四，马5进4，车四进七，车5退3，车四退二，马4进5，车四平九，象7进5，车九平七，车5平6，黑可抗御。

11. 兵七进一　……

冲兵不顾红车的安危吗？胸中自有妙计安天下。

11. ……　　炮9平7

12. 车三平五　……

逼上梁山，吃也得吃，不吃也得吃！

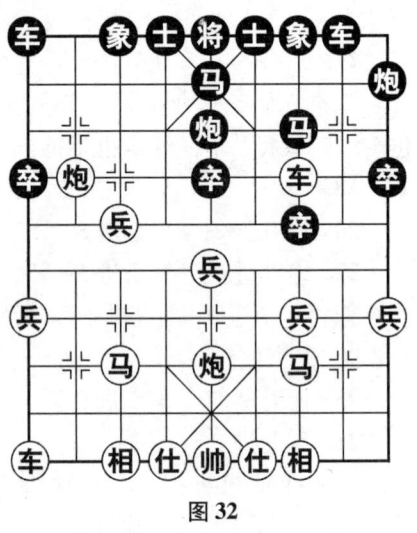

图32

12. ……　　车1平4

为什么不马7进5吃车？炮八平五，卒7进1，马三进五，卒7平6，相三进一，卒6进1，兵五进一，卒6平5，马七进五，车1平4，车九平八，车4进4，马五进三，红棋虽然少车，但攻势强大。

13. 车九进一　车8进5

似可卒7进1，车五平六，车4进1，炮五进五，象7进5，炮八平六，卒7进1，马三退五，马7进8，车九平八，马8进6，相三进一，马6进8，马五进六，车8进5，相互对攻，红棋也有所顾忌。

14. 兵五进一　……

红棋弃车颇有气势！

14. ……　　车8平3

15. 马七进五　车3进4

16. 马五进六　马7进5

17. 炮八平五　车3退6

18. 马三进五　车3平5（图33）

"炮镇五子"的压力沉重，弃车砍炮黑方无奈。

倘若炮7进5，兵九进一，炮7退1，车九平四，炮7平8，仕四进五，车3平

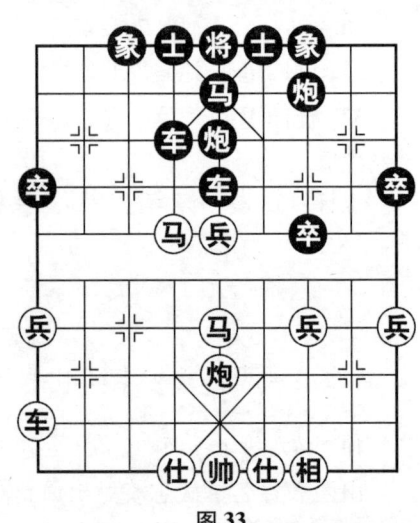

图33

5，兵五进一，炮5进4，马六退五，车4进4，帅五平四，马5进7，马五进四，红棋亦胜势。

19. 兵五进一　炮5进4
20. 马六退五　车4进4
21. 马五进四　炮7进5（图34）
22. 炮五进二　……

欠细！似应炮五进一，炮7退1，炮五进一，炮7平8，车九平四，炮8退2，马四进三，车4平5，仕四进五，炮8退3，马三退一，象3进5，马一进二，马5进7，马二退四，将5进1，兵五进一，将5进1，车四进三，炮8进9，相三进

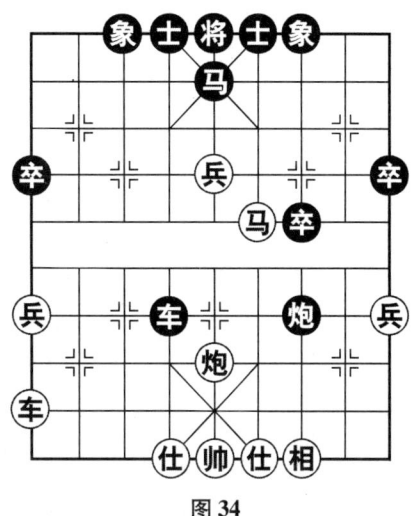

图34

一，炮8退6，马四退五，炮8平5，马五退七，炮5平3，帅五平四，红棋胜势。

22. ……　　　炮7平5

精巧！给红棋添了点小麻烦。

23. 马四进三（图35）　象3进5

错失良机铸成败局！似应车4退4，马三退一，炮5退3，相三进五，车4进2，车九平四，象3进5，马一进二，马5进7，车四进六，士4进5，车四平三，车4进3，仕六进五，车4平5，车三平五，车5退2，马二退四，将5平4，马四退三，象7进5，马三退五，和棋之势。

24. 兵五进一　……

冲兵撞象是获胜的佳着！

24. ……　　　炮5退4
25. 相三进五　车4平6

车占肋道胜势已定。

26. ……　　　炮5进2

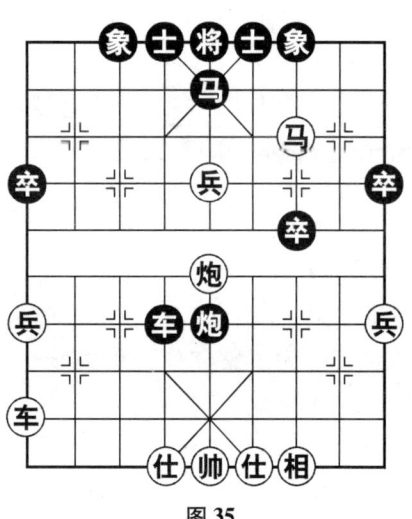

图35

26. 车九平六　……

27. 车六进四　车6退4

倘若象7进5，车六平五，马5进7，车五平四，红棋胜势。

28. 马三退一　炮5退1
29. 马一退三

红胜。

为什么放弃续战呢？车6进1，车六进一，车6进1，马三进二，炮5进1，车六平四，车6平8，马二进三，车8退3，马三退四，车8平6，马四退六，红胜。

点评：红棋飞刀颇有杀伤力，重演黑阵请谨慎为宜。

第8局　过河炮对窝心马补中炮

2005年，北京的少年棋手们独具慧眼，把"弃卒断桥"最新武器运用在国内比赛的赛场上，从而演绎专业与绿林、网上与网下的轰轰烈烈悬念丛生的战斗大片。

1. 炮二平五　马2进3　　　2. 马二进三　马8进7
3. 车一平二　车9平8　　　4. 兵七进一　卒7进1
5. 车二进六　炮8平9　　　6. 车二平三　炮9退1
7. 兵五进一　马3退5

棋谚云："马跳窝心不死发昏！"所以窝心马历来是兵家的禁忌。但这往往是一般规律与经验。有时窝心马依然能演绎出雄壮威武的精彩戏剧！

8. 炮八进四　……

过河炮与中炮形成双炮瞄兵之势，曾是打击窝心马的重型武器。

8. ……　　　卒3进1

所谓"弃卒断桥"就是把炮轰中卒的"炮架或桥梁"拆掉，使双炮轰卒的战术不能实现。同时付出红兵渡河的高昂代价。有时为了整体作战的需要，再大的牺牲也在所不辞！

9. 兵七进一　炮9平7（图36）

平炮打车是北京少年棋手任刚于2005年首创最新布局飞刀！

10. 车三平二　车8进3
11. 炮八平二　炮2平5

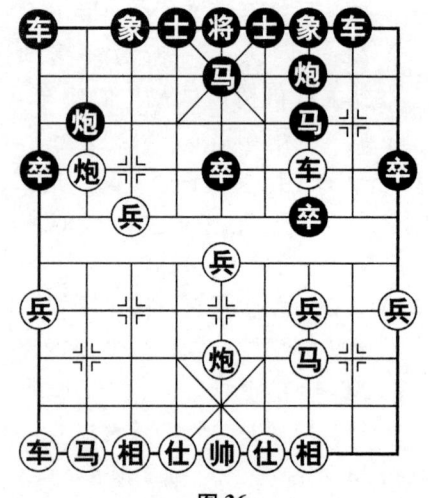

图36

还架中炮属于早期稳健、直观、朴素的反击战术，至今仍盛行不衰。

12. 马八进七　车1平2　　　13. 车九进一　……

高横车显得很强势。网上有车九平八兑车，车2进9，马七退八，炮5进3，马三进五，马5进6，兵七平六，炮7平9，马八进七，炮9进5，炮五进二，马6进5，兵三进一，卒7进1，马五进三，炮9平7，马七进五，炮7平1，炮二平九，炮1平2，马五进七，士6进5，红棋稳健有余而攻击力不足。

13. ……　　　炮5进3

14. 马三进五　卒5进1

15. 兵七平六　车2进4

16. 兵六平五（图37）　炮5进2

兑子的顺序不能颠倒。倘若错走车2平5，炮五进二，车5进1，炮二退四，象3进5，炮二平五，车5平8，车九平四，马5进3，车四进七，炮7平8，马五进六，马3进5，马六进八，士4进5，马八进七，将5平4，炮五平六，马5进3，仕六进五，象5退3，车四平三，马7进5，后马进六，马5退4，马六退八，马3进4，马八退七，车8平3，后马进六，黑棋胜定。

17. 相三进五　……

飞右相是"京派少年"独创战术！

17. ……　　　车2平5

18. 车九平四　车5退1（图38）

图38形势下，红棋有炮二退四与炮二退五两种选择：

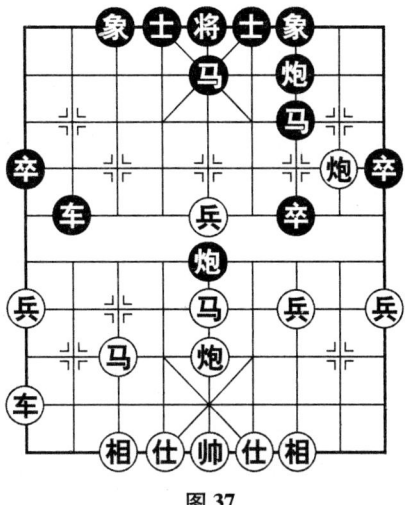

图37

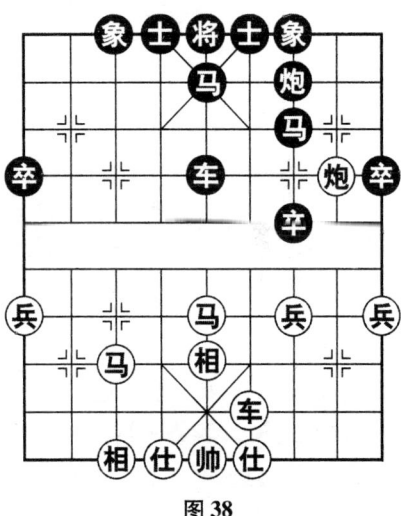

图38

（甲）炮二退四

窦超 和 任刚

（2005年7月31日弈于全国象棋一级棋士赛）

19. 炮二退四　车5平6

兑车是稳健明智之策。

20. 车四进五　马5进6　　21. 炮二平三　马6进5

和棋。

点评：2005年全国象棋一级棋士赛，北京少年任刚以"弃卒断桥"新着战平煤矿名手窦超。虽然全局平淡无华，但是小将任刚的窝心马令人惊奇，从而使这一战术引起棋界对"弃卒断桥"的关注。

（乙）炮二退五

周嘉鸿 负 王天一

（2005年8月4日弈于全国少年象棋赛）

19. 炮二退五（图39）　……

退炮是北京少年王天一创出的改进型新着。

19. ……　　　车5平6

这盘棋是第五轮，王天一当时积分较高，所以主动兑车保持积分领先。

20. 车四平六　……

2005年全国象棋少年锦标赛的冠军是国家体育总局授予象棋大师称号最后一届。广州少年周嘉鸿当然也要争顶夺冠批大师，所以谢绝王天一的橄榄枝而避兑求战。

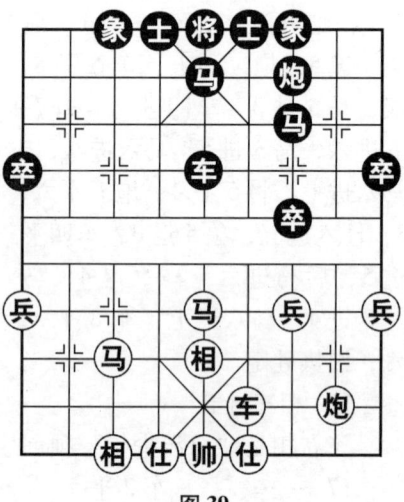

图39

20. ……　　　马5进4
21. 车六进四　象7进5

强行兑马，黑势无忧。

23. 马五进四　马7进6
25. 相五进三　士6进5
27. 相三退五　炮7平9
29. 车六退五　……

细腻！打一个顿挫再退车护兵。

29. ……　　　马8退6
31. 马七进八　马6进7
33. 仕五退四　……

各自调整阵型，寻求机会。

33. ……　　　车8平2

22. 炮二平七　马4进6
24. 兵三进一　卒7进1
26. 仕四进五　马6退8
28. 车六进三　象3进1

30. 炮七平九　车6平8
32. 相五进三　士5进6

34. 炮九平五　……

第一章 中炮急冲中兵对窝心马

倘若马八进六，车2平4，马六退四，车4进3，马四退六，炮9进5，和棋之势，但是和棋不是周嘉鸿追求的目标。

34. ……　　士4进5　　　**35.** 车六平二　炮9平6
36. 马八进六　车2平4　　**37.** 马六退五　……

似可马六退八，车4平6，车二退三，象1进3，相七进五，红棋尚无大碍。

37. ……　　车4进3　　　**38.** 炮五进一　炮6退1

似可将5平4，仕四进五，士5退6，车二平三，车4平1，黑棋稍优。

39. 兵九进一　将5平4　　**40.** 仕四进五　象1退3
41. 炮五平六　将4平5　　**42.** 炮六平五　车4平1
43. 炮五平三　马7进5

优势的天平慢慢向黑棋倾斜，王天一避免兑子是正确的决策。

44. 炮三平一（图40）　车1平4

谨慎！似可马5退3，炮一进四，象5退7，车二进二，车1平3，马五退六，车3进3，黑棋优势。但王天一的战略是"和为上"，所以并未主动出击。

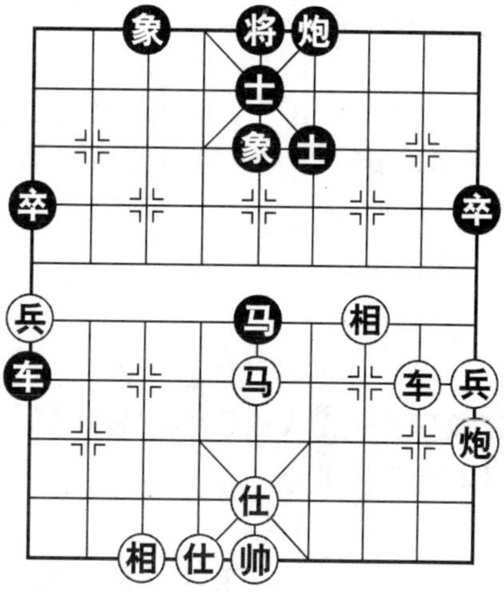

45. 相三退五　将5平4
46. 兵一进一　马5退3
47. 车二平三　马3进1
48. 马五进四　马1退3
49. 炮一进一　……

倘若错走车三平六，马3进4，黑棋得子胜势。

49. ……　　车4退2

形势发生逆转，王天一当然不能选择兑车和棋。

50. 马四进三　炮6平7　　**51.** 马三退一　……

似应车三平七，车4平7，马三退一，车7平8，车七进一，红棋尚坚守。

51. ……　　车4平8　　　**52.** 相五进七　……

飞相顶马造成底线漏风，似应相五退三坚守为宜。

52. ……　　马3进5（图41）　**53.** 车三平五　……

为什么不走车三退一呢？车8进2，炮一退一，车8进3，仕五退四，车8退6，兵一进一，炮7进4，黑棋有攻势。

53. ……　　车8进5

图40

54. 仕五退四　炮7进9
55. 帅五进一　……

无奈！倘若仕四进五，炮7退5，仕五退四，炮7平5，黑棋胜势。

55. ……　　　车8退1
56. 帅五进一　马5退3
57. 车五平三　炮7平9
58. 马一进三　车8退3
59. 相七进九　车8平5

亦可马3退5，马三退四，车8平5，马四退五，炮9平4，黑棋优势。

60. 帅五平四　马3退5
61. 帅四退一　车5平9
62. 炮一平二　车9平8

精妙！奠定胜势。

64. 车三平六　将4平5

黑胜。

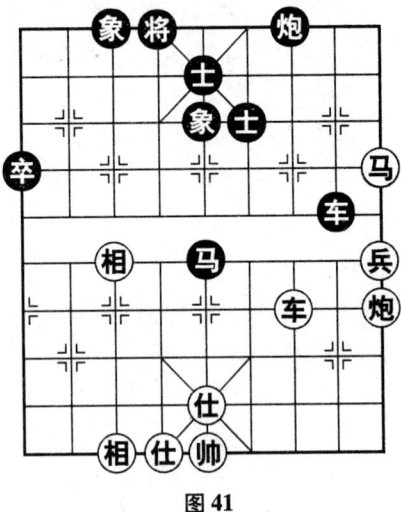

图 41

63. 炮二平一　象5进7

65. 炮一平三　象7退5

点评："弃卒断桥"顶住急冲攻势，显示窝心马的优良防御性能。北京少年象棋天王王天一最终夺取冠军，获得象棋大师称号，并被特招进入世人仰慕的高等学府北京大学就学。

第9局　过河炮对窝心马补中炮

上局"京城小将"任刚与王天一的窝心马强力反击，使红棋难占便宜，必然会有与其对抗的新攻击战术萌发。

1. 炮二平五　马2进3　　2. 马二进三　马8进7
3. 车一平二　车9平8　　4. 兵七进一　卒7进1
5. 车二进六　炮8平9　　6. 车二平三　炮9退1
7. 兵五进一　马3退5　　8. 炮八进四　卒3进1
9. 兵七进一　炮9平7　　10. 车三平二　车8进3
11. 炮八平二　炮2平5　　12. 马八进七　车1平2
13. 车九进一　炮5进3　　14. 马三进五　卒5进1
15. 兵七平六　车2进4　　16. 兵六平五　炮5进2
17. 相七进五　……

第一章　中炮急冲中兵对窝心马

上两局因走飞右相，红棋没什么便宜。现在飞左相是河北著名象棋大师申鹏首创探索型新着。

17. ……　　车2平5（图42）

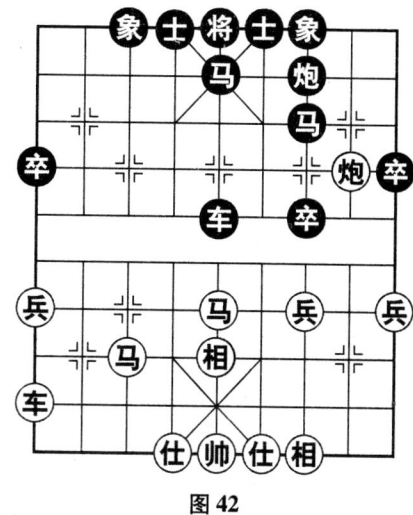

图 42

图42形势下，红棋有车九平四与炮二退五两种选择。

（甲）车九平四

申鹏　胜　苗永鹏

（2006年5月17日弈于厦门象甲联赛）

18. 车九平四　　车5退1

借捉炮之机抢占卒林要道，是投石问路的佳着。

19. 车四进七　　炮7平9

开边炮是寻求对攻的激进决策。倘若车5平8，车四平三，马7进5，仕四进五，象3进5，马五进四，后马进3，马四进六，士4进5，车三平四，将5平4，平淡之势。

20. 炮二退五　　……

退炮是攻守兼备的好棋！

20. ……　　车5平6　　21. 车四平二　　炮9进5

22. 炮二平五　　……

至此可以看到当初红飞左相与右相的差别。倘若第17回合相三进五，现在这步架中炮就不能成立。

22. ……　　　象7进5
23. 马五进六　　车6平4
24. 马七进八（图43）　炮9平1

炮轰边兵似无可非议，而实质留下祸根。似应马5进3，炮五平六，车4进1，马八进六，马3进4，黑棋有和棋之望。

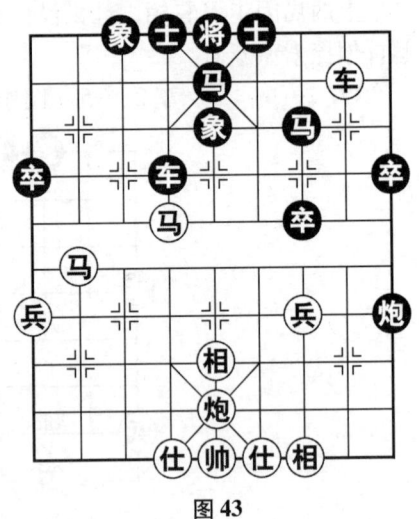

图43

25. 相五退七　　……

炮镇五子黑难应矣！

25. ……　　　炮1平6
26. 车二平四　　炮6退2
27. 车四退二（图44）　……

精妙！

27. ……　　　车4平6

无奈！倘若错走炮6平5，炮五进六，马5进3，车四平六，红棋胜势。

28. 马六进四　　马7进5
29. 马四进三　　炮6退3
30. 马八进六　　……

精巧的控盘佳着！

30. ……　　　卒9进1
31. 马六进四　　……

算准可劫吃一子。

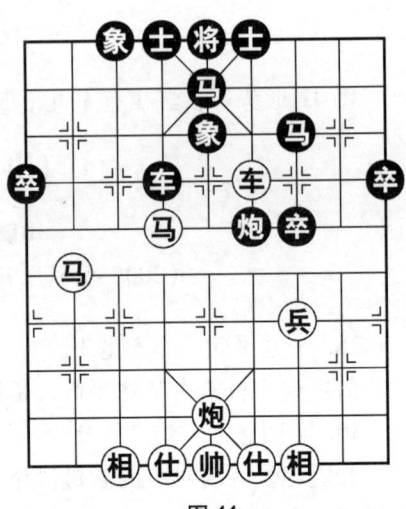

图44

31. ……　　　后马进3
32. 马四进二　　将5进1
33. 马三退四（图45）　……

精妙！必擒黑炮。

33. ……　　　将5平4

为什么不走炮6进1呢？因红可接走：马二退三，将5平6，马三进四，将6进1，炮五平四，马5进6，马四退五，马6退5，马五进6，炮四进三，红棋优势。

34. 马二进四　　卒9进1　　35. 炮五平六　　士4进5
36. 前马退二　　卒9平8　　37. 马二退三

第一章 中炮急冲中兵对窝心马

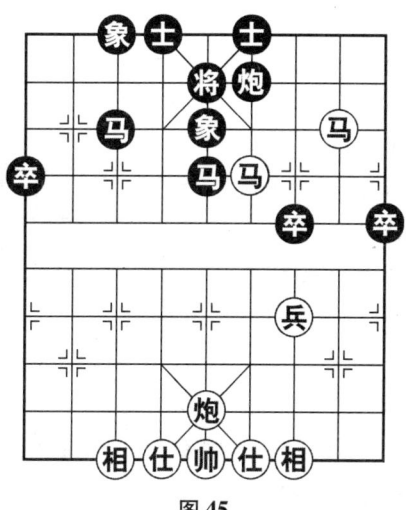

图 45

红棋多子,余略。

点评:红棋改进型新着可圈可点,虽然赢棋难,输棋也难。

(乙)炮二退五

石一佐 和 杨伊

(2007年4月20日弈于锦州全国团体赛)

18. 炮二退五(图46) ……

退炮是女子棋手石一佐首创最新布局战术。

18. ……	马5进3
19. 车九平四	炮7平5
20. 车四进六	车5退2

21. 车四退一 ……

倘若车四平五,象3进5,兵三进一,马7进8,兵三进一,象5进7,炮二平七,马3进5,炮七平一,局势平淡。

21. ……	炮5进5
22. 马七进五	车5进4
23. 炮二平五	马7退5

巧着!

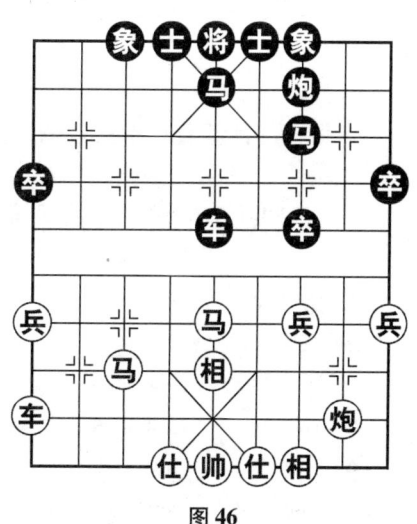

图 46

24. 车四平七	车5平7	25. 车七进一	象3进5
26. 车七退一	车7平9	27. 车七平九	马5退3
28. 兵九进一	卒9进1	29. 车九平七	马3进4
30. 车七平六	士6进5		
31. 兵九进一	车9平2（图47）		
32. 车六退二	……		

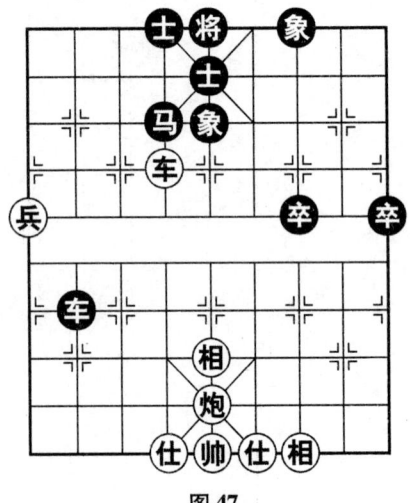

图47

退车巡河是稳健佳着！倘若车六平一，车2平6，炮五平八，马4进5，炮八进八，象5退3，车一退一，马5进4，车一平三，将5平6，车三进四，将6进1，炮八退一，士5进4，车三退一，将6进1，炮八平四，马4进3，帅五进一，车6平8，车三退七，将6退1，黑棋优势。

32. ……	马4进3		
33. 车六平七	马3退2		
34. 车七平九	象5退3	35. 炮五平六	车2平4
36. 炮六平七	车4平3	37. 炮七平六	马2进3
38. 车九平七	……		

机警！兑车后，黑棋虽然优势，红棋求和不难。

38. ……	车3退1	39. 相五进七	卒7进1

和棋。

点评：红棋新着攻击力较弱，已处于被淘汰之势。

第10局　过河炮兑车对窝心马肋道穿马

1. 炮二平五	马8进7	2. 马二进三	车9平8
3. 车一平二	马2进3	4. 兵七进一	卒7进1
5. 车二进六	炮8平9	6. 车二平三	炮9退1
7. 兵五进一	马3退5	8. 炮八进四	卒3进1
9. 兵七进一	炮9平7	10. 车三平二	车8进3
11. 炮八平二	马5进6		

2008年全国象棋团体锦标赛，邢毅大师抛出"窝心马肋道穿出"最新布局飞刀！

12. 炮二平五 ……

"炮镇空头"原是2006年网上战术,现在安徽名手倪敏借他山之石攻玉。

12. ……　　　马7进5
13. 兵五进一　炮2平5
14. 兵五进一　炮5进5
15. 相七进五　马6进5（图48）

图48形势下,红棋有马三进五、马八进六、兵七平六三种选择:

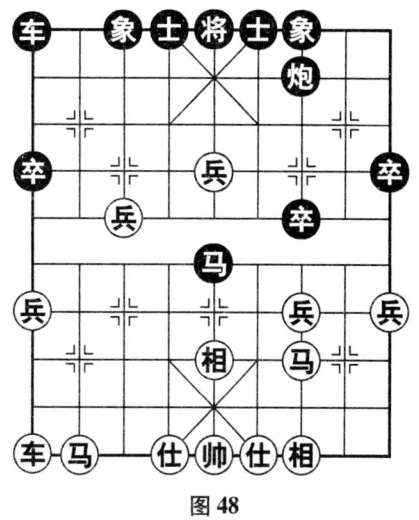

图48

（甲）马三进五

倪敏 和 邢毅

（2007年4月18日弈于锦州全国团体赛）

16. 马三进五　马5退3　　　17. 马五进六 ……

倘若马八进七,马3退5,车九平八,车1进2,车八进五,象3进5,马五进六,马5退3,马六进七,车1平3,马七进八,炮7进5,马八进六,车3进1,车八退二,炮7进2,黑棋稍优。

17. ……　　　车1进2　　　18. 马八进六　车1平4

19. 前马进四 ……

机警!倘若后马进五,马3进2,车九平八,马2进3,帅五进一,车4平8,帅五平六,炮7平4,兵五平六,车8平5,帅六平五,马3退4,帅五退一,炮4平5,黑棋优势。

19. ……　　　车4平6　　　20. 车九平七　马3退5

21. 马四退五　车6进3

似可炮7平5,马六进四,车6进4,车七进四,象7进5,仕四进五,炮5平8,黑棋稍优。

22. 马五进七　马5进3　　　23. 车七进五

和棋。

点评:黑棋兵种齐全而颇有反击力,倘若重演红阵无趣。

（乙）马八进六

16. 马八进六（图49）　……

"拐角马"曾是网上流行的热门战术。

16. ……　　　马5退3

17. 兵五平六　卒7进1

"冲7卒"是喜欢搏杀的选择！倘若车1平2，车九平七，象3进1，仕四进五，局势稳健。

18. 车九平七　象3进1
19. 马三进五　卒7进1
20. 车七进四　车1平2
21. 马六进七　车2进6
22. 马五进四　……

飞马弃相展开对杀！

22. ……　　　炮7进8

倘若炮7平8，马四退三，车2平1，马三进二，士6进5，马二进四，士5进6，马七进五，马3进5，车七平五，士4进5，车五平三，红棋优势。

23. 仕四进五　炮7平9
24. 马四退三　车2退4
25. 马七进五　车2平7
26. 马五进七　象1进3
27. 车七平三　车7进3

为什么不走车7平8呢？帅五平四，象7进9，车三平四，士4进5，马三进五，红棋稍优。

28. 相五进三　炮9平8
29. 马三退二　炮8平7
30. 马二进四　炮7退3
31. 马四进五　炮7平2
32. 相三退五　炮2退4
33. 马五进三　象7进5
34. 马三进一　炮2平1

和棋之势。

点评：强渡7卒搏杀曾是2006年网上逐渐盛行的战术，因效果不佳，近年来则无影无踪。

（丙）兵七平六

16. 兵七平六（图50）　……

小兵逃逸，甘冒风险！

16. ……　　　马5进6　　　17. 帅五进一　车1平2

18. 马八进六　车2进5
19. 马六进七　……

倘若车九平七，车2平8，相五进七，卒7进1，帅五进一，马6进7，车七进三，卒7平6，黑棋胜势。

19. ……　　　车2平8
20. 帅五平六　……

倘若帅五平四，炮7平6，帅四进一，车8平6，黑胜。

20. ……　　　车8平4
21. 帅六平五　车4进1
22. 车九平七　车4平7

黑棋优势。

点评：贪恋小兵遭到毁灭性打击，重演红阵风险较大。

第11局　双兵渡河对窝心马肋道穿马

1. 炮二平五　马8进7
2. 马二进三　车9平8
3. 车一平二　卒7进1
4. 车二进六　马2进3
5. 兵七进一　炮8平9
6. 车二平三　炮9退1
7. 兵五进一　马3退5
8. 炮八进四　卒3进1
9. 兵七进一　炮9平7
10. 车三平二　车8进3
11. 炮八平二　马5进6
12. 兵五进一（图51）……

红棋双兵渡河，可谓气势雄壮！冲中兵是特级大师卜凤波在大型比赛中首创最新布局飞刀！

在图51形势下，黑棋有马6进5与炮2平5两种选择。

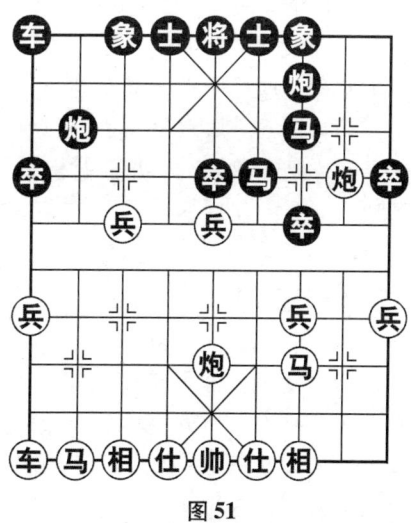

图51

（甲）马6进5

卜凤波 胜 赵冠芳

（2008年7月26日弈于四川眉山全国象棋明星赛）

12. ……　　　马6进5

女子全国冠军赵冠芳抛出探索性冷门新招！网上战术是炮2平5。

13. 车九进一　　……

倘若兵五进一，炮7平5，仕六进五，马5退3，兵五平四，象3进5，炮二平三，炮5进6，相七进五，马3进5，马八进七，车1平3，马七进五，马5退6，黑可抗衡。

13. ……　　　炮2平5　　　14. 兵五平六　　车1平2

15. 马八进七　　炮7平3　　　16. 马七进六　　……

城门四开背水一战！红棋另有两种选择。①马三进五，马7进6，炮二退三，车2进6，兵三进一，马6进7，黑棋优势。②马七进五，炮3进8，仕六进五，马7进6，车九退一，炮3退3，黑棋优势。

16. ……　　　炮3进8　　　17. 仕六进五　　车2进9

18. 马六退七　　……

倘若马三进五，马7进6，马六退七，炮3退1，仕五退六，马6进5，马七进五，炮3进1，仕六进五，马5进7，马五退七，炮5进5，相三进五，炮3退1，仕五退六，马7进5，帅五进一，马5退6，帅五平六，马6进4，炮二平九，马4进6，帅六平五，车2平4，帅五平四，马6进8，车九平七，车4平5，黑胜。

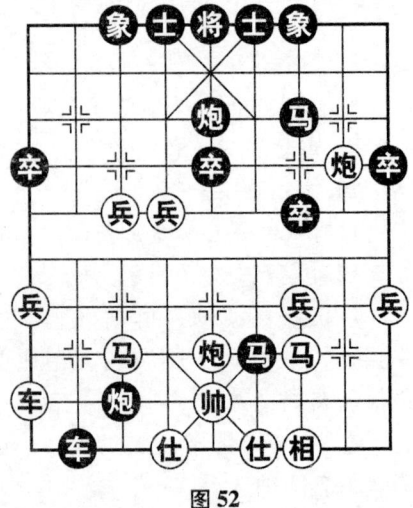

图52

18. ……　　　炮3退1

19. 仕五退六　　马5进6

20. 帅五进一（图52）　　车2平3

错失良机！似可走车2平4，炮二退四，车4平5，帅五平六，炮5进5，相三进五，车5退2，炮二平四，车5平3，炮四平六，车3退1，车九平八，象7进5，黑棋优势。

21. 炮五进五　　马6退4　　　22. 帅五退一　　象7进5

第一章 中炮急冲中兵对窝心马

23. 炮二退四　车3平2　　　　24. 马三进五 ……

倘若马七退五，车2退3，马五进六，炮3进1，仕六进五，车2平4，车九进一，车4平7，黑优。

24. ……　　车2退3　　　　25. 仕六进五　士6进5
26. 炮二平四　车2平3（图53）
27. 仕五进六 ……

为什么不走飞相护马呢？倘若相三进五，象5进3，兵六平七，卒5进1，黑棋优势。

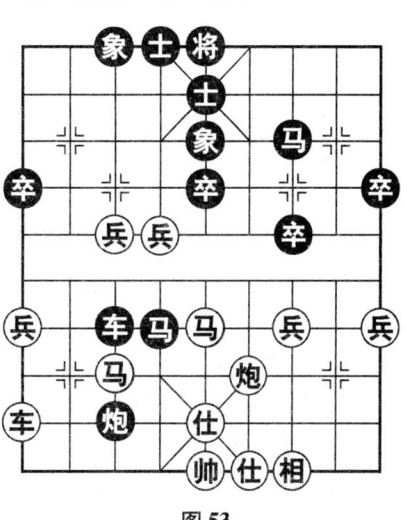

图53

27. ……　　炮3进1
28. 车九退一　炮3退1
29. 车九进一　炮3进1
30. 车九平七　炮3退2

似可炮3平2，车七平八，炮2平1，炮四平五，马4退3，仕六退五，马3进4，仕五进六，马7进8，红棋优势。

31. 车七进一　车3平1
32. 炮四平五　马7进8　　　33. 仕六退五　马4进5

飞马踏仕是扩大优势的佳着。

34. 仕四进五　车1平5　　　35. 兵六进一　卒5进1

似可车5平7，相三进一，车7平9，兵六平五，马8进7，炮五平四，象5进3，黑棋胜势。

36. 炮五平一　马8进7　　　37. 炮一进四　马7退5
38. 兵一进一　车5平8　　　39. 兵七平六　卒7进1

余略终局红胜。

点评：布局飞刀虽然出师未捷，其杀伤力不可小觑。倘若没有特级大师卜凤波那么高的顶级棋艺，重演红阵请谨慎为宜。

（乙）炮2平5

阮陈杜宁 负 王斌

（2009年11月7日弈于第3届亚洲室内运动会）

12. ……　　炮2平5（图54）

特级大师王斌抛出最新布局飞刀！

13. 兵七平六 ……

双兵并联是虚幻的城墙！似可兵五进一，炮5进5，相七进五，马6进5，马三进五，马7进5，兵七平六，前马进7，炮二平三，相互对攻各有千秋。

13. ……   卒5进1
14. 兵六平五 炮7平5
15. 马八进七 后炮进3
16. 马三进五 ……

急于兑子求和反而欲速则不达！似应仕六进五，车1平2，车九平八，车2进9，马七退八，马6进4，马八进七，局势平稳。

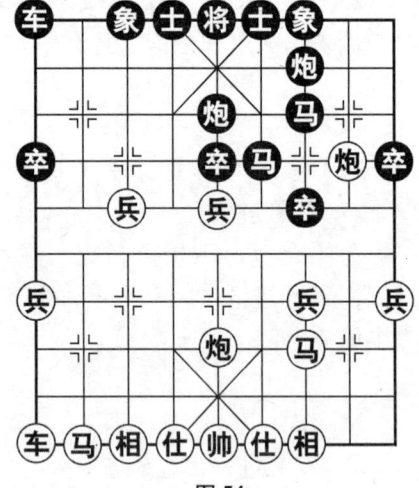

图54

16. ……	前炮进3	**17. 相七进五**	车1平2
18. 仕六进五	马6进5	**19. 车九平六**	车2进3
20. 炮二退二	马5进7	**21. 马五进六**	车2平4
22. 马六退八	……		

似可马七进五，后马进8，马五进七，马7退5，车六进四，车4退2，马七进八，马5退6，炮二平五，马6进5，车六平五，士6进5，车五平二，马8退7，车二进二，红棋尚无大碍。

22. ……	车4平8	**23. 炮二平七**	车8平2
24. 车六进三	前马退6	**25. 炮七平五**	士6进5
26. 车六进二	……		

似应炮五进一，红棋足可抵挡。

26. ……	炮5进1	**27. 车六进三**	……

似应车六平五，炮5进2，车五退一，和棋之势。

27. ……	象7进5	**28. 炮五进一**	炮5平8
29. 车六退五	炮8退3	**30. 炮五退一**	炮8平7

红棋的严防死守，迫使王斌大师不得不寻求曲线救国之策。

31. 马八进六	车2平4	**32. 炮五平四**	士5进6
33. 马七进五	士4进5	**34. 车六平八**	……

似可仕五进六，车4平5，炮四平八，马6进5，车六平五，车5平4，车五进二，红棋足可一战。

34. ……	炮7平9	**35. 马六进八**	马6进4

36. 马五进七	车4平3		37. 车八平六	马7进6
38. 炮四平五	将5平6		39. 炮五进一	马4退5
40. 车六平二	马5退7		41. 马八退九	炮9平7
42. 炮五退二（图55）	……			

导致局势恶化！似应炮五平八，卒7进1，车二进五，卒1进1，马九退七，坚守为宜。

42. …… 　　马6进5
43. 车二平五 　　……

速败！似应马七退五，卒1进1，车二进四，卒1进1，车二平三，卒1进1，虽然黑棋多卒优势，红方也许尚有一线和棋之望。

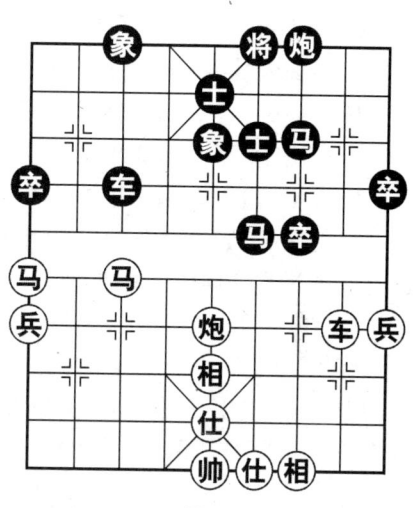

图55

43. …… 　　将6平5

似应车3进2，黑方巧妙得子。

44. 马九退七 　　……

忽略黑车吃马偷袭，似应马九进八坚守为宜。

44. …… 　　车3进2

白吃一子，黑棋胜势。

45. 车五平二 　　……

为什么不走相五进七吃车呢？马7进6，相三进五，马6进5，黑棋多子胜势。

45. …… 　　车3退2

余略终局黑胜。

点评："王氏飞刀"反击性能优良，重演红阵没便宜。

第12局　炮轰中卒对飞马兑炮

通过以上几局可以看到"过河炮兑黑车"战术遭到窝心马的反击而效果不佳。但在2005年第9届世界象棋锦标赛，美国著名棋手李必炽首创"炮轰中卒"新战术，从而引发一场主流布局大战。

李必炽　胜　胡伟长

（2005年8月1日弈于巴黎世界象棋锦标赛）

1. 炮二平五　马8进7　　　2. 马二进三　车9平8

3. 车一平二　马2进3　　　　4. 兵七进一　卒7进1
5. 车二进六　炮8平9　　　　6. 车二平三　炮9退1
7. 兵五进一　马3退5　　　　8. 炮八进四　卒3进1
9. 兵七进一　炮9平7　　　 10. 炮五进四……

美国著名棋手李必炽首开第一炮！

10. ……　　　　马7进5
11. 车三平五　炮2平5
12. 相七进五　炮7平5（图56）

炮轰三兵具有较强的牵制作用，但也有违"远炮勿虚发"的古训。

13. 马八进七　……

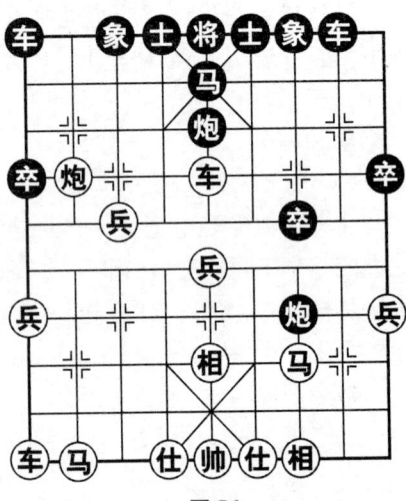

图56

红棋如何解除中车不能离线的尴尬境地是当前重中之重。似应车五退一，马5进7，仕六进五，以下黑棋有两种选择：①卒7进1，兵七进一，炮5退1，马三进五，象3进5，车五平六，卒7平6，马五进七，车1平3，马八进七，卒6平5，前马进六，炮5平4，马六进四，炮4平6，车六平五，士6进5，车五进二，将5平6，马四退五，红棋优势。②车8进3，车五平三，车8平2，车三进二，车2进3，兵五进一，车1进2，车三退一，车2平3，马八进六，车3平6，兵七进一，红棋优势。

13. ……　　　　马5进7　　　　14. 车五退一　车8进3
15. 车九平八　车1平2　　　　16. 兵七平八　炮5退1

为什么不走车8平5呢？车五进一，马7进5，兵五进一，炮5进2，仕四进五，马5退3，兵八平七，马3退1，炮八退二，红棋优势。

17. 马三进五　象7进5　　　 18. 车五平六　炮5平4
19. 仕六进五　士6进5　　　 20. 马五进七　车8平3
21. 后马进五　车2进2　　　 22. 车八平六　车2平3

倘若炮7平8，马七进五，车3平6，前车退一，车6进2，后马退三，炮8平7，相三进一，车2平3，炮八平七，卒7进1，相一进三，炮7平8，炮七退二，车6进2，后车进三，车6平7，后车平二，炮5平3，马五退七，红棋稍优。

23. 炮八进三　前车平6　　　 24. 前车平五　车6平5
25. 车六进五　炮5平8

第一章　中炮急冲中兵对窝心马

倘若卒 7 进 1，马七进六，卒 7 平 6，车五进一，马 7 进 5，兵八平七，马 5 退 7，帅五平六，车 3 平 4，兵七进一，红棋优势。

26. 车五进一　　马 7 进 5
27. 车六平五（图 57）　　车 3 平 2

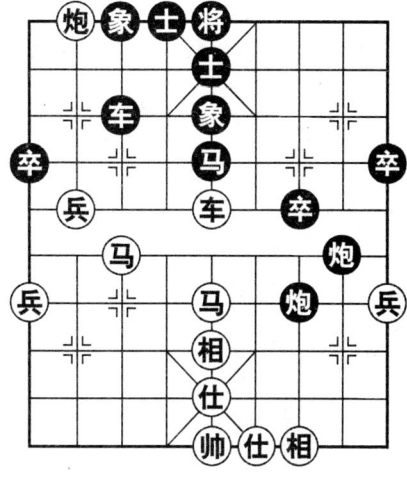

图 57

黑棋陷于困境，现在随手捉炮造成丢子。倘若马 5 退 7，马五进六，车 3 平 2，马六进五，卒 7 进 1，马七进六，车 2 退 2，车五退二，炮 8 进 1，马五进七，将 5 平 6，车五进一，炮 8 退 5，车五平三，炮 7 平 5，马七退八，象 3 进 5，车三进三，红棋优势。

28. 马七进六　　……

精妙！一步制胜。

28. ……　　　　车 2 退 1
29. 车五进一　　……

因有卧槽马的威胁，红棋从容劫吃一子，胜势已定。

29. ……　　　　炮 7 平 1
30. 马五进四　　炮 8 退 4
31. 马四进五　　炮 8 平 6
32. 车五平一　　士 5 进 4
33. 车一进三　　将 5 进 1
34. 马五退三（图 58）　　……

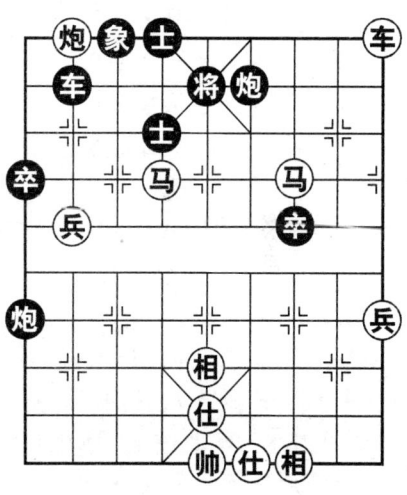

图 58

黑棋防线洞开，很难抵抗红方攻势。

34. ……　　　　车 2 退 1　　**35.** 车一退一　　象 3 进 5
36. 车一平四　　将 5 进 1　　**37.** 马三进五　　士 4 进 5
38. 车四平三　　炮 1 平 2　　**39.** 车三进一　　士 5 退 6
40. 马五进四　　将 5 进 1　　**41.** 车三退一　　……

分秒不差的杀王佳着！

41. ……　　　　将 5 退 1　　**42.** 马四退三

红胜。

点评：也许在这盘棋名人效应影响下，从此以后黑棋炮打三兵战术踪影皆无。

第13局　炮轰中卒对飞马兑炮高边车

"炮轰中卒对窝心马飞马兑炮"以新颖独特攻守魅力横空出世。其后这种新兴战术并没引起趋之若鹜的效应，直到2005年才偶尔有大师在大型比赛中采用这种新式武器战斗，令人奇怪的是超一流棋手很少进入这一领域，是不屑一顾，还是不敢越雷池一步呢？从而留下种种神秘猜想。久而久之，探秘的冲动不断在作者胸中撞击，以下赏析供读者参考。

陆伟韬　胜　何建忠
（2006年7月21日弈于天津）

2006年南开杯京津冀中国象棋对抗赛，北京市象棋冠军何建忠首创高边车冷门战术，引发一场惊心动魄的攻杀。

1. 炮二平五　马8进7　　2. 马二进三　卒7进1
3. 车一平二　车9平8　　4. 车二进六　马2进3
5. 兵七进一　炮8平9　　6. 车二平三　炮9退1
7. 兵五进一　马3退5　　8. 炮八进四　卒3进1
9. 兵七进一　炮9平7　　10. 炮五进四　马7进5
11. 车三平五　车1进2（图59）

"高边车"是独特怪异型冷门战术。

12. 相七进五　卒7进1

倘若炮2平5，兵五进一，马5进7，车五平六，车8进7，炮八退四，车1平2，马八进六，车8进1，炮八平七，象3进1，仕六进五，象1进3，马六进五，红棋优势。

13. 马三进五　卒7平6
14. 兵五进一　炮2平7

双炮瞄相十分威武雄壮！

15. 马五进四　……

将计就计逼迫黑棋按下远程导弹按钮！

15. ……　　　前炮进7

箭在弦上不得不发！似应车8进4，先稳一步为宜。

16. 相五退三　炮7进8　　17. 仕四进五　车8进9

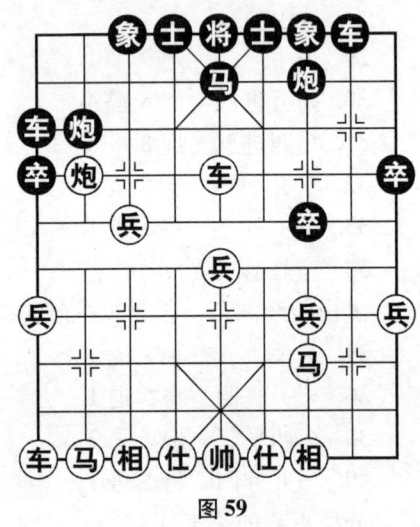

图59

为什么不走炮7平9呢？马四进二，车8进1，车九进二，象7进5，车九平一，马5进7，车五平六，炮9平8，车一平四，车8平6，兵五进一，车1平2，兵五平四，红棋优势。

18. 车九进二（图60） ……

进入惊险搏杀！

亦可马八进六，炮7退2，仕五退四，车8退1，车九进二，炮7进2，仕四进五，炮7退1，炮八进三，车1平4，马四进二，车4平8，马六进五，象7进5，马五进四，前车进1，仕五退四，马5进3，车五进一，后车平5，马四进五，炮7进1，仕四进五，将5进1，马五进七，炮7平4，仕五退四，车8退6，帅五平六，车8平4，兵五平六，车4平2，车九平二，将5平4，兵七进一，车2退3，兵七进一，士4进5，兵六进一，红棋胜势。

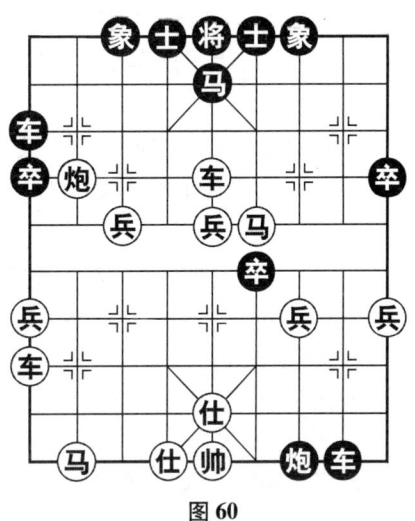

图60

| **18.** …… | 炮7平4 | **19.** 仕五退四 | 炮4平6 |

炮碾丹砂，掠夺双仕一马。

| **20.** 马四进二 | 炮6平2 | **21.** 帅五进一 | 车1平8 |

22. 车九平六 ……

黑棋尽扫全部仕相。虽然孤帅处于风雨飘摇之中，但车炮卒尚不能形成有威慑力的攻击。现在红车占肋抢先叫杀，势在必行！

22. …… 前车退1

23. 帅五退一 象7进5（图61）

24. 车五平六 ……

似可车六进六，马5退7，车五进一，士6进5，炮八进三，后车平5，马二进三，将5平6，马三退五，将6进1，马五退三，将6退1，兵五进一，红棋胜势。

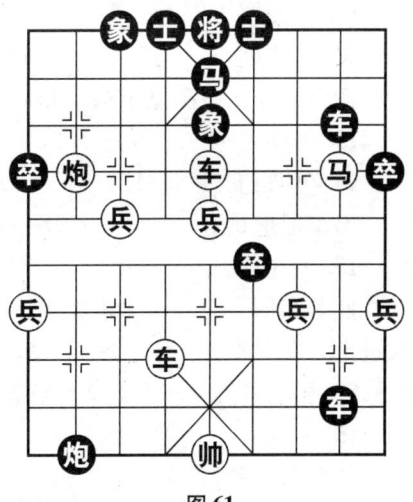

图61

| **24.** …… | 前车进1 | **25.** 帅五进一 | 前车退1 |
| **26.** 帅五退一 | 马5进3 | **27.** 兵七进一 | 士6进5 |

| 28. 兵七进一 | 前车进1 | 29. 帅五进一 | 前车退5 |

30. 兵七进一 ……

兵临城下，黑难抵抗！

| 30. …… | 前车平5 | 31. 帅五平六 | 车5平2 |

红胜。

点评：也许因为"鬼怪式高边车"战术遭到毁灭性打击，令后来者望而却步，在大型比赛中此阵无影无踪。

第14局　炮轰中卒对窝心马蹬车

1. 炮二平五	马8进7	2. 马二进三	车9平8
3. 车一平二	马2进3
4. 兵七进一	卒7进1
5. 车二进六	炮8平9
6. 车二平三	炮9退1
7. 兵五进一	马3退5
8. 炮八进四	卒3进1
9. 兵七进一	炮9平7
10. 炮五进四	马7进5
11. 车三平五	炮2平5
12. 相七进五	马5进7	（图62）

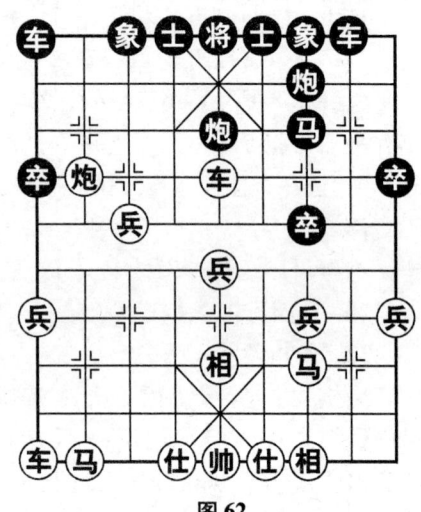

图62

特级大师郑一泓抛出最新布局飞刀！

| 13. 车五平四 | 车8进7 |
| 14. 车四进二 | 车1平2 |

出车捉炮是这一战术的精华所在，把复杂的选择推给红棋。

15. 兵七平八 ……

倘若车四平三，车2进3，车三退一，车8平7，仕六进五，车7退1，马八进七，车7平3，马七退六，车3退2，车九平七，车3退5，相五退七，车2平5，相七进五，车5进2，局势平淡。

| 15. …… | 炮7平9 | 16. 车四平三 | 马7进5 |

倘若车8平7，车三退一，车2进2，车三退二，炮9进5，相互对攻各有顾忌。

| 17. 车三平一 | 车8平7 |（图63）

第一章 中炮急冲中兵对窝心马

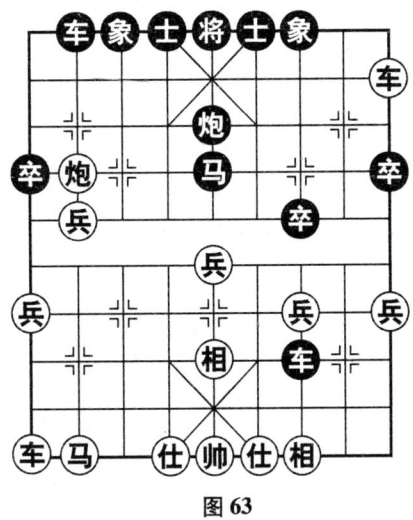

图 63

图 63 形势之下,红棋有仕六进五与兵五进一两种选择。

(甲) 仕六进五

申鹏 胜 郑一泓

(2006 年 10 月 18 日弈于象甲联赛)

18. 仕六进五　车 7 退 1　　19. 兵五进一　炮 5 进 2
20. 车一退二　马 5 退 6　　21. 马八进六　车 7 进 3

趁机吃相志在一搏!

22. 车一平四　……

倘若车九平七,车 7 退 3,车七进三,卒 7 进 1,车七平三,卒 7 进 1,马六进八,炮 5 退 3,车一平四,马 6 进 8,车四平二,马 8 退 6,马八进七,象 3 进 5,马七进六,炮 5 进 6,仕五退六,车 2 进 1,车二退二,车 2 平 4,马六退四,相互对攻各有所忌。

22. ……　　　车 2 进 1
23. 车九平七　车 7 退 2 (图 64)
24. 车七进九　……

挥车吃象略有急躁之嫌!似应炮八

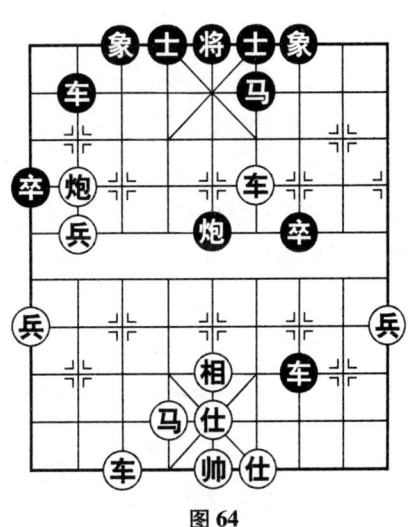

图 64

平五，马6进5，车四平五，车2平5，车五平六，以下黑棋有两种选择：①车5平8，车七进九，士6进5，车六平五，车7平5，马六进七，车5退1，车七退四，车5平3，车七平五，车8平7，兵九进一，车3平9，前车平九，红棋稍优。②车5进1，车七进九，士6进5，马六进七，车7退1，兵一进一，车5平6，车六退一，炮5退2，车六平五，车7平4，马七进六，炮5进5，车五退三，车4退2，车七退四，车4平3，兵八平七，和棋之势。

  24. ……   车7平5
  25. 车七退四 炮5退2
  26. 车七进二 马6进5
  27. 车七退三 卒7进1（图65）
  弃卒引车精妙！
  28. 帅五平六 ……

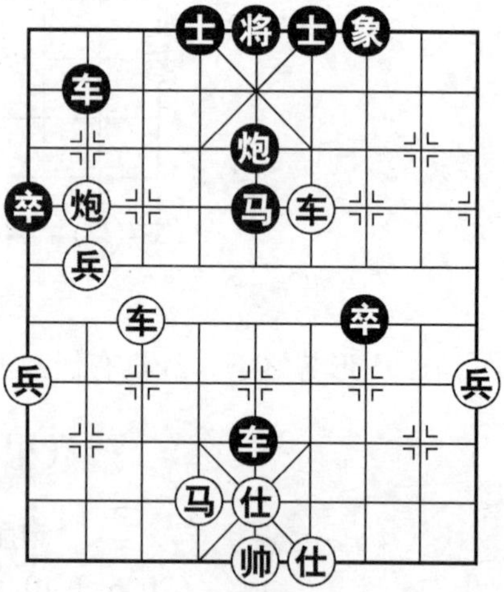

倘若车七平三，车5平3，马六进五，炮5进4，仕五退六，马5退3，车三平四，士4进5，后车平五，车3退1，车四退三，马3进2，车五退一，车3平5，车四平五，车2进2，黑棋优势。

  28. ……   马5进6
  29. 车四平六 士6进5
  30. 马六进八 炮5平4 31. 帅六平五 炮4平8
  32. 车六平二 炮8平5 33. 帅五平六 车2进2
  弃车砍马—车换双是简捷取胜佳着！
  34. 兵八进一 车5平2 35. 车二进三 车2进2
  36. 帅六进一 马6退4
  红胜。

图65

点评：申鹏大师杀象急攻而误中"郑氏飞刀"，倘若第24回合红棋反架中炮尚可一战。

（乙）兵五进一

孙思阳 负 杨宝忠

（2009年8月4日弈于盘锦辽宁省雪花象棋精英赛）

  18. 兵五进一（图66） ……
  齐齐哈尔名手孙思阳抛出最新布局飞刀！

第一章 中炮急冲中兵对窝心马

18. ……　　　炮 5 进 2
19. 仕六进五　车 7 进 2
20. 车一退二　马 5 退 6
21. 车九进二　……

倘若马八进六，车 7 退 3，车一平六，车 7 平 9，黑棋稍优。

21. ……　　　车 7 退 3
22. 车九平六　车 2 进 1
23. 车六进四　车 7 平 5
24. 兵八平七　……

倘若帅五平六，炮 5 退 2，马八进七，车 5 进 1，马七进六，车 5 平 1，马六进七，车 1 进 2，帅六进一，车 2 平 3，车六退一，相互对攻，黑棋也有所顾忌。

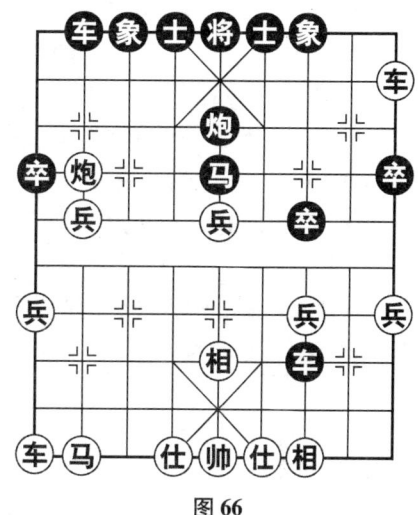

图 66

24. ……　　　炮 5 进 3
25. 仕五进四　车 5 平 3
26. 兵七进一　炮 5 退 5
27. 帅五进一　车 3 平 5
28. 帅五平四　炮 5 平 6
29. 车一平四　车 5 平 9
30. 仕四进五（图 67）　士 6 进 5

似可车 9 退 4，车四退一，马 6 进 4，车六平一，士 4 进 5，车一进一，象 7 进 9，马八进六，马 4 进 2，兵七平八，车 2 进 2，黑棋胜势。

31. 车六平五　车 2 进 1
32. 马八进七　马 6 进 8
33. 车四退一　马 8 进 9
34. 马七进五　车 9 平 2
35. 帅四退一　车 9 平 5（图 68）
36. 马五进七　……

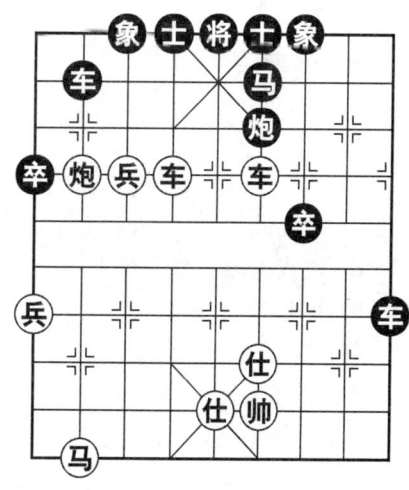

图 67

倘若马五进三，车 5 退 5，炮八平五，车 2 平 5，炮五退六，炮 6 退 2，马三进一，车 5 进 5，马一退二，象 3 进 5，炮五平八，卒 7 进 1，炮八进一，卒 7 进 1，炮八平四，车 5 平 3，帅四平五，卒 7 平 8，黑棋优势。

36. ……　　　车 5 平 3
37. 马七退五　马 9 进 8
38. 帅四平五　炮 6 平 5
39. 帅五平四　炮 5 进 4

49

40. 车五退三 ……

倘若车四退二，马8进9，车四平五，马9退7，帅四平五，车3进1，帅五进一，车3退2，黑棋优势。

40. ……　　车2平9

41. 仕四退五　车9进7

黑胜。

点评：红棋的飞刀比上局要慢一步，所以效果不佳，重演此阵请谨慎。

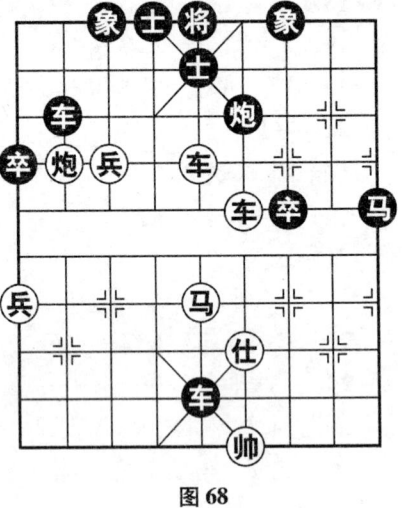

图68

第15局　炮轰中卒对窝心马蹬车

1. 炮二平五　马8进7
2. 马二进三　车9平8
3. 车一平二　马2进3
4. 兵七进一　卒7进1
5. 车二进六　炮8平9
6. 车二平三　炮9退1
7. 兵五进一　马3退5
8. 炮八进四　卒3进1
9. 兵七进一　炮9平7
10. 炮五进四　马7进5
11. 车三平五　炮2平5
12. 相七进五　马5进7
13. 车五平四（图69）……

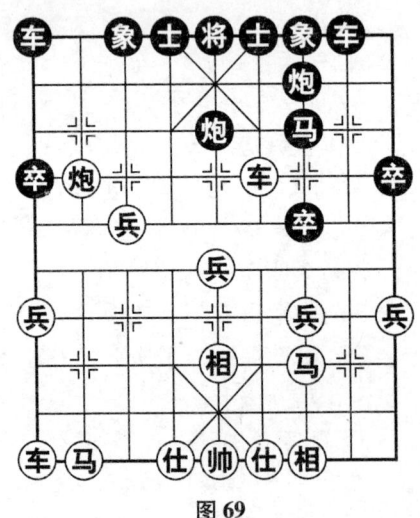

图69

图69形势之下，黑棋有炮7平5与车1平2两种选择。

· 50 ·

第一章　中炮急冲中兵对窝心马

（甲）炮7平5

陈建昌 负 景学义

（2009年4月11日弈于全国象棋团体赛）

13. ……　　炮7平5

著名象棋大师景学义抛出最新布局飞刀！

14. 兵五进一　　……

弃中兵颇为怪异！似可马八进六，车8进7，炮八退四，车1平2，车九平八，象3进1，仕六进五，马7进8，兵五进一，象1进3，兵五进一，前炮平9，车四平二，车8进1，炮八进四，红棋足可一战。

14. ……　　马7进8　　15. 车四平三　　……

似可车四退三，后炮进3，仕六进五，车8进3，炮八退三，车1平2，马八进七，车8平4，车九平六，车4进6，帅五平六，士4进5，炮八进一，红棋稍优。

15. ……　　马8进7（图70）

16. 仕六进五　　……

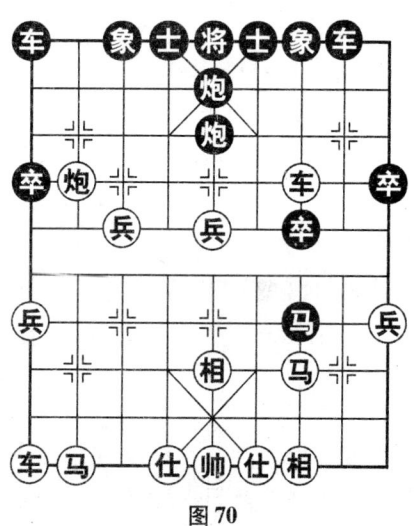

图70

似可炮八平五，车8进7，马三进五，马7进5，车九进一，后炮进2，车三平五，马5退3，车九平七，马3退5，车七进三，马5进7，马八进七，车1平2，仕六进五，红棋尚可坚守。

16. ……　　车8进7

17. 炮八退四　　车1平2　　18. 马八进六　　车8进1

19. 炮八进三　　……

进炮具有拦挡与保兵双重作用！倘若车九平八，车8平6，炮八平六，车2进9，马六退八，马7进5，帅五平六，马5退7，炮六平七，象3进1，车三平六，后炮进3，车六进三，将5进1，车六退六，卒7进1，兵七进一，相互搏杀各有顾忌。

19. ……　　车8平6　　20. 车九进二　　马7进5

21. 车九平六　　马5进7　　22. 帅五平六　　前炮进6（图71）

炮轰中仕凶悍！搏杀由此展开。

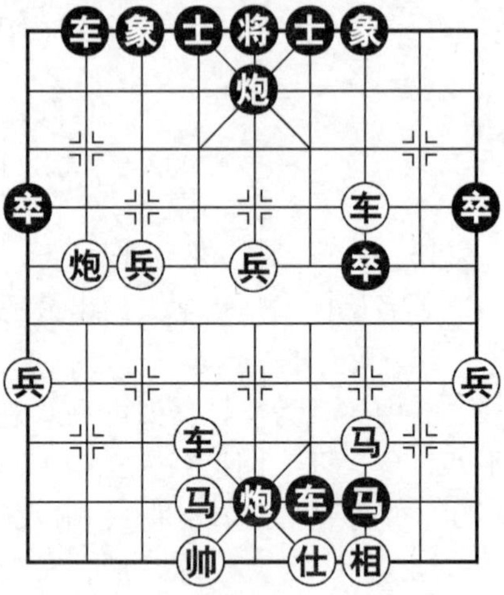

23. 马六进八 ……

似可仕四进五，炮5进7，马六进八，象3进5，车三平六，士4进5，马三退五，车6平5，后车平三，鹿死谁手尚难预料。

23. …… 车6进1
24. 帅六进一 象3进5
25. 马三退五 ……

为什么不走车三平六，后炮平8，马三退五，炮8进7，前车进三，车2平4，车六进七，将5进1，马八进六，卒7进1，黑棋有攻势。

25. …… 炮5平6
26. 马五进三 士4进5
27. 兵五进一 炮6进5
28. 马三进四 ……

强势出击！似应兵五平六坚守为宜。

28. …… 炮6平7
29. 车三平四 马7退6
30. 车六平三 卒7进1
31. 马四退六 象5进3
32. 炮八退一 象3退5
33. 兵五进一 ……

倘若车三平四，车6退2，马六退四，车2进5，车四退三，车2进2，相三进一，卒7平8，黑棋优势。

33. …… 象7进5
34. 炮八进二 车6退1
35. 帅六退一（图72） 车2平3

似可车2平4，炮八平六，炮7平4，马八进六，车4平2，炮六平八，车6进1，帅六进一，车2平3，炮八平七，车6平3，车三进二，前车退3，车四退三，后车平2，相三进五，车2进8，帅六退一，车2进1，帅六进一，车3退3，帅六平五，车2退1，帅五退一，车2平4，黑胜。

36. 车三平四 车6退1
37. 马六退四 车3进6

图71

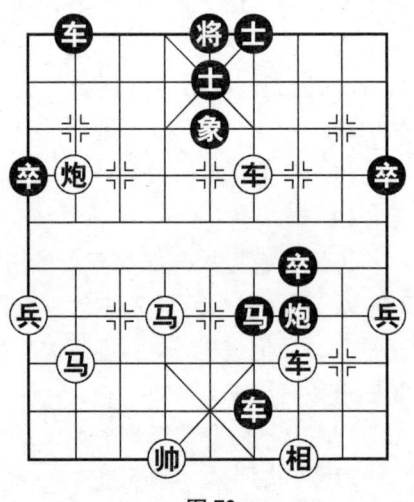

图72

第一章　中炮急冲中兵对窝心马

38. 炮八平一　炮 7 进 1　　　　**39.** 车四平八　……

似可马四进六，卒 7 进 1，车四平九，红棋足可一战。

39. ……　　　车 3 进 1（图 73）

40. 车八进三　……

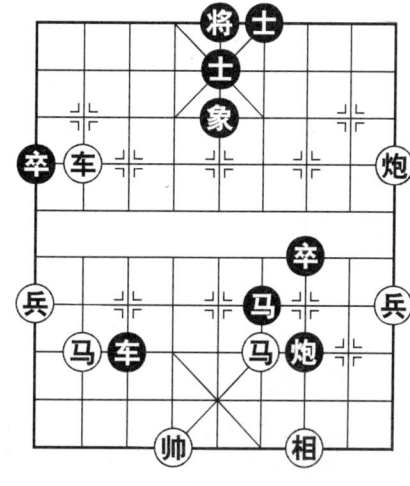

图 73

相互搏杀一波三折，胜负几乎就在一步之间。进车叫将失去良机。似应炮一进三，象 5 退 7，车八进三，士 5 退 4，车八平六，将 5 进 1，车六退一，将 5 进 1，车六退五，卒 7 进 1，车六平五，将 5 平 6，炮一平四，将 6 退 1，炮四退六，车 3 平 6，马八进七，红棋优势。

40. ……　　　士 5 退 4

41. 车八平六　将 5 进 1

42. 车六退一　将 5 退 1

43. 车六进一　将 5 进 1

44. 车六退一　将 5 退 1　　　**45.** 炮一平五　象 5 退 7

46. 炮五退六　车 3 平 2　　　**47.** 相三进五　……

似应马四退六，车 2 平 4，车六退六，马 6 进 4，相三进五，士 6 进 5，相五进三，将 5 平 6，炮五进二，马 4 进 2，帅六平五，马 2 退 1，马六进五，炮 7 平 6，炮五进六，残局决斗的道路漫长。

47. ……　　　象 7 进 5　　　**48.** 车六进一　将 5 进 1

49. 车六退一　将 5 退 1　　　**50.** 车六进一　将 5 进 1

51. 车六退一　将 5 退 1　　　**52.** 相五退三

红棋后因时间恐慌长将违规判负而惜败，余略。

点评：黑棋飞刀战术复杂多变，一波三折。且仅此一局，倘若重演请小心为佳。

（乙）车 1 平 2

张学潮　和　李智屏

(2013 年 5 月 7 日弈于北京象甲联赛)

13. ……　　　车 1 平 2（图 74）

著名象棋大师李智屏抛出最新布局飞刀！

14. 马八进七　车 8 进 5

构思奇特新颖！

15. 仕六进五 ……

稳健！似可兵五进一，车8进2，马三进五，炮7平5，仕六进五，前炮进4，车九平八，前炮进2，仕四进五，车2进2，车四平六，红棋优势。

15. ……　　　车8平5
16. 车九平六　马7进5
17. 兵七进一　马5进6
18. 马三进五　炮5进4
19. 马七进五（图75）　炮7进5

倘若马6进5，相三进五，车5进1，车四平五，车5退3，炮八平五，车2进7，车六进六，车2平5，帅五平六，车5平3，仕五进四，车3进2，帅六进一，炮7进5，相互对攻，各有千秋。

20. 车六进二　车5进1
21. 车四退二　炮7平1
22. 车四平八　车2进2
23. 车六平七　车5退4

小将张学潮咄咄逼人的攻势使李智屏大师不得不全力防守。倘若车2平8，兵七平六，车8平2，车七进七，红棋优势。

24. 车七进一　炮1退2
25. 车七进二　象7进9
26. 兵一进一　士6进5
27. 兵七平六　象3进1

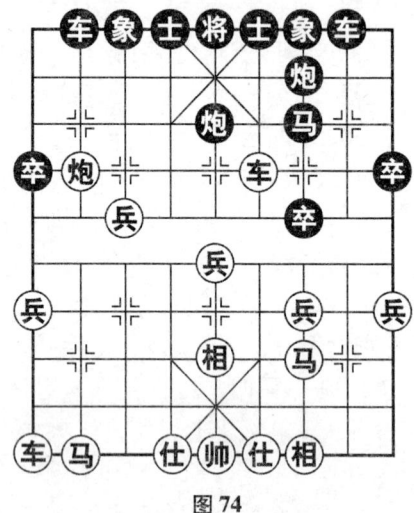

图74

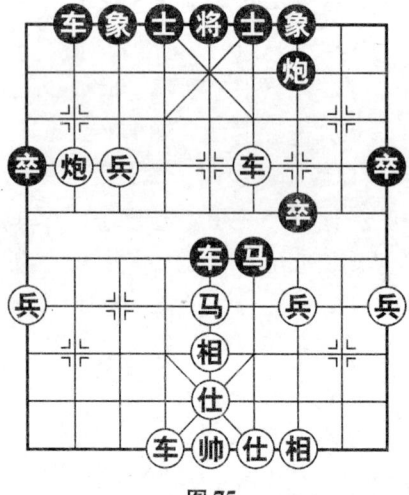

图75

似可车5平3，车七进二，车2平3，炮八平一，炮1平5，炮一平五，将5平6，车八平四，车3平6，车四平五，车6进2，兵一进一，卒7进1，兵一进一，卒7平6，车五退一，象9退7，黑可抗衡。

28. 车七平八　车5平3　　29. 炮八平一　车2进2
30. 车八进一　炮1进5　　31. 炮一平五　将5平6
32. 帅五平六 ……

似应车八平四，士5进6，仕五进六，红棋稍优。

32. ……　　　车3进7　　33. 帅六进一　车3退1

第一章　中炮急冲中兵对窝心马

34. 帅六退一　车3进1　　　35. 帅六进一　车3退5

逼兑精妙，和棋已定。

36. 车八平七　……

倘若车八进一，车3平4，仕五进六，炮1退4，兵六平七，炮1平4，仕六退五，卒7进1，相五进三，炮4平9，仕五进六，炮9退2，和棋之势。

36. ……　　　象1进3　　　37. 炮五平九　士5进6
38. 炮九退一　士4进5　　　39. 兵一进一　炮1平2
40. 炮九平八　炮2平1

和棋。

点评：黑棋布局飞刀的反击性能较弱，重演此阵请谨慎。

第16局　炮轰中卒肋车对窝心马飞右象

1. 炮二平五　马8进7　　　2. 马二进三　卒7进1
3. 车一平二　车9平8　　　4. 车二进六　马2进3
5. 兵七进一　炮8平9
6. 车二平三　炮9退1
7. 兵五进一　马3退5
8. 炮八进四　卒3进1
9. 兵七进一　炮9平7
10. 炮五进四　象3进5
11. 车三平四　……

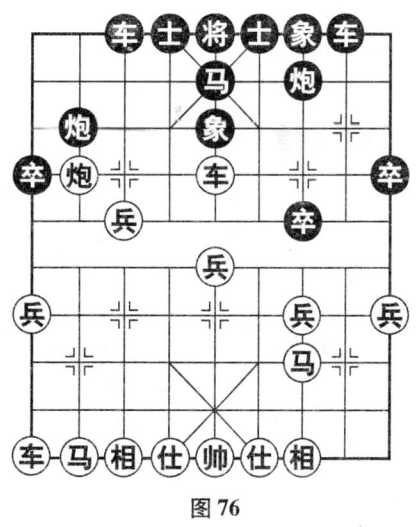

图76

"肋车"避打是特级大师王斌最早抛出的最新布局飞刀！

11. ……　　　马7进5
12. 车四平五　车1平3（图76）

图76形势之下，红棋有车五平四与兵七进一两种选择。

（甲）车五平四

王斌 和 苗利明

（2007年9月8日弈于呼和浩特全国象棋个人赛）

13. 车五平四　车3进4

难道不怕"炮镇五子"吗？自有锦囊妙计。

14. 炮八平五　车3退1　　　15. 相七进五　炮2进1
16. 兵五进一　炮7进5

攻守兼备的佳着！

17. 马八进六　……

倘若马三进五，车8进6，马八进七，炮2平5，兵五进一，象5退3，车四退二，炮7平9，马五进七，车3平5，仕六进五，马5进7，车九平八，车8平3，后马进五，车3平4，黑棋优势。

17. ……　　　炮2平5（图77）
18. 兵五进一　……

为什么不走车四平五呢？车3平5，兵五进一，马5进7，兵五进一，马7进5，车九平七，马5进6，马三进五，马6进8，仕六进五，车8进3，帅五平六，炮7平9，黑棋有攻势。

18. ……　　　象5退3

精巧！

19. 车四退一　车3平5
20. 马三进五　象3进5
21. 车九平八　马5进7
22. 车四退二　炮7平8

倘若炮7平5，马六进五，车8进3，局势平淡。

23. 马五进七　车8进3

机警！兵种不全，紧急收兵。

24. ……　　　炮8退2　　　25. 车八平五　车8平5
26. 马六进五　士4进5　　　27. 车四平二　卒9进1
28. 仕四进五　象5进3　　　29. 马五退七　车5进2
30. 后马进八　炮8进1

巡河炮打马，劫吃一相。

31. 马八进九　炮8平3
33. 相三进五（图78）　车3平5

倘若车3进2，车二平五，象3退5，马九退八，车3退3，黑棋稍优，但不如实战。

34. 马九退七　车5进2　　　35. 马七进八　车5退4

24. 车八进六　……

32. 相五进七　车5平3

第一章　中炮急冲中兵对窝心马

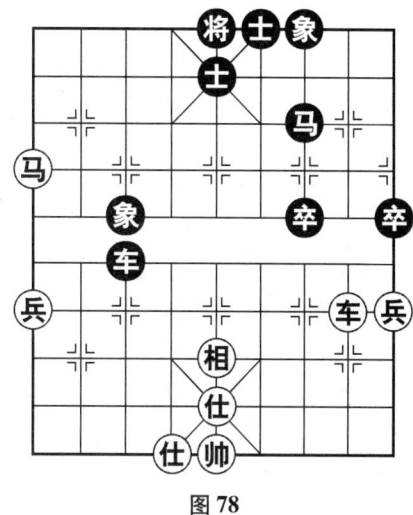

图 78

黑优，余略，终局和棋。

点评："炮镇窝心马"的攻势看似凶悍，遭到黑棋反击而被清除，重演此阵没便宜。

（乙）兵七进一

13. 兵七进一　……

因上一局车五平四没什么便宜，作者研究试拟"冲七兵"封锁黑车新战术。

13. ……　　　卒 7 进 1

冲 7 卒展开对攻势在必行！

14. 马三进五　马 5 进 7
15. 车五平四　卒 7 进 1
16. 相七进五　卒 7 平 6
17. 马五进七　卒 6 进 1（图 79）
18. 车四退四　……

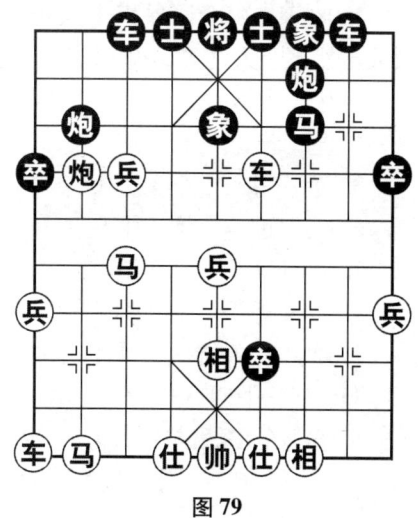

图 79

退车吃卒稳健。倘若马八进六，卒 6 进 1，相三进一，车 8 进 8，以下红棋有两种选择：①车四进二，炮 7 平 9，马六进四，车 8 平 9，马四进三，士 4 进 5，兵七平六，车 3 进 4，兵五进一，炮 2 平 3，炮八平七，车 3 平 2，炮七平八，车 2 进 4，相互对攻，各有所忌。②相一进三，马 7 进 8，车四平二，马 8 进 9，车二退五，马 9 进 8，马七进五，士

4进5,车九进一,车3平4,黑棋有攻势。

18. ……　　　车3进3
19. 马七进五　车3平4
20. 马八进七　士4进5
21. 马五退七　车4进3
22. 仕六进五　车8进8（图80）
23. 后马进五　车8退3

为什么不走车8平6呢?马五进三,车6退1,马三退四,车4平9,车九平六,卒9进1,炮八退四,红棋稍优。

24. 车九平六　车4进3
25. 仕五退六　车8平5
26. 仕六进五　象5进3

局势平稳。

点评:"冲七兵"是作者闭门造车之作,仅供参考。

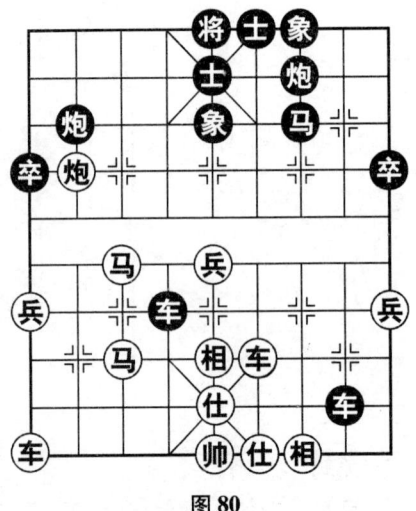

图80

第17局　炮轰中卒对窝心马飞左象

2008年佛山全国象棋个人赛,静谧的比赛大厅里名手云集。两员小将的激战虽然不引人注意,却在演绎"炮轰中卒肋道避车对窝心马飞左象"最新战斗,从而为窝心马飞左象战术增添新的攻守内容。

1. 炮二平五　马8进7　　2. 马二进三　车9平8
3. 车一平二　卒7进1　　4. 车二进六　马2进3
5. 兵七进一　炮8平9　　6. 车二平三　炮9退1
7. 兵五进一　马3退5　　8. 炮八进四　卒3进1
9. 兵七进一　炮9平7　　10. 炮五进四　象7进5

17岁小将黄竹风大师抛出最新布局飞刀!

11. 车三平四　……

肋道避车是稳健决策。

11. ……　　　马7进5　　12. 车四平五　马5进7
13. 车五平七　……

面对飞刀战术,小将陆伟韬选择"护兵"是稳健的决策,但也暗伏小小圈套。

13. ……　　　卒1进1

看似挺进边卒有点莫名其妙，为什么不走炮7平5打兵呢？相七进五，炮5进4，仕六进五，士6进5，马八进六，车8进5，马六进七，卒1进1，车九平六，炮5退1，兵七平六，炮5平6，兵六平五，炮6退4，兵五进一，红棋优势。

14. 相七进五　车1进3（图81）

图81形势之下，红棋有马八进六与炮八退一两种选择。

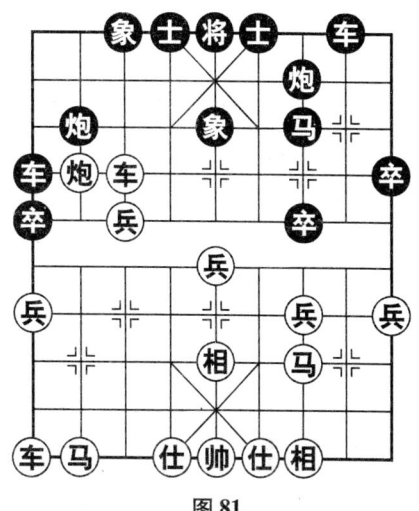

图81

（甲）马八进六

陆伟韬　和　黄竹风

（2008年11月3日弈于全国象棋个人赛）

15. 马八进六　车8进5

倘若象5进3，车九平七，象3进5，前车平六，炮7平2，炮八平七，前炮平3，车七进四，士6进5，车七平六，车8进7，马三进五，车8退1，兵五进一，车1平2，兵五进一，车8退3，兵五平四，炮2平4，兵四平三，炮4进4，前兵平二，炮4平6，兵二平三，马7退6，马五进六，炮6退3，车六平四，车2进2，前马进七，炮6平3，马六进四，红棋优势。

16. 马六进七　象5进3　　　17. 马七进六　炮7平2

红马咄咄逼人卧槽之势，还是令人不寒而栗。现在挥炮强行兑车是退敌佳着。

18. 炮八退二　……

精巧兑车！

18. ……　　车1平3　　19. 炮八平二（图82）　象3退5

似可前炮进2，兵五进一，象3退5，马六退五，车3进1，车九平七，前炮平5，车七进五，象5进3，仕六进五，炮5进1，局势平稳。

20. 马三进五　后炮平5　　21. 车九平八　车3平4

22. 兵五进一　炮5进3　　23. 仕六进五　炮2平3

· 59 ·

24. 炮二平六　车4平3
25. 车八进六　……

兑车保持小优，稳健决策。

25. ……　　　车3平2
26. 马六进八　士6进5
27. 马五进七　……

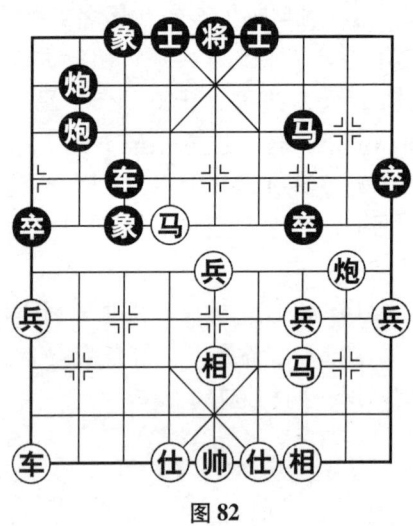

图82

为什么不走马八进七卧槽，将5平6，再炮六平四呢？因黑可接走炮5进1，马五进七，马7进5，后马进五，炮5平4，仍是平稳之势。

27. ……　　　象5进3
28. 马七退八　炮3平2
29. 炮六平五　炮2进5

和棋。

点评："飞左象"飞刀横空出世，演绎新版炮马争雄大戏！

（乙）炮八退一

15. 炮八退一（图83）……

"退炮兑车"最早是2007年在网上萌发的新着。

15. ……　　　车8进3
16. 车七平九　车8平1
17. 兵七平六　车1平3
18. 马八进九　……

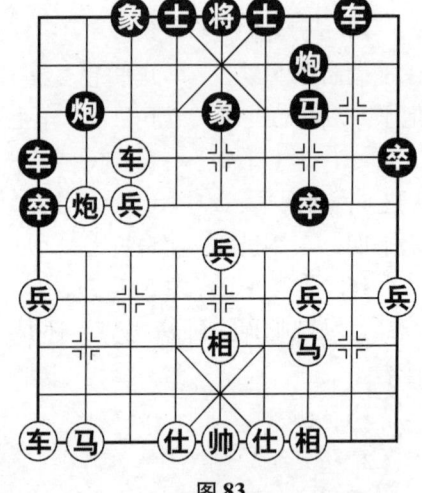

图83

倘若马八进六，车3进5，马六进五，车3平2，黑棋得子优势。

18. ……　　　车3进4
19. 炮八进一　……

倘若炮八退四，炮2平1，马三进五，车3平4，马五进七，车4退3，马七进八，车4退1，马八进七，车4退2，马七退九，象3进1，兵五进一，炮7平5，炮八平五，车4平3，车九平七，车3进8，相五退七，炮5进3，相七进五，炮5进4，仕四进五，平淡之势。

19. ……　　　车3平2
20. 炮八平四　车2退1

第一章　中炮急冲中兵对窝心马

21. 车九平七　车2平7
22. 马三退五（图84）　车7平1

倘若车7平6，车七进六，炮7平6，炮四平三，炮6进8，相五退七，车6退5，兵五进一，卒7进1，兵五进一，炮2进4，兵五进一，炮2平8，炮三平五，马7进5，车七平五，象3进5，车五进一，士6进5，车五平二，炮8平5，马五进七，炮5退3，车二平五，炮5平8，车五平三，炮8进6，车三退三，红棋优势。

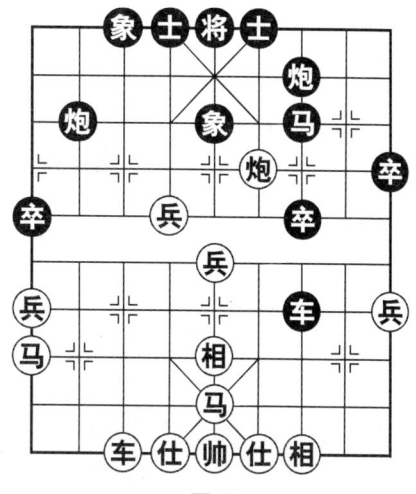

图84

23. 马九进七　马7进8

倘若车1平2，兵五进一，士6进5，马五进三，卒7进1，马三进五，炮2平3，马七退六，炮3平4，车七平八，车2进3，马六退八，卒7平6，炮四平九，进入无车残局，各有千秋。

24. 兵五进一　马8进9	25. 相三进一　车1平2
26. 炮四平五　士6进5	27. 车七进二　马9退8

28. 马七进五　将5平6

倘若炮2退1，车七进七，将5平6，车七退六，车2平3，前马退七，炮2进8，马五退七，马8进7，相一退三，红棋优势。

29. 相五退七　马8退7	30. 车七平四　炮7平6

31. 车四进四

相互对攻，各有千秋。

点评："退炮兑车"曾是网上主流布局飞刀战术，胜率颇高。作者认为，红棋退炮兑车并非十分恐怖与神奇，黑棋的反击性能亦不可小觑。

第18局　炮轰中卒肋道避车对窝心马飞左象

1. 炮二平五　马8进7	2. 马二进三　卒7进1
3. 车一平二　车9平8	4. 车二进六　马2进3
5. 兵七进一　炮8平9	6. 车二平三　炮9退1
7. 兵五进一　马3退5	8. 炮八进四　卒3进1
9. 兵七进一　炮9平7	10. 炮五进四　象7进5
11. 车三平四　马7进5	12. 车四平五　马5进7

13. 车五平四（图85）……

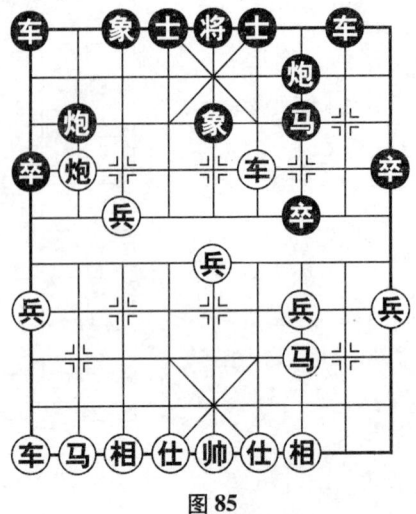

图85

特级大师谢靖抛出最新布局飞刀！

图85形势之下，黑棋有炮7平5与车1进1两种选择。

（甲）炮7平5

谢靖 胜 王斌

（2012年3月21日弈于耒阳蔡伦竹海杯象棋精英邀请赛）

13. ……　　炮7平5
14. 相七进五　车8进6

为什么不走象5进3呢？马八进六，马7进8，车九平七，卒7进1，车四平六，卒7进1，马三进五，卒7平6，马五进七，马8进6，马七进五，马6进8，仕六进五，炮2平5，车六平三，后炮进3，兵五进一，车1平2，车七进五，红棋优势。

15. 马八进七　车8平7
16. 马三进五　象5进3
17. 车四平三（图86）……

看似平凡无奇的交换，实则精妙！

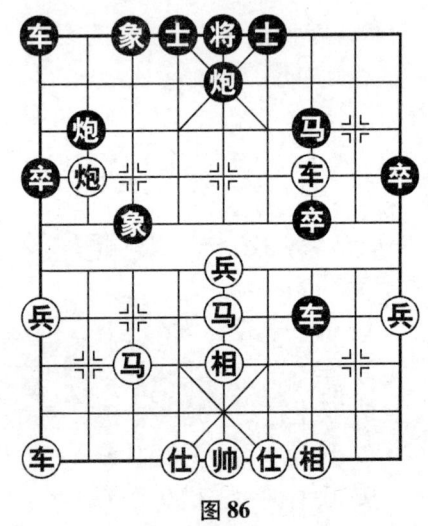

图86

第一章 中炮急冲中兵对窝心马

17. ……　　炮5进5

倘若炮2平5，车三进一，前炮进4，仕六进五，前炮平9，车九平六，炮5进6，相三进五，炮9进3，相五退三，车7进3，车三平二，卒7进1，车六进二，红棋优势。

18. 马七进五　车7平5　　19. 车三进一　车1进2

为什么不走象3退5呢？车三平五，象3进5，炮八平五，象5退3，炮五退三，炮2平5，炮五平二，车1平2，车九平七，车2进5，兵五进一，车2平5，车七进五，炮5平9，兵五平四，炮9进4，车七进四，红棋优势。

20. 车九平七（图87）　车5退1

当前形势乍看似乎比较简单，但是黑棋要找到一步抵抗红方的好棋却又有难度。倘若炮2退2，炮八平五，车1平7，炮五退三，士6进5，车七进五，车7平6，车七进四，炮2进6，车七退三，卒9进1，仕六进五，炮2平9，车七平三，将5平6，炮五平七，车6平3，炮七进三，红棋优势。

21. 炮八平二　车5平8
22. 炮二平五　车8平5
23. 炮五平二　车5平8
24. 炮二平五　车8平5
25. 炮五平二　车5平8
26. 炮二平五　车8平5
27. 炮五平二　车5平8
28. 炮二平五　车8退2
29. 炮五退二　车8进2
30. 炮五进二　车8退2
31. 炮五退二　车8进2
32. 炮五进二　车8退2
33. 炮五退二　车8进2
34. 炮五进二　车8退2
35. 炮五退二　炮2退1
36. 车三平五　炮2平5
37. 车五平九　象3退5（图88）

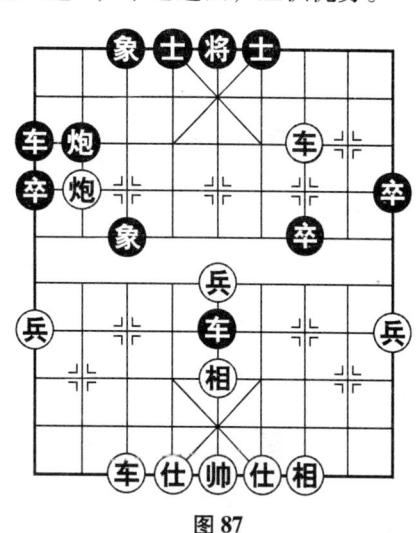

图87

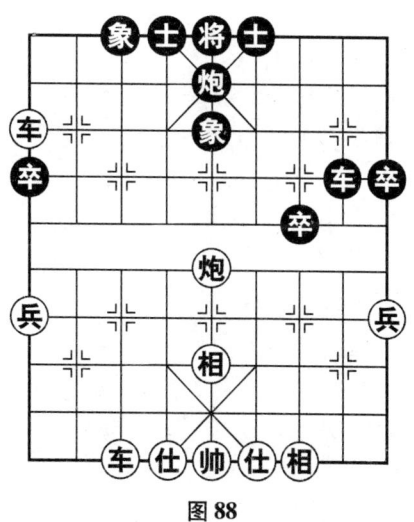

图88

38. 炮五进四 ……

怪! 不躲车却兑炮, 这不是傻吗? 非也! 这正是象棋的独特韵味与奥妙。倘若车九平六, 炮5进4, 仕六进五, 卒7进1, 也许黑棋尚有一线和棋之望。

38. ……　　象3进1　　39. 炮五平九 ……

孤车可和车炮仕相全, 却和不了车炮兵。

39. ……　　象1退3　　40. 车七进三 ……

老练! 再以车炮联合可轻松捉死一个边卒, 形成车炮兵必胜单车士象全的残局。

40. ……　　士6进5　　41. 炮九平六　车8平4

42. 炮六平八

红胜。

点评: 谢靖大师改进型飞刀虽然优势不大, 却难反击, 令人望而却步。虽然如此, 新的对抗战术应运而生。

(乙) 车1进1

谢靖　胜　孙逸阳

(2013年5月22日弈于象甲联赛)

13. ……　　车1进1 (图89)

江苏小将孙逸阳在一年之后, 接过王斌大师窝心马的钢枪再战谢靖, 抛出最新改进型布局飞刀!

14. 相七进五　马7进8

"跳外马"立呈冲卒逐车之势, 红棋如何决策颇为头痛。

15. 兵五进一 ……

艺高胆大! 放卒巧渡一战!

15. ……　　卒7进1

16. 车四平六 ……

确有高招! 倘若炮八平五, 炮7平5, 车四平一, 卒7进1, 马三进五, 马8进6, 车一平四, 马6进4, 车九进一, 马4退5, 兵七进一, 车1平4, 黑棋足可一战。

16. ……　　卒7进1　　17. 马三进五 (图90) ……

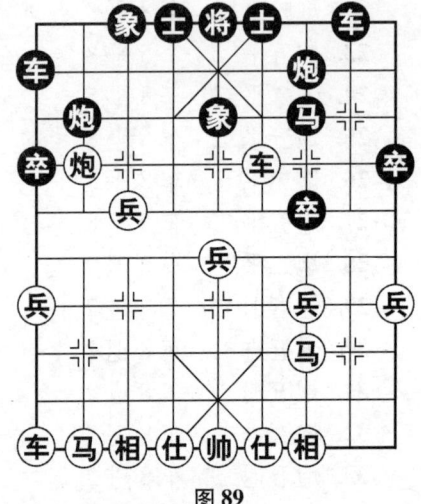

图89

第一章　中炮急冲中兵对窝心马

17. ……　　马8进6

倘若卒7平6，马五进四，马8进6，仕六进五，马6进8，马八进六，卒9进1，车九平七，车8进2，兵七平六，炮7平6，兵五进一，红棋优势。

18. 马五进三　车1平6

倘若象5进7，车六进一，卒7平6，车六平八，炮7进4，相互对攻黑棋可战。

19. 马八进六　卒7进1

20. 车九平七　卒7进1

卒临城下黑棋形成五子侧翼攻城之势也颇有力度。

21. 车六平四　卒7平6（图91）

弃车轰象太猛！恨不得一刀刺入心脏。

似可车6进1，车七进四，马6进4，车四进一，炮2平6，兵五进一，车8进5，尚可一战。

22. 车四进二　炮7进8

23. 仕四进五　车8进9

倘若炮7平9，炮八平二，马6进7，车四退七，马7进8，车四退一，炮9平6，仕五退四，红棋多子胜势。

24. 炮八平五　象5进3

25. 马三退二　卒6平5

26. 帅五进一　炮7平3

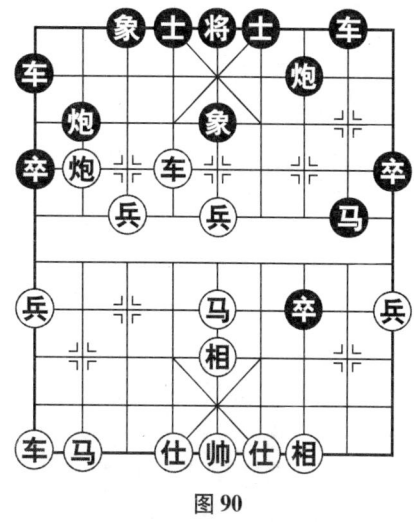

图90

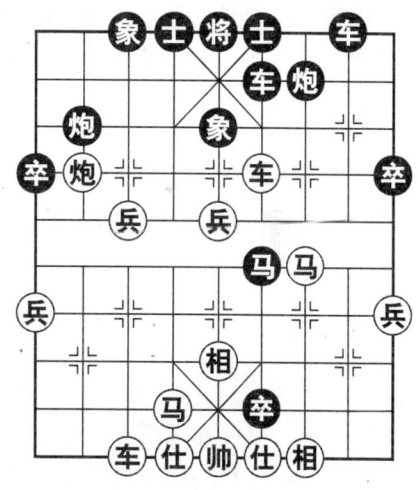

图91

27. 车四退四（图92）　　车8平5

最后一搏！倘若车8退2，马六进八，炮3退1，车四进三，炮2退1，帅五平六，车8退6，车四平五，士6进5，车五平八，士5进6，马八进九，红棋亦优。

28. 帅五平四　炮2进6

倘若错走马六进七，车5平6，帅四平五，车6退4，黑棋优势。

29. ……　　炮3退2

欠细！似应相五退三为宜。

29. 帅四进一　……

30. 相五进七　……

30. ……	车5退5			

31. 马二进三　……

弃炮是解杀的佳着！

31. ……	车5退1			
32. 车四进五	将5进1			
33. 马六进五	……			

护住中路，黑棋攻势崩溃。

33. ……	炮3进1			
34. 马五进六	象3退1			

无奈！倘若车5平4，马三进四，将5平4，车四退一，士4进5，车四平五，将4退1，车五平八，炮2退5，马四进五，红棋胜势。

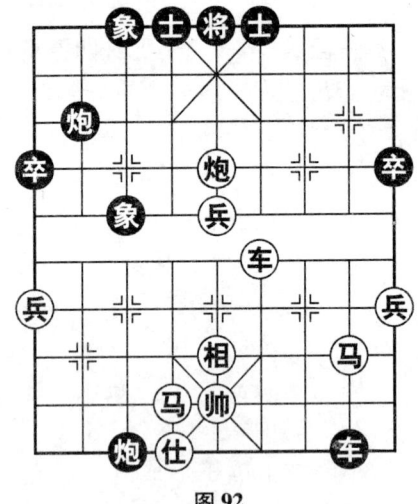

图92

35. 马三进四	将5平4	36. 车四退二	炮2退4
37. 车四平八	炮2平3	38. 相七退九	士4进5
39. 车八进一	将4退1	40. 马四进五	将4平5
41. 马六进四	后炮退1	42. 马四进三	将5平4
43. 车八退五	……		

退车叫杀，黑棋难以抵抗。

43. ……	将4进1	44. 马五退三	车5平4
45. 前马退五	后炮平2	46. 马五退七	

红胜。

点评：飞刀初试折戟沉沙，重演黑阵请小心为佳。

第19局　炮轰中卒弃车砍马对窝心马飞左象

只从2009年申鹏与许银川演绎"弃车砍马对窝心马飞右象"激战之后，留下"飞左象"会怎样的疑问。为了揭开其神秘面纱，作者在2010年初曾专题研究这个变化。限于水平，抛砖引玉仅供参考。

1. 炮二平五	马8进7	2. 马二进三	车9平8
3. 车一平二	马2进3	4. 兵七进一	卒7进1
5. 车二进六	炮8平9	6. 车二平三	炮9退1
7. 兵五进一	马3退5	8. 炮八进四	卒3进1
9. 兵七进一	炮9平7	10. 炮五进四	象7进5

11. 车三进一 ……

弃车砍马似曾相识，但是仅仅黑棋差了"右象与左象"的方向差别！

11. ……	炮2平7
12. 兵五进一	卒7进1
13. 马三进五	卒7进1
14. 相七进五	前炮进7

炮轰底相弃子抢攻！

| 15. 相五退三 | 炮7进8 |
| 16. 仕四进五 | 炮7平9（图93） |

图93形势下，红有帅五平四与马五进四两种选择。

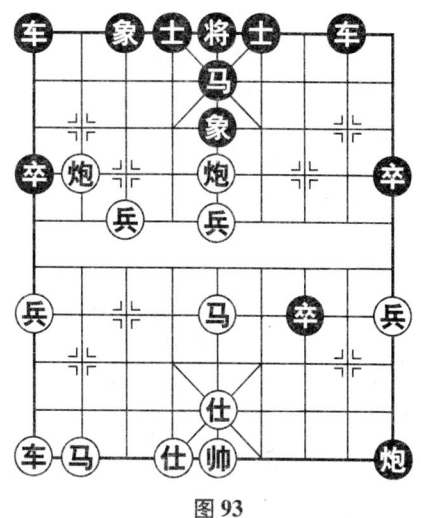

图93

（甲）帅五平四

17. 帅五平四 ……

"出帅逃驾"看似势在必行，实则是导致失败的症结。

| 17. …… | 车8进9 |
| 18. 帅四进一 | 车8退5（图94） |

19. 帅四退一 ……

无奈之策！另有三种选择：①炮八退一，炮9平5，仕五进六，卒7平6，兵九进一，卒6平5，帅四平五，卒5进1，帅五进一，车1平2，车九进三，车2进4，兵七平八，车8平5，帅五平四，炮5退6，车九平四，马5进7，黑棋胜势。②兵七平六，车1平2，兵六进一，车8平5，帅四退一，车5进2，车九进二，车5平6，帅四平五，车6平2，车九平一，后车进3，炮五平八，车2退3，车一退二，车2进6，黑棋胜势。③兵五平六，炮9平5，炮八平一，车1平2，红棋崩溃。

| 19. …… | 车8平5 | 20. 兵七进一 | 车5进2 |
| 21. 车九进二 | 车5平6 | 22. 帅四平五 | 车6平3 |

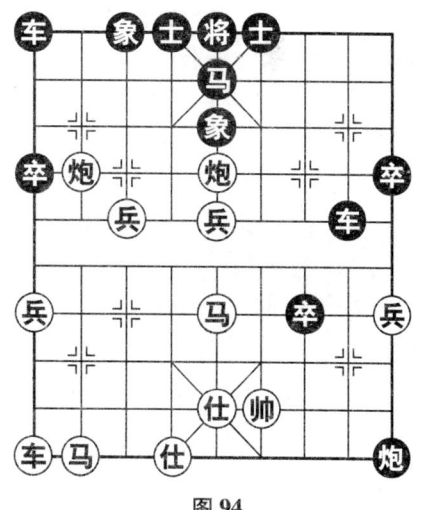

图94

23. 兵七平六　车1平2
24. 车九平一　车3平2（图95）
25. 马八进七　……

倘若兵六平七，炮9平4，车一平六，前车进3，仕五退六，前车平3，帅五平四，车3退3，兵九进一，卒7平6，兵七平六，车3退2，仕六进五，车3平5，帅四平五，卒6平5，兵六平七，卒5进1，炮五退四，马5进7，黑棋胜势。

25. ……　　　后车进3
26. 炮五平八　车2退3
27. 车一退二　车2平4

黑棋优势。

点评："逃驾"是导致劣势的错着，倘若重演红阵风险较大。

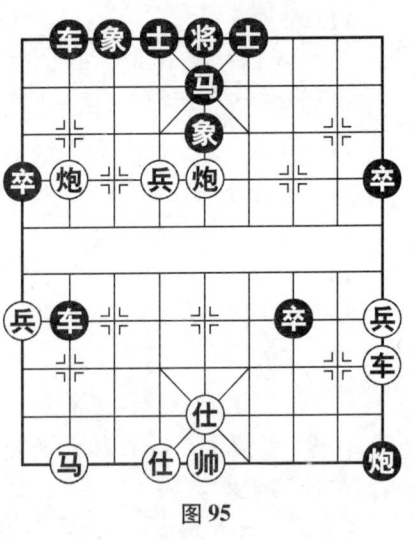

图95

（乙）马五进四

17. 马五进四（图96）　……

飞马向前是正确选择！似乎侧翼要遭到车炮卒毁灭性打击，但是红棋自有退敌的锦囊妙计！这步棋是反击"飞左象炮轰双相"的战术精华。

17. ……　　　车8进9
18. 仕五退四　车1平2
19. 兵七平八　……

暗伏马四进二与炮八平一致命的潜在攻击！虽然兵七进一也是红棋优势，却难与此媲美。

19. ……　　　卒7进1
20. 车九进二　……

趁势追击！倘若马八进六也是红棋优势，但不如高边车其势凶猛。

20. ……　　车8退1　　21. 仕四进五　卒7进1（图97）

眼看车炮卒侧翼攻势十分强大，卒临城下难道形成绝杀之势？红棋自有妙计安天下。

22. 车九平一　……

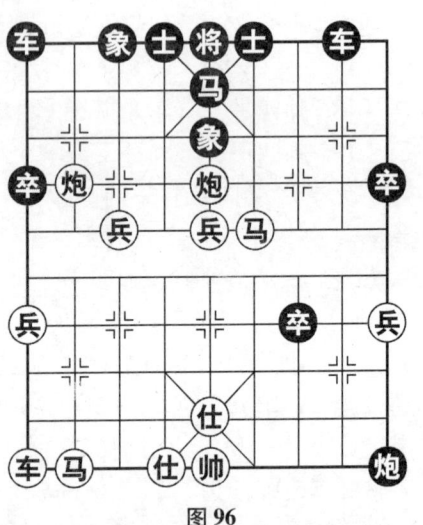

图96

孤车救主，一柱擎天。

22. ……　　　　车8进1

为什么不走炮9平8呢？炮八平一，卒7进1，仕五退四，车8平6，炮一进三，炮8退9，仕四进五，车2进4，马四进二，卒7平6，仕五退四，车2平5，仕六进五，车6退7，马二进三，车5退1，车一平四，马5进3，车四进六，车5平7，车四进一，将5进1，炮一退一，炮8进1，马三退四，红胜。

23. 仕五退四　卒7平6
24. 车一退二　……

舍车砍炮绝妙！

24. ……　　　　车8平9
25. 马八进六（图98）车9平7

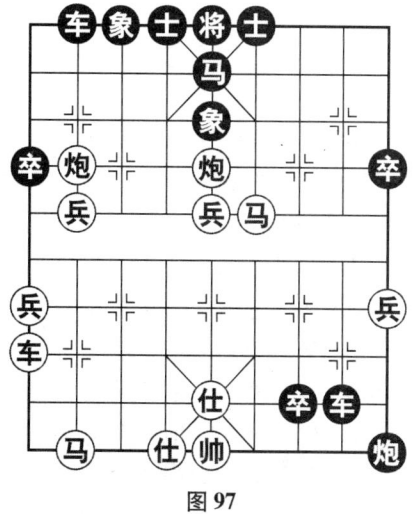

图97

鞭长莫及！倘若卒9进1，马四进二，绝杀红胜。

26. 炮八平一　……

左炮右移，致命一击！

26. ……　　　　车2进4
27. 炮一进三　……

倘若错走马四进二，车2平5，黑棋捷足先登抢先杀王。

27. ……　　　　车7退9
28. 马四进二　……

单骑杀王黑难解救！

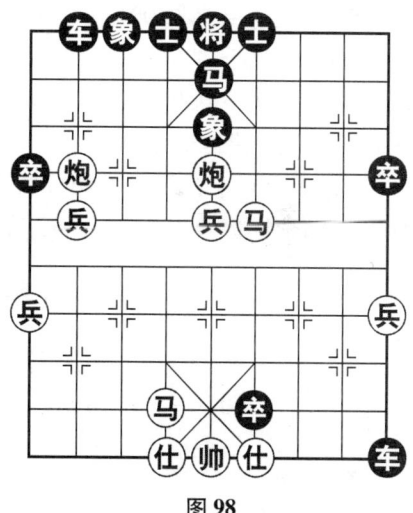

图98

28. ……　　　　车2平5　　29. 仕六进五　车5平6

别无良策，只好送车暂解燃眉之急。

30. 马二退四　车7平9　　31. 马四进六

红胜。

点评："飞左象"虽然弥补了右翼阵地空虚与黑棋的威胁，但是也造成左翼漏风之势，红棋锐利攻势仍很难抵挡。

第20局　退车杀卒对窝心马

2007年首都家居联盟杯全国象棋男子双人表演赛,河北两位著名大师申鹏与张江在比赛中抛出最新"退车杀卒"冷门布局飞刀,并战胜柳大华、党斐而一鸣惊人…………

1. 炮二平五　马8进7
2. 马二进三　车9平8
3. 车一平二　马2进3
4. 兵七进一　卒7进1
5. 车二进六　炮8平9
6. 车二平三　炮9退1
7. 兵五进一　马3退5
8. 车三退一　(图99)　……

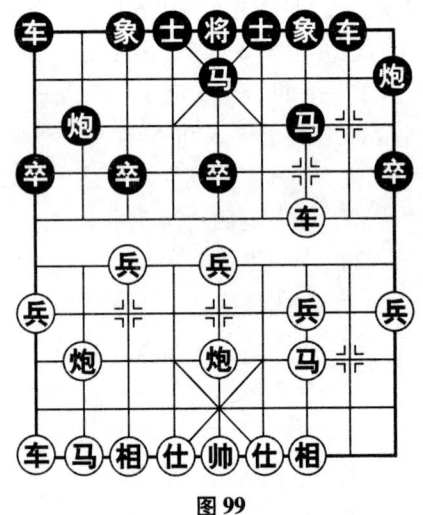

图99

2005年网上"退车杀卒"新战术已十分盛行。这一新战术彻底颠覆多少年来唯一的炮八进四轰中卒战术。

图99形势下,黑棋有象3进5与炮2平5两种选择。

(甲) 象3进5

申鹏 张江 胜 柳大华 党斐

(2007年1月18日弈于首都全国象棋男子双人表演赛)

8. ……　　　象3进5

飞象逐车是网上十分流行的次主流战术。

9. 车三平六　车8进6　　10. 马八进七　马5退3
11. 马七进五　车8平7　　12. 炮八进一　车7退3

倘若车7退2,兵五进一,卒5进1,炮八进二,士6进5,车九进一,车7进2,车九平四,马3进4,炮八退二,车7退3,炮八平六,卒5进1,炮五进二,车7平5,车四进三,马4进2,车六退一,红棋稍优。

13. 车九进一　炮2平4　　14. 炮八退二　炮9平4
15. 车六平八　前炮进6

黑炮先后打车阻击,颇为有力!

16. 车九进一　　后炮平7
17. 车九平六　　炮4平6
18. 兵五进一　　士4进5
19. 兵五进一　　马7进5（图100）
20. 车六进四　　……

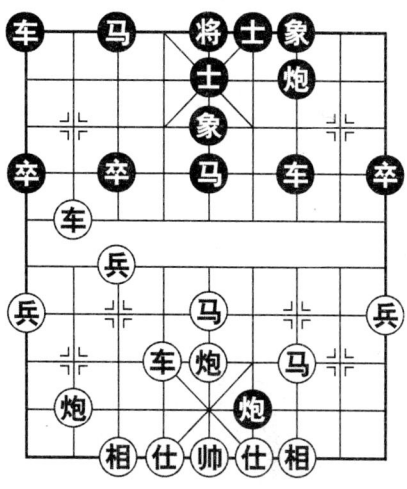

图100

稍显力度不强！似应车八平四，炮7进6，马五退三，马5退7，马三进五，炮6平8，车四进三，红棋优势。

20. ……　　　　马5进6
21. 车六平三　　马6退7
22. 车八平四　　炮6平7
23. 炮八进五　　……

似可车四进一，车1平2，马三退五，前炮平2，车四平三，炮7平8，车三平七，红棋优势。

23. ……　　　　后炮进6　　24. 马五退三　　车1平2
25. 炮八退一　　……

倘若炮八平三，炮7退5，马三进五，车2进6，马五进三，炮7平5，仕四进五，马3进2，车四进一，马2退4，黑可抗衡。

25. ……　　　　炮7平2　　　26. 马三进五　　马7进6
27. 车四退一　　……

稳健！倘若炮五平六，马6进8，红棋虽然优势，但也有所顾忌。

27. ……　　　　车2进4　　　28. 车四平六　　炮2进6
29. 车六进二　　……

为什么不走炮五进五呢？象7进5，马五退四，马3进4，马四进六，车2平5，仕四进五，车5进2，车六进二，车5平1，车六平七，车1平9，车七平六，车9退2，和棋之势。

29. ……　　　　炮6退3　　　30. 仕四进五　　车2平7
31. 相三进一　　卒3进1　　　32. 车六平四　　炮6平8
33. 帅五平四　　卒3进1　　　34. 马五进七　　炮8平5
35. 马七进六　　车7平4　　　36. 马六进七　　车4退3
37. 马七退六　　……

车马炮攻击的完美组合！

37. ……　　　　炮5退1　　　38. 炮五平六　　车4平2
39. 马六退七　　炮5进1　　　40. 马七进六　　炮5退1
41. 车四平一

红棋稍优，余略。

点评：红棋的小优势，使飞刀战术暗淡无光。也许在这盘名人效应的战局影响下，在大型比赛中很少有人再重演此阵。

（乙）炮2平5

宋志明 和 徐天红

（2007年10月7日弈于山西首届象棋擂台赛）

8. ……　　　炮2平5（图101）

后补中炮是特级大师徐天红抛出的最新布局飞刀！

9. 炮八平六　车1进2
10. 车三平六　炮5进3
11. 仕六进五　车8进4
12. 车六退一　马5进6
13. 马八进九　……

为什么不走炮六进七轰底士呢？炮9平5，红棋没有较好的后续手段。

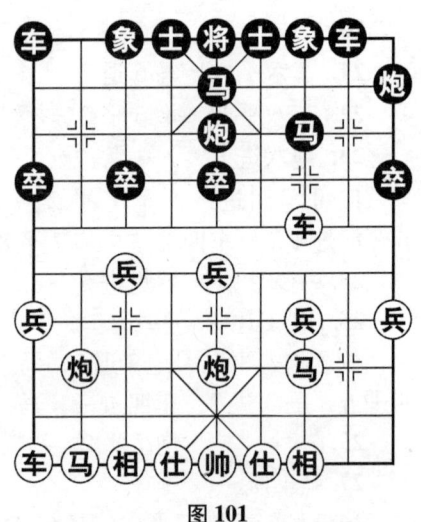

图101

13. ……　　　士6进5
14. 车九平八　车8进2
15. 车八进三　炮5退1
16. 车八平四　马6进8
17. 车六退一　车1平6
18. 车四平五　马7进6
19. 车五平四　马6退7
20. 车四进四　士5进6
21. 车六平五（图102）　炮5进3

2007年潇河湾杯山西首届全国中国象棋擂台赛，特级大师徐天红坐镇首届擂主。山西朔州业余棋手宋志明闯关请出擂主，说明具较高的棋艺水平。因为和棋则攻擂者失败，所以擂主徐天红选择兑炮和棋之路。倘若改走炮9平5，炮五进三，卒5进1，车五进二，象7进5，

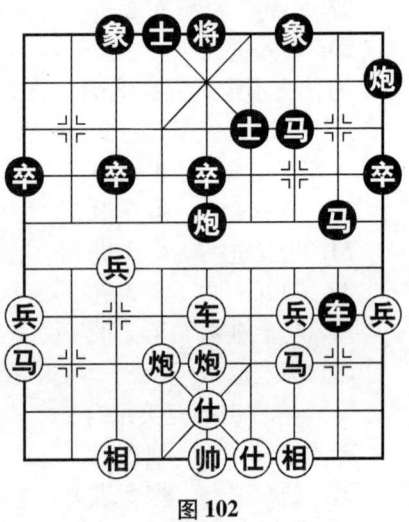

图102

车五平八，车8平7，相三进五，马8进6，马三退二，马6进5，相七进五，炮5进6，帅五平六，炮5平1，黑棋胜势。

22. 相七进五	车8平7	23. 车五进三	士6退5
24. 车五退三	炮9平7	25. 车五平三	马8进7
26. 马三进五	前马退5	27. 兵九进一	象7进5
28. 炮六进三	卒3进1	29. 马九进八	马7进6
30. 马五进三	卒3进1	31. 马八进九	卒3平4
32. 炮六平五	炮7进3	33. 炮五进一	……

兑炮立成和棋，但红方变着求战。

33. ……	马5进7	34. 马九退八	卒4平5
35. 炮五平四	士5进6	36. 马八进七	马6进4
37. 马七退六	卒5平4

余略，终局和棋。

点评："徐氏"飞刀的反击性能优良，切不可小觑！也许因顾忌后补中炮的飞刀反击，"退车吃卒"已退出大型比赛的主战场。

第21局　急冲中兵对窝心马左炮轰车

1. 炮二平五　马8进7　　2. 马二进三　车9平8
3. 车一平二　马2进3　　4. 兵七进一　卒7进1
5. 车二进六　炮8平9
6. 车二平三　炮9退1
7. 兵五进一　马3退5
8. 兵五进一（图103）……

急冲中兵攻击窝心马，颠覆传统过河炮经典主流战术。香港著名棋手翁德强抛出最新怪异型布局飞刀！

8. ……　　　炮9平7
9. 炮五进四　马7进5

似可象7进5，车三平四，卒7进1，马三进五，卒7进1，相七进五，马7进5，兵五进一，象5退7，车四退二，炮2进1，兵五进一，象7进5，车四平三，

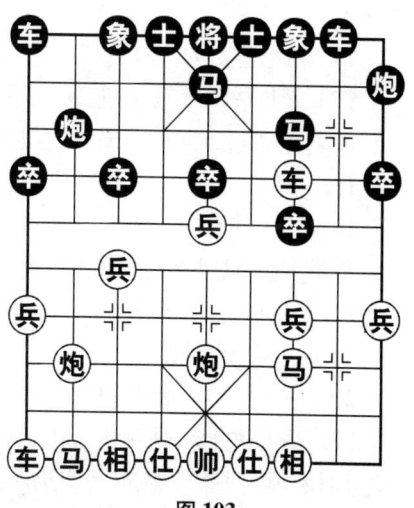

图103

车8进1，车三退一，炮2退1，马八进七，马5进7，车三平四，车1进1，局势平稳。

10. 炮八平五 ……

为什么不走车三平五呢？炮2平5，相七进五，车1平2，马八进六，车8进8，仕六进五，车8平6，车九平八，车2进6，黑棋有攻势。

10. ……　　　前马退4

11. 车三进二　炮2平5（图104）

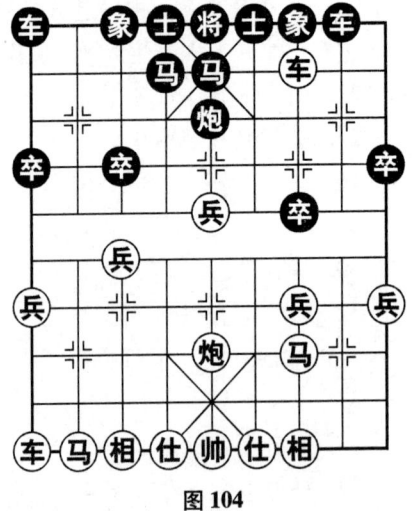

图104

图104形势下，红棋有马八进七与车三平四两种选择。

（甲）马八进七

翁德强　胜　黄志强

（2008年3月21日弈于香港象棋团体赛）

12. 马八进七　炮5进5

倘若车1平2，车九进一，炮5进5，相七进五，车2进4，车九平六，马4进2，兵五进一，车8进2，车三平四，马5进3，兵五平六，士4进5，兵六平七，马3进5，车四退二，车2平5，车六进二，红棋优势。

| **13. 相七进五　车1平2** | **14. 仕六进五　车2进4** |
| **15. 车九平六　马4进2** | **16. 车三退三　象7进9** |

倘若象3进5，车三退一，马5进3，车三进二，红棋优势。

| **17. 车三进一　车2平5** | **18. 车六进七　马2进4** |

19. 马三进五　……

佳着！看似黑棋尚无大碍，但是一步飞马盘中使局面立即生动起来。

| **19. ……　　　车8平7** | **20. 马五进三　……** |

巧妙的兑子交换。

| **20. ……　　　车7进3** | **21. 马三进五　车7平5** |

22. 马五进七　马4进5（图105）

加快失败进程。倘若马5退7，车六平一，车5平7，兵三进一，马7进6，前马退六，黑棋也很难下。

第一章 中炮急冲中兵对窝心马

23. 前马进八　后马进6
24. 车六进二　将5进1
25. 车六平七　……

黑棋丢士缺象，防线洞开，红棋胜势。

25. ……　　　车5平2
26. 马八退七　马6退4
27. 车七退二

红胜。

点评：最新怪异型飞刀出奇制胜，令人震惊，重演黑阵有风险。

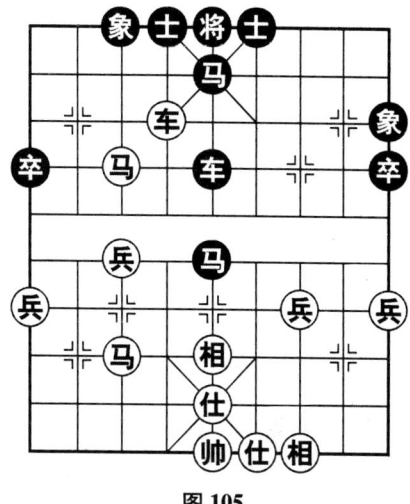

图105

（乙）车三平四

李荣 和 陶雷

(2012年10月3日弈于安徽第四届苏浙皖城市象棋赛)

12. 车三平四（图106）　……

无锡名手陶雷抛出最新改进型飞刀！

12. ……　　　炮5进5
13. 相七进五　车1平2
14. 马三进五　……

为了保护中兵而煞费苦心！

14. ……　　　车2进8
15. 仕四进五　车8进3
16. 兵三进一　车2退4
17. 兵五平四　……

似可马五进六，车8平6，车四平三，卒7进1，车三退四，车6进3，马八进七，马5进6，车三平六，马6进4，兵五平六，红棋稍优。

17. ……　　　马4进5
18. 车四退一　后马进4
19. 车四退一　车8平6
20. 兵四进一　马5进4

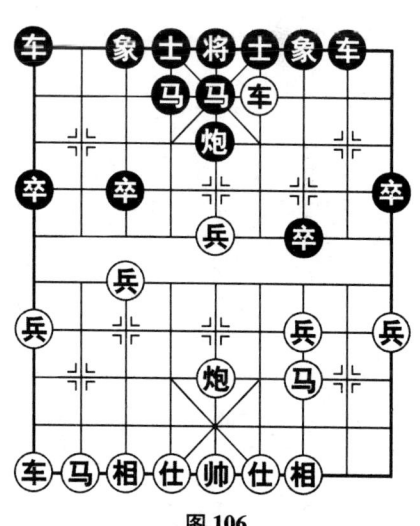

图106

21. 马八进七　前马进 3

鸣金收兵！倘若前马进 6，车九平八，车 2 进 5，马七退八，卒 7 进 1，马八进七，马 4 进 5，兵四平五，卒 3 进 1，也是和棋之势。

22. 马五退七　卒 7 进 1　　　23. 车九平八　车 2 进 5

24. 马七退八　卒 7 平 8

余略和棋。

点评：改进型飞刀防御有余而攻击不足。

第 22 局　急冲中兵对窝心马后补中炮

"急冲中兵"横空出世一鸣惊人！可是为什么这一战术像划破夜空的流星，闪亮后却无影无踪呢？也许以下内容能为读者朋友答疑解惑。

1. 炮二平五　马 8 进 7
2. 马二进三　车 9 平 8
3. 车一平二　马 2 进 3
4. 兵七进一　卒 7 进 1
5. 车二进六　炮 8 平 9
6. 车二平三　炮 9 退 1
7. 兵五进一　马 3 退 5
8. 兵五进一　炮 2 平 5（图 107）

"后补中炮"是反击佳着！

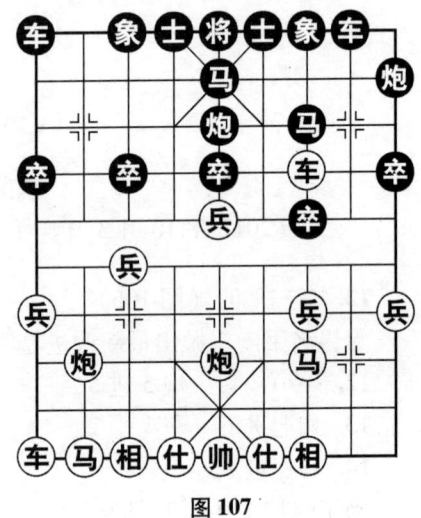

图 107

图 107 形势下，红棋有马三进五与炮八进四两种选择。

（甲）马三进五

9. 马三进五　车 1 平 2　　　10. 马八进七　炮 9 平 7
11. 车三平四　炮 5 进 2　　　12. 车四进二　车 2 进 7
13. 车四平三　炮 5 进 3　　　14. 相七进五　卒 5 进 1（图 108）
15. 车九平八　……

倘若马七退五，车 2 退 1，前马退七，马 5 进 6，车三平四，车 8 进 3，黑棋优势。

15. ……　　　车 2 平 2　　　16. 马七退八　卒 5 进 1
17. 马五退七　车 8 进 6　　　18. 马七进八　车 8 平 7

19. 前马进七　车7平2

预防马七进八的威胁。

20. 马八进七　马7进5

倘若车2平3，前马进八，马7进5，车三退三，车3进1，车三平五，后马进7，马八退六，将5进1，马六退七，象3进5，马七进五，马7进5，车五进一，车3退1，和棋之势。

21. 后马进八　后马进3
22. 车三平八　车2平1

黑棋多卒优势。

点评："后补中炮"是闭门造车之作，仅供抛砖引玉。

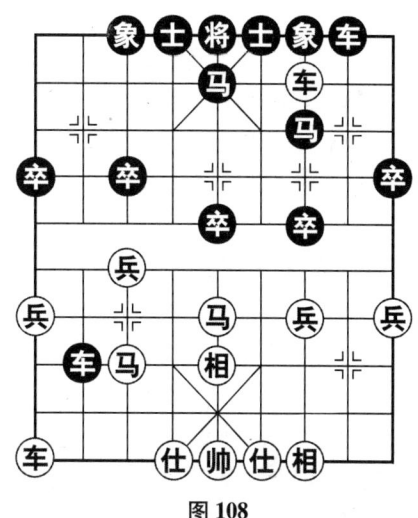

图 108

（乙）炮八进四

9. 炮八进四（图109） ……

最新探索型战术！为了过河车的安全，过河炮也是令人似曾相识的感觉。

9. ……　　炮9平7

强硬反击！倘若炮5进2，马三进五，炮5进3，相七进五，卒3进1，兵七进一，车1平2，以下红棋有两种选择：①炮八平七，炮9平7，车三平二，车8进3，炮七平二，车2进8，仕四进五，马7进8，马五进六，马8进7，马六退七，车2退2，马八进九，炮7平9，黑棋优势。②兵七进一，车2进3，兵七平八，炮9平7，车三进一，马5进7，车九进一，车8进6，车九平四，车8平7，马八进七，炮7平5，马五进六，卒5进1，车四进六，马7进8，兵八平九，卒5进1，车四退二，卒5平4，仕六进五，车7平3，马六进四，炮5平3，马四退二，炮3进6，车四平三，车3平1，车三平五，象3进5，兵九平八，炮3退6，马二进四，车1平9，平稳之势。

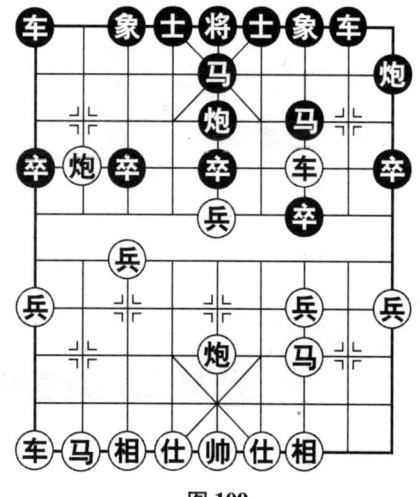

图 109

10. 车三平五　卒7进1

为什么不走马7进5吃车呢？炮八平五，形成炮镇五子之势，黑棋也大有风险。

11. 车五平七　卒7进1
12. 马三退五　卒7进1
13. 车九进二　车1平2
14. 马五进三（图110）……

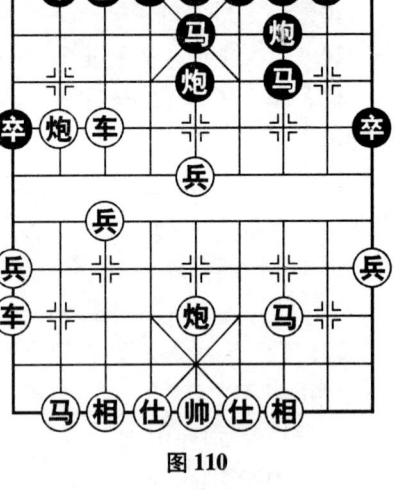
图110

倘若炮五进五，象3进5，兵七进一，车8进6，兵七平八，卒7进1，车九平四，卒7平6，马五进四，炮7进8，仕四进五，马7进8，车四退一，炮7平9，仕五进六，马8进9，帅五进一，车8进3，黑棋有攻势。

14. ……　　　　车8进4
15. 炮五进五　象7进5
16. 车九平四　炮7进6
17. 车四平三　车8平2
18. 炮八平一　马7进9
19. 车七平一　前车进3
20. 相七进五　卒1进1

倘若后车平1，车三进四，马5进3，车三平七，车1进2，车七进一，车1平3，车一平九，和棋之势。

21. 车一平九　后车进4
22. 兵九进一　卒1进1
23. 车九退二

和棋之势。

点评："过河炮轰卒"是山寨版布局战术，攻击效果较弱，重演此阵没便宜。

第23局　炮轰中卒对窝心马后补中炮

1. 炮二平五　马8进7
2. 马二进三　车9平8
3. 车一平二　马2进3
4. 兵七进一　卒7进1
5. 车二进六　炮8平9
6. 车二平三　炮9退1
7. 兵五进一　马3退5
8. 炮五进四　……

"炮轰中卒"是杭州汤纳新抛出绝对出人意料的冷门战术。从某种意义上讲，炮轰中卒属于"网刀"，2005年已在网上流行。

8. ……　　　　马7进5
9. 车三平五　炮2平5
10. 相七进五　车1平2
11. 马八进六　车8进8

跟踪追击，势在必行。

12. 仕六进五　车8平6（图111）

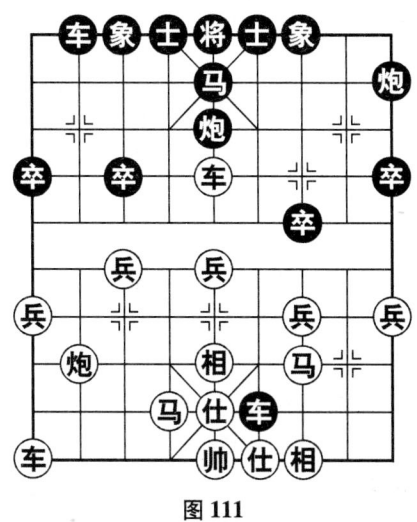

图111

图111形势之下，红棋有车九平八与炮八平七两种选择。

（甲）车九平八

汤纳新　负　陶雷

（2011年6月11日弈于浙苏皖第三届三省城市象棋赛）

13. 车九平八　车2进6　　14. 兵五进一　车2平4
15. 马六进五　马5进7　　16. 车五平三　炮5进4
17. 车三进一　……

先吃马还是先踩炮还是有点差别。正是因顾忌左翼车炮被牵链而先吃马。实则似应马三进五踩炮，车4平5，车三进一，车5平2，车三进一，炮9进1，炮八退一，车6退3，车三平六，士6进5，车六退八，炮9进4，炮八平七，车2平7，车六进六，红棋尚无大碍。

17. ……　　炮5退1　　18. 车三进一　炮9进1
19. 车八平六　车4平2（图112）　20. 炮八平七　……

倘若车六进二，炮9平6，帅五平六，士4进5，车三退三，车6平7，车三退一，炮5平4，帅六平五，炮4平1，相五退七，炮6平4，车六平五，前炮平1，相七进九，车7进1，黑棋优势。

20. ……　　车2平3　　21. 车三平六　……

当前形势复杂，黑棋攻势咄咄逼人，红棋如何应对决策颇令人头疼。似可炮七平八，炮9平6，炮八退一，车3进2，车三平六，士6进5，前车退七，车3退2，前车进三，车3进2，前车平五，炮6平5，兵五平六，车3平2，兵三进一，车2退1，车五平四，车6退3，马三进四，卒7进1，马四进三，炮5进3，兵六进一，和棋之势。

21. ……　　　士6进5
22. 炮七平八　炮9平4

阻断红车退路是扩大优势的佳着。

23. 炮八退一　车6退1
24. 炮八进一　车6进1

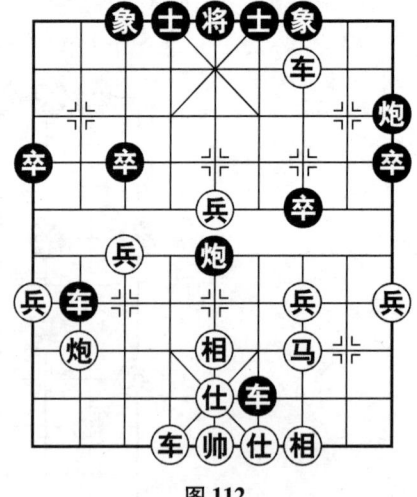

图112

倘若车3进1，炮八进二，炮5进1，后车进三，车3进2，后车退三，车3平4，帅五平六，车6平7，虽然黑棋优势，不如实战简捷精彩。

25. 前车平七　将5平6
26. 车六进四　车3进3
27. 车六退四　车3退2
28. 炮八退一　车3进1
29. 车六进四　车6进1（图113）

弃车砍仕精妙绝伦！

30. 马三退四　车3平5

黑胜。

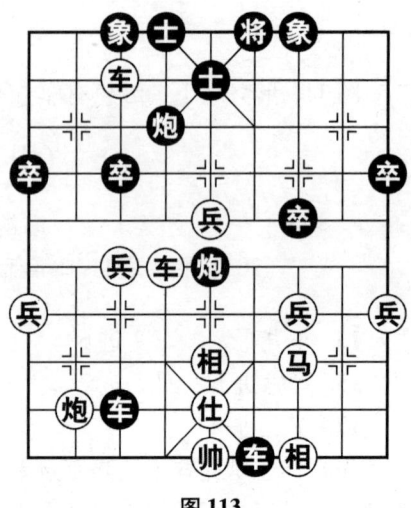

图113

点评："炮轰中卒"虽然先得实利，却造成黑棋出子快速而得不偿失。重演此阵请谨慎。

（乙）炮八平七

13. 炮八平七（图114）　马5进7

为什么不走车2进8捉马呢？马六进五，马5进7，车五平三，炮5进4，马三进五，炮9进5，马五退三，炮9进3，炮七退二，车6平7，炮七进二，车7平6，炮七退二，车2退1，炮七进一，车6退3，马三退二，车6平8，

第一章 中炮急冲中兵对窝心马

车三进一,车8进4,车九平六,车2平5,相三进五,车8退7,相五退三,车8平7,车六进六,卒9进1,兵五进一,卒7进1,兵三进一,车7进3,黑棋稍优。

14. 车五平六 ……

倘若车五平三,炮5进5,帅五平六,炮9平4,马六进七,车2进7,车九平七,马7进5,兵五进一,马5退6,车三平七,马6进4,兵五平六,炮5退5,马三进五,马4进5,马五退六,炮4进7,兵六平五,炮4退7,前车进二,炮4进1,黑棋有攻势。

14. ……	马7进6
16. 兵五进一	炮5进5
18. 车六退一	炮9平7(图115)

平炮吊马是夺得优势的佳着。

19. 马六进七 ……

为什么不走车九平八呢?马6进5,车六退二,马5进7,炮七平三,车2进9,马六退八,炮7进6,车六进六,将5进1,车六退六,炮7进1,黑棋优势。

19. ……	象3进5
20. 马七退五	马6进5

先弃后取的佳着!

21. 车六退二	马5进7
22. 炮七平三	炮7进6
23. 车九平七	士4进5
24. 车六平三	炮7平8

亦可炮8退6,黑棋有攻势。

26. 车三平二	炮8进1
28. 车二退二	车6平7

黑棋优势。

点评:红棋"炮轰中卒"攻击力较弱,风险大于机会,重演此阵请小心为佳。

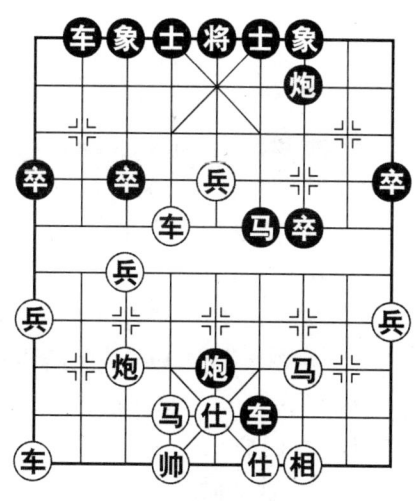

图114

15. 兵五进一	马6进7
17. 帅五平六	马7退6

图115

25. 帅六平五	车2进8
27. 马五进三	车6退2

第二章 中炮三路叠兵对屏风马

"三路叠兵"是哪般武器呢？说来话长。1982年成都全国象棋个人赛，岭南小将吕钦与火车头名将郭长顺相遇，小吕"中兵横移三路"的飞刀横空出世。为了标识与便于记忆，作者把这种战术称为"三路叠兵"，也就是双兵一前一后。由于郭长顺大师遭到小吕飞刀的突然袭击，匆忙应战很快败下阵来。"三路叠兵"能把当时棋坛大英雄郭长顺拉下马而名声大振，立即引起棋界惊疑与关注。后来者纷纷摩拳擦掌跃跃欲试，从而引来一场几十年的炮马争雄大战。

第24局　五六炮叠兵对屏风马左车过河

1. 炮二平五　马8进7　　2. 马二进三　马2进3
3. 车一平二　车9平8　　4. 兵七进一　卒7进1
5. 车二进六　炮8平9　　6. 车二平三　炮9退1
7. 兵五进一　士4进5　　8. 兵五进一　炮9平7
9. 车三平四　卒7进1　　10. 兵三进一　……

"三兵吃卒"是1963年胡荣华首创最新战术。

10. ……　　　象3进5　　11. 兵五平四　车8进6
12. 兵四平三　……

双兵一前一后形成"叠兵"，作者把它称为"三路叠兵"，岭南大英雄吕钦于1982年全国象棋个人赛首创。

12. ……　　　卒3进1

郭长顺大师见吕钦飞刀出鞘也不敢怠慢，弃3卒先弃后取。

13. 兵七进一　车8平3　　14. 炮八平六

形成五六炮三路叠兵对屏风马过河车主流战术。

14. ……　　　车3退2　　15. 车四进二（图116）……

图116形势之下，黑棋有车1平4与炮2退1两种选择。

第二章 中炮三路叠兵对屏风马

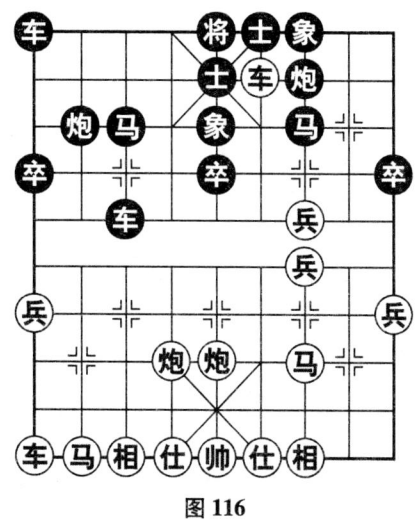

图116

（甲）车1平4

吕钦 胜 郭长顺

（1982年10月12日弈于成都全国象棋个人赛）

15. ……　　车1平4

郭长顺大师见飞刀袭来，急忙抛出"肋车捉炮"相应，结果误中飞刀！作者与郭长顺大师是同一战壕的队友，赛后复盘研究认为应走炮2退1打车为宜。

16. 车九进二　　车4进2

煞费苦心，不得不惊叹郭大师计算之深远！如车3进5，车九平八，马7进6，车八进五，车4进7，仕四进五，车4退1，车四退三，车4平7，车四进三，马3退4，车八进二，红棋优势。

17. 车四平三　　车3进5

看似勇猛实则软弱！似应马3进2，仕四进五，炮2进7，车九平八，车3进5，车八进三，炮2平4，车八退三，炮4平7，仕五退六，炮7退4，马三进四，车3退4，车三平四，车3平2，车八进二，炮7平2，黑棋拼命红棋也有所顾忌。

18. 仕四进五　　车3平2　　19. 车三退一（图117）　　车4进4

似可车2退5，帅五平四，车4进4，车九平七，车4平6，仕五进四，马3进4，车三退一，马4进3，帅四平五，炮2平3，车七平八，车2进3，炮五平八，马3进4，黑棋尚可一战。

20. 车九平七　马3进2
21. 炮五进五　……

炮轰中象是扩大优势佳着！倘若车三退一，马2进1，车七进五，卒5进1，车三平九，卒5进1，黑棋尚可一战。

21. ……　　　象7进5
22. 车三平五　车4平3
23. 车七进一　马2进3
24. 车五平七　车2退3
25. 马三进四　……

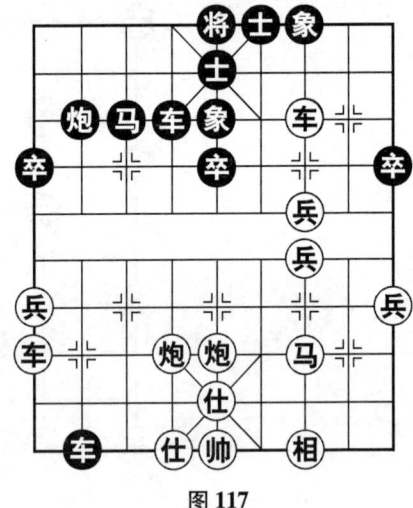

图117

马踏楚河两岸！黑棋处于风雨飘摇之境地。

25. ……　　　马3退5

倘若士5退4，炮二平五，士6进5，炮五进四，将5平6，炮五进一，炮2进1，马四进五，马5退6，车七退三，红棋胜势。

26. 炮六平二　车2平8
27. 车七平八　车8进1
28. 车八进二　士5退4
29. 车八退三　士6进5
30. 车八平五　马5进3
31. 车五平七　马3进5
32. 车七退二　马5退4
33. 车七平六　马4进2
34. 车六平八　马2退4
35. 马四进六（图118）……

反复捉马之后，再飞马前阵，精彩流畅！红棋步入必胜之势。

35. ……　　　车8平7
36. 仕五退四　车7平4

倘若车7进2吃相，车八进二，马4退6，车八平一，将5平6，车一进三，将6进1，马六退四，绝杀红胜。

37. 马六进四　车4平6
38. 前兵进一　车6退1
39. 后兵进一　车6平5
40. 仕六进五　士5进6
41. 马四进六　将5进1
42. 前兵平四　……

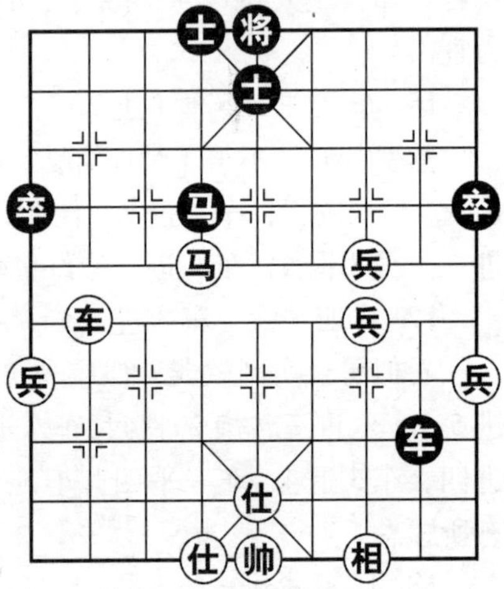

图118

兵临城下，黑棋防线破碎，败势已定。

42. ……　　车5退1　　**43.** 车八进二　马4进3

44. 车八进二　将5进1　　**45.** 马六退七

红胜。

点评：小吕飞刀一鸣惊人！郭大师"肋车捉炮"是落入陷阱的劣着，请读者朋友切勿踏入此阵！

（乙）炮2退1

七星大师　胜　简天南

（2000年11月18日弈于ICCS个人赛）

2000年国际互联网象棋协会举办全球互联网象棋个人赛，"七星大师"（软件）参赛。香港棋手简天南抛出退炮轰车最新布局飞刀，虽然终局失败，其创造性思维还是可圈可点。

15. ……　　炮2退1（图119）

退炮打车是香港简天南抛出的最新布局飞刀！

16. 炮六进六　……

在中炮与屏风马争斗中，六路炮是黑炮打车颇有威力的拦挡战术。

16. ……　　马7进6

肋道强行穿马，构思精巧！

17. 车四平三　……

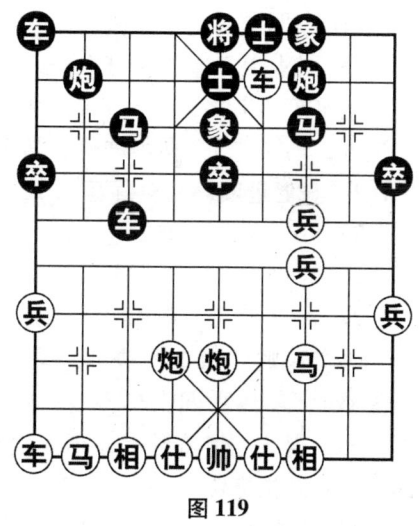

图119

另有两种选择：①前兵平四，炮7进6，炮五退一，炮2平3，车九进二，车3平4，炮五平七，炮3进7，车九平三，车1平4，仕四进五，后车进1，黑棋优势。②车四退三，车3平6，前兵平四，炮7进6，车九进一，炮2平3，黑棋优势。

17. ……　　马6进4　　**18.** 马八进九（图120）　……

倘若车三平四，马4进5，相七进五，车1平4，车四退三，车3平6，前兵平四，车4进1，马八进七，马3进2，仕六进五，车4进5，车九平六，车4平3，马七进五，马2进1，马五进六，车3退2，马三进五，平稳之势。

18. ……　　马4进2

似应车3平4，炮六平七，车1平3，马三进五，车4退2，炮五平六，马4进2，炮六平七，车4进4，马五退四，车4平6，仕六进五，车6进2，相七进五，车3平4，车九平六，车4进9，帅五平六，车6退2，黑棋优势。

19. 车三平四　　马2进4
20. 帅五进一　　将5平4

倘若车3平4，炮五进五，将5平4，炮六退六，车4进3，车四退五，车4进1，帅五退一，车4进1，帅五进一，象7进5，车九平八，炮2平3，相七进五，车4平2，马九退八，车1平2，马八进六，卒5进1，各有顾忌。

21. 车四退五　　炮2进7

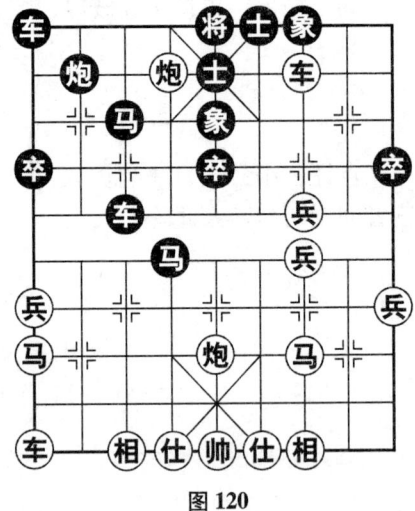

图 120

23. 马七退六　　将4进1

似可车四平六，车3平4，车六进二，马3进4，车九进二，前马退5，马三进五，马4进5，马六进五，马5退3，车九平六，炮2平4，炮五进四，车1平2，马五进四，红棋优势。

24. ……　　　炮2进2
26. 车九平八　　车1平2
27. 车四平六（图121）　车3平4

丢车速败！如士5进4，马四进五，车3退1，前兵平四，车3退5，马六进五，马5退3，前马退七，车3退4，兵四进一，红棋亦优。

28. 炮五平六　　车4退2

无可奈何！倘若马5进4，马四进六吃车，红棋胜势。

29. 炮六进五　　士5进4
30. 马四进五　　炮2退4
31. 马五进七　　……

再吃一子，黑棋彻底崩溃。

31. ……　　　炮2平5

22. 马九进七　　炮2退2
24. 马三进四　　……

25. 帅五退一　　马4退5

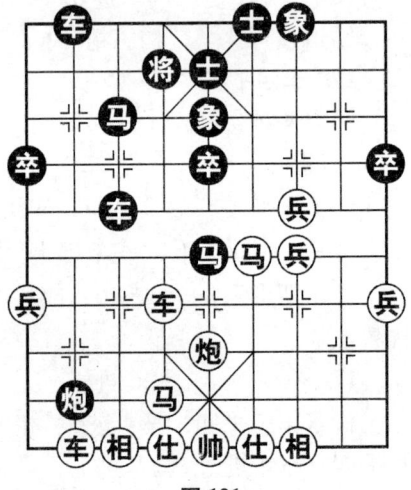

图 121

32. 仕六进五　　车2进9

33. 马六退八 马5退3   34. 车六平五
红胜。

点评：黑棋"退炮打车"的飞刀虽然出师未捷，其内在的反击性能不可小觑。

第25局 五六炮叠兵对屏风马左车过河

1. 炮二平五 马8进7   2. 马二进三 车9平8
3. 车一平二 马2进3   4. 兵七进一 卒7进1
5. 车二进六 炮8平9   6. 车二平三 炮9退1
7. 兵五进一 士4进5   8. 兵五进一 炮9平7
9. 车三平四 卒7进1
10. 兵三进一 象3进5
11. 兵五平四 车8进6
12. 兵四平三 卒3进1
13. 兵七进一 车8平3
14. 炮八平六 车3退2
15. 马八进七 ……

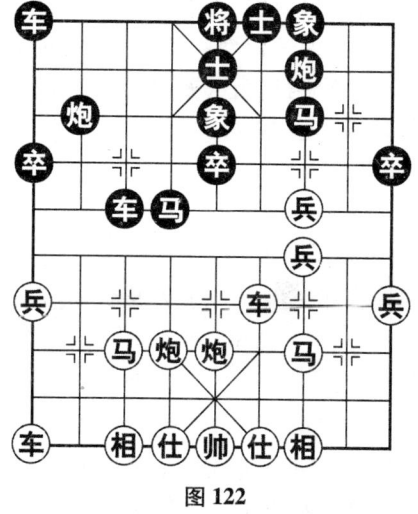

图122

上海著名女子象棋大师朱伟频抛出最新布局飞刀！

15. ……   马3进4
16. 车四退三（图122）……

图122形势之下，黑棋有炮2平3与马4进3两种选择。

（甲）炮2平3

朱伟频 负 郭丽萍

(1997年5月7日弈于全国象棋团体赛)

16. ……   炮2平3   17. 马七进六 ……

倘若车九平八，黑棋有两种选择：①炮3进5，车四进五，炮3平5，相七进五，炮7进3，兵三进一，象5进7，车四平三，车3退2，车三进一，红棋稍优。②车1平3，马七退九，象5进7，炮六平八，后车平1，炮八进五，象7退5，炮五平六，车3进2，车八进三，车3平6，车八平四，炮7进4，相七进五，车1平2，车四平八，炮7平2，马三进五，马4进5，车八进一，炮3进2，黑棋稍优。

17. ……　　　车3进1

进车捉马是夺取优势的佳着！

18. 炮六进三　车3平4
19. 车四平七　炮3平4
20. 炮六平八　车4平2
21. 炮八平六　车2平7（图123）
22. 炮六退三　……

倘若马三进五，车7进4，车九平八，炮7进3，炮六平八，炮7平8，炮八进四，炮8进5，炮五平七，马7进6，马五进六，马6退4，车七进六，炮4退2，车七退三，炮4进4，车七平六，车7退2，仕四进五，炮4平7，炮七进七，车1平2，车八进九，车7平2，黑棋胜势。

22. ……　　　车1平2

亦可炮4进7打仕，车九进二，车1平4，相三进一，车7退1，仕四进五，炮4退1，车九退一，车7平2，车九平六，炮7进6，车七平三，炮7平4，车六进一，车4进7，仕五进六，马7进6，车三平六，卒5进1，黑棋优势。

23. 车九进二　炮7进3
24. 相三进一　炮7平5
25. 马三进五　车7进1
26. 炮五进三　卒5进1
27. 马五进六　车7平3
28. 马六退七　炮4进3

经过中局大量兑子，进入残局，黑棋稍优。

29. 马七退五　……

似应炮六平四，车2进6，车九平七，坚守为宜。

29. ……　　　炮4平5
30. 马五进三　炮5平8
31. 仕四进五　车2进6

跟踪追击，红棋陷于苦守境地。

32. 马三退二　炮8平5
33. 炮六平五　马7进6
34. 车九平六　车2平8
35. 马二退四　……

似应马二进四，车8平6，车六进二，红棋尚可坚守。

35. ……　　　马6进8
36. 车六平八（图124）　车8平4

似可马8进6,马四进三,车8平7,车八进七,士5退4,马三退二,车7进2,黑棋胜势。

37. 车八进七　士5退4

38. 相一进三　象5进3

为什么平白无故飞象呢?是为了防止红棋捉中卒。

39. 车八退三　象7进5

40. 车八平九　车4平7

41. 车九平四　车7退1

42. 车四退三　马8进9

43. 车四退一　马9进7

44. 车四退一　车7进2

45. 炮五进一　……

倘若马四进二,车7平9,绝杀黑胜。

45. ……　　车7退1　　**46.** 炮五退一　……

倘若相七进五,炮5进2,仕五进六,炮5平9,炮五退一,炮9进1,马四进二,车7平8,黑棋胜势。

46. ……　　马7退6　　**47.** 炮五进一　马6退7

48. 炮五退一　马7进8　　**49.** 兵九进一　炮5进1

紧逼!红棋陷于绝境,显示女子全国冠军郭莉萍精湛棋艺水平!

50. 车四进一　马8进7　　**51.** 车四退一　车7进1

巨蟒缠身,绝杀无解。

52. 马四进二　车7平9

黑胜。

点评:改进型飞刀付出沉重代价,重演红阵没便宜。

(乙) 马4进3

王聚群　和　柏春林

(2005年4月4日弈于全国象棋团体赛)

16. ……　　马4进3(图125)

8年之后,青海名手柏春林创发最新改进型布局飞刀!

17. 炮六进一　马7进6

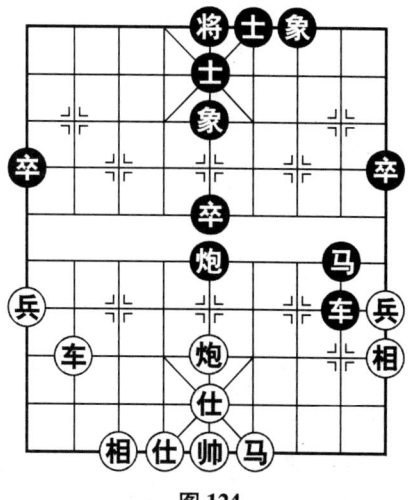

图124

黑马踏着电网上窜，颇为有趣。

18. 车四进二　车3平6
19. 前兵平四　炮7进6
20. 车九平八　车1平4
21. 车八进七　车4进6

倘若炮7平3，炮六平二，车4进4，车八进二，士5退4，车八退三，车4平6，车八平五，马3进5，相三进五，卒1进1，红棋稍优。

22. 马七退五　车4平7

无奈！倘若炮7退1，炮五进五，象7进5，马五进六，红胜。

23. 马五进三　车7进1
24. 车八退四　马3进5
25. 相七进五　车7平6
26. 车八进二　车6退1
27. 兵九进一　车6退1（图126）

红棋小兵很难形成多兵渡河之势，和棋已成定局。

28. 仕四进五　车6平1
29. 兵四进一　车1退1
30. 车八进四　士5退4
31. 兵四平五　车1平5
32. 兵五平四　士6进5
33. 车八退六　卒1进1
34. 车八平三　车5平6
35. 兵四平三　车6平5

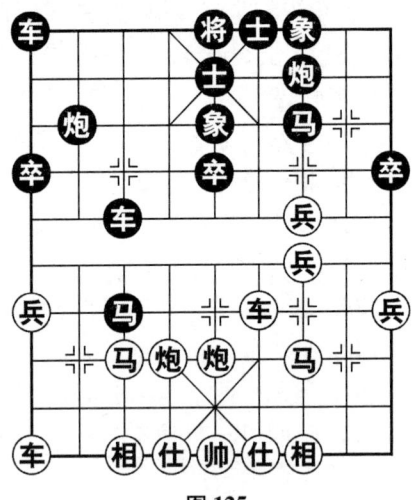

图125

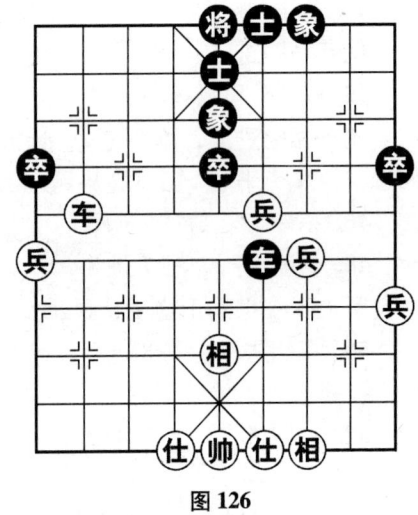

图126

36. 车三平二　卒9进1

余略，终局和棋。

点评：黑棋改进型飞刀防御性能尚可，能顶住红军攻势亦可满意。

第26局　五六炮叠兵对担子炮

1. 炮二平五　马8进7
2. 马二进三　车9平8
3. 车一平二　卒7进1
4. 车二进六　马2进3

5. 兵七进一　炮8平9
6. 车二平三　炮9退1
7. 兵五进一　士4进5
8. 兵五进一　炮9平7
9. 车三平四　卒7进1
10. 兵三进一　象3进5
11. 兵五平四　车8进6
12. 兵四平三　卒3进1
13. 兵七进一　车8平3
14. 炮八平六（图127）……

图127形势之下，黑棋有车1平4与炮2退1两种选择。

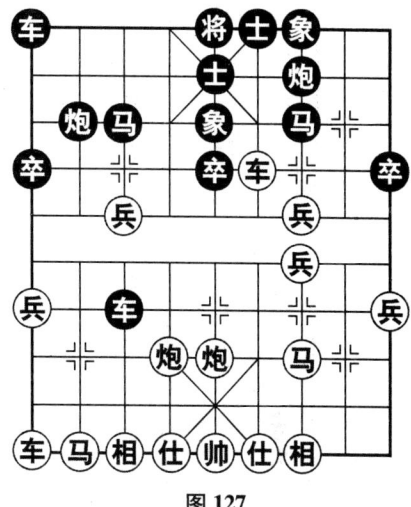

图 127

（甲）车1平4

王晟强　和　范磊

（2006年4月7日弈于济南全国象棋团体赛）

14. ……　　　车1平4

天津范磊抛出最新布局飞刀！

15. 仕四进五　炮2退1

防止肋车捉炮而双炮连环，形成担子炮。

16. 车九进二　车3退2
17. 车九平七　车3进3
18. 马八进七　车4进6
19. 前兵进一　马7退9

为什么不走炮2进2打车呢？车四进二，炮7进2，炮五进五，士5退4，马三进四，车4退4，兵三进一，炮7进6，兵三进一，红棋优势。

20. 马三进四　车4平3
21. 马四进五　马3进5
22. 车四平五　炮7进4
23. 车五平八　炮2平3
24. 车八进三　炮3退1
25. 炮五进二（图128）……

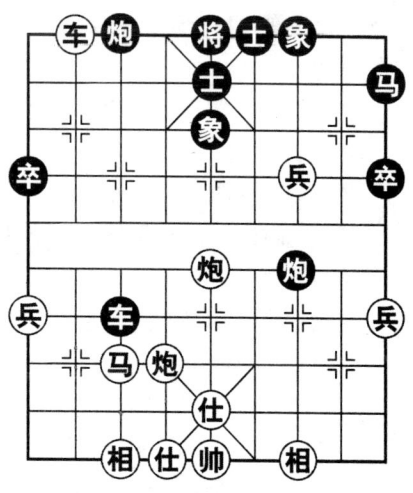

图 128

四川著名棋手王晟强抛出弃马抢先的惊人之策！

25. ……	车3进1	26. 相三进五	炮7退1
27. 炮六进六	车3退4	28. 炮六平一	……

夺回失子，呈现小优局面。

28. ……	车3平5	29. 炮五进三	……

巧赚一象！

29. ……	象7进5	30. 炮一进一	象5退7
31. 车八平七	士5退4	32. 兵三进一	车5平7

33. 炮一平四（图129）……

弃炮取势！倘若兵三平四，炮7平5，帅五平四，车7平6，帅四平五，车6退1，车七退三，车6平9，车七平五，士4进5，炮一退三，卒1进1，兵一进一，红棋优势。

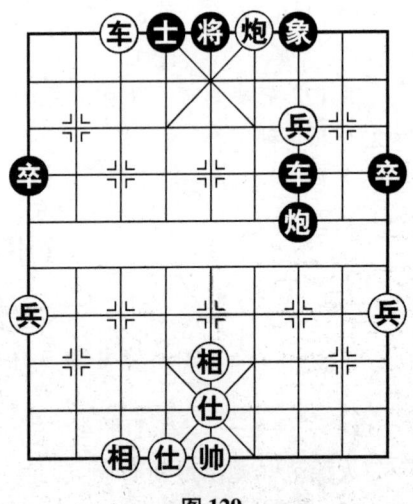

图129

33. ……　　将5平6

只好硬着头皮吃炮！倘若炮7退2，炮四平六，炮7平5，炮六退五，将5进1，车七退一，将5退1，炮六平五，车7平5，炮五平四，车5平7，车七退三，红棋优势。

34. 车七平六　　将6进1
35. 车六退一　　将6退1
36. 兵三平四　　将6平5
37. 兵四进一　　车7平5（图130）
38. 车六退三　　……

错失良机！似应仕五进四，象7进9，仕六进五，炮7退4，车六退一，象9进7，车六平三，炮7平6，车三退二，将5平4，车三平六，将4平5，帅五平六，炮6平7，车六进二，炮7平6，车六平三，红棋胜势。

38. ……　　炮7平5
39. 兵一进一　　炮5进2
40. 车六平三　　将5平4

图130

41. 车三进四　将4进1　　42. 车三退四　将4进1

"将上三楼"和棋在望。

43. 车三平四　将4平5　　44. 帅五平四　将5平4

45. 仕五进四　将4平5　　46. 仕六进五　将5平4

47. 相五退三　将4平5　　48. 相七进五　将5平4

和棋。

点评：飞刀战术的攻击效果欠佳，重演黑棋请谨慎为宜。

（乙）炮2退1

吕钦 负 赵鑫鑫

(2007年9月15日弈于呼和浩特全国象棋个人赛)

14. ……　　　炮2退1（图131）

特级大师吕钦抛出最新布局飞刀！

15. 车九进二　车3退2

16. 车九平七　车3进3

17. 马八进七　马3进4

飞马踏车是攻守俱佳的好棋。

18. 车四退三　车1平3

19. 车四平六　马4进3

20. 炮五平四　象5进7

象换双兵是打开局面的佳着。

21. 兵三进一　炮7进3

22. 仕四进五　马7进6

23. 马七退九　炮2平1

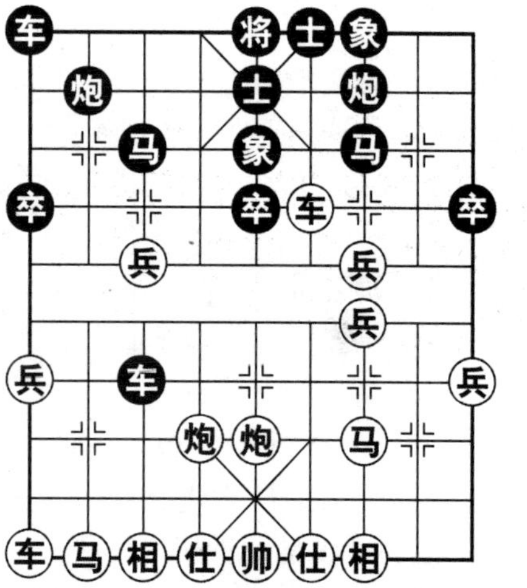

24. 炮六平七　炮1进5　　25. 炮七进七　炮1平4（图132）

兑车之后，黑棋以多卒优势进入残局。

26. 马三进四　马4平5　　27. 相三进五　马6进4

28. 马九进七　炮5退2　　29. 马七进九　马3退5

30. 炮四退一　马4进2　　31. 马九退八　……

似应帅五平四，炮7进2，炮四进二，坚守为宜。

31. ……　　　炮5平2　　32. 炮七平八　炮2平4

33. 炮八退八　马5退3　　34. 兵一进一　卒5进1

35. 炮四平三　炮7平6　　36. 马四退三　象7进5

图131

37. 马三进二　炮6平8
38. 炮三平一　……

似应炮三平二，炮8进4，炮八平二，红棋尚可一战。

38. ……　　卒5进1
39. 炮一进五　象5退7
40. 帅五平四　马2进3
41. 炮一平二　炮8平7
42. 炮二平三　卒5平6
43. 马二进四　卒6进1

因这盘棋是快棋赛，在时间恐慌情况下，出错无可非议。这步棋造成丢卒，物质优势荡然无存。

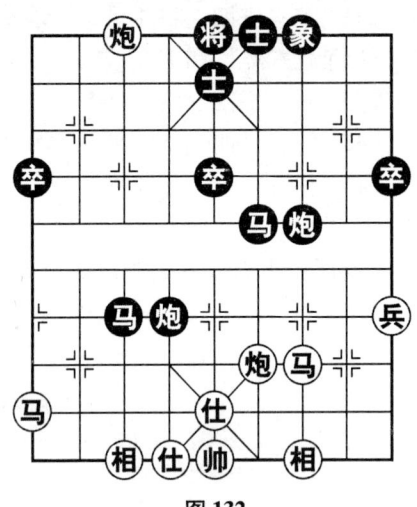

图132

44. 炮三平四　卒6平5
45. 马四退五　后马进5
46. 炮四退五　马3退4
47. 炮四平三　……

似应兵一进一，象7进5，炮四平二，红棋足可一战。

47. ……　　象7进5
48. 仕五进六　炮7平5
49. 马五进三　炮5平6
50. 马三进二　炮6进1
51. 马二进三　炮6退4（图133）
52. 马三退一　……

似应炮八进七，士5进6，炮三平四，马4退6，仕六进五，将5平4，帅四平五，红棋足可一战。

52. ……　　马4退6
53. 炮八平四　……

漏着！倘若帅四平五，象5进7，马一进三，马5进4，炮八平六，马6进5，炮三平五，象7退5，炮五进六，士5进6，仕六进五，马5进7，帅五平六，马4进2，炮六平七，马7退6，黑棋优势。

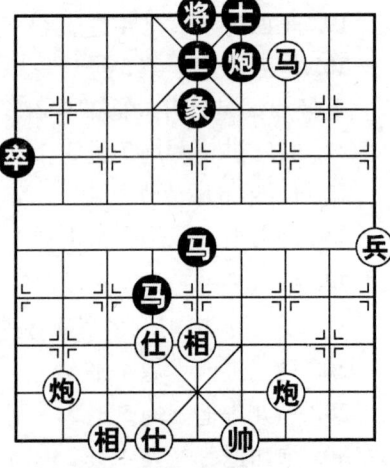

图133

53. ……　　马6进5
54. 帅四平五　后马进4

连丢三子，黑棋胜定。

56. 炮四进五　马7退6
55. 帅五进一　马5进7
57. 帅五平六　马4退5

黑胜。

点评:"赵氏"布局飞刀有较好的反击性能,重演红阵宜小心为佳。

第27局 五七炮叠兵对退炮打车弃马

1. 炮二平五　马8进7
2. 马二进三　车9平8
3. 车一平二　马2进3
4. 兵七进一　卒7进1
5. 车二进六　炮8平9
6. 车二平三　炮9退1
7. 兵五进一　士4进5
8. 兵五进一　炮9平7
9. 车三平四　卒7进1
10. 兵三进一　象3进5
11. 兵五平四　车8进6
12. 兵四平三　卒3进1
13. 兵七进一　车8平3
14. 炮八平七(图134)……

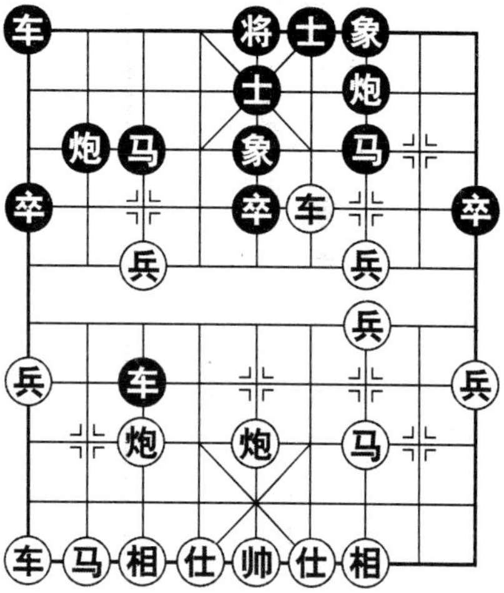

著名象棋大师宋国强于1991年全国象棋团体赛首创最新布局飞刀!

图134

14. ……　　象5进3

退炮打车是准备实施弃子抢攻!

16. 车四退一　象3退5
15. 车四进二　炮2退1
17. 车四平三　马3进2
18. 炮五平四　……

卸中炮是攻守兼备的好棋!

18. ……　　马2进4
19. 相七进五　……

黑马气势汹汹!为什么不走相三进五呢?车3平7,仕四进五,车7进1,炮四进六,马4进3,马八进七,炮2平6,车三进一,炮6进4,车九平八,炮6平5,车三平四,车7进2,车四退八,车7退4,兵三平四,车1平3,马七进六,车7进3,黑棋足可一战。

19. ……　　车3平7
20. 马三退二(图135)……

图135形势之下,黑棋有炮7平9与车1平3两种选择。

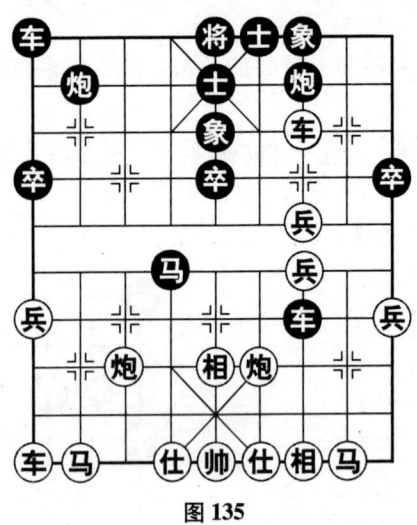

图 135

（甲）炮7平9

宋国强 和 万春林

（1991年5月21日弈于无锡全国象棋团体赛）

20. ……　　　炮7平9

错失良机！似可车7进2，仕四进五，车7平8，炮四退二，车1平3，炮七平六，车3进8，马八进九，车3退1，炮六退一，车3平1，车九平八，车8退2，黑棋优势。

21. 炮七进二　炮9进5　　　22. 马八进七　……

倘若马二进一，车7平2，马八进九，炮9平1，车九平七，炮1退2，仕四进五，炮1平3，车七平九，车1平2，红棋虽然多子，但局势不很舒畅。

22. ……　　　马4进3　　　23. 炮四平七　车7平3
24. 马二进三　炮9平4　　　25. 后炮平六　车3退1
26. 车九平八　车3退2　　　27. 仕六进五　炮2退1
28. 车三退一　炮2平4　　　29. 炮六进七　……

先兑炮后吃卒，红棋立于不败之地。

29. ……　　　车1平4　　　30. 车三平五　车3退1
31. 兵九进一　车3退2　　　32. 前兵进一　卒1进1
33. 兵九进一　车3平1　　　34. 马三进五　炮4退4

加强防守稳健。倘若炮4平1，马五进七，炮1进3，车八进三，车1平

4，仕五进六，炮1退7，车八进四，红棋优势。

35. 车五平四	车4平1	36. 马五进四	后车进3
37. 马四进二	后车平6	38. 前兵平四	将5平4
39. 车八进九	将4进1（图136）		

40. 马二进三 ……

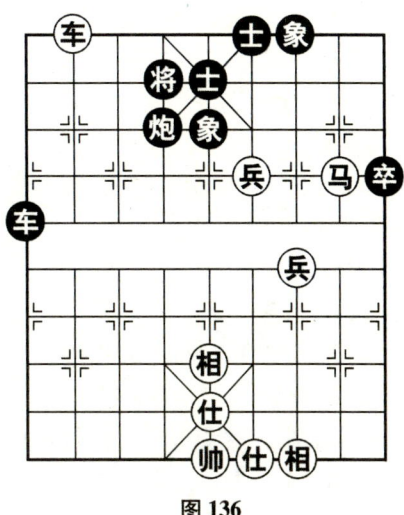

图136

似应车八退三，移步进取为宜。

40. ……	卒9进1
41. 车八退六	车1平5
42. 车八平三	象7进9
43. 车三平八	象9退7
44. 车八平三	象7进9
45. 车三平二	象9退7
46. 车二进三	将4退1
47. 车二退三	将4进1
48. 马三退二	将4退1
49. 马二进三	

红棋稍优，余略，终局和棋。

点评：红棋虽然小优，要赢棋还有难度。但是黑棋潜在反击不容小觑，倘若重演此阵请小心为宜。

（乙）车1平3

张辉 胜 王东

(2003年4月17日弈于全国象棋团体赛)

20. …… 车1平3（图137）

"象位车"是安徽名将王东于2003年全国象棋团体赛抛出的最新探索型布局飞刀！

21. 炮七进二 ……

似应仕四进五，车7平2，炮七退二，车2进2，炮四退一，车2退1，马八进七，车3进7，炮四进一，马4进2，兵九进一，炮7平6，炮四平七，车2平3，车九进三，车3退1，车九平八，车3平2，车三平五，红棋优势。

21. …… 车7平4　　22. 马二进三　卒5进1

似可车3进5吃炮，马三进四，车4平5，仕六进五，车3退1，车三退一，车5退1，马四退三，炮7平6，马八进九，炮6进5，黑棋优势。

23. 马八进七　车3进5
24. 马七进六　车3平4
25. 马三进二　炮7平9
26. 车三退一　炮9进5
27. 仕六进五　……

似应仕四进五为宜。

27. ……　　　炮9平5

中炮镇顶凶悍！出将要形成"三把手"的铁门栓杀势。

28. 车三平八　炮2平3
29. 马二进三　卒5进1
30. 炮四平二　将5平4
31. 车八退六　卒1进1

寻求制胜煞费苦心！稳健点可走炮3退1。

32. 炮二进七　卒1进1（图138）
33. 兵九进一　……

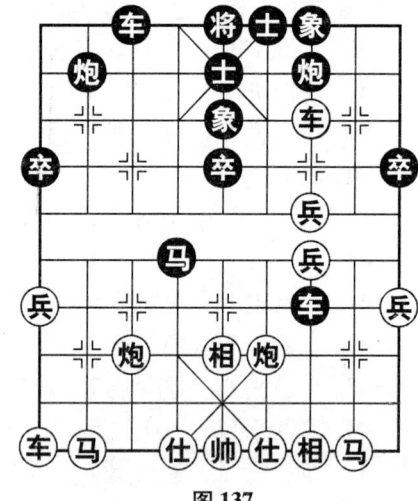

图137

倘若马三进五搏杀，炮5退4，车八进九，将4进1，车九平七，炮3进5，车八退一，以下黑棋有两种选择：①将4进1，炮二退二，炮5进1，前兵平四，炮5平3，车七平八，后车平2，后车进四，卒1平2，兵四进一，前炮平2，车八平七，炮3进3，兵四进一，象7进5，车七退一，将4退1，兵四平五，卒2平3，车七退三，车4平8，车七进四，将4退1，炮二平一，炮2进3，炮一进二，车8退6，车七进一，将4进1，车七退六，红胜。②将4退1，车八平五，炮5平3，车七平八，后车平2，车八平九，鹿死谁手，尚难预料。

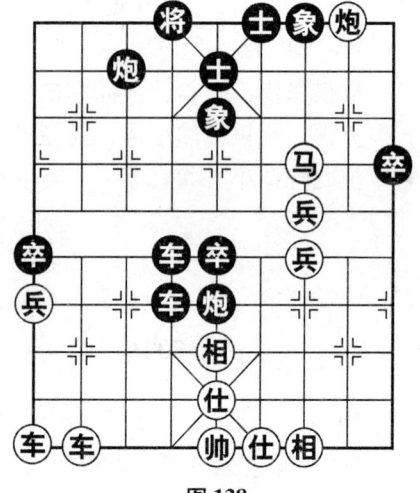

图138

33. ……　　　象5进3　　34. 马三退五　后车退1

倘若炮5退2，车八进九，将4进1，前兵平四，炮5退2，车八退一，将4退1，车八平七，将4平5，车七退三，红棋优势。

35. 车八进九　将4进1　　36. 炮二退一　士5进6
37. 马五进四　象3退5　　38. 车八退九（图139）　将4退1

第二章 中炮三路叠兵对屏风马

似应炮 3 平 8，马四进二，士 6 进 5，马二退一，卒 5 平 6，兵卒竞速胜负难料。

39. 兵九进一　卒 5 平 6
40. 兵九平八　卒 6 进 1
41. 炮二退三　后车进 1
42. 马四退五　炮 5 退 1

倘若前车平 3，车八平六，车 4 进 4，车九平六，将 4 平 5，马五退四，红棋优势。

43. 炮二退一　……

终于兑掉中炮，红棋步入优势。

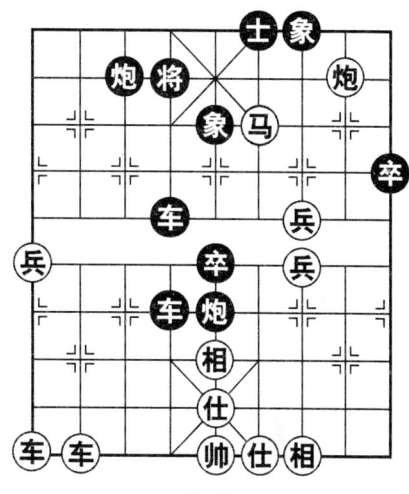

图 139

43. ……　　　士 6 进 5

似应倘若炮 3 退 1，马五进七，后车平 3，车八平六，车 4 进 3，车九平六，将 4 平 5，马七退五，车 3 平 1，炮二平五，车 1 平 5，马五进六，将 5 进 1，车六平七，炮 3 平 4，车七进八，炮 4 进 1，马六进八，车 5 平 4，马八退七，车 4 退 2，前兵进一，红棋胜势。

44. 马五进七　炮 5 平 8　　45. 马七退六　炮 8 平 4
46. 车九进八　车 4 平 3　　47. 车八进四

红胜。

点评："象位车"飞刀战术折戟沉沙，留下一些待商榷之处。倘若把象位车改走车 7 进 2 为佳。

第 28 局　五七炮叠兵对退炮打车弃马

1991 年宋国强与万春林之战后近 10 年间，这一战术无影无踪。直到 2002 年岭南大元帅吕钦抛出改进型飞刀横空出世，从而引发惊心动魄的搏杀，使后来者望而却步。

1. 炮二平五　马 8 进 7　　2. 马二进三　车 9 平 8
3. 车一平二　马 2 进 3　　4. 兵七进一　卒 7 进 1
5. 车二进六　炮 8 平 9　　6. 车二平三　炮 9 退 1
7. 兵五进一　士 4 进 5　　8. 兵五进一　炮 9 平 7
9. 车三平四　卒 7 进 1　　10. 兵三进一　象 3 进 5
11. 兵五平四　车 8 进 6　　12. 兵四平三　卒 3 进 1

99

13. 兵七进一　车8平3　　　14. 炮八平七　象5进3
15. 车四进二　炮2退1　　　16. 车四退一　象3退5
17. 车四平三（图140）……

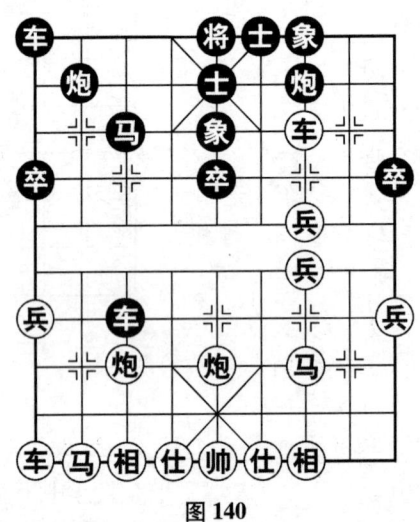

图 140

图140形势之下，黑棋有马3进2与马3进4两种选择。

（甲）马3进2

吕钦 胜 聂铁文

（2002年12月21日弈于广州明珠星钟杯全国象棋十六强精英赛）

17. ……　　　马3进2　　　18. 炮五平四　马2进4
19. 相七进五　车3平7

上段与宋国强对万春林战局完全相同。

20. 仕六进五　……

特级大师吕钦抛出补仕弃马最新布局飞刀！

20. ……　　　车1平3

怪！为什么白吃红马而不吃呢？那么吕钦上演秦琼卖马的目的是什么呢？试演如下：车7进1，炮四进六，马4进3，马八进七，炮2平6，车三进一，炮6进1，马七进五，炮6进4，前兵平二，卒5进1，马五进四，车1平2，马四进二，车2平3，车三平四，炮6平7，车四退五，车2平7，车九平八，红棋稍优。

21. 马三退二　……

赶紧逃逸，保存实力，势在必行！

21. ……　　　炮7平9
22. 炮七进二　车7平4
23. 马二进三（图141）　卒5进1

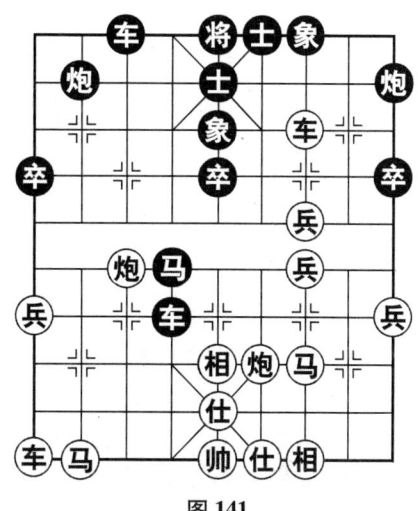

图141

为什么不走车3进5吃炮呢？马三进四，马4退6，马四退六，马6退7，前兵进一，马7退8，马八进七，车3进1，车九平六，炮2平3，马七退八，车3平1，马六进八，卒1进1，后马进七，车1平9，马八进六，马8进9，前兵平四，卒5进1，车六平九，红棋优势。

24. 马三进四　卒5进1
25. 炮七平五　……

难道吕钦走出盲棋而丢中炮吗？非也！其实是吕帅上演将计就计弃炮攻城之计！

25. ……　　　车4平5　　　26. 炮四进七　……

岭南大元帅吕钦突然按下远程导弹的按钮，轰击底士，令人震撼！

26. ……　　　将5平6　　　27. 炮五进四　……

一炮换双士，其势必英雄！

27. ……　　　车5平6　　　28. 炮五平二　车6平8
29. 车三平四　将6平5　　　30. 炮二平四　炮9进5

倘若马4进6，马四进六，马6进7，车四退六，车8平7，炮四平二，炮2进7，炮二进一，象7进9，车四平三，炮2平7，炮二平七，象5退3，马八进七，象9进7，车九平八，象7退5，车八进八，炮9进5，车八平六，红棋胜势。

31. 马八进六　车3进8　　　32. 车四平五　炮2平5
33. 车五平三　炮5进7

远炮轰仕以图在乱战中浑水摸鱼。倘若象7进9，炮四平二，炮5平6，车九平八，马4进2，前兵平二，车8平6，马四进五，炮9平7，车三平五，炮6平5，车五平一，炮5平7，车一进二，后炮退1，炮二平三，车3平4，炮三退五，马2进3，车一平三，将5进1，马五进三，车6退4，车三平七，红棋胜势。

34. 车九平八　马4进2　　　35. 马四进六　……

两军阵前争斗十分复杂，弃马高瞻远瞩！

35. ……　　车 3 平 4（图 142）
36. 马六进七　……

攻击的方向选择令人眼花缭乱！似应车八平七，以下黑棋有两种选择：①车 4 平 3，车三进二，将 5 进 1，马六进四，将 5 平 4，车七平六，炮 5 平 4，车三平五，马 2 进 4，马四进五，将 4 进 1，马五进七，将 4 退 1，相五进七，红棋胜势。②马 2 进 3，炮四平六，车 4 退 4，车七进一，红棋胜势。

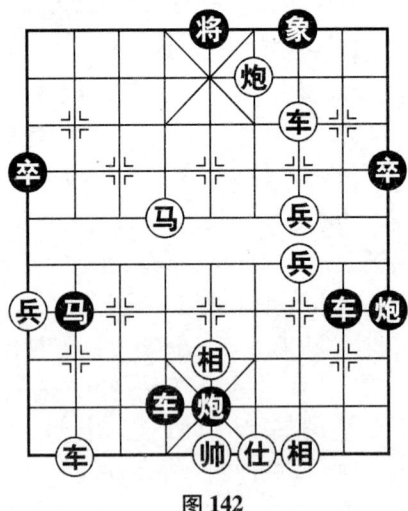

图 142

36. ……　　象 7 进 9
37. 炮四平二　将 5 平 6
38. 车三平四　将 6 平 5
39. 前兵平二　车 8 平 5

为什么不走车 8 平 4 呢？仕四进五，炮 9 进 3，仕五退四，前车平 3，炮二平六，车 4 平 5，车八进二，车 3 平 4，车四平二，将 5 平 6，车二进二，将 6 进 1，马七进六，将 6 平 5，炮六平九，红棋优势。

40. 仕四进五　……

吃炮弃车是有惊无险的佳着！

40. ……　　炮 9 进 3　　41. 相三进一　炮 9 平 2
42. 帅五平四　车 4 进 1　　43. 帅四平一　车 4 退 7

别无解杀良策，只好献车暂解燃眉之急。

44. 车四平六　炮 2 退 1　　45. 帅四退一

红胜。

点评：为什么黑方放弃续战呢？车 5 平 6，帅四平五，马 2 进 3，帅五平六，车 6 平 4，车六退四，马 3 退 4，马七退九，红棋亦胜势。

"小吕飞刀"演绎惊险的战斗大片！也许在名人效应影响下，从此之后很少有人重演黑阵。

（乙）马 3 进 4

许国义 负 曹岩磊

（2009 年 6 月 18 日弈于惠州友谊赛）

小将曹岩磊聪明睿智，常有超凡脱俗的惊人之策，是棋坛怪杰。本来

第二章 中炮三路叠兵对屏风马

"退炮打车弃马"战术遭到小吕飞刀的沉重打击之后，绝少有人再重演黑阵，可是曹岩磊却独创冷门战术。

17. ……　　马3进4（图143）

曹岩磊抛出最新布局冷门飞刀！

"跳外马"几乎是不二选择，但是曹岩磊却是逆势而动跳里马。这一走法不仅大型比赛中首次出现，就是在网上也难觅其踪，颇有空前绝后的味道。

18. 相七进九　　马4进2
19. 炮七平六　　车1平4
20. 仕六进五　　车4进5
21. 马八进六　　车3进2
22. 车九平七　　……

亦可车九平六保马，从长计议。

22. ……　　车3平4　　**23. 马三进五　　前车平2**
24. 马五进四　　车4平5　　**25. 马四进五　　……**

马搏双象气势磅礴！倘若车三退一则比较稳健。

25. ……　　象7进5　　**26. 车三平五　　车2进1**

兑车简化，好棋。

27. 车七平八　　……

似应炮五平二，炮7平8，车五平八，车2平3，相九退七，炮2平4，炮二进二，车5平7，炮二平八，车7进4，兵三平二，车7退5，兵二进一，炮8平9，相互对攻各有所忌。

27. ……　　炮2进8　　**28. 车五平三　　炮7平8**
29. 车三平七　　炮8进8

倘若炮2平1，车七平八，炮1平2，车八平七，士5退4，炮六进五，马2退4，车七退三，车5进1，炮六平九，炮8进8，炮九进二，将5进1，车七进四，将5进1，相九进七，马4进3，车七平八，马3进5，相七退五，炮2平1，相互对攻。

30. 炮五平二　　士5退4　　**31. 相九进七　　……**

错失良机！似可炮二进二，车5平7，炮六平五，士6进5，炮二平八，车7平2，车七平二，炮8平6，帅五平四，车2平6，帅四平五，车6平5，车二进二，士5退6，车二退三，士4进5，炮五进四，士5进4，兵三平四，

103

炮2平7，炮五退一，红棋优势。

31. ……　　　炮2平6

炮轰底仕，黑棋展开反击。

32. 车七平四　炮6退1　　**33. 相三进一　炮6平9**
34. 帅五平四　士6进5

倘若车5进3，炮六平五，车5退1，车四进二，将5进1，相七退五，红棋胜势。

35. 车四平一　车5平6　　**36. 炮六平四　车6平3**

计算精确！不怕丢底士。

37. 车一进二　士5退6　　**38. 炮四平五　车3平5**
39. 车一平四　将5进1　　**40. 车四退一　将5退1**
41. 仕五进四　马2进3
42. 车四退四　车5平1
43. 车四退一　士4进5
44. 车四平五　马3退5（图144）

兑车之后黑棋多子，基本胜势。

45. 前兵进一　将5平4
46. 炮二进四　卒5进1
47. 炮二平九　卒5进1

小卒长驱直入，红棋只有招架之功而无还手之力。

48. 后兵进一　卒5平6
49. 前兵平四　卒6进1
50. 仕四退五　马5退4
51. 兵三平四　马4进3

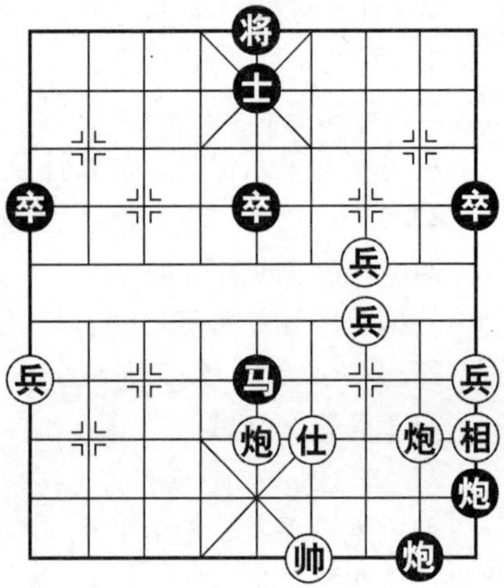

图144

倘若卒6平5，炮五平六，马4进6，相一进三，马6进7，帅四进一，炮8退1，帅四进一，卒5平6，帅四平五，炮8退1，仕五进四，马7进6，帅五退一，马6退8，帅五退一，马8退6，帅五进一，炮8进1，帅五进一，马6进5，炮九平六，将4平5，前炮平五，士5进4，炮六平八，卒6平5，虽然黑胜，不及实战简捷。

52. 炮五平六　马3退5　　**53. 炮九平六　将4平5**
54. 前炮平五　将5平6　　**55. 炮六进一　……**

无奈！倘若前兵平三，卒6进1，仕五进四，马5进4，黑棋胜势。

55. ……　　　马5进6

黑胜。

点评：空前绝后的"曹氏飞刀"虽然出师大捷，因变化复杂，其性能优劣尚不敢妄加臆断。

第29局　五七炮叠兵对肋道出车弃炮

1999年第10届银荔杯象棋争霸赛，两位顶尖高手交战，李来群抛出"肋道出车弃炮"新招，从而演绎惊险的攻杀大战！

李来群　胜　许银川
（1999年5月11日第10届银荔杯象棋争霸赛）

1. 炮二平五　马8进7
2. 马二进三　车9平8
3. 车一平二　卒7进1
4. 车二进六　马2进3
5. 兵七进一　炮8平9
6. 车二平三　炮9退1
7. 兵五进一　士4进5
8. 兵五进一　炮9平7
9. 车三平四　卒7进1
10. 兵三进一　象3进5
11. 兵五平四　车8进6
12. 兵四平三　卒3进1
13. 兵七进一　车8平3
14. 炮八平七　车1平4（图145）

特级大师李来群抛出最新布局冷门飞刀！

15. 车四进二　车4进8
16. 车四平三　……

吃炮，先得一子实利。

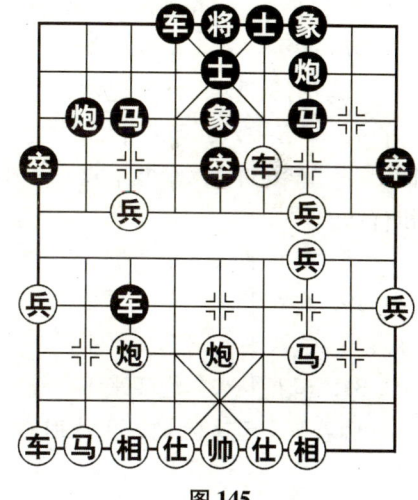

图145

16. ……　　车4平2
17. 车九进二　炮2进7
18. 炮五平四　……

"死子不急吃。"倘若车三退一，车3退2，车三退一，车3平4，仕四进五，车2平3，炮七平六，车3进1，车九退二，车4平2，马三进四，车3退4，车九平八，车2进5，马四进五，马3进4，前兵平四，车3平5，黑可抗衡。

18. ……　　车3退2
19. 仕四进五　马3进4
20. 相三进五　车3进2
21. 车九退二　……

倘若炮七平六，车3平7，炮四退一，车2退2，车三退一，马4进3，车九退二，马3退5，炮六平七，车7平6，炮四平一，马5进3，炮一进一，红棋亦优。

21. ……　　　马4进2　　　**22.** 炮七平六　卒5进1

李来群的攻势咄咄逼人，但是许银川的防线十分稳固，很难找到入局刀口，现在急冲中卒增援。

23. 车三退一　马2进3　　　**24.** 车三退一　卒5进1
25. 车三平五　卒5平4　　　**26.** 炮四退一　车2退4

似应炮2平4，车九进二，炮4退1，仕五退六，车2进1，车九平八，卒4进1，车八退二，马3进2，炮六平九，卒4进1，相互搏杀，鹿死谁手尚难预料。

27. 车九进二　……

似可马三进五，以下黑有两种选择：①卒4进1，马五进六，车3平2，炮六退一，卒4进1，仕五进六，前车平6，车五平九，车2平3，炮四退一，象5退3，前车平八，红棋优势。②马3进4，仕五退六，车2进4，车九平八，车2进1，马五进六，红棋优势。

27. ……　　　卒4进1

倘若马3进4，仕五退六，卒4进1，车五平九，卒4平5，前车平五，卒5平4，车五平六，卒4平5，马三进五，车3平5，炮六退一，车5平6，炮四退一，车6进2，车九平六，车2进4，相五进七，炮2平1，前兵进一，红棋优势。

28. 车九平八　车2进3
29. 炮六平八　车3平2
30. 炮八平九　车2平1
31. 车五平八　炮2平1

倘若车1进1吃炮，车八退六，红棋优势。

32. 炮九平八　马3退4
33. 车八退二　……

似应车八进三，士5退4，再车八退五，效果更好。

33. ……　　　马4进6
34. 车八平四　卒4平5　（图146）
35. 马三进五　……

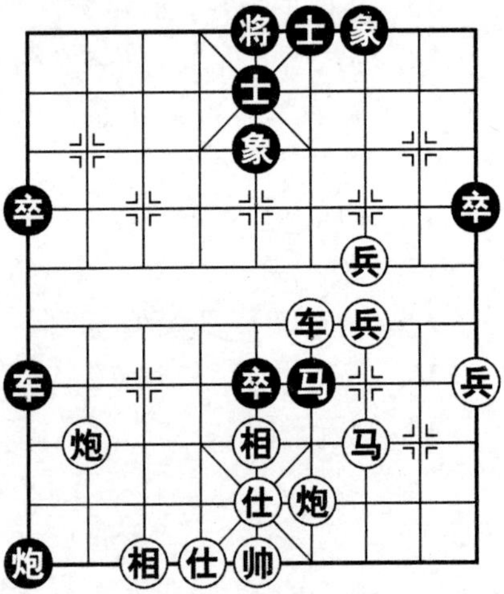

李来群一直在许仙后院闹事，为了安全许银川弃马换卒。

图146

亦可炮八退二，车1平2，车四平九，车2进3，马三进五，车2退3，马五进七，炮1平2，车九进二，红棋优势。

35. ……　　　车1平5　　　**36.** 炮八退一　马6进7

过高估计兵种齐全的优势。似应卒1进1为宜。

37. 车四平九　炮1退3　　　**38.** 仕五进四　马7退8
39. 仕六进五　马8进7　　　**40.** 仕五退六　马7退8
41. 仕六进五　马8进7　　　**42.** 车九进二　……

倘若不变则判和棋。

42. ……　　　车5平9　　　**43.** 仕五退四　马7退9

匆忙中出错，似应马7进9为佳。

44. 炮四平五　炮1平4

似应将5平4为宜。

45. 相五退三　……

夺取优势的妙着！

45. ……　　　马9进8
46. 炮五进一　炮4退1

倘若炮4平5，帅五平六，士5进4，车九进三，将5进1，车九退六，红棋胜势。

47. 车九平六　炮4平5
48. 帅五平六（图147）……

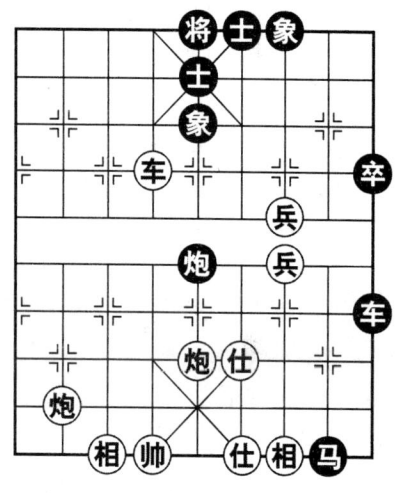

图147

亦可炮八平五，炮5进3，仕四进五，车9平3，帅五平六，车3进3，帅六进一，车3退9，前兵进一，卒9进1，前兵进一，卒9进1，前兵进一，象7退9，前兵平四，卒9平8，车六平二，象9退7，车二退二，红棋胜势。

48. ……　　　车9平3　　　**49.** 炮八平五　车3进3
50. 帅六进一　车3退4　　　**51.** 前兵进一　……

许仙的棋艺炉火纯青，车双炮的战术组合出神入化，真乃神人也！至此红棋胜势。

51. ……　　　卒9进1　　　**52.** 前兵进一　卒9进1
53. 前兵进一　卒9平8　　　**54.** 前兵平四

红胜。

点评：李来群独创飞刀十分锋利。虽然遇到许仙而出师未捷，但其攻击力不可低估。

第30局 五七炮叠兵对高炮轰车

1. 炮二平五　马8进7
2. 马二进三　车9平8
3. 车一平二　卒7进1
4. 车二进六　马2进3
5. 兵七进一　炮8平9
6. 车二平三　炮9退1
7. 兵五进一　士4进5
8. 兵五进一　炮9平7
9. 车三平四　卒7进1
10. 兵三进一　象3进5
11. 兵五平四　车8进6
12. 兵四平三　卒3进1
13. 兵七进一　车8平3
14. 炮八平七　炮2进1
15. 车四退二　车3退2
16. 炮七进五　车3退2
17. 马八进九（图148）……

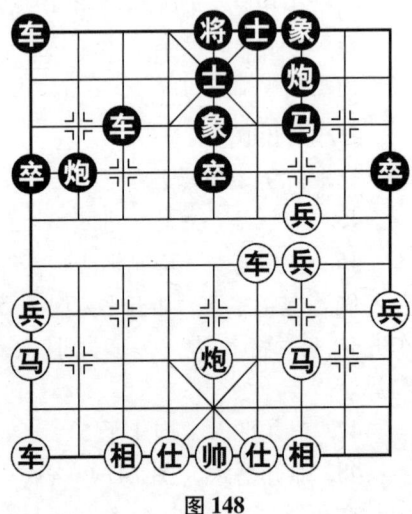

图148

跳边马是特级大师赵国荣于2002年抛出的最新布局飞刀！

1999年怪坡杯全国象棋冠军总决赛，吕钦与许银川之战曾走：车九进二，象5进7，车九平八，炮2平4，马三进五，象7退5，炮五平三，车3进4，炮三进五，车3平5，车八平五，车5退2，车五进三，卒5进1，相七进五，炮4退1，炮三平六，士5进4，车四进四，炮7进1，和棋。

图148形势之下，黑棋有象5进7与炮2退2两种选择。

（甲）象5进7

赵国荣 和 柳大华

（2002年10月27日弈于杭州全国象棋精英赛）

17. ……　　　象5进7
18. 车九平八　炮2平4
19. 兵三进一　炮7进3
20. 马三进五　炮7平5

稳健。似可车1平3，车四平三，象7进9，炮五平二，卒5进1，相三进五，炮4平5，马五退七，后车平4，仕四进五，车4进6，黑棋有攻势。

21. 仕四进五　车1平3
22. 车四平三　炮5进3

23. 相三进五　卒5进1　　　　24. 马五进七　炮4平5
25. 兵九进一　前车平5　　　26. 车八进五　……

亦可车八进六，卒5进1，车三平五，炮5进4，车五退二，车3进5，车五进五，象7进5，车八平三，马7退8，车三平九，卒9进1，相七进五，车3退1，车九进三，士5退4，车九退二，红棋稍优。

26. ……　　　　　卒5进1
27. 车八平五　　车5平2
28. 车五退一　　车3进3
29. 车三进一　　炮5退1
30. 马七进五（图149）　车3平8

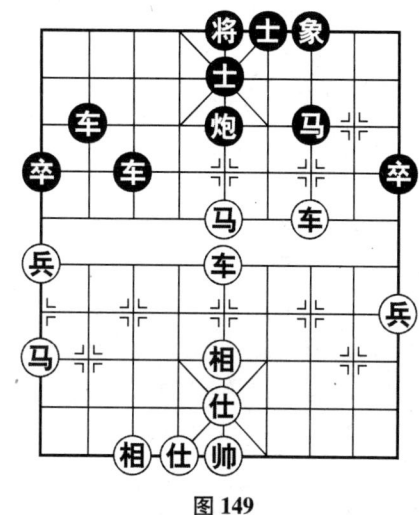

图149

倘若炮5进3，马五进七，炮5平6，车三进一，炮6退4，马九进八，炮6平7，车三平二，红棋稍优。

31. 马五进三　炮5平4
32. 车三退五　……

压住阵脚，退车细腻！

32. ……　　　　　车2进1
33. 马三退四　马7进5
34. 马四进五　车8平5　　　35. 车五进二　车2平5
36. 车三进九

余略，第72回合和棋。

点评：红棋小优势在握，赢棋难，输棋也难。

（乙）炮2退2

赵国荣 负 洪智

(2002年12月21日弈于广州全国象棋十六强精英赛)

17. ……　　　　　炮2退2（图150）

上一局赵国荣与柳大华之战虽然和棋，但是红棋小优势还是令人有所顾忌。现在退炮是特级大师洪智抛出最新改进型布局飞刀！

18. 车九平八　炮2平3　　　19. 仕六进五　……

倘若马三进二，象5进7，兵三进一，炮7进3，马二进四，马7进6，车四进一，炮7退2，仕六进五，炮3进8，车四进一，车1平3，车四平五，炮7平5，车五平六，前车进5，兵九进一，前车平1，车六平七，车3平4，车八平七，车1退2，前车平一，车1平5，炮五进五，象7进5，和棋之势。

19. ……　　　　象5进7
20. 兵三进一　　炮7进3
21. 车四平三　　炮7平5
22. 马三进五　　车1平4
23. 炮五进三　　……

为什么不走车三进二压马呢？炮3进8，兵九进一，炮3退6，车三退二，炮5进3，相三进五，卒5进1，黑棋优势。

23. ……　　　　卒5进1
24. 车三进二　　卒5进1
25. 马五进三　　卒5平6
26. 马三进二　　马7退9

逼兑红马实施"维稳"战略！

27. 马二进一　　……

倘若马二进三，炮3平7，车三进二，马9进7，相三进五，虽然平稳之势，但这不是东北虎赵国荣的风格。

27. ……　　　　炮3平9

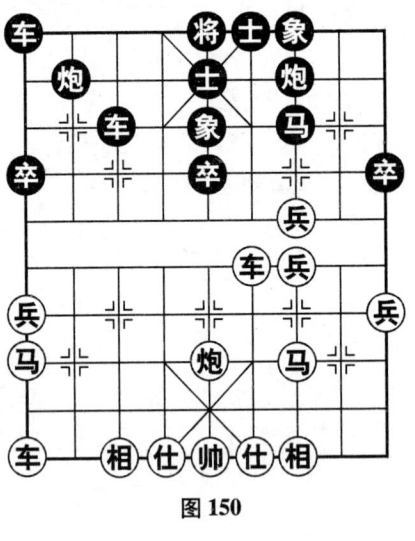

图150

28. 兵九进一　　车4进8

进车"点穴"是夺取优势的佳着，使黑棋大有半身不遂之势。

29. 车三平五　　象7进5
30. 车五平一　　炮9平8
31. 车一平二　　炮8平7
32. 车二平三　　炮7平8
33. 车三退三　　车3进2
34. 车三平五　　象5退3
35. 车五平七　　车3平7（图151）
36. 车八进三　　……

大意铸成最后的败局！似应车七平二，炮8平7，相三进五，车7进3，马九进七，车7平5，车二平三，车5退1，车三进五，车5平3，车三退二，和棋之势。

36. ……　　　　车7进5

37. 车七平二　　士5进6

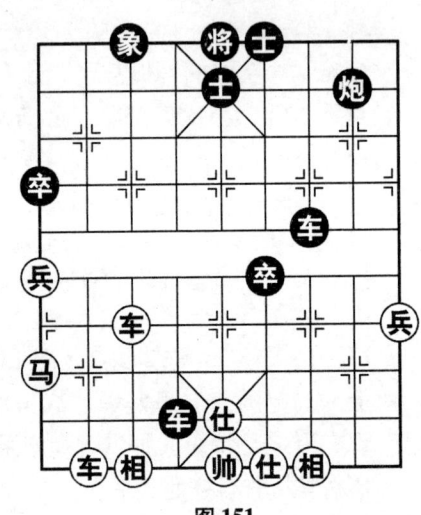

图151

第二章 中炮三路叠兵对屏风马

精妙绝伦！一招制胜。
38. 车八平五　炮8平5
黑胜。
点评："洪氏"飞刀颇有反击威力，重演红阵没便宜。

第31局　五七炮叠兵对高炮轰车

2000年全国象棋个人赛，作为教练，作者在比赛大厅穿梭搜索最新布局战术，以备队员们参考。突见河北唐山著名棋手范向军向广东朱琮思大师使出惊人的弃子抢先战术，急忙于枰前停步观战……

1. 炮二平五　马8进7　　2. 马二进三　车9平8
3. 车一平二　马2进3　　4. 兵七进一　卒7进1
5. 车二进六　炮8平9　　6. 车二平三　炮9退1
7. 兵五进一　士4进5　　8. 兵五进一　炮9平7
9. 车三平四　卒7进1　　10. 兵三进一　象3进5
11. 兵五平四　车8进6
12. 兵四平三　卒3进1
13. 兵七进一　车8平3
14. 炮八平七　炮2进1
15. 车四进二　炮2退2
16. 车四退二　车1平4（图152）

广东朱琮思大师于2000年全国象棋个人赛，抛出最新布局飞刀！

17. 车九进二　……
高边车具有强烈的诱敌介入之策！

17. ……　　车4进8
朱琮思大师年轻气盛，进车杀向红棋二路生命线，大有抢先夺子之势！倘若车3退2怎样呢？炮七进五，车3退2，车九平七，车4进2，马三进五，炮2平3，车七进五，车4平3，相七进九，车3进4，马五进七，车3平4，仕四进五，红棋稍优。

18. 车九平八　……
主动献子送吃，显然有锦囊妙计！

18. ……　　炮2进8　　**19.** 车八退二　车3进1

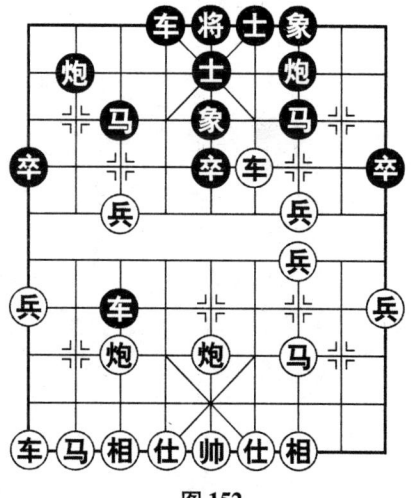

图152

20. 车四进二（图153）……

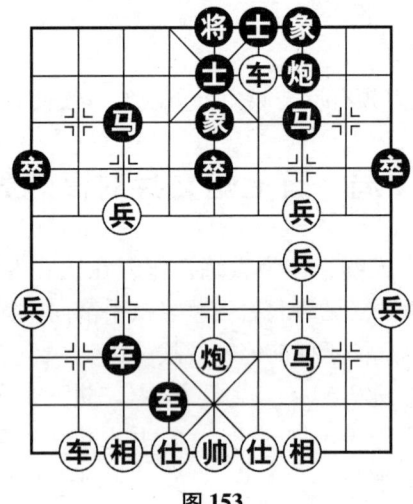

图153

图153形势之下，黑棋有马7进8与马7进6两种选择。

（甲）马7进8

范向军 胜 朱琮思

（2000年11月12日弈于蚌埠全国象棋个人赛）

20. …… 马7进8　21. 仕四进五 ……

为什么不走车四平三吃炮呢？马8进7，仕四进五，马7进5，相三进五，车3平5，车八进一，车4平2，相七进五，车2平3，马三进二，车3退4，马二进一，车3进2，红棋虽然多兵，还是有难度。

21. …… 马8进7

贪攻冒进！似应车3退3，炮五进五，将5平4，车四平三，象7进5，前兵平二，车3平5，相七进九，车5平8，车三退一，车4退6，尚可坚守。

22. 炮五进五　将5平4
23. 马三进五　车4退2
24. 炮五平三（图154）……

弃马打相十分凶悍！

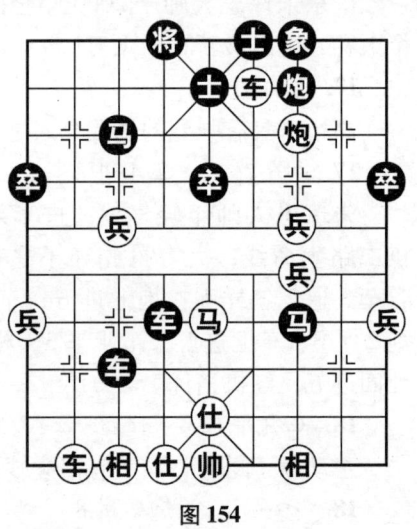

图154

第二章　中炮三路叠兵对屏风马

24. ……　　炮7平9

倘若炮7进3，兵三进一，车4平5，车四平三，象7进5，车三平四，马7退8，炮三进二，将4进1，炮三退一，红棋亦胜势。

25. 车四平一　　车3平8

倘若车3退3，车一平三，象7进9，车三平二，车3平2，车八进五，马3进2，马五进四，马2进4，炮三进二，将4进1，炮三退一，士5进6，车二退五，马4退6，前兵平四，红棋胜势。

26. 马五进六（图155）……

兑马打通八路车攻击通道是绝妙佳着！

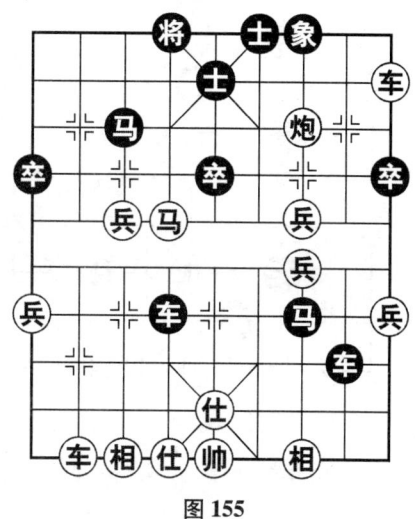

图155

26. ……　　马3进4
27. 车八进九　　将4进1
28. 车八退一　　将4退1
29. 车一平三　　象7进5
30. 车三平四　　车8退7
31. 车八进一　　将4进1
32. 兵七平六　　马7退5
33. 炮三进一

红胜。

点评：飞刀战术遭到毁灭性打击，倘若重演红阵大有风险。

（乙）马7进6

杜国杰　胜　李全军

（2010年3月13日弈于南京市象棋公开赛）

20. ……　　马7进6（图156）

徐州名手李全军抛出最新布局飞刀！

21. 车四退三　　车4退2

似应车3退1为宜。倘若车3退3，车四平七，象5进3，车八进七，车4退6，马三进四，将5平4，仕四进五，象3退5，马四进五，车4进1，马五进三，车4平3，车八退三，红棋优势。

22. 马三进四　　车4退1　　**23.** 车八进七　　炮7进1

24. 仕四进五　　车3退2

似可马 3 退 4，车八退二，车 4 平 5，车四进一，车 3 进 2，马四进五，车 3 退 3，黑棋尚可一战。

25. 马四进六　马 3 进 4　　**26.** 车八进二　士 5 退 4
27. 兵七平六　车 4 平 7　　**28.** 相三进一　车 7 平 6
29. 车八退三　炮 7 退 1（图 157）　**30.** 车四退一　……

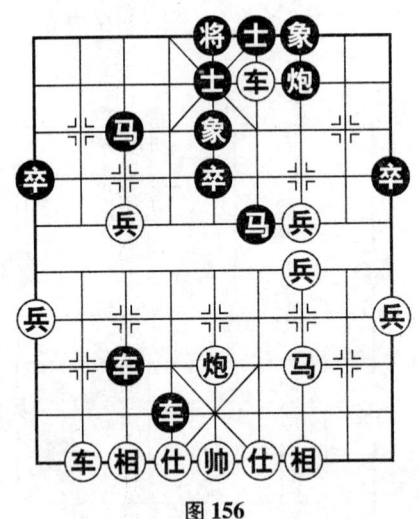

图 156

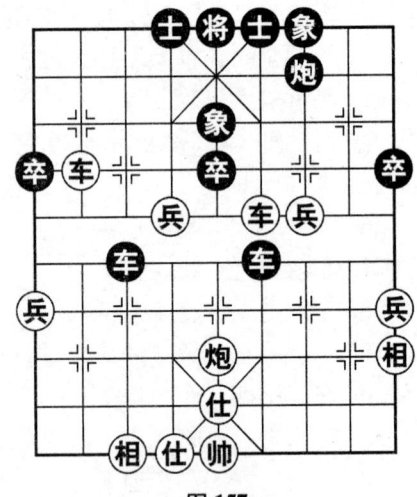

图 157

似可车八平五，炮 7 平 5，车五平九，红棋优势。

30. ……　　　　车 3 平 6　　**31.** 兵三进一　车 6 平 4
32. 兵三进一　炮 7 平 4　　**33.** 兵六进一　卒 5 进 1
34. 兵三平四　士 6 进 5　　**35.** 兵四平五　……

一兵换双象，奠定胜势。

35. ……　　　　象 7 进 5　　**36.** 炮五进五　将 5 平 6
37. 炮五平九　炮 4 平 3　　**38.** 炮九进二　将 6 进 1
39. 车八平七　炮 3 平 2　　**40.** 兵六平五　车 4 平 6

无奈！倘若车 4 退 3，车七退一，卒 5 进 1，车七平五，车 4 平 1，兵五进一，士 5 进 6，车五退一，士 4 进 5，帅五平四，士 5 退 4，车五平八，炮 2 平 3，车八进四，红棋亦胜。

41. 车七退一　车 6 退 1　　**42.** 仕五进四

红胜。

点评："跳里马"改进型飞刀遭到沉重打击，重演此阵请小心为佳！

第二章 中炮三路叠兵对屏风马

第32局 五七炮叠兵对高炮轰车

1. 炮二平五　马8进7　　2. 马二进三　车9平8
3. 车一平二　马2进3　　4. 兵七进一　卒7进1
5. 车二进六　炮8平9　　6. 车二平三　炮9退1
7. 兵五进一　士4进5　　8. 兵五进一　炮9平7
9. 车三平四　卒7进1　　10. 兵三进一　象3进5
11. 兵五平四　车8进6　　12. 兵四平三　卒3进1
13. 兵七进一　车8平3
14. 炮八平七　车3退2

湖北著名象棋大师汪洋于2001年全国象棋个人赛抛出最新布局飞刀!

15. 炮七进五　……

为什么以炮兑马而不走马三进四呢?车1平4,前兵进一,马7退9,仕四进五,卒5进1,黑可抗衡。

15. ……　　　　车3退2
16. 马八进九　炮2进1
17. 车四进二　炮2退2
18. 车四退二　车1平3
19. 车九平八　前车进7
20. 车八进三(图158)……

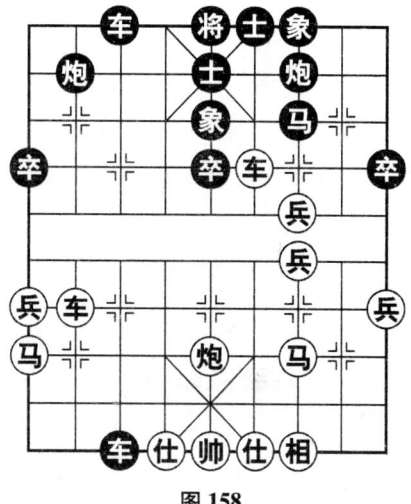

图158

图158形势之下,黑棋有炮2平4与后车平4两种选择。

(甲) 炮2平4

姚洪新 负 汪洋

(2001年10月19日弈于西安全国象棋个人赛)

20. ……　　　　炮2平4　　21. 车八平六　后车平4
22. 马三退五　……

窝心马是后来失败的根源!似可车六平七,车3退3,马九进七,车4平3,马七进六,车3进9,马六退八,车3退4,车四退二,车3进1,马三进二,象5进7,车四进三,车3退1,车四平三,车3平2,车三退二,红棋优势。

22. ……　　车3退7　　23. 车六进三　炮4平2
24. 车六平八　……

似应车六进三，将5平4，炮五平六，车3进3，前兵进一，炮2进2，炮六进四，马7退9，马五进四，车3进2，马九退八，车3平7，后兵进一，炮7进3，马四进三，车7退3，车四退五，红棋尚可一战。

24. ……　　车4进5　　25. 车八退六　……

似应车八退四坚守为宜。

25. ……　　车3平4　　26. 马五进七　前车进2

黑胜。

点评："汪氏"布局飞刀成功是红棋倒退"窝心马"造成的。红方不应速签降书顺表，似应车八进二保马，尚可坚持抗战。

（乙）后车平4

王琳娜　负　唐丹

（2010年11月19日弈于广州第16届亚运会）

20. ……　　后车平4（图159）

女子特级大师唐丹抛出最新布局飞刀！

21. 仕四进五　炮2平3
22. 前兵进一　车3退5
23. 仕五退四　……

红棋不敢走前兵进一吃马，车3平6，闪击抽车。

23. ……　　车3进5
24. 仕四进五　车3退5
25. 帅五平四　……

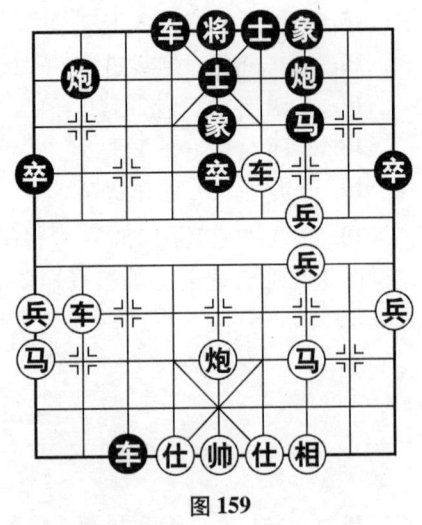

图159

这盘棋是冠亚军争夺战，王琳娜必须获胜才能夺得冠军，而唐丹和则冠军。因积分形势，王琳娜不得不变。

25. ……　　炮7平6　　26. 帅四平五　炮6平7
27. 帅五平四　炮7平6　　28. 炮五平四　……

"不变则判和"使王琳娜再度无奈地主动变着。

第二章　中炮三路叠兵对屏风马

28. ……	炮6进6	29. 车四退四	马7退8
30. 前兵平四	马8进7	31. 兵四平三	马7退8
32. 车八进三	……		

三度变着，无奈决策。

32. ……　　车4进5

抢占制高点是夺取优势的佳着！

33. 相三进一　车3平8
34. 马九进七（图160）……

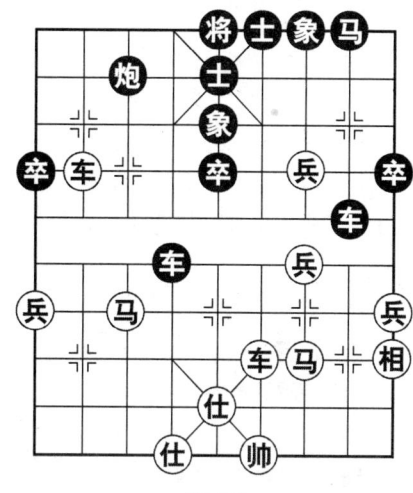

图160

慌不择路！似应车八平七为宜。

34. ……	车4进1		
35. 车八进三	炮3退1		
36. 马七进八	车8平3		
37. 马三进四	……		

倘若兵九进一，车4退2，马八退九，车4平8，马九退七，车3进2，红棋优势。

37. ……	车4平8	38. 马八进九	……

倘若炮四平八，车3平6，黑棋得子。

38. ……	车3退2	39. 马四进六	……

最后一搏！

39. ……	车3平1	40. 车四进六	炮3平4
41. 马六进八	车1平3	42. 车八退一	车8进3
43. 帅四进一	车8退1		

似可炮4进8，仕五进六，炮4平2，马八进七，将5平4，马七退五，车3平5，黑棋胜势。

44. 帅四退一	车8进1	45. 帅四进一	炮4进8

黑胜。

点评：最新布局飞刀的反击防御的性能优良，重演红阵没便宜。

第33局　五七炮叠兵对高炮轰车

1. 炮二平五	马8进7	2. 马二进三	车9平8
3. 车一平二	卒7进1	4. 车二进六	马2进3
5. 兵七进一	炮8平9	6. 车二平三	炮9退1

7. 兵五进一　士4进5
8. 兵五进一　炮9平7
9. 车三平四　卒7进1
10. 兵三进一　象3进5
11. 兵五平四　车8进6
12. 兵四平三　卒3进1
13. 兵七进一　车8平3

先弃后取是经典选择！

14. 炮八平七　车3退2

退车吃兵属于冷门战术，很少在大赛中出现。主流是走象5进3或炮2进1。

15. 炮七进五　……

炮马交换十分必要，否则有马3进4跃马蹬车反攻之势。

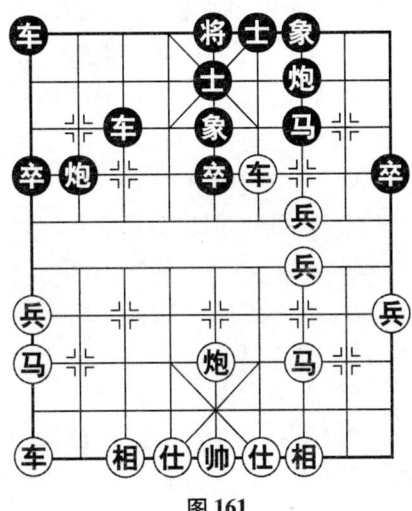

图161

15. ……　　　车3退2
16. 马八进九　炮2进1（图161）

图161形势之下，红棋有车四退二与车四退三两种选择。

（甲）车四退二

王斌 负 李家华

（2007年8月8日弈于全国象棋甲级联赛）

17. 车四退二　车1平4

"肋道出车"是甘肃著名象棋大师李家华创出最新布局飞刀！

18. 车九平八　炮2退2
19. 车四进二　卒5进1

挺进中卒，放弃阻击三路兵前进，颇有魄力与勇气。一般也许会选择炮2平3，仕六进五，车3进3，前兵进一，车3平7，另有一番厮杀。

20. 前兵进一　马7退9
21. 炮五平四　……

佯装攻士，实施阵型调整。

21. ……　　　车3平4
22. 相七进五　前车进1
23. 车四平六　……

似可走马三进二，前车平6，前兵平四，车4进3，兵四平三，卒5进1，炮四平三，红棋稍优。

23. ……　　　车4进3
24. 马三进二　卒5进1
25. 车八进五　……

第二章 中炮三路叠兵对屏风马

抢占制高点无可非议,似也可走炮四平三,对黑拥塞的子力有一定的威胁。

25. ……　　炮2平4

激进型攻击战术!似可仕六进五,车4进3,兵一进一,卒5进1,马二进一,车4平1,兵一进一,红棋足可一战。

26. ……　　车4进4(图162)

逼马出山,力争对攻。倘若卒9进1,仕四进五,卒5平6,后兵进一,车4进3,兵九进一,车4平1,马九退七,车1平7,马二进一,象7进9,前兵平二,红棋有攻势。

27. 马九进七　车4退1
28. 马七进九　车4平1
29. 马九进八　……

跟踪追马逼上前线,黑棋虽然斩获一兵,但付出代价也不小。

26. 炮四进四　……

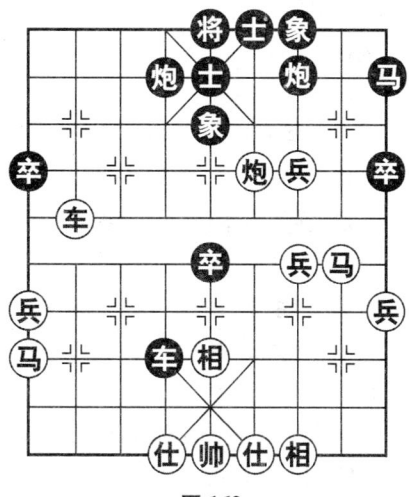

图162

29. ……　　车1退2

避兑是为保持快节奏的攻击。似也可走车八平九,卒1进1,炮四平一,卒5平6,炮一退二,红棋仍优势。

30. ……　　车1平5
31. 炮四平九　车5平1
32. 炮九进二　卒5进1
33. 马二进一　炮7平6
34. 炮九平八　车1平5(图163)
35. 马八退七　……

错失良机!似应车八平九,车5退1,车九进五,炮4退1,炮八平四,车5平2,马一进二,马9进8,车九退四,红棋优势。

35. ……　　车5进1
36. 车八平九　卒5进1

打开缺口对攻,如消极防御必凶多吉少!

37. 相三进五　车5进2
38. 仕四进五　车5退2

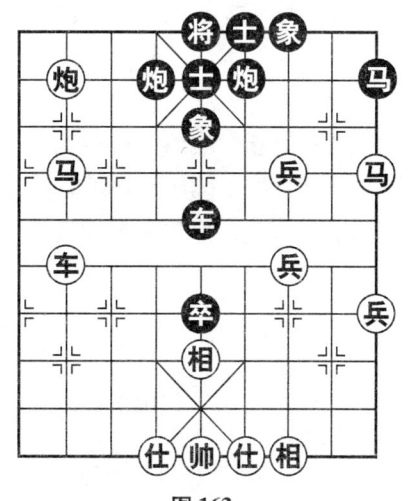

图163

39. 马七退八 ……

再度与赢棋擦肩而过！应走车九进五，炮4退1，炮八平四，车5平3，马一进二，车3进1，炮四平一，车3平9，炮一退二，车9平8，炮一平二，红棋胜势。

| 39. …… | 车5进2 | 40. 马八进七 | 车5退2 |
| 41. 马七退八 | 车5进2 | 42. 马八退七 | …… |

不变作和，只好退马回家。

42. …… 炮4进2

43. 炮八平四 炮4平9（图164）

44. 马七进六 ……

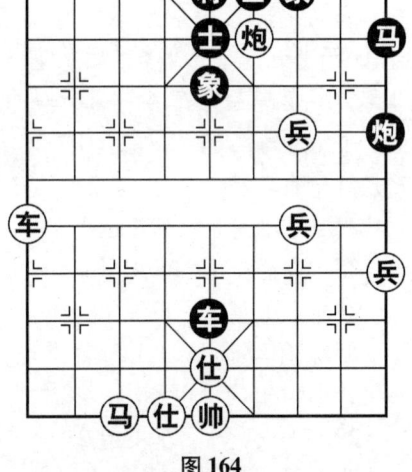

图164

似应兵一进一，车5退4，兵一进一，炮9退1，兵一进一，炮9平8，兵一平二，红棋胜势。

44. …… 车5退4
45. 炮四退六 车5平7
46. 炮四平五 将5平4
47. 车九平六 将4平5
48. 车六平八 将5平4
49. 车八平六 将4平5
50. 车六平八 将5平4
51. 马六进八 车7平3
52. 马八进六 车3进3
53. 车八进二 炮9退1
54. 车八平六 士5进4
55. 兵一进一

红棋稍优，余略，大战第93回合终局黑胜。

点评："肋道出车"新招初试效果欠佳，尚需完善改进。红棋虽然终局失利仍瑕不掩瑜；黑棋左翼拥塞的子力如何疏通是难题，重演此局请谨慎。

（乙）车四退三

王斌 胜 肖春堂
（2010年10月9日弈于武汉职工象棋赛）

17. 车四退三（图165） ……

湖北武汉著名棋手王斌首创最新布局飞刀！

| 17. …… | 象5进7 | 18. 车九平八 | 炮2平4 |
| 19. 马三进五 | 象7退9 | 20. 马五进六 | 炮7进4 |

炮轰三兵，使红棋仅存的物质优势荡然无存。

21. 马九进七　炮7退1
22. 车八进六　车3平4
23. 仕四进五　炮7平5
24. 帅五平四　车1平3
25. 炮五平七　车3平4
26. 车八平九　……

在等待中寻觅机会。

26. ……　　　炮5平6
27. 帅四平五　卒5进1
28. 相三进五　炮6平4
29. 马七进六　马7进5

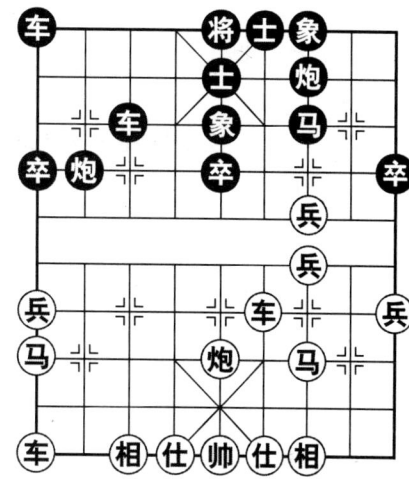

图165

似可前车平3，马六退八，车3平2，车四进一，炮4平5，黑棋尚可坚守。

30. 车四进二　马5进7　　31. 炮七进三　马7退6
32. 车四进一　卒5进1　　33. 车九平七　后车平2
34. 马六退七　……

上段王斌抑扬顿挫的运子取势，展现较高的棋艺水平。

34. ……　　　炮4进3

业余棋手肖春堂的防御亦可圈可点，努力争取突破重围。

35. 马七进九　车4进2
36. 马九进八　炮4平5
37. 帅五平四　车4进1（图166）
38. 炮七退三　……

似应炮七平八，车2平4，马八进七，马6退4，炮八平四，卒5平6，车七平六，前车退2，车四平六，炮5退2，炮四进三，炮5平6，帅四平五，士5进4，车六进一，红棋优势。

38. ……　　　车4退4
39. 相五退三　炮5平8　　40. 车七平五　车2进2
41. 炮七平八　车2平3　　42. 车五退二

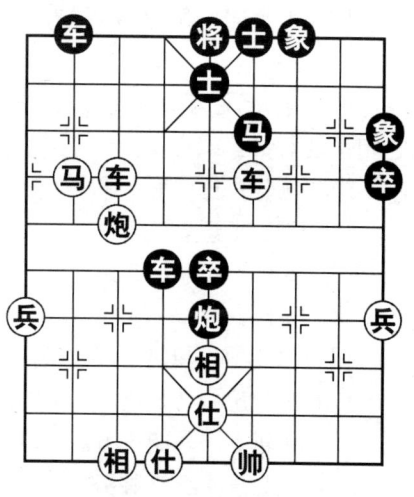

图166

红优，余略，大战第97回合红胜。

点评：红棋小优势不温不火，不赢则和的性能可圈可点。

第34局　叠兵捉马对车吃底相弃马

2012年第5届杨官璘杯全国象棋公开赛，上海著名象棋大师谢靖首创"叠兵捉马"新招，掀起一轮炮马争雄布局大战。

谢靖　和　赵鑫鑫

（2012年9月19日弈于第5届杨官璘杯全国象棋公开赛）

1. 炮二平五　马8进7
2. 马二进三　车9平8
3. 车一平二　马2进3
4. 兵七进一　卒7进1
5. 车二进六　炮8平9
6. 车二平三　炮9退1
7. 兵五进一　士4进5
8. 兵五进一　炮9平7
9. 车三平四　卒7进1
10. 兵三进一　象3进5
11. 兵五平四　车8进6
12. 兵四平三　卒3进1
13. 兵七进一　车8平3
14. 前兵进一（图167）……

特级大师谢靖抛出最新布局飞刀！

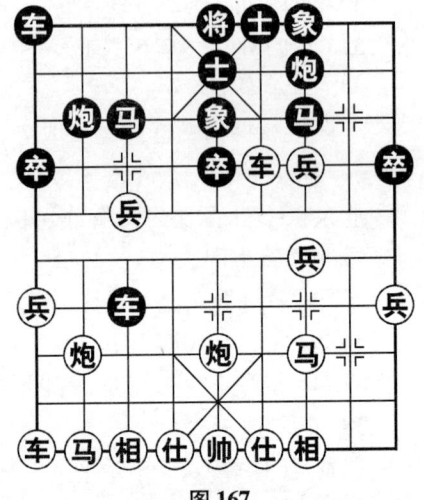

图167

14. ……　车3进3

面对最新飞刀毫不手软，采用弃马吃相强硬对策！

15. 炮八平七　车1平4
16. 仕四进五　马3进2
17. 兵七平八　炮2进7
18. 炮七平六　车4进6

倘若错走马7退9，炮五进一，马9进8，相三进五，马8进7，车四退二，车3退4，车九平八，车3平6，马三进四，车4进5，马四进五，车4平5，相五进三，车5进1，马五进七，炮7进4，车八进四，红棋胜势。

19. 炮五进一　……

似可炮五进五，象7进5，相三进五，车4平1，相五退七，车1进3，前兵进一，炮7进4，炮六平五，炮7平5，车四平五，车1退4，帅五平四，车

第二章　中炮三路叠兵对屏风马

1平4，车五平九，红棋优势。

19. ……　　　卒5进1　　　**20.** 车四进二　……

似可车四退三，马7进5，相三进五，车3退1，车九平八，卒5进1，车八进四，卒5进1，车四平五，车4平5，马三进五，车3退2，马五进四，红棋优势。

20. ……　　　炮7进2　　　**21.** 相三进五　车4平1

倘若车3退7，车九平八，卒5进1，炮五平四，炮7平5，帅五平四，炮5进4，车四退二，炮5平6，仕五进四，车4进1，仕六进五，车4退3，兵八平七，车4平3，车四平三，前车进2，炮四进三，马7进5，炮四平九，马5进4，相互对攻，红棋虽多子也有顾忌。

22. 相五退七　车1进3　　　**23.** 炮五进四　士5进4
24. 马三进四　炮7平3（图168）
25. 车四平七　……

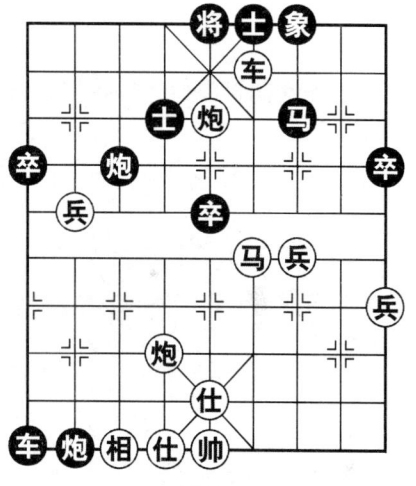

图168

似可炮六平三，车1退2，马四进五，车1平3，仕五进四，车3进2，马五进三，炮3退3，马三退五，象7进9，炮五退二，士4退5，马五退七，将5平4，帅五进一，红棋优势。

25. ……　　　车1退4
26. 车七进一　将5进1
27. 车七退一　将5退1
28. 车七进一　将5进1
29. 马四进五　马7进5

倘若车1平3，炮五退二，象7进5，马五进三，将5平6，车七平四，红胜。

30. 车七退三　马5退7　　　**31.** 炮五退一　车1平7
32. 炮五平九　象7进5　　　**33.** 炮九平八　炮2平1
34. 炮六平九　车7平1　　　**35.** 炮九平五　车1平7
36. 车七进二　将5退1　　　**37.** 车七进一　将5进1
38. 车七退一　将5退1（图169）**39.** 炮五进五　……

似可炮八进一，卒5进1，车七退四，车7进4，仕五退四，卒5进1，炮五平九，车7退6，炮九进七，车7平1，炮九退九，车1进6，车七平五，马7进6，车五进一，马6进8，炮八平五，红棋优势。

39. ……　　　炮1退3　　　**40.** 车七平三　车7进4

41. 仕五退四　车7退6
42. 炮八平一　车7平9
43. 车三退一　车9平5
44. 炮五平四　……

稳健！倘若车三退四，炮1平9，炮五平一，炮9进3，车三退三，炮9退3，炮一进二，将5进1，车三进八，将5进1，车三退五，炮9进3，车三退三，炮9退3，车三进九，卒5进1，相互对攻，各有所忌。

44. ……　　　车5平6
45. 车三退四
和棋。

点评：倘若没有全国冠军赵鑫鑫那么高的棋艺水平，重演黑阵凶多吉少。

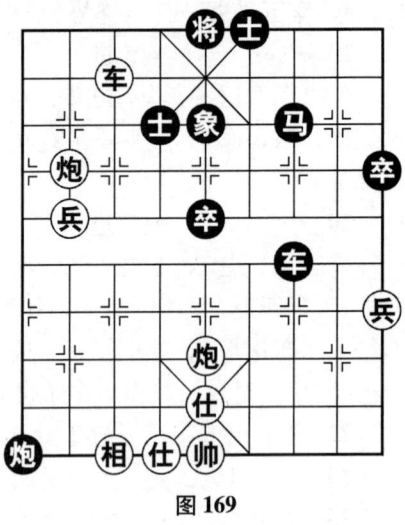
图169

第35局　叠兵捉马对退边马

1. 炮二平五　马8进7
2. 马二进三　车9平8
3. 车一平二　马2进3
4. 兵七进一　卒7进1
5. 车二进六　炮8平9
6. 车二平三　炮9退1
7. 兵五进一　士4进5
8. 兵五进一　炮9平7
9. 车三平四　卒7进1
10. 兵三进一　象3进5
11. 兵五平四　车8进6
12. 兵四平三　卒3进1
13. 兵七进一　车8平3
14. 前兵进一　马7退9

特级大师吕钦抛出改进型最新布局飞刀！

15. 炮八平六（图170）……

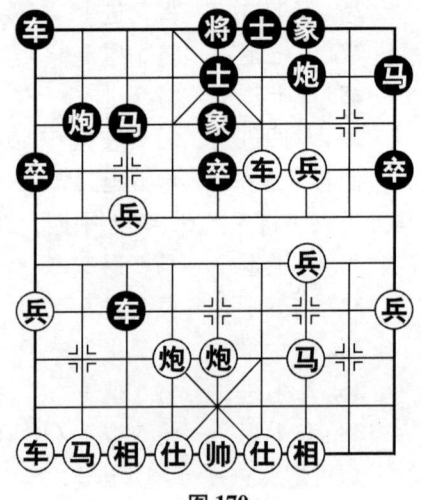
图170

图170形势之下，黑棋有车3进3与车1平4两种选择。

第二章　中炮三路叠兵对屏风马

（甲）车3进3

谢靖 胜 吕钦

（2012年9月25日弈于第2届温岭·长屿硐天杯全国象棋国手赛）

15. ……	车3进3	16. 炮六平七	马3进2
17. 兵七平八	车1平4	18. 仕四进五	车3平2
19. 车九进二	炮2退1		

倘若炮7进4，马三进五，炮7平8，炮五进四，车2退5，帅五平四，炮8退5，相三进一，车4进6，马五进三，炮2平3，炮五退三，炮3进2，炮七平二，炮3进5，帅四进一，炮3退3，炮五平七，车4平3，炮二平五，红棋优势。

20. 车四平五　车2退5
21. 炮五进一　炮7进4（图171）
22. 相三进五　……

稳健。似可炮七平五，车4进6，马三进四，车4退4，车五平九，炮7平8，后车平七，炮2平4，后炮平六，炮4退1，炮六进七，车4退2，车七平六，炮8进4，相三进五，车2平7，车六进七，将5平4，仕五进六，车7平5，车九平五，车5退1，马四进五，红棋优势。

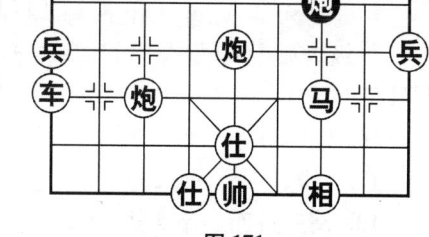

图171

22. ……　　　炮7进1

似应炮7退1为佳。

23. 车五平四　车4进4
24. 炮七平六　车4平7　　25. 车九平七　车2平5

倘若车7平3，车七进三，车2平3，车四平八，炮2平4，车八进三，炮4退1，炮六进六，红棋优势。

26. 车七平八　……

精妙！黑棋立即陷入困境。

26. ……　　　炮2进3

倘若车5平2，车八进三，车7平2，车四平九，红棋优势。

| 27. 车四平九 | 炮2平4 | 28. 车八进七 | 炮4退4 |
| 29. 车九平六 | 炮4平3 | 30. 炮六进三（图172） | …… |

精妙绝伦！一炮定江山。

30. ……　　炮 7 退 3

31. 炮六平三　炮 7 进 4

32. 车六进二

红胜。

点评：最新飞刀初试遇阻，重演黑阵请小心为宜。

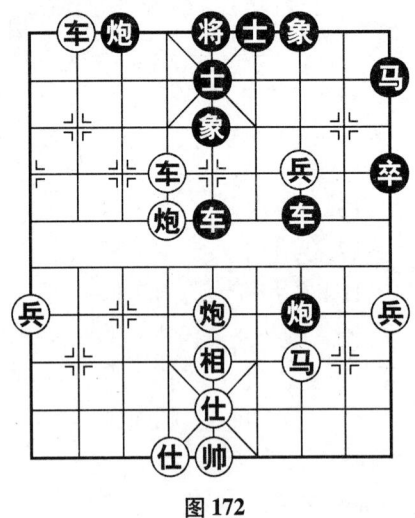

图 172

（乙）车 1 平 4

黄仕清 和 赵国荣

（2012 年 10 月 12 日弈于浙江磐安全国象棋个人赛）

15. ……　　车 1 平 4（图 173）

特级大师赵国荣抛出最新改进型布局飞刀！

16. 仕四进五　车 3 退 2

17. 马八进七　炮 2 退 1

18. 马三进四　卒 5 进 1

19. 炮五平三　……

似可马七进八，卒 5 进 1，马四进五，车 3 进 2，马五进七，车 3 退 4，马八进九，车 3 平 2，马九进八，炮 7 平 2，炮五平四，车 4 进 4，兵九进一，红棋优势。

19. ……　　卒 5 进 1

20. 马四进五　车 4 进 3

相互纠缠令人眼花缭乱！

21. ……　　马 3 进 4

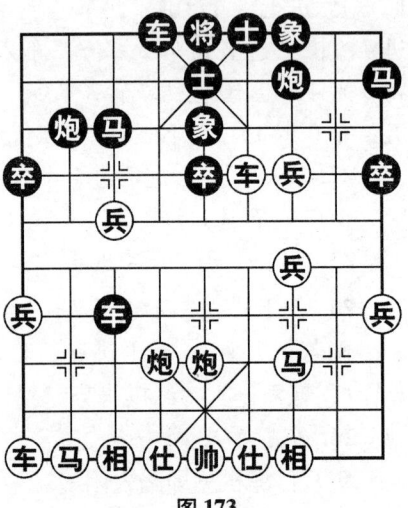

图 173

21. 马七进六　……

22. 马六退八　车 3 平 2

第二章 中炮三路叠兵对屏风马

似可车3进5，车九平七，马4退6，前兵平四，炮7进6，马八进六，车4平2，马六进七，炮7退1，黑棋足可一战。

23. 炮六进四　马4退6　　24. 炮三平八　……

简化局势的佳着。

24. ……　　车2进2　　25. 炮八进六　车2退5
26. 炮六平四　炮7进4　　27. 相七进五　……

倘若车九进二，炮7进1，马五进七，车2平3，车九平七，炮7平8，炮四平五，炮8平5，炮五退三，卒5进1，红棋稍优，但赢棋难。

27. ……　　炮7平8　　28. 车九平七　士5进4
29. 车七进三　炮8进4　　30. 相三进一　车2进3
31. 相一进三　炮8退8（图174）

倘若卒9进1，车七平二，炮8平9，车二进五，红棋优势。

32. 车七进三　……

似应车七平六，车2退2，车六进三，士4退5，车六平九，红棋优势。

32. ……　　车2平7
33. 马五进七　车7退1
34. 车七平九　炮8进2

倘若象5退3，炮四平一，车7平1，马七退九，马9进8，马九退七，士4退5，炮一退一，红棋优势。

35. 车九进三　将5进1
36. 炮四平二　马9进8　　37. 车九平四　马8退7
38. 马七退六　车7平4　　39. 车四退四　将5退1

红棋稍优，终局和棋。

点评："叠兵捉马"是新兴战术，其封锁与围困的效果可圈可点。

第36局　中炮叠兵对退边马

2002年，中央电视台举办派威互动超级排位赛，全国象棋冠军赵国荣抛出"退边马"最新布局飞刀，引发棋界关注，一场"叠兵对屏风马"激烈争战由此打响第一枪。

汤卓光 负 赵国荣

(2002年9月6日弈于中央电视台派威互动超级排位赛)

1. 炮二平五　马8进7　　　2. 马二进三　车9平8
3. 车一平二　马2进3　　　4. 兵七进一　卒7进1
5. 车二进六　炮8平9　　　6. 车二平三　炮9退1
7. 兵五进一　士4进5　　　8. 兵五进一　……

连续冲兵急攻，一场速战速决拉开序幕。

8. ……　　　炮9平7　　　9. 车三平四　卒7进1
10. 兵三进一　……

挺兵吃卒是20世纪60年代出现的战术，后来虽然不断发展，却没有形成主流战术。现在汤大师重布旧局，大有出其不意攻其无备之意。主流战术是马三进五，车8进8，马八进七，卒7进1，马五进六，象3进5，马六进七，车1平3，急攻之后多以平淡收场，汤大师没有选择也在意料之中。

10. ……　　　象3进5　　　11. 兵五平四　车8进6
12. 兵四平三　……

中兵长途跋涉，与三兵会合，组成叠型兵墙向黑左翼施压。

12. ……　　　马7退9（图175）

新着！赵特大用兵一向谨慎，临场这步棋走子飞快，显然是赛前有所准备。

13. 马八进七　……

不为诱饵所动！如前兵进一制马，炮7进4，马三进四，车8平7，相三进一，炮7平8，黑有攻势。

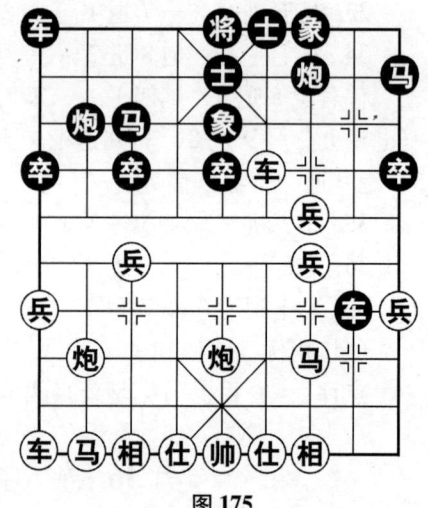

图175

13. ……　　　马9进8
14. 马七进五　……

走这步棋之前，汤卓光的手曾在八路炮上方有走子的动作，但在瞬间迟疑之后又拿起马来走棋，其效果不佳。依作者倾向走炮八进二，红棋不差。

14. ……　　　马8进7　　　15. 炮八进一　……

一招不慎全盘输！但在快棋中难免出错，不如马五进六，马7退5，车九进一，红棋尚可一战。

15. ……　　　马7进6

第二章 中炮三路叠兵对屏风马

精巧!杀通兵林线为扩大优势奠定基础。

16. 车四退四　车8平5　　　17. 车四进七　……

无奈,杀士兑车看是小赚的交换,但因边车太晚于势无助。如炮八退一,车5平7,红亦难有胜望。

17. ……　　士5退6　　　18. 马三进五　车1平4
19. 炮八退一　车4进6　　　20. 马五进四　炮7进8
21. 仕四进五　炮2进2　　　22. 炮八平七　……

为什么不走兵三进一冲兵而白白丢失呢?炮2平5,红方亦很难下。

22. ……　　炮2平7　　　23. 车九平八　车4平6
24. 车八进七　……

倘若马四进六,炮7平5,兵七进一,士6进5,马六退五,象5进3,黑优。

24. ……　　车6退2　　　25. 车八平七　士6进5
26. 车七平八　……

横车准备快速撤退。如车七退一,前炮平9,红亦难应。

26. ……　　前炮平9　　　27. 车八进二　士5退4
28. 仕五进四(图176)　炮7退1

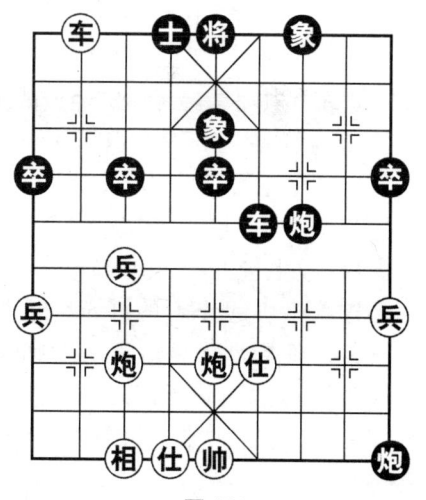

图176

胜势下随手棋。似应炮7进5,帅五进一,车6平7,帅五平六,车7平4,帅六平五,炮7平3,黑棋胜势。

29. 车八退六　炮7进6
30. 帅五进一　车6平7
31. 炮七退一　炮7平3
32. 车八平五　士4进5
33. 炮五进四　炮9平5

黑炮平打双兑子,不求有功只求和棋。

34. 帅五平四　炮5退6
35. 车五进三　炮3退4
36. 炮七进五　卒9进1　　　37. 车五退二　车7进4
38. 帅四退一　炮3退4　　　39. 仕六进五　车7进1
40. 帅四平一　车7退3

以上"步步叫将"的组合拳很为老练细腻。

41. 炮七平一　炮3退3　　　42. 炮一进三　象7进9

43. 仕五进六　炮3平9　　　　**44.** 兵九进一　……

如车五进三吃象，象9进7，车五平二，炮9退6，车二进二，士5退6，车二平一，立马和棋。

44. ……　　　　象9进7

红超时，黑胜。

点评："赵氏"飞刀乍试一鸣惊人，倘若重演红阵前景暗淡！

第37局　中炮叠兵对退边马

1. 炮二平五　马8进7　　　　2. 马二进三　车9平8
3. 车一平二　卒7进1　　　　4. 车二进六　马2进3
5. 兵七进一　炮8平9　　　　6. 车二平三　炮9退1
7. 兵五进一　士4进5　　　　8. 兵五进一　炮9平7
9. 车三平四　卒7进1　　　　10. 兵三进一　……

这是出现于20世纪60年代的老牌战术。因三兵吃卒使底相遭受潜在威胁与牵制，所以理论界一直持否定态度，使这一战术被束之高阁。21世纪来临，以特级大师吕钦为代表的一些棋手又向这一领域发起挑战。

10. ……　　　　象3进5　　　　11. 兵五平四　车8进6

进车兵林是久经考验的经典战术。

12. 兵四平三　马7退9

退马是赵国荣所创新着！

13. 马八进七　马9进8
14. 马七进五　……

这盘棋引起作者的好奇，于是在枰旁观战。临场吕钦见苗利明大师借"赵氏飞刀"应战而陷于沉思。作者在赛场转了一圈之后回来，吕钦才走出飞马盘中。

14. ……　　　　马8进7
15. 车四退二（图177）……

特级大师吕钦抛出最新布局飞刀！

图177形势之下，黑棋有炮2进3与车1平4两种选择。

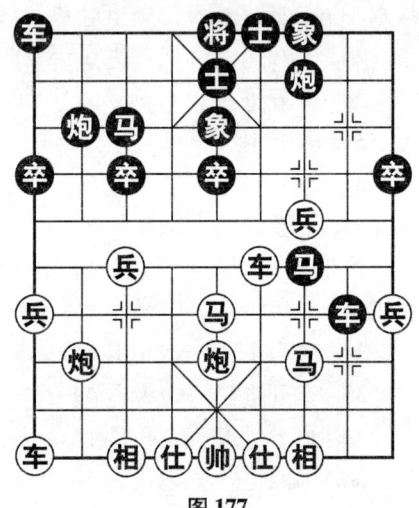

图177

（甲）炮2进3

吕钦 胜 苗利明

（2002年11月2日弈于宜春全国象棋个人赛）

15. ……　　炮2进3

冷箭突发！这是苗利明大师创发的"反飞刀"武器。

16. 兵七进一　　……

忍痛丢兵，无可奈何。

16. ……　　卒3进1　　17. 兵三平四　　……

横兵是当前最顽强的抵抗。倘若车四平八，马7进5，车八退一，马3进4，车九进一，卒3进1，马三退一，车8平9，黑棋优势。

17. ……　　卒3进1

献卒，强行突破封锁线，是扩大优势的好棋。

18. 车四平七　　马7进5　　19. 马三进五　　炮2进1

精细！倘若车8平5，车七平八，车5平6，虽黑棋稍优，其效果难与实战媲美。

20. 马五退七　　车8平7　　21. 相三进一　　……

为什么不走车七进三吃马呢？炮7进8，仕四进五，车1平4，兵一进一，炮7平9，炮五平三，车4进4，黑棋弃子大有攻势。

21. ……　　马3进4　　22. 仕六进五　　车1平3

用暗车兑掉红棋明车，优势立即显现。

23. 车七进五　　象5退3
24. 马七进六　　车7平4

精妙佳着！

25. 马六退八　　车4平2
26. 仕五进六　　马4进5
27. 兵四进一　　……

枰旁看棋很感惊疑，冲兵不是要丢子吗？其实这是杞人忧天，而实则是化解风险的老谋深算。

27. ……　　马5退3（图178）
28. 仕四进五　　……

弃炮撑仕是既定战策。

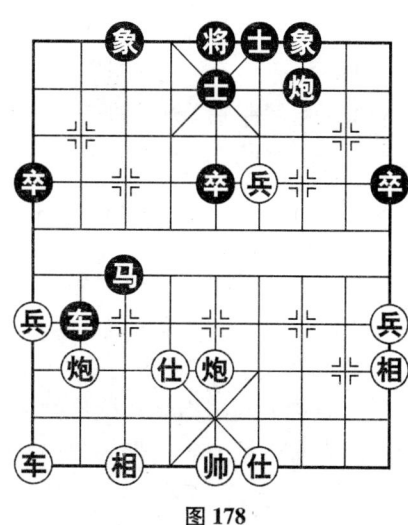

图178

28. ……　　　　卒5进1

为什么不走马3进2吃炮呢？车九平八，炮7进6，兵四平五，卒9进1，兵九进一，车2退1，车八进二，车2进2，炮五平八，炮7平2，兵五平六，炮2退5，兵六平七，炮2平1，兵七平八，和棋之势。

29. 炮八平九　　车2平9　　　30. 炮五平三　　炮7平8

31. 相七进五　　炮8进8　　　32. 车九进一　　马3进5

33. 炮三退一　　车9平7

为什么不走车9进1吃象呢？相五进三打象叫闷，黑棋丢车。

34. 仕五进四　　马5退4　　　35. 车九平七　　卒5进1

弃象搏杀艺高胆大！似可车7平1，车七进八，士5退4，炮九平八，车1平2，车七退四，炮8退5，炮八平九，象7进5，车七退一，车2进3，帅五进一，车2退4，黑棋优势。

36. 车七进八　　士5退4　　　37. 炮三平六　　马4退6

38. 车七平六　　将5进1

39. 车六退三（图179）……

红棋在上段战斗中损兵折将，几乎没捞到什么便宜，现在终于吹响反攻的号角！

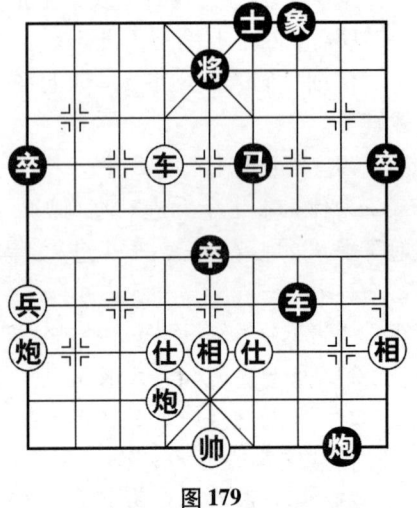

图179

39. ……　　　　车7平1

40. 相五进七　　车1平5

41. 炮六平五　　……

窝心炮牵制黑车，夺取优势的佳着。

41. ……　　　　马6进8

42. 相一进三　　马8进7

43. 车六平二　　炮8平9

44. 车二平一　　炮9退4

45. 炮九进一　　……

精巧！通过兑子获得优势。

45. ……　　　　象7进5　　　46. 炮九平三　　车5平7

47. 相三退五　　炮9平3

弃炮打相铸成败局！似应炮9平6，炮五进三，象5进3，车一平五，将5平4，车五平九，车7平5，车九平六，将4平5，车六平五，将5平4，仕四退五，将4退1，尚有一线和棋之望。

48. 炮五进三　　象5退7　　　49. 车一平五　　象7进5

败局已定！以下车五平九，象 5 退 7，车九平五，象 7 进 5，相五进七，车 7 平 5，仕六退五，黑棋欠行。

50. 车五平九

红胜。

点评：苗利明大师的反飞刀战术性能优良，倘若没有吕钦的盖世武功，重演此阵风险较大。

（乙）车 1 平 4

史晓红 负 霍羡勇

（2013 年 2 月 22 日弈于朔州第九届财盛杯象棋公开赛）

15. ……　　车 1 平 4（图 180）

山西著名棋手霍羡勇抛出最新布局飞刀！

16. 兵七进一　……

倘若马五进三，炮 2 进 3，车四进四，炮 7 进 4，炮五进五，士 5 进 6，相七进五，炮 7 平 5，炮五退三，炮 2 平 5，仕六进五，士 6 进 5，车四平三，车 8 平 2，车三进一，士 5 退 6，炮八平七，车 4 进 7，炮七进四，车 2 平 7，黑棋有攻势。

16. ……　　车 4 进 7

17. 兵七进一　马 3 退 4

倘若车 4 平 2，兵七进一，炮 2 进 2，马五进三，炮 2 平 1，相七进九，车 8 平 7，兵三平四，车 7 进 1，车四平五，车 7 进 2，兵九进一，炮 7 平 8，马三进二，车 7 退 6，兵九进一，车 7 平 8，相九进七，炮 8 进 1，兵九进一，车 8 平 7，车五平二，炮 8 平 3，各有顾忌。

18. 车九进二　……

似有呆板之嫌！似可炮八平九，马 7 进 6，车四退二，车 8 平 5，车九平八，炮 7 进 6，车八进七，炮 7 平 5，相三进五，车 5 平 1，兵三进一，红棋优势。

18. ……　　马 7 进 6　　**19.** 车四退二　车 8 平 5
20. 车四进七　将 5 平 6　　**21.** 马三进五　炮 7 进 8
22. 仕四进五　车 4 退 1　　**23.** 马五进四　象 5 进 7（图 181）

24. 炮八进四　……

似可炮五进一，炮2进4，炮五平八，车4平2，炮八平四，将6平5，车九平五，车2平6，马四进六，马4进5，车五进四，红棋优势。

24. ……　　卒5进1
25. 炮五进一　……

似可炮五进六，车4平6，车九平三，车6退2，车三退二，红棋优势。

25. ……　　马4进5
26. 炮五进四　……

似可兵七进一，车4退3，炮八退一，车4进1，炮五进四，象7进5，兵七平八，车4平2，车九平三，炮7平9，车三平一，炮9平7，相七进五，炮7退1，车一退一，炮7退1，车一平三，炮7平9，车三平二，象5退7，兵八平七，红棋优势。

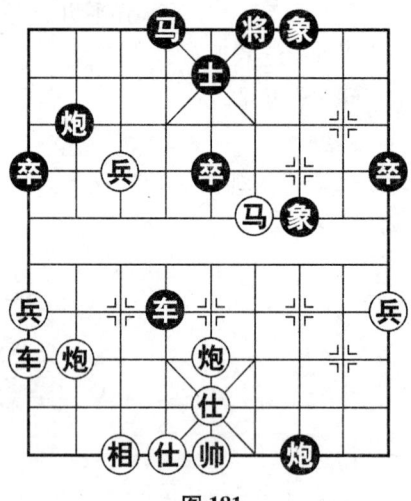

图181

26. ……　　象7进5
28. 兵七进一　车4退3
29. 炮八退四　炮2进2（图182）
30. 马四进三　……

似应车三平二，将6平5，车二进七，士5退6，炮八平四，炮2退4，兵七进一，红棋优势。

30. ……　　将6平5
31. 车三平二　象7退9
32. 炮八平五　……

似应车二进六，士5进6，车二平八，炮2平4，车八进一，车4退3，车八退三，红棋优势。

27. 车九平三　炮7平9

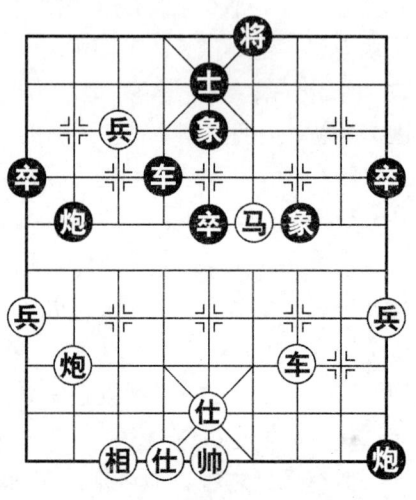

图182

32. ……　　车4平7
33. 车二进七　象9退7
34. 马三进五　……

弃马搏杀势在必行！倘若马三进一，车7进6，仕五退四，将5平6，炮五进五，车7退8，车二退九，象7进5，车二平一，车7平9，黑棋优势。

34. ……　　车7进6
35. 仕五退四　将5进1

36. 兵七平六　卒 5 进 1
37. 车二退一　将 5 退 1
38. 兵六进一（图 183）　车 7 退 8

红方的车兵看似黑云压城，实则黑棋有惊无险！似可卒 5 进 1，兵六平五，将 5 平 4，黑棋速胜。

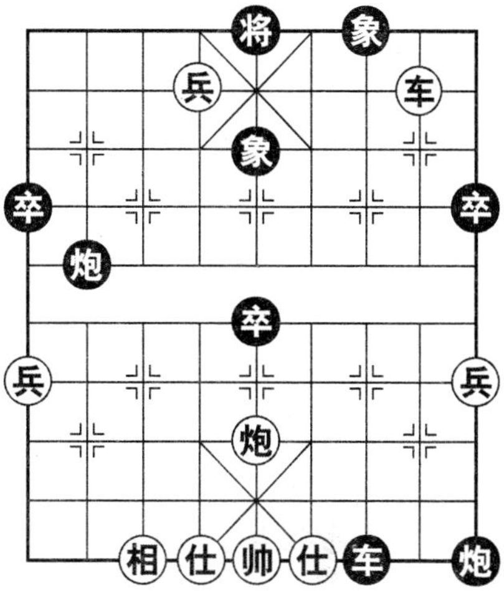

39. 车二退八　车 7 平 4
40. 车二平一　炮 2 进 5
41. 仕四进五　卒 5 进 1

红棋已呈崩溃之势而难以招架！

42. 炮五平九　车 4 平 3
43. 车一进二　车 3 进 8
44. 车一平八　炮 2 平 1
45. 车八进七　象 5 退 3

46. 炮九平二　卒 5 进 1

47. 仕五进四　炮 1 平 4

黑胜。

图 183

点评：终局黑胜并不等于布局成功，倘若重演飞刀请小心为佳。

第 38 局　中炮叠兵对退边马

2002 年全国象棋个人赛第一轮，吕钦虽然在上局"急冲"凯旋，但也留下令人"谈急冲而色变"的余悸。所以前几轮中炮急冲战术较为少见。但是到了本届比赛升降级最后拼命之际，中炮急冲中兵战术又被重新推上战场。临场见小聂升炮巡河而引起作者关注。因作者在以前的棋评中曾纸上谈兵拟走巡河炮，正好看看实战来验证一下是否可行……

聂铁文　胜　柯善林

（2002 年 11 月 9 日弈于全国象棋个人赛）

1. 炮二平五　马 8 进 7
2. 马二进三　车 9 平 8
3. 车一平二　卒 7 进 1
4. 车二进六　马 2 进 3
5. 兵七进一　炮 8 平 9
6. 车二平三　炮 9 退 1
7. 兵五进一　士 4 进 5
8. 兵五进一　炮 9 平 7
9. 车三平四　卒 7 进 1
10. 兵三进一　象 3 进 5
11. 兵五平四　车 8 进 6
12. 兵四平三　马 7 退 9

13. 马八进七　马9进8
14. 炮八进二（图184）……

著名象棋大师聂铁文抛出最新布局飞刀！

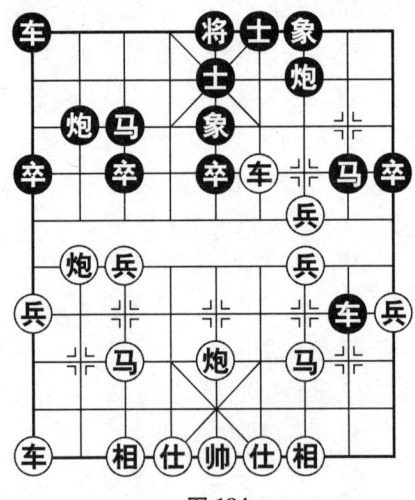

图184

14. ……　　　卒3进1

针锋相对！倘若马8进7，炮八平三，炮7进4，马三进五，红棋大有攻击之势。

15. 兵七进一　车8平3
16. 兵七进一　车3退3
17. 马七进五　马8退6
18. 车四平三　……

倘若炮八平四，车1平2，炮四进三，士5进6，车四进一，炮2进7，马三退五，炮7平3，后马进七，车3进3，车九平八，车2进9，马七退八，车3平5，黑棋尚可一战。

18. ……　　　炮2退1　　19. 前兵平四　车1平4
20. 相七进九　车4进6　　21. 炮八平四　……

攻守兼顾的佳着！

21. ……　　　马6退8　　22. 车三进一　卒5进1

忍痛弃卒，为开通左马通道。

23. 兵四平五　马8进7　　24. 炮四退一　车4退1
25. 炮四退二　……

亦可炮四平二，马7进6，马三进四，车4平6，马五进四，炮7平8，车九平八，红棋优势。

25. ……　　　马7进6　　26. 马三进四　车4平6
27. 炮四平二　车3平8　　28. 炮二平八　马3进2
29. 炮八进七　炮7平2　　30. 仕六进五　炮2进1
31. 车三进一　炮2退1　　32. 车三退一　炮2进1
33. 车三进一　马2进4　　34. 车九平八　炮2进4

左车终于在30多回合才投入战斗。

35. 马五进七　车8进3（图185）

似应车6进1，兵三进一，车8平3，马七退六，炮2平5，黑棋尚可一战。

36. 马七进八　车8平3　　37. 车三退二　……

第二章　中炮三路叠兵对屏风马

抢占卒林要道，优势在扩大。

37. ……　　　马4进5

倘若车3退6，车三平六，炮2平3，兵三进一，卒9进1，兵五平四，马4进5，相三进五，车6平8，车六进二，车3进3，马八退七，红棋优势。

38. 相三进五　炮2平9

速败！倘若车6平2，车三平一，红棋亦胜势。

39. 相九进七　……

飞相盖帽，一招制胜！

39. ……　　　车6平3

弃车是无奈之策。倘若车6平4，红棋亦胜势。

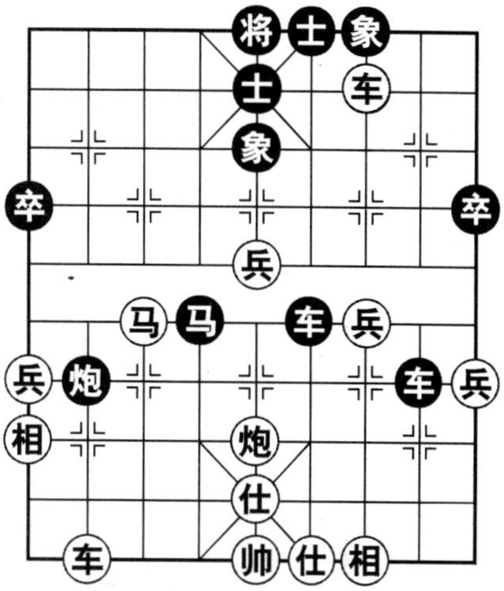

图185

40. 马八退七　炮9进3　　41. 相五退三　车3退1
42. 兵三进一　卒9进1　　43. 兵三平四　车3退1
44. 车三平九

红胜。

点评：聂铁文大师"巡河炮"飞刀战术一炮打响，立即使"退边马"战术黯然失色！

第39局　中炮叠兵对退炮打车弃马

1999年第10届银荔杯象棋争霸赛，特级大师徐天红首发"左车不动先吃兵"新招，从而演绎一场惊险搏杀。

1. 炮二平五　马8进7　　2. 马二进三　车9平8
3. 车一平二　卒7进1　　4. 车二进六　马2进3
5. 兵七进一　炮8平9　　6. 车二平三　炮9退1
7. 兵五进一　士4进5　　8. 兵五进一　炮9平7
9. 车三平四　卒7进1　　10. 兵三进一　象3进5
11. 兵五平四　车8进6　　12. 兵四平三　卒3进1
13. 兵七进一　象5进3

全国象棋冠军徐天红抛出最新布局飞刀！

14. 车四进二　炮2退1　　15. 车四退一　象3退5

16. 车四平三　马3进4　　17. 相七进九　车1平3
18. 马八进六　车3进7　　19. 仕六进五　车3进1
20. 车九平六　炮2平4（图186）

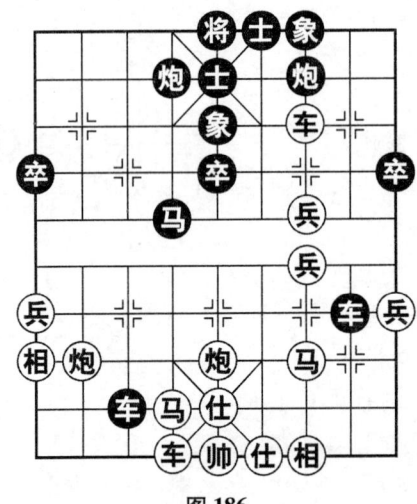
图186

图186形势之下，红棋有炮八进七与车三退一两种选择。

（甲）炮八进七

吕钦　胜　徐天红

（1999年5月13日弈于第10届银荔杯象棋争霸赛）

21. 炮八进七　车3平4

兑子交换准备实施车马炮侧袭战术组合。但是应先走车8平2捉炮待炮八平九再车3平4吃马兑车为宜。

22. 车六进一　炮4进7
23. 车三进一　车8平2
24. 炮八平四　……

高明决策！倘若炮八平九，炮4平1，车三平四，车2进3，仕五退六，炮1进1，黑棋有攻势。

24. ……　　　炮4平1（图187）

破釜沉舟背水一战！为什么不走士

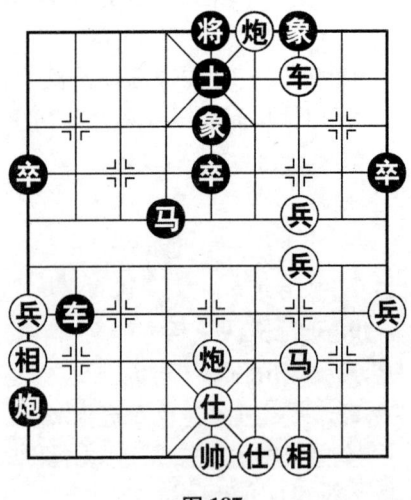
图187

5退6吃炮呢?车三平七,车2平7,车七进一,将5进1,车七退五,马4进3,炮五进一,马3进1,车七退二,马1进2,车七平八,卒5进1,车八退二,车7进1,前兵平四,卒5进1,炮五平六,车7退1,车八进八,将5退1,车八进一,将5进1,炮六退一,炮4平3,车八平四,红棋优势。

25. 炮四退一　炮1进1

似应车2进3,仕五退六,炮1进1,要比实战好点。

26. 仕五进六　车2进3　　　27. 帅五进一　车2退1
28. 帅五退一　车2进1　　　29. 帅五进一　车2退1
30. 帅五退一　马4进3　　　31. 车三进一　士5退6
32. 车三退二　车2进1　　　33. 帅五进一　车2退1
34. 帅五退一　车2进1　　　35. 帅五进一　炮1退1
36. 炮四平七(图188)　……

解杀的精妙佳着!

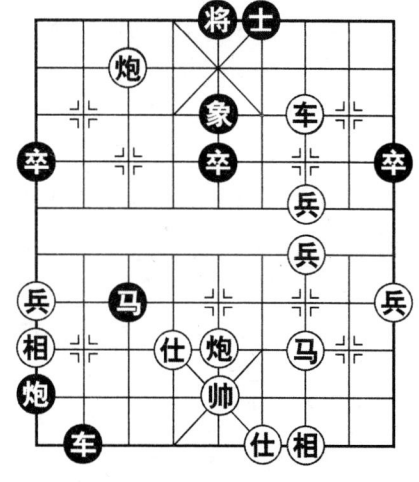

图188

36. ……　　　　马3进2
37. 炮七退七　马2退3
38. 炮七退一　车2退1
39. 帅五退一　炮1进1
40. 炮七进一　……

亦可炮七进二,马3进1,车三平五,士6进5,车五进一,将5平4,车五进一,将4进1,马三进四,马1进3,帅五进一,车2退5,帅五平四,炮1退1,帅四进一,红棋胜势。

40. ……　　　　车2进1
41. 帅五进一　车2退1　　　42. 车三平五　士6进5
43. 车五进一　将5平4　　　44. 车五进一　将4进1
45. 马三进四　……

捷足先登!红棋胜势。

45. ……　　　　车2平3　　46. 帅五退一

红胜。

点评:"小吕飞刀"再鸣惊人!但黑棋的车马炮侧翼反击亦不可小觑。

（乙）车三退一

文静 胜 冯晓曦
（2000年11月16日弈于蚌埠全国象棋个人赛）

21. 车三退一（图189） ……

广东著名女子象棋大师文静抛出最新布局飞刀！

21. ……　　车8平2
22. 炮八平六　车2退3

倘若马4进3，车三平五，炮7进4，马三进五，炮7平4，马五进四，马3进5，相三进五，前炮进3，兵三进一，车2平1，车五平八，士5退4，相五进七，士6进5，车六平八，车3退2，兵三进一，红棋稍优。

23. 车六平七　车3平4

似应车3进1兑车，相九退七，炮4平3，坚守为宜。

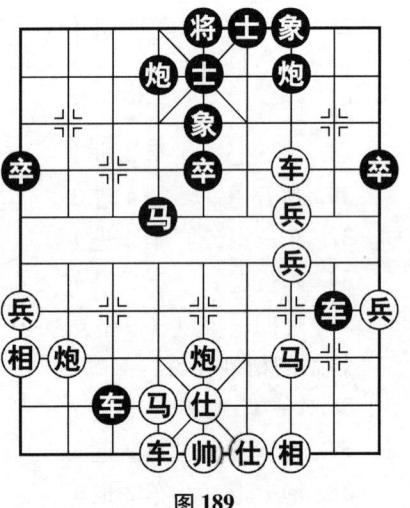

图189

24. 车七进九　炮4退1

倘若士5退4，车三进二，士6进5，车七退九，红棋优势。

25. 炮六进七　马4进2
26. 炮六退一　士5退4
27. 炮五平六　马2进4
28. 车三进二　车2退4

红棋胜势。

29. 车七退九　……
29. ……　　士6进5
30. 马三进四　马4进6
31. 仕五进四　车4退1
32. 炮六平七　车4平6
33. 马四退六

红胜。

点评：文静大师飞刀出鞘效果优良，倘若重演黑阵请小心为宜。

第40局　中炮叠兵对退炮打车弃马

上两局广东大帅吕钦、文静大师执先双双获胜，令棋界刮目相看。可是广东李鸿嘉大师"明知山有虎，偏向虎山行"，明显是有备而来。汕头棋王郑鸿标疑窦丛生，只好另辟蹊径……

郑鸿标 负 李鸿嘉

(2009年2月14日广州第15届合生·迎春杯象棋团体赛)

1. 炮二平五　马8进7
2. 马二进三　车9平8
3. 车一平二　马2进3
4. 兵七进一　卒7进1
5. 车二进六　炮8平9
6. 车二平三　炮9退1
7. 兵五进一　士4进5
8. 兵五进一　炮9平7
9. 车三平四　卒7进1
10. 兵三进一　象3进5
11. 兵五平四　车8进6
12. 兵四平三　卒3进1
13. 兵七进一　象5进3
14. 车四进二　炮2退1
15. 车四退一　象3退5
16. 车四平三　马3进4
17. 炮八平六（图190）……

汕头象棋冠军郑鸿标抛出最新布局飞刀！

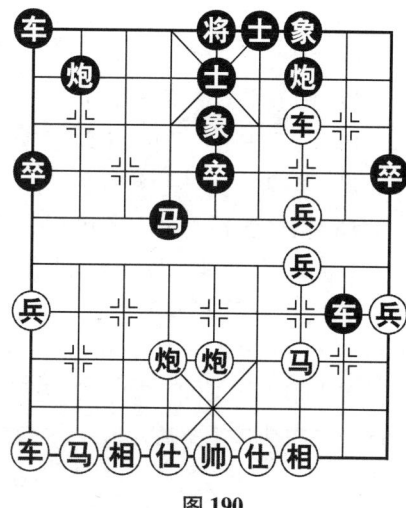

图190

17. ……　　　车1平3
18. 马八进九　车8平7
19. 车九平八　炮2平4
20. 车八进五　马4进6

保留复杂变化。倘若炮4进6，车八平六，炮4平7，车三进一，炮7退2，车三平四，炮7平5，仕四进五，车7进3，车四退八，车7退2，车四进四，车7进2，车四退四，车7退2，不变则和棋。

21. 马三退五　炮7平9
22. 车八平四　马6进5
23. 相三进五　炮4进8（图191）

李鸿嘉大师艺高胆大，炮轰九宫再弃一子！

24. 相五进七　……

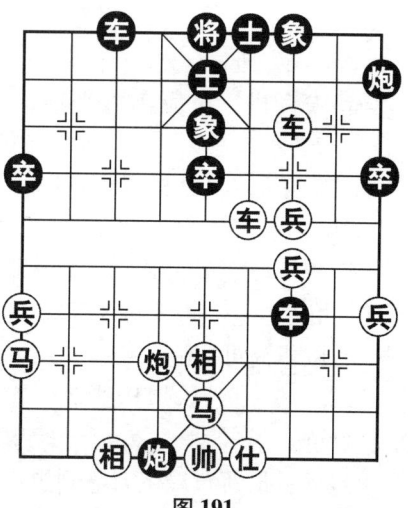

图191

倘若帅五平六，车7平4，帅六平五，车4进1，马九退八，车4进1，相七进九，车4平2，车四退二，车2进1，相九退七，车3平4，马五进三，车4进8，车四平七，车2退2，仕四进五，车2平5，车七平六，车4退2，相七进五，车4平7，黑棋优势。

24. ……　　　炮9进5　　　25. 炮六平一　……

倘若帅五平六，炮9进3，帅六进一，车7平2，马五退三，车2进2，帅六退一，车3进5，相七进五，车3进2，车四平六，车3平1，帅六平五，车2平4，黑胜。

25. ……　　　车3进5

再度弃炮，凶悍！

26. 帅五平六　车3平4　　　27. 帅六平五　将5平4
28. 马五进七　车4进2　　　29. 马九退八　车4平9
30. 车四平六　将4平5　　　31. 车三平二　车9进2
32. 相七进五　车7平6（图192）

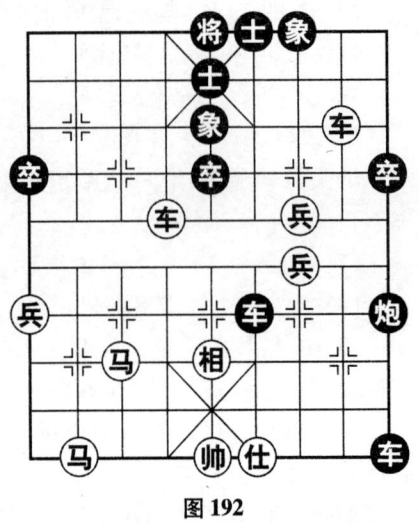

图192

似应车7进1，以下红棋有两种选择：①车六平四，车7平5，帅五平六，车9平7，车二退六，炮9进3，帅六进一，车7退3，车四平六，车7平2，仕四进五，车2进2，帅六退一，车5平3，黑棋胜势。②相五进七，车7平6，车六平四，车9平6，帅五进一，前车退1，帅五退一，炮9平6，黑棋胜势。

33. 马八进六　……

错失良机！似应车六平四，车6平2，马八进六，炮9平1，马七进九，车2平1，车四平八，红棋尚可坚守。

33. ……　　　车6进2　　　34. 车二退四　……

败着！似应车二退五，炮9平7，车二平三，炮7平8，马七进五，车9退1，相五进七，炮8进3，车三退二，车6平5，帅五平六，车9平8，前兵进一，红棋尚可一战。

34. ……　　　炮9进2　　　35. 车二平一　车9平8

红胜。

点评：最新布局飞刀遭到黑棋强烈反击而失败，倘若重演黑阵请谨慎。

第二章 中炮三路叠兵对屏风马

第41局　中炮叠兵对过河车压马

2002年全国象棋个人赛，著名象棋大师李鸿嘉抛出最新"过河车压马"的布局飞刀，结果遭到东北虎赵国荣猛烈攻击，从而引发一场相当惊险的搏杀大战！

赵国荣　胜　李鸿嘉
（2002年11月3日弈于宜春全国象棋个人赛）

1. 炮二平五　马8进7
2. 马二进三　车9平8
3. 车一平二　马2进3
4. 兵七进一　卒7进1
5. 车二进六　炮8平9
6. 车二平三　炮9退1
7. 兵五进一　士4进5
8. 兵五进一　炮9平7
9. 车三平四　卒7进1
10. 兵三进一　象3进5
11. 兵五平四　车8进6
12. 兵四平三　车8平7（图193）

过去经典下法是卒3进1兑兵，而新潮是马7退9，现在平车压马是广东李鸿嘉大师首创最新战术！

13. 前兵进一　马7退9
14. 相三进一　……

先拱兵欺马，再飞相护兵，运子井然有序！

14. ……　　　卒3进1
15. 兵七进一　象5进3
16. 仕四进五　……

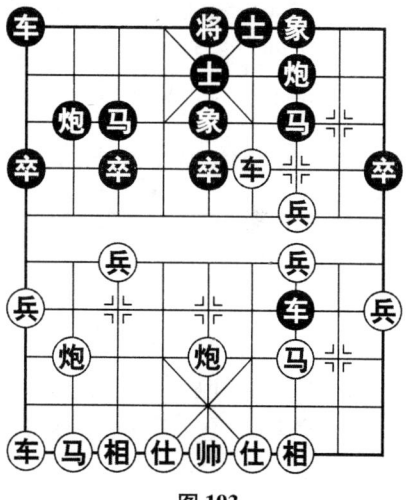

图193

左翼车马炮按兵不动，飞相补仕先安定后院，看似消极防御而实则是蓄势的稳健战略。

16. ……　　　车1平4
17. 炮八平六　马3进4（图194）

飞马踏车，背水一战。稳健些似可象7进5，马八进七，炮2进1，车四进二，炮2退2，车四退四，炮2平3，黑棋尚可抗御。

18. 炮六进七　……

打车交换算度深远，倘若车四平五，马4进3，马八进九，马3进5，相七进五，炮2平5，马九退七，各有顾忌。

18. ……　　马4退6
19. 马八进七　……

稳坐钓鱼台，不理不睬丢炮丢马！

19. ……　　将5平4

黑棋面临复杂选择。倘若马6进5，马三进五，士5退4，炮五进二，炮7平5，炮五进四，士6进5，马五进六，炮2平8，车九平八，炮8进7，仕五进四，各有顾忌。

20. 车九平八　炮2平5

老将御驾亲征，风险明显加大。倘若炮2退1，马三进五，马6进5，炮五进二，卒5进1，炮五平六，卒5进1，炮六退一，车7进2，炮六进五，炮7平4，车八进八，红棋优势。

21. 车八进九　将4进1
22. 马七进六（图195）　……

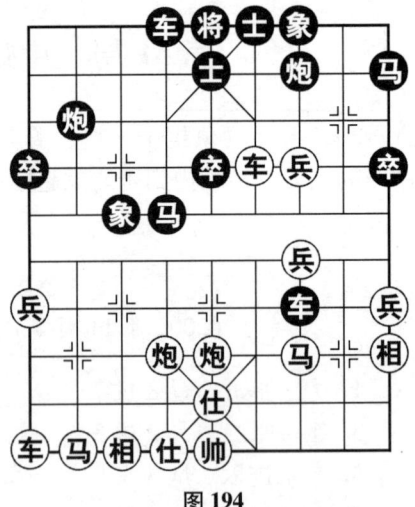

图194

"钓鱼马"的攻势组合，黑难招架。

22. ……　　士5退4

无可奈何！倘若马6进5，马六进七，炮5平3，车八平七，象7进5，车七退二，将4退1，车七平八，象5退3，车八进二，象3退1，马七进九，车7平3，马三进四，士5进4，马四进五，红棋胜势。

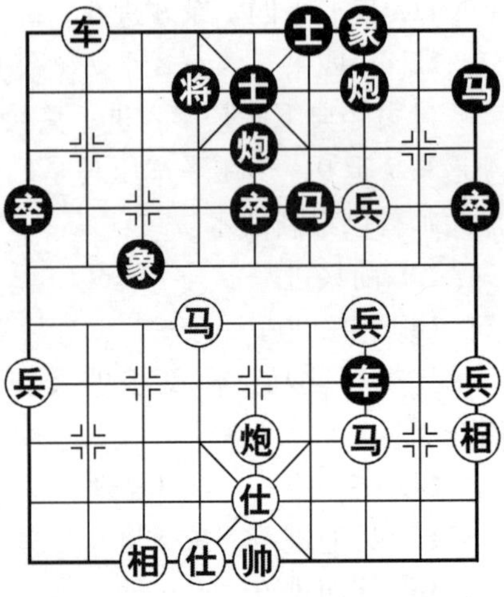

23. 前兵平四　车7进1
24. 兵四进一　……

兵临城下，红棋胜势。

24. ……　　炮5进5
25. 相七进五

红胜。

图195

点评：也许在名人效应影响下，最新飞刀战术从此退出大型比赛的主战场。

第42局　中炮叠兵对飞象吃兵

2004年全国一级棋士赛，北京少年名手董子仲首创"叠兵捉马"最新布局飞刀，从而为"飞象吃兵"战术增添新的内容。

1. 炮二平五　马8进7
2. 马二进三　车9平8
3. 车一平二　马2进3
4. 兵七进一　卒7进1
5. 车二进六　炮8平9
6. 车二平三　炮9退1
7. 兵五进一　士4进5
8. 兵五进一　炮9平7
9. 车三平四　卒7进1
10. 兵三进一　象3进5
11. 兵五平四　车8进6
12. 兵四平三　卒3进1
13. 兵七进一　象5进3（图196）

图196 形势之下，红棋有兵三进一与炮八平六两种选择。

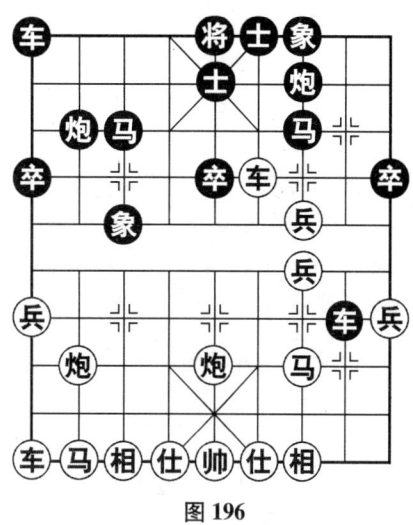

图196

（甲）兵三进一

董子仲 负 王晟强

（2004年2月20日弈于北京全国一级棋士赛）

14. 前兵进一　……

北京小将董子仲抛出最新布局飞刀！

14. ……　马7退9　　15. 马八进七　炮2进1
16. 车四进二　炮2平7　　17. 马七进五　……

倘若车四平三，炮7进4，车三平一，炮7平3，车一平四，车1平2，兵九进一，车2进5，黑棋稍优。

17. ……　马9进8　　18. 车四退二　……

倘若车九进一，马8进7，相三进一，马7进5，车四平三，炮7平6，车三进一，车1平2，车九平四，马5退4，炮八平六，车2进5，车四进四，车2平3，相七进九，车3平5，相一退三，象3退5，车三退三，炮6退1，相九退七，车 5 平 3，炮六退一，黑棋稍优。

18. ……　　　前炮进 4
19. 马五退三　车 1 平 2
20. 炮八平七　象 3 退 5
21. 车九进一　马 3 进 4
22. 车四平五　马 4 进 6

虎口献马石破天惊！

倘若马 8 进 7，车五平三，马 7 退 6，车九平四，局势平稳。

23. 马三进四　炮 7 进 8
24. 仕四进五　炮 7 平 9（图 197）
25. 炮五进二　……

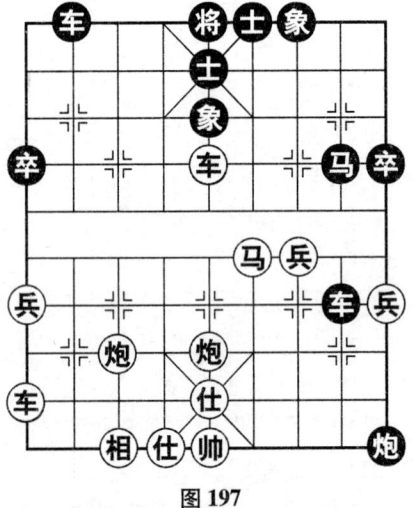

图 197

黑棋车马炮在红棋右翼阵地发起总攻，可谓声势浩大。升炮过于稳健。似应车五平九，车 8 进 3，仕五退四，车 8 退 1，仕四进五，马 8 进 7，后车平八，车 8 进 1，仕五退四，车 8 退 5，仕四进五，车 2 平 4，车九平八，车 8 进 5，仕五退四，马 7 退 6，前车退二，车 8 平 7，炮七退一，风暴过后红棋前景光明！

25. ……　　　车 8 进 3
26. 仕五退四　车 8 退 4
27. 仕四进五　马 8 进 7
28. 炮五平三　车 8 平 7
29. 炮七平五　……

倘若炮七平三，车 7 平 6，车九进一，车 2 平 3，炮三平五，车 6 平 8，帅五平四，车 8 进 4，帅四进一，车 8 退 3，车五平四，车 8 平 5，帅四退一，车 3 进 9，黑棋优势。

29. ……　　　车 2 进 5
30. 马四进六　车 7 进 4
31. 仕五退四　车 7 退 1
32. 仕四进五　车 2 平 8

黑胜。

点评：飞刀效果不佳，从此无影无踪。

（乙）炮八平六

周嘉鸿　负　张俊杰

(2011 年 6 月 29 日弈于北京中游中象职业高手电视挑战赛)

2011 年中游中象职业高手电视挑战赛，广州年轻名手周嘉鸿首创"仕角炮"新着，效果颇佳。虽然因赛时恐慌终局红棋惜败，其攻击力绝不可小觑。

第二章　中炮三路叠兵对屏风马

14. 炮八平六（图198）……

广东著名棋手周嘉鸿抛出最新布局飞刀！

14. ……　　车1平4

倘若马3进4，车四进二，炮2退1，车四退一，车1进2，车四平九，象3退1，马八进七，车8平3，车九平八，炮2进4，车八进二，炮2平5，仕六进五，象1退3，相互对攻各有顾忌。

15. 仕六进五　　象7进5
16. 马八进七　　马3进2
17. 马三进四　　车8平7
18. 炮六进三　　……

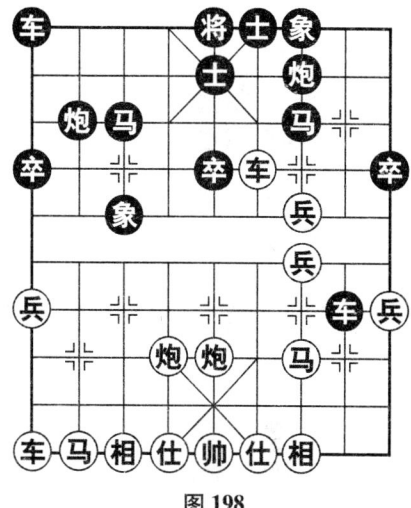

图198

打开封锁线！倘若前兵进一，炮2进1，炮六进四，马7退9，炮五进五，士5进6，车四进一，车4进3，车四进一，炮7退1，鹿死谁手尚难预料。

18. ……　　马2进3
19. 车九平八（图199）　　炮2退1

倘若炮2平3，炮五平六，马3退4，炮六进七，马4退6，炮六平九，士5进4，马四进六，炮3进1，车八进六，卒5进1，车八平七，马6进4，马七进八，马4进5，相七进五，象5进7，车七进二，炮7平9，马八退六，红棋弃子有攻势。

20. 炮六退二　　车7退1
21. 炮五平六　　车4平3
22. 兵三进一　　马7退9
23. 相七进五　　车7进1
24. 车八进三　　……

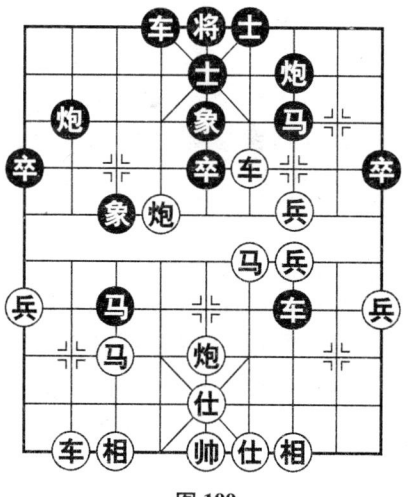

图199

似可车四平五，车7平6，车八进四，红棋优势。

24. ……　　炮2平3　　**25. 车四平五　　车7平6**
26. 车五平四　　炮7平6　　**27. 车四平七　　……**

倘若前炮进三，炮6进4，前炮平七，车3平4，车八平七，车6平3，炮七退三，炮3进5，车四退二，车4进6，车四平一，红棋稍优。

27. ……	车6退1	28. 车八平七	车3平2
29. 前炮平二	车6平8	30. 炮二平五	车8平5
31. 后车平六	……		

似应相五退七，炮6平7，相三进一，红棋优势。

| 31. …… | 卒1进1 | 32. 炮五平二 | 车5平8 |
| 33. 马七进六 | 车2进9 | 34. 仕五退六 | 炮3平4 |

35. 马六进四（图200） 车8平6

倘若车8进1，车七进三，以下黑棋有两种选择：①炮4退1，车七平六，士5退4，车六平二，炮6平4，马四进六，车2退6，马六进四，将5进1，相五进七，车2平7，炮六平五，车7平5，车二平三，红棋优势。②士5退4，车六进五，士6进5，车六平五，将5进1，马四进六，将5退1，车七平六，红胜。

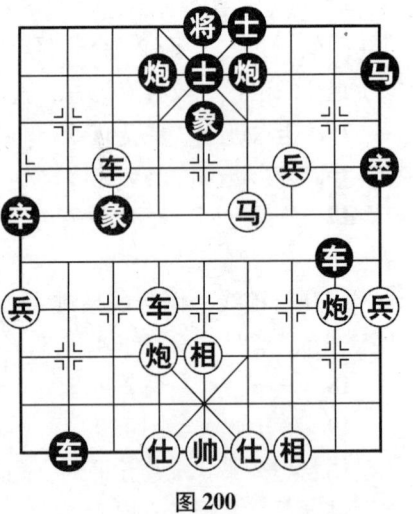

图200

36. 炮二进六 ……

与到手的赢棋擦肩而过！似应车七进三，以下黑棋有两种选择：①炮4退1，马四进五，象3退5，炮二平五，车6平5，炮五进四，车5退3，炮六进七，红棋胜势。②士5退4，车六进五，车6进4，帅五进一，车2退1，炮六退一，士6进5，车六平五，将5进1，马四进六，将5退1，车七平六，红胜。

36. ……	马9退7
37. 马四进五	象3退5
38. 炮六进六	炮6进8

速战速决，破釜沉舟！

39. 车七进三 士5退4（图201）
40. 车七退二 ……

再度与杀王失之交臂！似应炮六平一，象5退3，车六平五，士4进5，炮一进一，以下黑棋有两种选择：①将5平4，车五平六，士5进4，车六进四，将4平5，车六进一，红胜。②象3进5，车五进四，将5平4，车五进一，红胜。

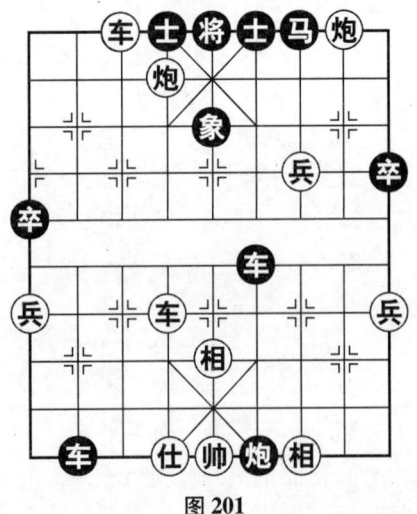

图201

第二章 中炮三路叠兵对屏风马

40. ……	炮6退1	41. 车七平五	士4进5

42. 炮六平九 ……

三度手下留情！似应相五退七，绝杀红胜。

42. ……	车6平8	43. 车五平七	……

似应车六平七，车2退9，炮二平四，炮5平6，车五进一，炮6退4，兵三进一，车8平6，炮九进一，车2平1，兵三进一，炮6平5，相五退七，马7进9，车七平二，红棋胜势。

43. ……	车2退9	44. 炮二平一	炮6平9
45. 炮九平八	炮9进1	46. 相三进一	车8进4
47. 帅五进一	车8退1		
48. 帅五退一	车8进1		
49. 帅五进一	车8退1		
50. 帅五退一	车8退8		
51. 炮一平三	车8平7（图202）		

52. 车七进一 ……

时间恐慌已慌不择路！似应相五进三，车7进3，炮八退六，车2平4，炮八平五，车7平5，车七退四，红棋胜势。

52. …… 车7进3

余略，终局黑胜。

点评：最新飞刀性能优良，重演黑阵请谨慎。

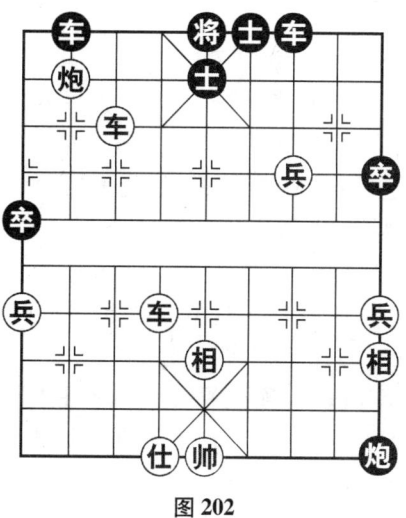

图202

第43局 三兵吃卒对中卒吃兵

2002年西湖杯全国象棋精英赛在杭州举行。特级大师徐天红首创"中卒吃兵"战术，以迅雷不及掩耳之势战胜特级大师柳大华，引发棋界关注。

柳大华 负 徐天红

（2002年10月28日弈于杭州全国象棋精英赛）

1. 炮二平五	马8进7	2. 马二进三	车9平8
3. 车一平二	马2进3	4. 兵七进一	卒7进1
5. 车二进六	炮8平9	6. 车二平三	炮9退1
7. 兵五进一	士4进5	8. 兵五进一	炮9平7

9. 车三平四　卒7进1　　　10. 兵三进一　卒5进1

特级大师徐天红突然抛出最新布局飞刀！

11. 车四平七　马3退4　　　12. 马三进五　……

飞马盘中气势汹汹，似应无可非议，但是这步棋实则是导致严重后果的不明显软着。

12. ……　　　炮2平5　　　13. 马八进七　……

倘若马五进六，马7进6，马六进八，卒5进1，车七平三，卒5进1，炮五进五，马4进5，车三进二，车8进3，前马进六，士5进4，车三平八，各有千秋。

13. ……　　　车1平2

14. 车九平八（图203）……

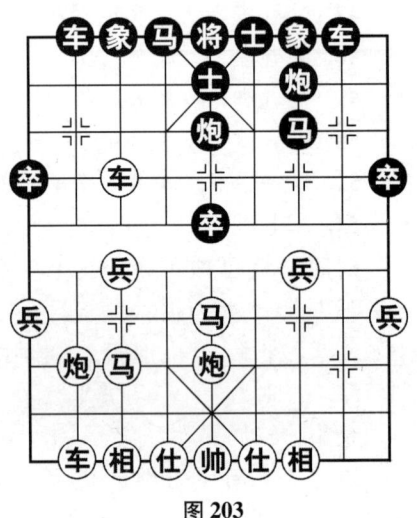

图203

倘若马五进六，马7进6，仕四进五，炮7进8，马六进八，车2进3，车七平八，炮7平9，炮五平二，车8进5，黑棋攻势强大。

14. ……　　　车2进6

似可马7进6，以下红棋有两种选择：①马五进四，炮7进8，仕四进五，车8进9，车七平二，车8平9，炮八进四，炮7平4，仕五退四，炮4平2，马七退八，炮5进5，相七进五，马4进5，兵三进一，车9退2，黑棋胜势。②车七平三，马6进5，马七进五，炮5进4，炮五进三，象7进5，车三进二，车2进4，车三退三，车8进7，车三平四，车8平5，仕四进五，车5平2，帅五平四，后车平5，车四平五，车2进2，车五退二，车2平3，黑棋胜势。

15. 马五进六　马7进8　　　16. 炮八平九　……

弃相搏杀背水一战！倘若相三进一，马8进6，马六进五，象7进5，仕六进五，卒5进1，黑棋优势。

16. ……　　　炮7进8　　　17. 仕四进五　车2平4

18. 炮五进五　马4进5　　　19. 车七进三　士5退4（图204）

20. 马六进五　……

倘若炮九进四弃马搏杀会怎样呢？车4退2，炮九进三，车4平1，炮九平八，车1退4，车七退四，士4进5，车八进三，马8进6，车七进四，士5退4，车八平四，马6退4，兵七进一，马4退3，车七退二，车1平2，黑棋优势。

第二章 中炮三路叠兵对屏风马

20. ……　　　　象7进5
21. 车七退二　象5退3

绝妙！显示特级大师徐天红精湛棋艺水平！

倘若炮7平9，车七平五，士4进5，车八进九，车4退6，车八平六，将5平4，车五平八，将4平5，车八进二，士5退4，车八退六，马8进6，帅五平四，红棋尚可支撑。

22. 车八进五　炮7平9
23. 车八平五　士6进5
24. 车五退二　马8进6
25. 帅五平四　……

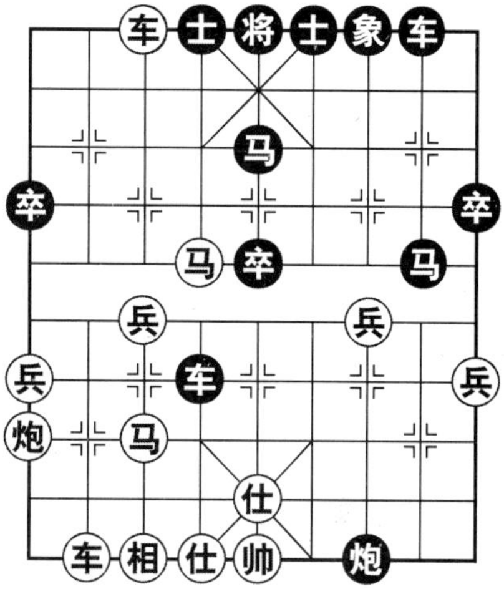

倘若车五平六，车8进9，仕五退四，马6进4，黑棋胜势。

25. ……　　　车4平5　　26. 马七进五　车8进9
27. 帅四进一　车8退3　　28. 马五进四　马6进7

黑胜。

点评：徐特大飞刀出鞘一鸣惊人！如何应对则成为一道高深莫测的难题。请看以下各局，也许可以答疑解惑。

图204

第44局　三兵吃卒对中卒吃兵

上局特级大师徐天红的锋利飞刀制胜之后，并没引起纷纷跟进的名人效应，反而成为后无来者的孤局。为了揭开其神秘面纱，以下所拟是闭门造车之作，仅供参考。

1. 炮二平五　马8进7　　2. 马二进三　车9平8
3. 车一平二　马2进3　　4. 兵七进一　卒7进1
5. 车二进六　炮8平9　　6. 车二平三　炮9退1
7. 兵五进一　士4进5　　8. 兵五进一　炮9平7
9. 车三平四　卒7进1　　10. 兵三进一　卒5进1
11. 车四平七　马3退4　　12. 马三进五　马7进6

"弃马抢攻"是惊险搏杀的决策！

13. 马五进四　炮7进8　　14. 仕四进五　车8进9（图205）

图205形势之下，红棋有马四进二、车七平二、炮五平三、炮八平六四种选择。

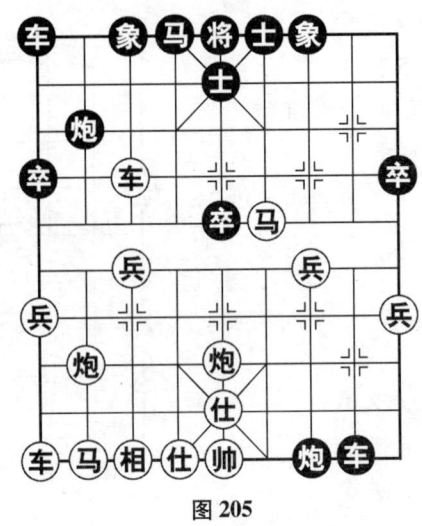

图205

（甲）马四进二

15. 马四进二　炮2平5　　　16. 马二进三　……

"弃马调炮"是缓解底炮威胁的无奈选择。另有四种选择：①车九进一，车1平2，炮八进四，炮5进5，相七进五，炮7平4，仕五退四，炮4平6，车九平四，炮6平2，帅五进一，马4进5，车七平五，车2进2，车四进五，车8退1，帅五退一，车8平2，帅五平四，将5平4，车五平六，士5进4，炮八平七，炮2平1，炮七平八，卒5进1，车六平七，卒5进1，黑棋优势。②炮五进五，马4进5，车七平四，车1平2，炮八进四，卒5进1，兵七进一，炮7平4，仕五退四，炮4平6，车四退六，车8平6，帅五平四，车2进3，马二进一，车2进5，兵三进一，卒5进1，马一退三，卒5平6，车九进二，车2进1，车九平七，车2退4，黑棋优势。③帅五平四，炮5进5，相七进五，马4进5，相五退三，马5进3，马二进三，将5平4，帅四平五，马3退5，马三退五，车8平7，仕五退四，象3进5，黑棋优势。④车九进二，炮7平4，仕五退四，炮4平2，帅五进一，车8退1，红胜。

| 16. …… | 炮7退8 | 17. 仕五退四 | 车1平2 |
| 18. 炮八进四 | 炮7平9 | 19. 车七平一 | 象7进9 |

抢先佳着！

| 20. 车一进一 | 车2进3 | 21. 炮五进五 | 马4进5 |
| 22. 车一进一 | 车2进5 | | |

黑棋优势。

点评："弃马调炮"虽然解除炮碾丹砂的威胁，右翼兵力拥塞依然是导致劣势根源。

（乙）车七平二

15. 车七平二（图206）　车8平9
16. 车二平四　……

倘若炮八平七，炮7平4，仕五退四，炮4平6，帅五进一，炮2平5，黑棋优势。

16. ……　　　炮7平4
17. 仕五退四　炮4平2
18. 车九平八　……

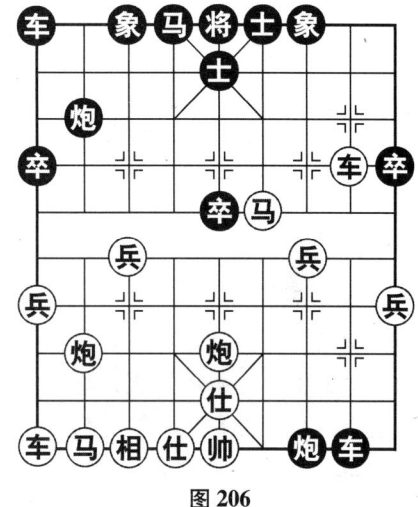

图206

为什么不走相七进九呢？前炮平6，炮八退二，炮6平2，帅五进一，车9退1，帅五退一，车9退1，炮五进一，后炮平5，马四进二，炮2退8，车九平八，炮2平3，车八进八，炮5进4，车八平七，马4进5，黑棋优势。

18. ……　　　炮2进7　　　19. 相七进九　车1进1
20. 马四进二　……

倘若炮八进七，车9退2，炮五进一，车9退1，车四平六，车9平5，马四退五，卒5进1，马五退七，炮2退7，仕四进五，车1平2，炮八退二，车2进1，黑棋优势。

20. ……　　　马4进5　　　21. 炮五平三　象7进9
22. 炮八进七　象3进1

倘若士5退4，马二进四，将5进1，炮八退二，炮2平6，车四平二，炮6退6，帅五进一，车9退1，帅五退一，将5平4，车二平四，车9平4，黑棋亦优。

23. 炮八退二　士5进6　　　24. 马二进三　车1平6
25. 炮八进一　炮2平6　　　26. 车四进一　炮6退4
27. 帅五进一　车9退1　　　28. 帅五退一　车6平7
29. 炮三进六　炮6平5

黑棋优势。

点评：相互弃车，变化复杂，一着不慎则折戟沉沙。

(丙) 炮五平三

15. 炮五平三（图207）　炮7平4
16. 仕五退四　象7进9
17. 车七平二　车8平9
18. 帅五平六　车9平6
19. 帅六进一　车6退1
20. 帅六退一　车6退4

打一将再吃马是正确之着！

21. 炮三平五　车6进5
22. 帅六进一　车6平3
23. 车二平八　……

倘若车二平六，象3进5，炮八平六，车1平2，帅六平五，炮2平3，炮六退一，车2进8，黑棋优势。

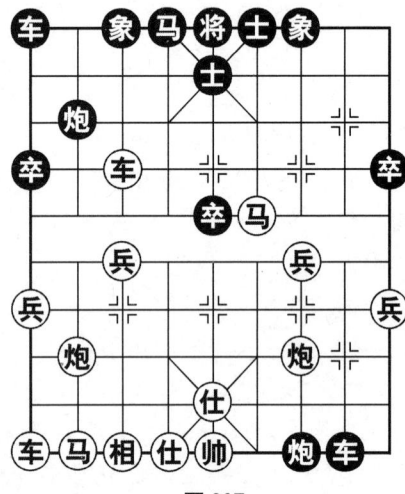

图207

23. ……　　　炮2平5
24. 炮五平二　车3平8
25. 炮二平六　卒5进1

黑棋优势。

点评："平炮瞄象"也难牵制黑棋攻势。

(丁) 炮八平六

15. 炮八平六（图208）　炮7平4
16. 仕五退四　炮4平6
17. 帅五进一　炮2平5
18. 车七平二　车8平7
19. 车二平八　车7退4
20. 马四进五　……

倘若车马四进二，车7进3，帅五退一，车7进1，帅五进一，车1进1，黑棋有攻势。

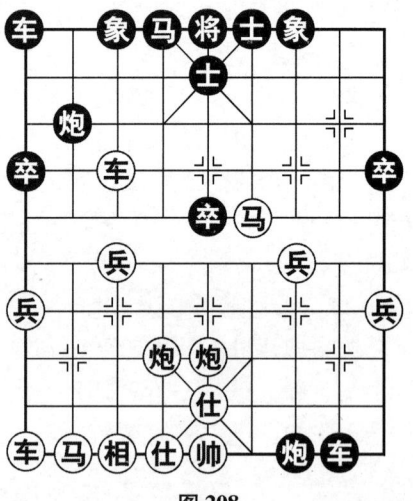

20. ……　　　象3进5
21. 炮六退一　卒5进1

黑棋优势。

点评：多种变化均遭到猛烈炮火袭

图208

击，重演红棋飞马盘中有高风险！

第 45 局　三兵吃卒对中卒吃兵

1. 炮二平五　马 8 进 7
2. 马二进三　车 9 平 8
3. 车一平二　马 2 进 3
4. 兵七进一　卒 7 进 1
5. 车二进六　炮 8 平 9
6. 车二平三　炮 9 退 1
7. 兵五进一　士 4 进 5
8. 兵五进一　炮 9 平 7
9. 车三平四　卒 7 进 1
10. 兵三进一　卒 5 进 1
11. 车四平七　马 3 退 4
12. 马八进七　……

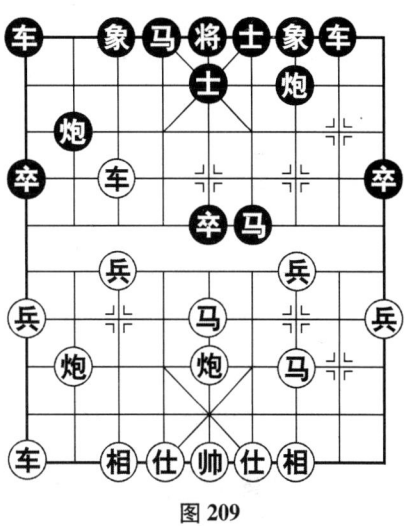

图 209

内蒙古名将周德刚于 2003 年全国象棋团体赛抛出最新布局飞刀！

12. ……　　　马 7 进 6
13. 马七进五（图 209）……

兑马弃相，刺刀见红！

图 209 形势之下，黑棋有马 6 进 5 与卒 5 进 1 两种选择。

（甲）马 6 进 5

周德刚　胜　钟涛

（2003 年 4 月弈于兰州全国象棋团体赛）

13. ……　　　马 6 进 5
14. 马三进五　炮 7 进 8
15. 仕四进五　炮 7 平 9

"开边炮"看似凶悍，可是孤车单炮难以成势。

16. 炮五进三　马 4 进 5
17. 帅五平四　车 8 进 4

似应车 8 进 9，帅四进一，再车 8 退 5 捉炮为宜。

18. 车七平五　……

略有呆板之嫌，亦可走炮五进一。

18. ……　　　炮 2 进 4
19. 车九进二　……

至此可以看到当初倘若黑棋进车叫将再捉炮，这步棋红棋不敢轻易抬高边车，因有炮9平3打相的牵制。

19. ……　　　车1进2
20. 炮八平三（图210）……

借杀棋使形势豁然开朗！

20. ……　　　象7进9

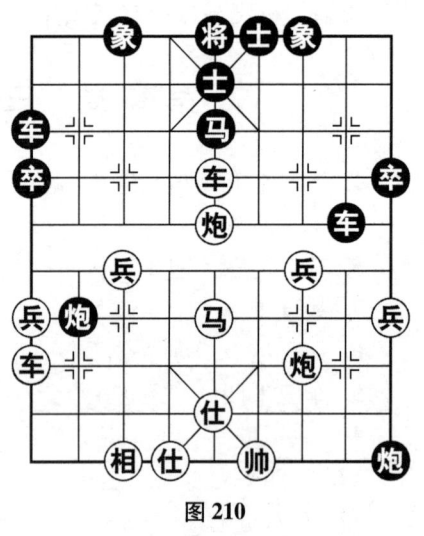
图210

为什么不走车8进5呢？帅四进一，炮2进2，马五退六，象7进9，车五平七，车1退2，车九平四，车8退9，车七平二，车8平9，车二平四，将5平4，前车平六，将4平5，车四平六，象3进1，炮三平五，象9退7，前车平四，炮2退8，车六进五，车9进2，车四进二，红棋胜势。

21. 车九平八　炮2平3　22. 车八平四　炮3进2
23. 马五退六　车1平4

无可奈何！

24. 车五进一　将5平4　25. 车五平六　士5进4
26. 车四进七　将4进1　27. 炮三平六　将4平5
28. 炮五退三　……

似可炮五退一为佳。

28. ……　　　车8进5　29. 帅四进一　车8退1
30. 帅四退一　车8进1　31. 帅四进一　炮9平4
32. 车四退一　将5退1　33. 车四进一　将5进1

红胜。

为什么黑棋不再续战了呢？因红棋可接走车四退一，将5退1，车四退一，将5进1，炮六退二，车8平4，车四平六，红棋胜势。

点评：飞刀制胜！那么如何应对呢？请看下局。

（乙）卒5进1

两位全国象棋冠军在北京进行巅峰对决。孙勇征飞刀亮相，从而演绎一场新奇的布局大战。

第二章 中炮三路叠兵对屏风马

许银川 胜 孙勇征

(2012年11月29日弈于北京国弈大典之决战名山巅峰对决)

13. ……　　　卒5进1

8年之后,特级大师孙勇征抛出最新布局飞刀!

14. 炮五进二　炮2平5
15. 相三进五　车1平2
16. 车九进二（图211）　马6进7

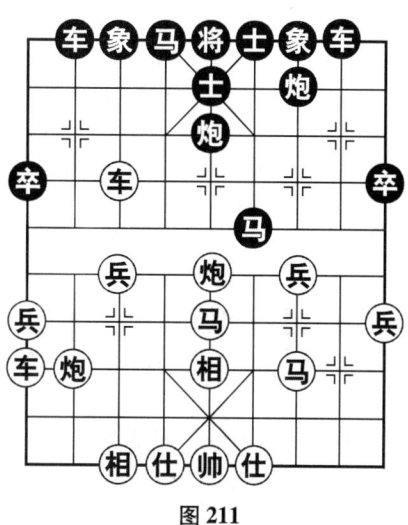

图211

这步棋值得商榷！似可车8进6,车七平五,马6进5,炮五进三,马4进5,车五退三,车8平5,马三进五,车2进6,马五退七,马5进6,兵三进一,马6进7,马七进六,马7退5,仕六进五,马5退7,兵七进一,车2退1,马六进四,马7进6,马四进二,炮7平6,相互对攻,黑棋足可一战。

17. 炮五进二　车8进4　　　18. 仕六进五　炮7进2
19. 车七退一　……

如炮五进二,将5进1,车七平三,马7进5,相七进五,炮5进5,仕五进六,炮5平2,黑棋优势。

19. ……　　　车8平3　　　20. 兵七进一　马4进3
21. 炮五退一　马7进9

倘若马7退5,炮八平六,马5退3,车九平七,后马进5,兵三进一,炮5进2,兵三进一,象3进1,兵三平四,马5退7,马五进三,炮5退2,炮六进三,红棋优势。

22. 炮八平六　马3进5

倘若马9进7,帅五平六,炮7平2,车九平七,炮2进6,相七进九,马3进5,兵七平六,红棋优势。

23. 兵七平六　炮5进2　　　24. 兵六平五　马5进3
25. 车九平七　象3进5　　　26. 兵五平六　马3进2
27. 车七进一　马9退7　　　28. 炮六平九　……

似可炮六平八,马2退3,炮八平九,马3进2,炮九进四,马7退5,炮九进三,车2平1,车七平八,红棋多兵优势。

28. ……   车2进4   29. 炮九平八   马2退3
30. 炮八平九   马3进2   31. 车七进三   炮7退2
32. 相五退三   马7退5   33. 炮九平五   马5进7
34. 车七退三   ……

许银川在多兵形势之下严密防守，孙勇征难有搏杀攻势。

34. ……   卒9进1   35. 仕五退六   马7进5

飞马兑炮，实施颇有深度的战术构想。

36. 相三进五   马2进1（图212）

难道"马逢边必亡"的古老象棋谚语，全国冠军孙勇征不知道吗？非也！实则是实施弃子求和的妙计。

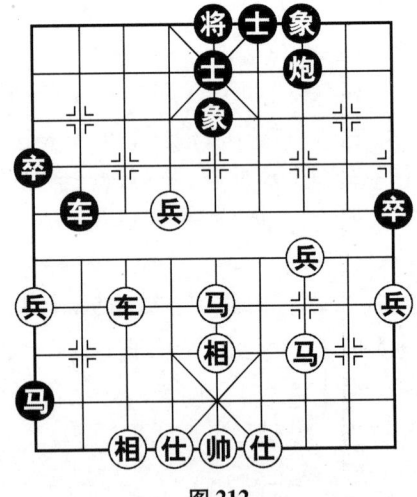

图212

37. 相七进九   炮7进6
38. 马五退三   车2平4

弃子求和是不得已而为之。

39. 车七退二   车4进2

似可车4进3，车七平九，车4平5，马三退五，车5退1，车九平六，车5平9，马五进六，卒9进1，兵九进一；车9平7，马六退四，车7平6，仕四进五，车6退1，黑棋尚有一线和棋之望。

40. 马三进四   ……

倘若车七平九，将5平4，仕四进五，车4平7，马三退四，车7平9，车九平六，将4平5，车六进四，车9平1，车六平一，黑棋尚有和棋之望。

40. ……   车4平1   41. 车七平九   车1平9
42. 车九平四   车9平5

倘若卒9进1，马四进六，车9平4，马六进四，象7进9，车四平二，车4退3，马四进三，将5平4，仕六进五，象9退7，马三退二，卒9进1，马二退四，车4进1，黑棋尚有和棋之望。

43. 马四进六   车5进1   44. 仕六进五   车5平1
45. 马六进四   将5平4   46. 仕五退六   车1平4
47. 仕四进五   ……

撑士捉车，小兵必然渡河参战而优势。

47. ……   车4退4   48. 兵三进一

余略，红棋优势。

点评：多兵是红棋主基调，黑棋必须快速反击，否则容易陷于漫长防御之中。黑棋最新改进型战术虽然折戟沉沙，依然有可圈可点之处。

第46局　三兵吃卒对中卒吃兵

2009年曹岩磊、许国义在惠州进行一场友谊赛，曹岩磊最新飞刀闪亮出鞘，效果颇佳。

许国义　负　曹岩磊

（2009年6月22日弈于惠州友谊赛）

1. 炮二平五　马8进7
2. 马二进三　车9平8
3. 车一平二　卒7进1
4. 车二进六　马2进3
5. 兵七进一　炮8平9
6. 车二平三　炮9退1
7. 兵五进一　士4进5
8. 兵五进一　炮9平7
9. 车三平四　卒7进1
10. 兵三进一　卒5进1
11. 车四平七　马3退4
12. 马八进七　炮2平5（图213）

曹岩磊大师抛出最新布局飞刀！

13. 车九平八　车1平2
14. 炮八进三　……

封锁黑马通道，兼具平炮打象的攻击。

14. ……　　　车8进6
15. 炮八平七　车2平9
16. 炮七进四　马4进3
17. 马七退八　马7进5
18. 炮五进四　……

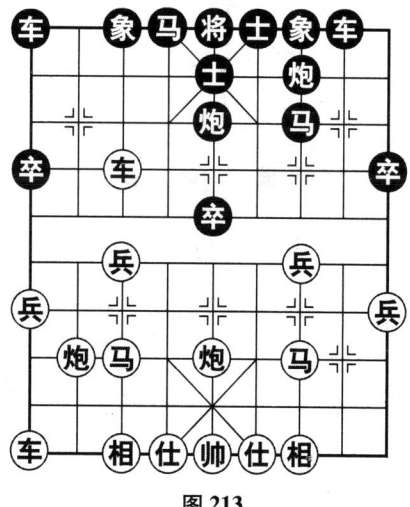

图213

倘若马三进四，炮7进8，仕四进五，车8进3，马四进五，炮7平4，仕五退四，炮4平2，相七进九，马3进5，炮五进四，炮2平6，帅五进一，炮6退6，车七退一，车8平4，黑棋优势。

18. ……　　　马3进5
19. 车七平五　车8退3
20. 马三进四　卒5进1

精妙！黑棋由此反客为主。

21. 相三进五　……

倘若炮七退三，炮7进8，仕四进五，车8进6，马四退三，炮7退1，仕五退四，车8退2，仕四进五，卒5平6，帅五平四，车8平7，马八进七，车7退1，仕五进四，车7平9，黑棋有攻势。

21. ……　　　卒5平6
22. 车五退一　卒6进1
23. 仕六进五　车8平3
24. 炮七平九　炮7平8（图214）
25. 相五退三　……

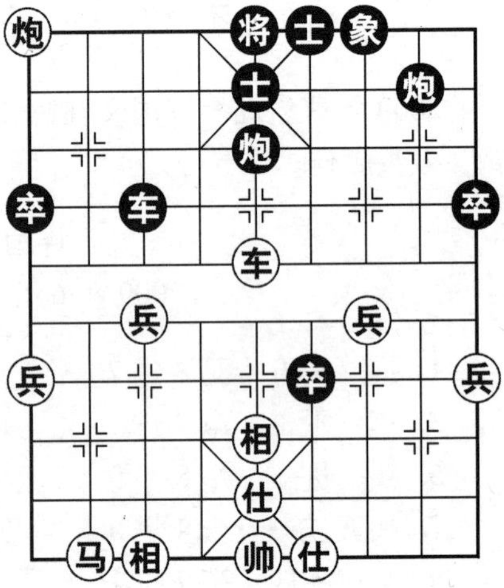

倘若车五平二，车3进2，相七进九，车3平2，马八进七，车2进2，车二进三，车2平3，车二退二，车3平5，帅五平六，车5退2，车二平六，炮5平4，帅六平五，车5平7，黑棋优势。

25. ……　　　车3进2

倘若卒6进1红棋也难招架。

26. 相七进五　车3进3
27. 马八进九　车3退1
28. 马九退八　车3进1
29. 车五平六　……

只好变着，否则形成"两打对一打"。

29. ……　　　车3平2

黑胜。

点评：黑棋新着有较强的反击威力，重演红阵请谨慎。

第47局　三兵吃卒对中卒吃兵

1. 炮二平五　马8进7
2. 马二进三　车9平8
3. 车一平二　卒7进1
4. 车二进六　马2进3
5. 兵七进一　炮8平9
6. 车二平三　炮9退1
7. 兵五进一　士4进5
8. 马三进五　炮9平7
9. 车三平四　卒7进1
10. 兵五进一　卒5进1
11. 兵三进一（图215）　……

图215形势之下，黑棋有马7进8与象3进5两种选择。

第二章 中炮三路叠兵对屏风马

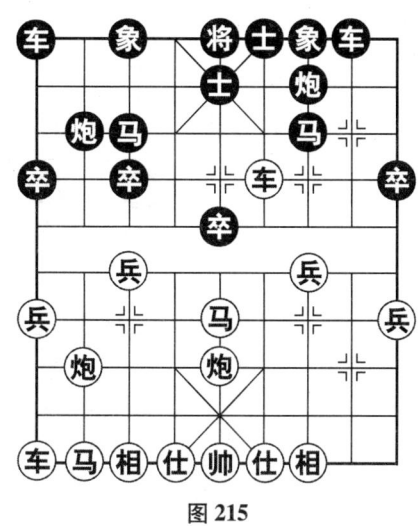

图215

（甲）马7进8

赵国荣 负 孙勇征

(2002年11月15日弈于黄山杯全国象棋特级大师赛)

11. ……　　马7进8　　12. 炮五进三　象3进5
13. 炮五平三　……

妙手解决踩车打相的双重威胁。

13. ……　　车1平4　　14. 炮八平五　象7进9
15. 车四平三　……

似可马八进七，象9进7，车九平八，车4平2，马五进六，马3退4，车四平三，炮7平6，车八进三，象7退9，车三平七，红棋弃子有攻势。

15. ……　　象9进7　　16. 车三进二　马8进7
17. 马八进七　炮2进4　　18. 车九平八　车4进6
19. 马五进四　马7退5　　20. 仕六进五　车8进9

凶悍！生死决战即将开始。

21. 兵三进一　车8平7（图216）22. 兵一进一　……

似应炮五进五，以下黑棋有两种选择：①将5平4，马七进六，车7退5，车三退三，马5退7，炮五平三，炮2平9，炮三进二，将4进1，仕五退六，马7进8，车八进八，将4进1，仕四进五，马8进7，帅五平四，车4平8，炮三平一，炮9退6，车八平七，红棋胜势。②士5进6，炮五退二，车4退

2，车八进三，车4平5，车八平五，士6退5，车三退一，马3退4，马七进八，车5平6，兵三平四，车7退7，车五进一，红棋优势。

22. ……　　将5平4

似应马3退4尚可一战！

23. 马四进五　车7退3

倘若车7退5，车三退三，马5退7，炮五平六，车4平3，马七退九，红棋胜势。

24. 车三退二　……

似可车三进一，将4进1，马五退四，红棋优势。

24. ……　　车4进2

暗伏杀机。

25. 车三平二　……

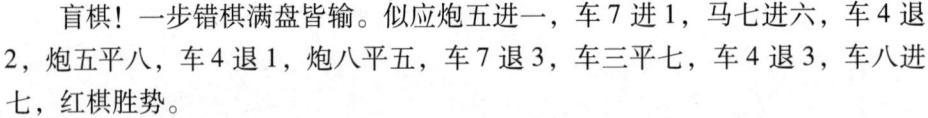

图216

盲棋！一步错棋满盘皆输。似应炮五进一，车7进1，马七进六，车4退2，炮五平八，车4退1，炮八平五，车7退3，车三平七，车4退3，车八进七，红棋胜势。

25. ……　　车4平5

黑胜。

点评：大好形势毁于一旦，上演"捉放曹"的悲剧。倘若重演黑阵风险大于机会。

（乙）象3进5

蒋凤山　负　李雪松

（2008年11月3日弈于顺德全国象棋个人赛）

11. ……　　象3进5

飞象最早是特级大师徐天红于2002年明珠星钟杯全国象棋十六强精英赛抛出的飞刀战术。

12. 炮五进三（图217）　……

炮轰中卒最早是特级大师谢靖于2003年创出最新改进型布局飞刀。2002年12月23日明珠星钟杯全国象棋十六强精英赛，聂铁文与徐天红

第二章　中炮三路叠兵对屏风马

战曾走：炮五平三，马7进8，兵三进一，马8进7，马五进六，马7退5，相七进五，炮7进6，炮八平三，车1平4，马六进七，车4进2，仕六进五，车4平3，兵三平四，炮2进1，车四进二，炮2退2，车四退二，炮2进2，车四进二，炮2退2，车四退二，车8进6，车四平五，车8平7，车五退一，马5进6，仕五进四，车7进1，仕四退五，卒3进1，兵七进一，车3进2，车五平七，象5进3，和棋。

12. ……　　　车8进6

著名象棋大师李雪松抛出最新布局飞刀！

2003年12月21日全国象棋甲级联赛，汤卓光与谢靖之战曾走车1平4，炮八平三，车8进4，炮五平三，炮7进3，兵三进一，车8平7，炮三进五，车7退2，相七进五，炮2进4，马八进七，车7进2，车四平一，车4进6，马五进三，卒3进1，车一平七，马3退4，兵七进一，象5进3，车九平八，炮2平9，马三退一，和棋。

13. 马八进七　　马7进8
14. 炮五平三　　车1平4
15. 相七进五　　炮2进4
16. 仕六进五　　象7进9（图218）
17. 车四平三　　……

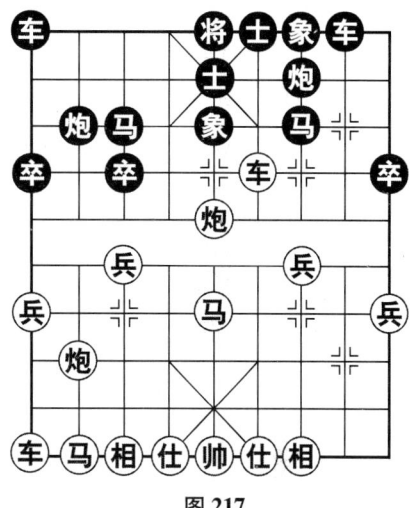

图217

似可车四平七，炮2平3，车七平三，炮7平9，炮三平四，马8进6，炮八进一，红棋优势。

17. ……　　　象9进7
18. 车三进二　　象7退9
19. 车三平四　　马3进5
20. 车四退三　　……

似应车九平六，车4进9，仕五退六，马8进6，黑棋足可一战。

20. ……　　　马8进6

好棋！由此渐入佳境。

21. 车四进一　　马6进4

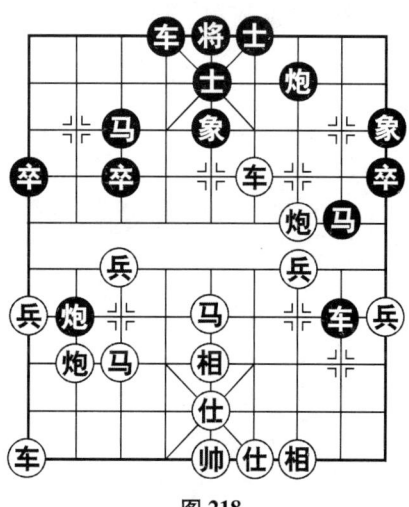

图218

22. 车九进一　炮2平5
23. 车四平五　炮5退2
24. 马七退六　车4进4
25. 车九平八　马4退6（图219）
26. 车五平四　……

倘若车五进一，车8平4，马六进七，前车平2，黑棋优势。

26. ……　　　将5平4
27. 车八退一　车8平6
28. 车四退一　……

败着！应走马六进八为佳。

28. ……　　　马6进4
29. 炮八平六　车6退2
30. 车八进九　将4进1
32. 马七进八　炮5平4

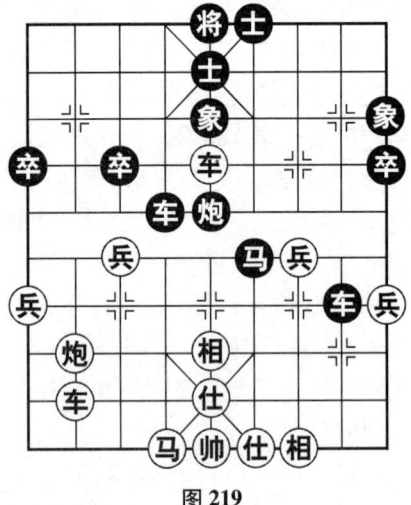

图219

31. 马六进七　车4退2

兑炮解杀，使红棋的攻势黯然失色。

33. 马八进七　车4平3
35. 车七退三　炮4平3
37. 帅五平六　马6退5
38. 仕四进五　车6退1（图220）
39. 车七进二　……

无奈而避让！倘若车七平四，马5退6，黑棋必胜。

39. ……　　　将4退1
40. 车七平八　车6进3
41. 车八进一　将4进1
42. 兵九进一　车6平1
43. 车八退九　卒9进1
44. 相五退七　车1退1
45. 车八进六　车1平3
46. 相三进五　车3平1
47. 车八平一　车1退1

佳着！使红棋穷于应付。

49. 相五退三　车8进5

34. 车八平七　车3进1
36. 仕五进六　马4进6

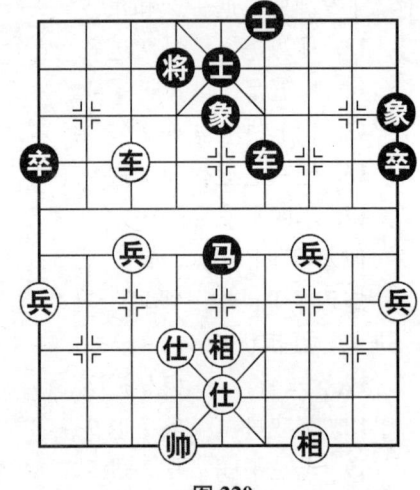

图220

48. 兵一进一　车1平8
50. 相七进五　马5进7

第二章 中炮三路叠兵对屏风马

51. 兵一进一 马7进5   **52.** 车一平五 车8平7
53. 帅六进一 马5退7

黑胜。

点评：黑棋飞刀虽然攻城擒王，重演此阵还是要小心为宜，因红棋攻势不容小觑。

第三章　中炮急冲中兵对屏风马平炮打车

20世纪80年代，中炮急冲中兵对屏风马的争战如火如荼，各种新型战术斗艳争奇。屏风马展开反攻，萌发"先打车再后补中炮或跳外马"等新战术，从而使红方不能连续冲中兵猛攻，一场抑制中炮对攻战术燃起熊熊烈火。

第48局　七路马退车兵林对补中炮跳外马

赵国荣　胜　赵汝权

（1986年6月11日弈于黑龙江、香港象棋友谊赛）

1. 炮二平五　马8进7
2. 马二进三　卒7进1
3. 车一平二　车9平8
4. 车二进六　马2进3
5. 兵七进一　炮8平9
6. 车二平三　炮9退1
7. 兵五进一　炮9平7
8. 车三平四　炮7平5（图221）

国际特级大师赵汝权抛出最新布局飞刀！

9. 马八进七　……

跳左马是特级大师赵国荣首创。

9. ……　　　马7进8
10. 车四退三　……

"退车兵林"是封锁黑马前进的佳着！

10. ……　　　车8进2
11. 车九进一　车8平4
12. 车九平四　马8退7

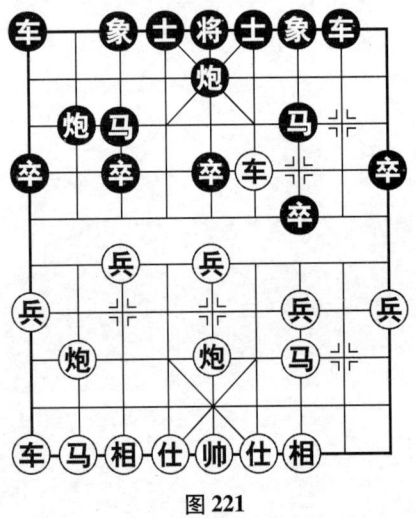

图221

166

13. 仕四进五　炮5进4　　　14. 兵三进一　……

突发妙着，犹如平地惊雷！

14. ……　　　象7进9

为什么不走卒7进1呢？炮八进二，炮5退1，炮八平三，象7进9，马三进四，士4进5，马四进三，炮2进6，后车退一，炮5进1，马三进一，炮2退7，前车进三，红棋优势。

15. 前车平三　卒7进1　　16. 车三进一　炮5退1

17. 马三进四　……

似应马三进二效果更好。

17. ……　　　车4平6　　18. 炮八退一　士4进5
19. 马四进三　马7退8　　20. 车三平二　马8进7
21. 马三进一　马7进6　　22. 马一进三　车6退1
23. 车二平三　炮2退1
24. 车四进四　车6平7（图222）
25. 马七进五　……

似可车三进四，炮2平7，炮八进五，炮5进1，帅五平四，车1进2，马七进六，车1平2，马六进五，马3进5，炮八平五，将5平4，车四平六，士5进4，前炮平九，卒9进1，炮九退一，红棋优势。

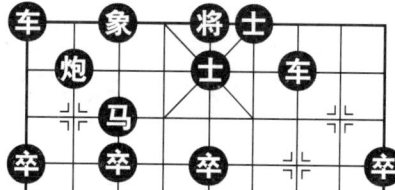

25. ……　　　炮5进3
26. 相三进五　车7进4
27. 马五进三　象3进5
28. 炮八进六　……

图222

似可马三进二，炮2平4，车四平六，马3退2，车六平八，马2进1，车八进三，炮4平3，炮八进六，车1平3，车八平九，红棋优势。

28. ……　　　象5退7　　29. 车四平三　炮2平1
30. 炮八退四　车1平4　　31. 炮八平二　车4进2
32. 炮二进六　车4平8　　33. 车三进四　卒9进1（图223）

无奈！倘若士5进6，炮二平四，炮1平4，马三进四，车8进7，仕五退四，车8退4，炮四退一，将5进1，炮四平六，将5平4，车三平七，马3退5，车七退三，车8平4，车七平五，车4退4，帅五进一，车4退6，车五平六，马5进4，兵七进一，红棋胜势。

34. 炮二平一　车8平9

35. 马三进四　车9退1

倘若士5进6，马四退二，车9平8，车三退二，车8退2，马二进一，红胜。

36. 马四进二　将5平4

37. 车三退二

红胜。

点评：黑车抢占右肋道而遭到毁灭性的打击，那么左肋道兑车会怎样呢？请看下局。

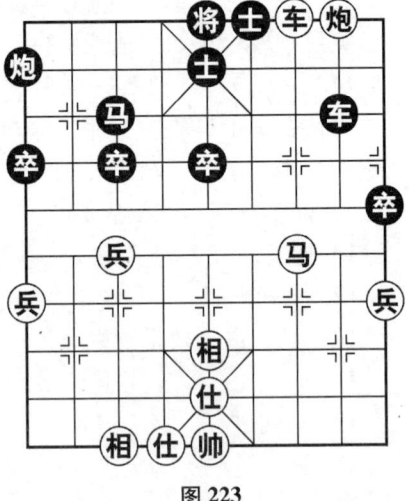

图 223

第49局　跳左马退车兵林对补中炮跳外马

1. 炮二平五　马2进3　　**2.** 马二进三　马8进7

3. 车一平二　车9平8　　**4.** 兵七进一　卒7进1

5. 车二进六　炮8平9

6. 车二平三　炮9退1

7. 兵五进一　炮9平7

8. 车三平四　炮7平5

9. 马八进七　马7进8

10. 车四退三　车8进2

11. 车九进一　车8平6

著名象棋大师胡庆阳抛出最新改进型飞刀。

12. 车九平四　车6进4

13. 车四进二（图224）……

图224形势之下，黑棋有炮2平1与象3进5两种选择。

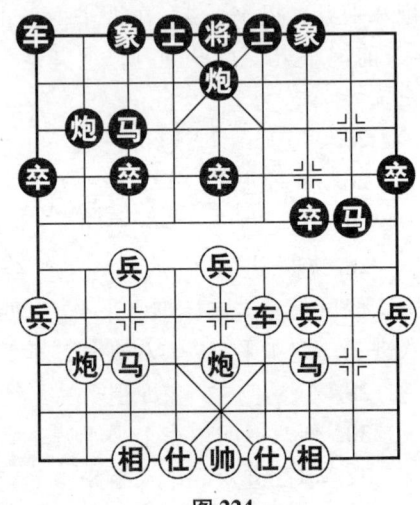

图 224

第三章 中炮急冲中兵对屏风马平炮打车

（甲）炮2平1

黎德志 胜 胡庆阳

（2000年11月弈于蚌埠全国象棋个人赛）

13. ……　　　炮2平1　　　14. 马七进八　炮5进4
15. 仕四进五　……

似可马三进五，炮5平2，马五进六，士4进5，马六退八，象3进5，马八进七，炮1退1，炮八平七，红棋优势。

15. ……　　　士4进5　　　16. 马八进七　车1平2
17. 炮八平七　炮1退1　　　18. 马七退六　马3进4
19. 车四进二（图225）　　　车2进4

似应踏着电网前行，马4进6，马六进五，马6进5，相三进五，马8进7，车四平三，车2进6，车三退一，炮1进5，马五退七，炮5退3，相互对攻，比实战要好。

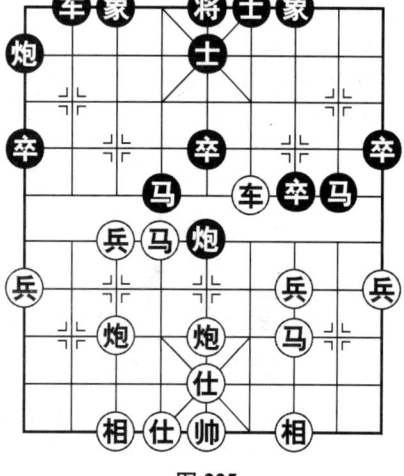

图225

20. 车四平三　　炮1平4

倘若马8退9，炮七平六，炮1平4，帅五平四，炮4进4，炮五进四，士5进6，炮六进三，红棋优势。

21. 车三平二　　炮4进4
22. 炮七平六　　马4退3
23. 兵七进一　　车2进5
24. 炮六平七　　炮4平3　　　25. 相七进九　车2退3

倘若车2退2，相九进七，车2平3，兵七进一，马3退2，车二进一，卒5进1，帅五平四，象3进5，车二平四，将5平4，马三进五，车3退1，马五进三，车3平7，相三进一，红棋优势。

26. 兵七进一　　马3退2　　　27. 车二平七　炮3进1
28. 帅五平四　　炮3平1　　　29. 炮五进四　象3进5
30. 车七平四（图226）　……

攻守兼备！黑棋呈崩溃之势。

30. ……　　　将5平4　　　31. 车四退一　……

似应炮七平六更为攻势紧凑。

31. ……　　　车 2 平 7
32. 相三进五　炮 5 退 1
33. 炮七平六　炮 5 平 7
34. 车四平八　车 7 平 6
35. 帅四平五　马 2 进 1
36. 兵七进一　……

小兵长驱直入，黑棋难抵挡。

36. ……　　　车 6 平 7
37. 兵七平六　将 4 平 5
38. 车八平七

红胜。

点评："肋道兑车"的反击力较弱，远离此阵为宜。

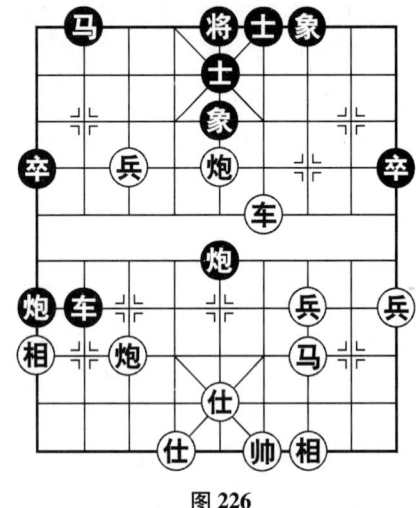

图 226

（乙）象 3 进 5

曾军　胜　张明明

（2008 年 10 月 31 日弈于第 20 届棋友杯赛）

13. ……　　　象 3 进 5（图 227）

山西张明明抛出改进型布局飞刀！

14. 仕四进五　炮 5 平 9

倘若车 1 进 1，炮八平九，红棋亦优。

15. 马七进六　士 4 进 5
16. 炮八平七　车 1 平 4

倘若马 8 进 9，马三进一，炮 9 进 5，兵三进一，炮 9 进 3，相三进一，卒 7 进 1，相一进三，炮 2 进 3，马六进五，车 1 进 2，马五进三，炮 2 平 5，马三退四，车 1 退 1，帅五平四，红棋优势。

17. 马六进七　车 4 进 4

巡河车比较呆板，似可炮 2 退 1，车四平八，车 4 进 3，兵七进一，马 3 退 4，马七进八，马 4 进 2，炮七平六，车 4 进 2，黑棋尚无大碍。

18. 车四平八　炮 2 进 2
19. 马七进五　……

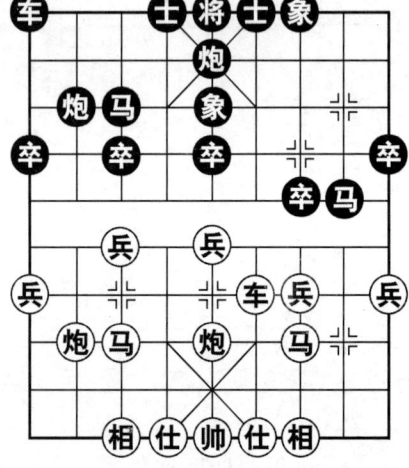

图 227

第三章　中炮急冲中兵对屏风马平炮打车

飞马踏象是夺取优势的佳着！

19. ……　　　　象7进5
20. 炮七进五　炮2退3
21. 炮五进四（图228）……

简明！多相多兵的优势一目了然。

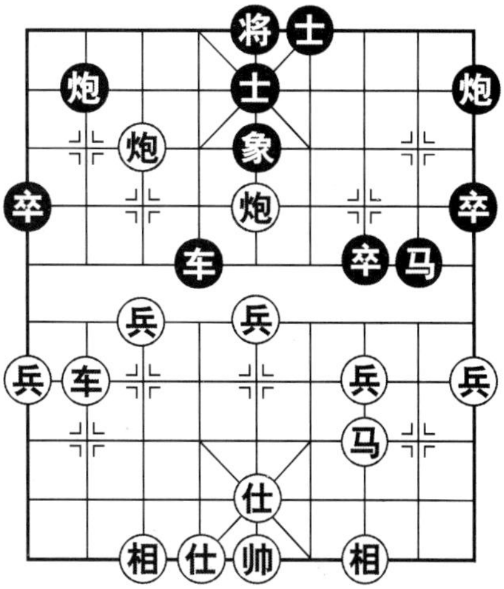

21. ……　　　　车4进1
22. 兵五进一　车4平3

倘若卒7进1，马三进五，卒7进1，马五进六，车4平3，相三进五，车3退1，炮七平六，马8进6，马六进五，马6退5，兵五进一，红棋优势。

23. 炮七平九　车3进4
24. 相三进五　车3退5
25. 车八进四　将5平4
26. 炮九平五　马8进7
27. 马三进五　……

弃相抢攻，凶悍！

27. ……　　　　车3退1

为什么不走马7进5吃相呢？帅五平四，马5进3，前炮平二，炮9平8，炮二退六，车3进2，炮二进一，红棋优势。

28. 马五进六　车3平4
29. 后炮平九　……

精巧！奠定胜势。

29. ……　　　　炮2平3
30. 炮九退二

红胜。

点评："肋道兑车"遭到重创，倘若重演此阵小心为佳。

图228

第50局　五七炮对补中炮

1. 炮二平五　马8进7
2. 马二进三　车9平8
3. 车一平二　马2进3
4. 兵七进一　卒7进1
5. 车二进六　炮8平9
6. 车二平三　炮9退1
7. 兵五进一　炮9平7
8. 车三平四　炮7平5
9. 炮八平七（图229）　……

太原梁辉远抛出五七炮布局飞刀！

图229形势之下，黑棋有炮5进4与车8进6两种选择。

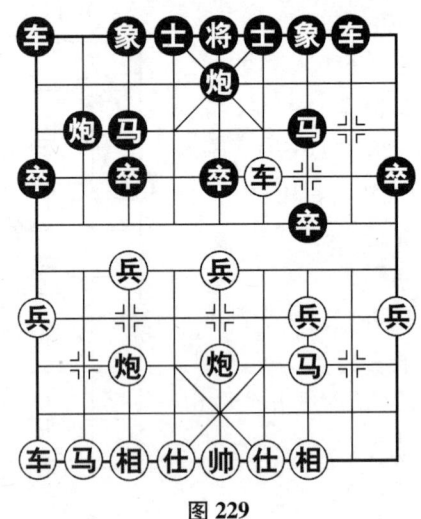

图229

（甲）炮5进4

梁辉远 胜 王太平

（2010年1月16日弈于第十四届潇河湾杯全国象棋擂台赛）

9. ……	炮5进4	10. 仕四进五	马3退5
11. 车四退二	马5进4	12. 马八进九	炮2进5

似应车8进6，车九平八，炮2平3，马九进七，炮5退1，炮五进一，车8平7，相七进五，卒7进1，车四平三，车7退1，相五进三，象3进5，相三退五，炮5平8，车八进六，炮8退1，黑可抗衡。

| 13. 车九平八 | 炮2平5 | 14. 相七进五 | 象3进5 |

倘若炮5退1，车八进六，车8进6，兵七进一，马4退5，兵七平六，炮5平6，马三进五，炮6退1，炮七进一，红棋优势。

15. 兵七进一 ……

精巧！黑棋丢子几乎已成定局。

| 15. …… | 卒3进1 | 16. 车八进六 | 卒5进1 |
| 17. 车八平六 | 卒3进1 | | |

倘若车1平2，马九进七，车2进6，马七进五，卒5进1，车四平五，马7进6，车六平九，红棋胜势。

| 18. 马三进五 | 车8进9 | 19. 马五进七 | …… |

弃相踩卒，多子胜势。

| 19. …… | 车8平7 | 20. 车四退四 | 车7平6 |

第三章　中炮急冲中兵对屏风马平炮打车

21. 帅五平四　车1进1　　　　22. 车六平四　炮5平4

倘若士4进5，马九进七，车1平4，前马进六，炮5平2，马七进六，炮2进4，相五退七，炮2退7，后马进八，炮2平4，车四平三，红棋优势。

23. 马七进八　车1平8

24. 车四进一（图230）　炮4进3

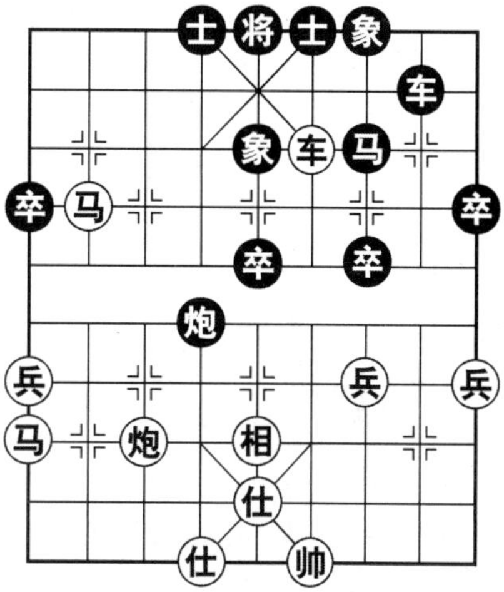

无可奈何！倘若车8平2，马八进六，车2平4，马六退八，炮4退3，马八进六，车4进1，车四平三，车4进4，车三平四，士4进5，车四退二，卒5进1，炮七进四，红棋净多两子胜势。

25. 相五退三　士4进5
26. 车四平三　车8进8
27. 帅四平五　车8平7
28. 仕五退四　车7退2
29. 马九退八　炮4退7
30. 车三退一　……

抢占卒林攻守兼备！

30. ……　　　　车7平4
31. 仕四进五　车4退1
32. 车三平五　卒5进1
33. 车五退二　……

吃卒弃子算度深远！

33. ……　　　　车4平2
34. 前马进七　车2进3
35. 车五平六　车2平3
36. 车六平七　车3平2
37. 炮七平五　车2退3
38. 车七平六　将5平4
39. 炮五平六　车2平3
40. 车六平八

红胜。

点评："炮轰中兵"先得实利，但是子力配置还是有点小别扭。那么如何是好呢？请看下局。

（乙）车8进6

刘镇山　负　刘军

（2012年1月1日弈于景德镇象棋棋王赛）

9. ……　　　　车8进6（图231）

江西棋王刘军抛出诱敌深入的最新布局飞刀！

图230

10. 兵七进一 ……

冲兵巧渡，势在必行。

10. …… 炮 5 进 4

11. 仕六进五 ……

似可马三进五，炮 5 进 2，相七进五，马 3 退 5，车四平三，卒 3 进 1，马八进六，车 1 进 2，车三退一，红棋尚无大碍。

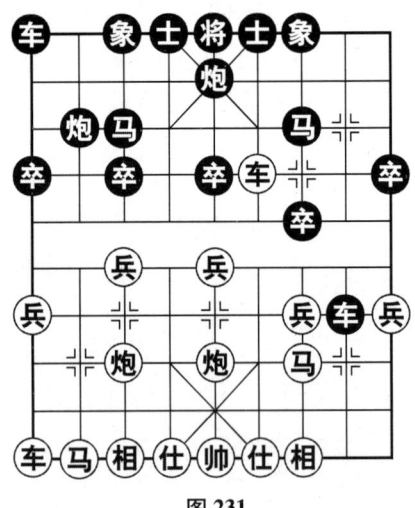

图 231

11. …… 马 3 退 5
12. 车四退二 炮 2 平 5
13. 兵七进一 车 8 平 7
14. 马八进九 车 1 平 2
15. 相三进一 ……

似应车九平八，车 2 进 9，马九退八，卒 7 进 1，车四进三，车 7 平 3，虽然黑棋仍优势，要比实战好。

15. …… 车 2 进 7

一招制胜，红棋崩溃！

16. 马九退八 ……

聊尽人事而已，倘若炮七退一，车 7 进 1，黑亦胜势。

16. …… 车 2 进 1 17. 炮七平六 卒 5 进 1
18. 马三退二 车 7 平 3 19. 炮六退二 车 3 进 3

黑胜。

点评：江西棋王的飞刀十分锋利，重演此阵小心风险！

第 51 局 盘头马对冲卒逐车

1. 炮二平五 马 8 进 7   2. 马二进三 车 9 平 8
3. 车一平二 马 2 进 3   4. 兵七进一 卒 7 进 1
5. 车二进六 炮 8 平 9   6. 车二平三 炮 9 退 1
7. 兵五进一 炮 9 平 7   8. 车三平四 马 7 进 8

江苏著名棋手赵希涛抛出最新布局飞刀！

9. 兵五进一 炮 7 平 5   10. 马三进五 卒 7 进 1（图 232）

图 232 形势之下，红棋有车四平三、车四退一、车四进二三种选择。

第三章　中炮急冲中兵对屏风马平炮打车

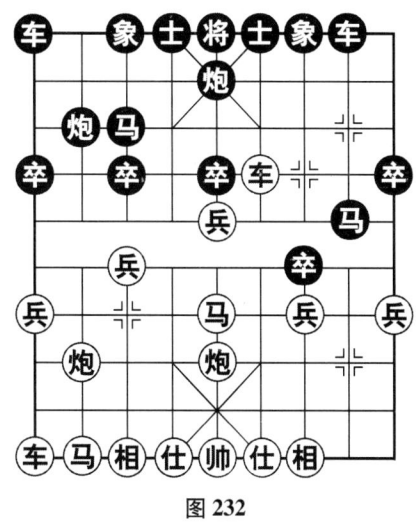

图 232

（甲）车四平三

许波　负　赵希涛

（2004 年 1 月 28 日弈于第 1 届中国灌南汤沟杯象棋大奖赛）

11. 车四平三　……

这步棋是冷门探索型战术。

11. ……　　马 8 进 6

乘虚而入是抢攻的佳着！

12. 车三平四　……

怪！为什么不走车三退二吃卒呢？马 6 进 4，炮八平六，马 4 退 5，马五进四，车 1 平 2，马八进七，炮 2 进 2，车三平四，炮 2 平 6，车四进一，车 2 进 6，车九进一，象 7 进 5，黑棋优势。

12. ……　　炮 2 进 4

倘若马 6 进 4，炮八平六，卒 7 进 1，马五进六，炮 5 进 3，仕六进五，象 3 进 5，马六进七，车 1 平 3，马七退五，马 4 进 2，车九进二，炮 2 进 7，炮六退二，马 2 退 4，车九平六，车 8 进 3，车四进二，车 8 平 5，车六进一，车 3 平 2，炮六平八，炮 5 平 7，仕五退六，车 2 进 9，车六平三，车 2 平 3，车三进二，车 5 进 4，相三进五，象 5 进 7，和棋之势。

13. 炮八平六　车 1 进 1　　**14. 仕六进五　卒 5 进 1**
15. 马五进三　卒 5 进 1　　**16. 车四平六　车 8 进 2**

似可炮5进6，相七进五，卒5进1，马八进七，炮2平7，马七进六，车1平6，车六平四，车8进1，黑棋有攻势。

17. 马八进七　炮5进6　　18. 相七进五　车1平5
19. 车九平八　炮2平6　　20. 车八进七　车5进1
21. 马七进八　……

似应相五退七为宜。

21. ……　　马3进5　　22. 车八进二　士6进5
23. 车八平七　卒5平4

红棋形成"三拆底士之势"分卒拦挡势在必行。

24. 炮六平八　……

慌不择路！似可车七平八，卒4进1，炮六平八，车5平4，车六进一，车8平4，马八进七，炮6进2，相五退七，卒4进1，相互对攻。

24. ……　　马6进4（图233）

亦可炮6平4，车六平七，炮4平3，兵七进一，炮3退3，车七退三，车5平3，车七平九，车3进2，黑棋优势。

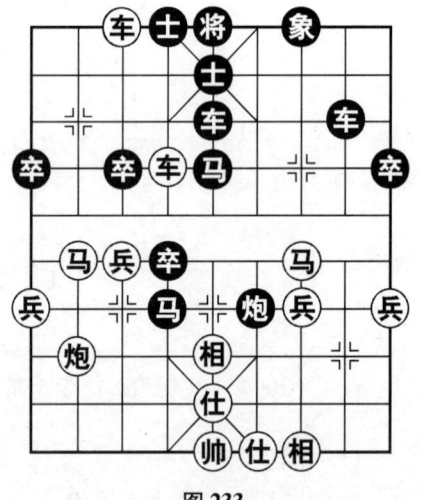

图233

25. 炮八平六　……

白白丢子！似可车七退三，马5进7，车六平四，车8平6，车四进一，马7退6，车七平四，炮6平1，车四平九，炮1平7，马八进七，马4进3，帅五平六，车5平2，炮八进四，卒4平3，马七退五，马6进5，马三进五，红棋尚可一战。

25. ……　　马4退2　　26. 马三进五　炮6平5
27. 马五进三　车5平2　　28. 车六平五　象7进5
29. 车七平九　……

倘若车五退三，象5退3，车五平八，卒4进1，炮六退二，车2进2，马三退四，卒4平3，车八退一，车8平6，黑棋优势。

29. ……　　马2进3

单骑救主！红难抵抗。

30. 炮六退二　……

倘若车五退三，车2进7，炮六退二，马3进5，黑棋胜势。

30. ……　　马3进4　　31. 帅五平六　车2进7

第三章 中炮急冲中兵对屏风马平炮打车

32. 帅六进一　车2退1
33. 帅六退一　车2进1
34. 帅六进一（图234）　象5退7

似应车2退3，帅六退一，车8平6，黑棋胜势。

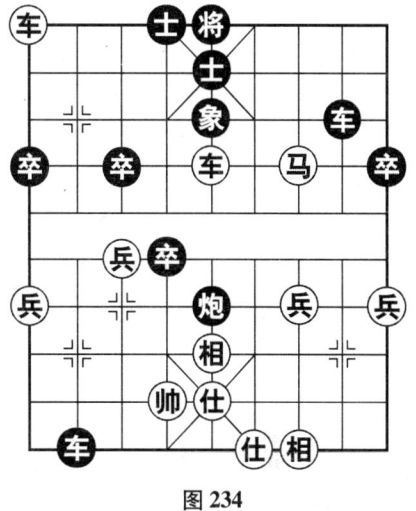

图234

35. 车五退三　车8平2
36. 马三退五　象7进5
37. 车五平七　前车平1

似应后车进6，帅六进一，前车平1，车七退一，车1退3，相五退七，车1平5，车九退三，卒4进1，马五退六，车5平4，帅六平五，车2退4，兵七进一，车2进1，绝杀黑胜。

38. 车七退二　车2进4　39. 车九退二　卒4平5
40. 仕五退六　……

倘若马五进四，将5平6，马四进二，将6平5，车九平五，车2平4，仕五进六，车1平6，车五平三，车6退1，帅六退一，车4进1，帅六平五，车4平5，帅五平六，车6进1，帅六进一，车5平7，车三进二，士5退6，车三平四，车6退9，马二进四，车7进1，帅六退一，车7进1，帅六进一，车7退1，帅六退一，车7平3，黑胜。

40. ……　　 车2平4　41. 帅六平五　车1平4
42. 车九平五　前车平6　43. 车五平二　车4进3

双车挫杀红难抵挡。

44. 车二退六　车4平5　45. 帅五平六　车6退5
46. 车二平五　车5平6

黑胜。

点评：红棋车四平三是探索型应着，倘若重演没便宜。

（乙）车四退一

戴松顺 和 赵纯

（2012年11月24日弈于昆山开发区杯苏州地区象棋邀请赛）

11. 车四退一（图235）　……

苏州戴松顺抛出最新布局飞刀！

中炮急冲中兵对屏风马

11. ……　　卒7平6

似可炮2进2，车四进二，卒5进1，马五进六，炮5进6，相七进五，马3进5，马六进八，车1进2，前马进七，马5退4，车四平九，象3进1，兵三进一，车8进2，马七退八，马8进6，后马进六，炮2平4，兵七进一，炮4进1，兵七平八，马6进4，黑可抗衡。

12. 马五进六　　炮2进2

倘若马8进7，车四退一，马7进5，相七进五，炮5进3，仕六进五，车8平2，马八进六，卒3进1，兵七进一，炮5平3，前马进七，车8平3，马六进五，车3平4，平稳之势。

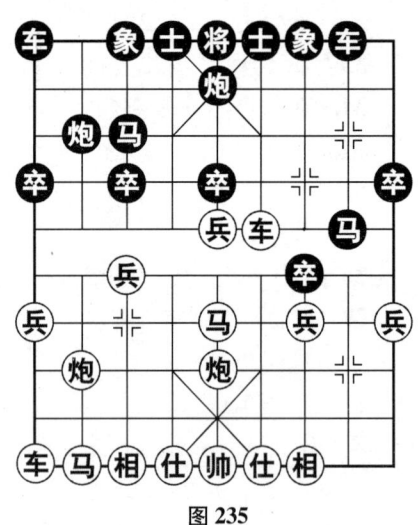

图235

13. 兵七进一　　炮2平4　　14. 兵七平六　　……

似应兵五平六，卒3进1，兵六平七，车1平2，炮八平七，炮5进6，相七进五，马3退5，兵三进一，马5进7，车四平六，卒6平7，相五进三，象3进5，马八进六，马8进9，车六退二，马9进8，兵七进一，红棋稍优。

14. ……　　马8进7　　15. 车四退一　　马7进5

16. 相七进五　　卒5进1

弃卒拴车是精巧反击！

18. 车四平五　　车8进5

19. 车五进一　　象3进5

20. 车五平四　　马3进5

21. 车九进一　　马5进4

22. 车四进三　　象5进7

23. 仕四进五　　……

倘若兵六平五，炮5进1，车九平四，士4进5，后车进三，车8平6，车四退四，车1平4，炮七退一，马4进2，炮七平二，车4进6，各有顾忌。

23. ……　　炮5进1

24. 炮七进二　　车8进4

25. 车九进一（图236）　　车1进1

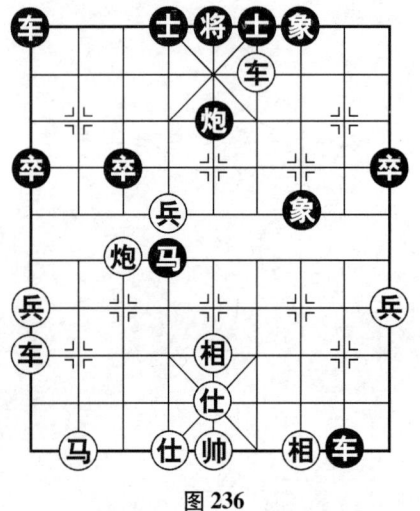

图236

第三章 中炮急冲中兵对屏风马平炮打车

似应车8平7,车四退八,车7平6,帅五平四,车1进1,相五退三,车1平6,车九平四,马4进6,炮七平五,炮5平6,兵六平五,士4进5,兵五平四,马6退5,炮五平四,马5进4,车四进一,炮6进3,车四平六,车6进3,黑棋优势。

26. 车四退八　车8退3　　　**27.** 车四进四　马4进6

倘若车8平7,车四平三,马4进5,炮七平五,炮5平7,车三退一,马5退7,炮五进一,车1平6,红棋稍优。

28. 炮七平五　炮5平8

无奈!倘若士4进5,则车九平八;倘若士6进5,帅五平四,红棋皆优势。

29. 相五退七　……

似应相五进七为佳。

29. ……　　　　炮8平3　　**30.** 相七进五　马6进7
31. 帅五平四　车8平6　　　**32.** 车四退一　马7退6
33. 兵六平五　象7退5　　　**34.** 兵五平四　象5进3

倘若士6进5,车九平八,车1平4,车八进一,车4平4,车八平四,车4平5,马八进六,局势平稳。

35. 兵四平五　炮3平5　　　**36.** 炮五进三　象3退5
37. 兵五平四

余略,终局和棋。

点评:黑棋的反击不可小觑,重演此阵红棋没便宜。那么红棋怎么破解呢?请看下局。

(丙) 车四进二

朱龙奎 负 王昊

(2013年3月8日弈于上海第三届同峰杯象棋大赛)

11. 车四进二(图237)　……

浙江朱龙奎抛出最新布局飞刀!

11. ……　　　　车1进1

倘若马8进6,马八进七,马6进4,车九进一,马4进2,车九平四,象7进9,马五进六,炮5进3,炮五平八,炮2进4,帅五进一,车1进1,炮八退一,士6进5,后车进二,炮2平7,前车退二,车1平3,相互对攻,各有顾忌。

12. 炮八平七　车8进2　　　　13. 炮七进四　象3进1
14. 马八进七　卒7平6　　　　15. 车九平八　炮2退1
16. 车四退三　炮5进3　　　　17. 车四平五（图238）……

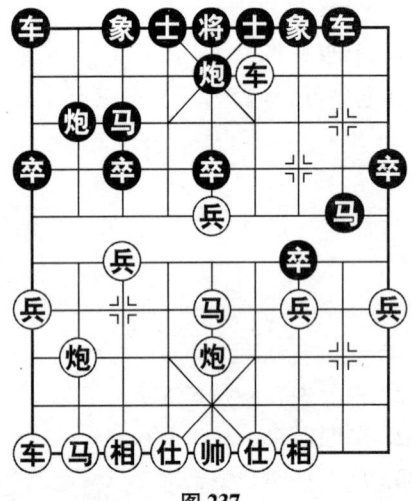

图237　　　　　　　　　　　图238

弃车砍炮石破天惊！倘若炮五进三，卒5进1，马五进六，马8进7，车四退一，炮2平7，相七进五，车1平4，马六进七，车8平3，炮七平二，卒5进1，车四进二，马7退8，车四退一，马8进6，炮二进三，士4进5，车八进三，局势平稳。

17. ……　　　卒5进1　　　　18. 炮五进三　将5进1
19. 车八进六　将5平6　　　　20. 相七进五　……

倘若炮七平九，马3进1，马七进六，车8平5，马六进五，车5进1，车八平五，象1进3，车五平二，炮2平5，车二退一，车1进1，车二进一，马1进2，车二平八，马2进3，车八平五，马3退4，车五平六，马4退6，黑棋优势。

20. ……　　　炮2平5　　　　21. 仕六进五　……

强攻不遂，再弃一子孤注一掷！似应炮五平四，后面的争斗还很漫长。

21. ……　　　炮5进5　　　　22. 马七进五　车1平5
23. 炮五平四　车5进5　　　　24. 车八进二　将6进1
25. 车八退一　将6退1　　　　26. 车八进一　将6进1
27. 炮七平四　将6平5　　　　28. 前炮平八　……

强弩之末！在净少一车的情况下已很难形成杀王的战术组合。

28. ……　　　车8进1　　　　29. 兵七进一　马8进7
30. 炮四进三　车5平2　　　　31. 炮四平七　车2退3

黑胜。

点评：黑棋有较强烈的反击力，重演红阵请谨慎。

第52局　冲中兵跳左马对跳外马冲卒逐车

1. 炮二平五　马8进7
2. 马二进三　车9平8
3. 车一平二　马2进3
4. 兵七进一　卒7进1
5. 车二进六　炮8平9
6. 车二平三　炮9退1
7. 兵五进一　炮9平7
8. 车三平四　马7进8
9. 兵五进一　炮7平5
10. 马八进七　……

"跳左马"是河北著名象棋大师申鹏于2011年抛出的最新布局飞刀！

10. ……　　　卒7进1

冲卒逐车，展开反击。

11. 车四退一　马8进6
12. 马三进五（图239）……

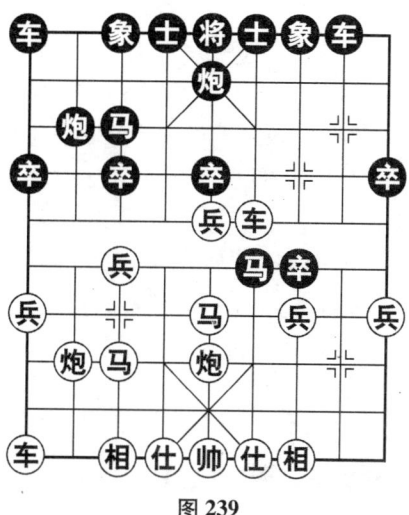

图239

图239形势之下，黑棋有炮5进3与马6进4两种选择。

（甲）炮5进3

申鹏　和　陈冬冬

(2011年1月22日弈于JJ象棋顶级英雄大会)

12. ……　　　炮5进3
13. 仕六进五　马6进4
14. 车九进一　炮2进2
15. 车四进一　马4进2

简明！兑炮之后还有一过河卒，黑可抗御。

16. 炮五平八　卒7进1
17. 相七进五　车1平1
18. 车九平六　车8进2
19. 炮八进一　车1平7
20. 马五进六　车7平4
21. 马七进五　卒3进1

和棋。

点评：黑棋的反击颇有威力，重演此阵红棋没便宜。

（乙）马6进4

孙勇征 胜 万春林

（2011年10月16日弈于全国象棋个人赛）

12. …… 马6进4（图240）

特级大师万春林抛出最新布局飞刀！

13. 车九进一 炮5进3

倘若马4进2，车九平四，象7进9，仕四进五，炮2进2，马五进六，炮5进3，兵七进一，士4进5，马六进七，炮5进1，兵七平八，炮5平3，后马进五，炮3退3，炮五进四，将5平4，前车平六，炮3平4，马五进三，红棋优势。

14. 炮八进一 车8进2

倘若车1进1，车九平六，车1平4，炮五进三，卒5进1，马七退五，车8进8，车四退四，车8平6，前马退四，红棋优势。

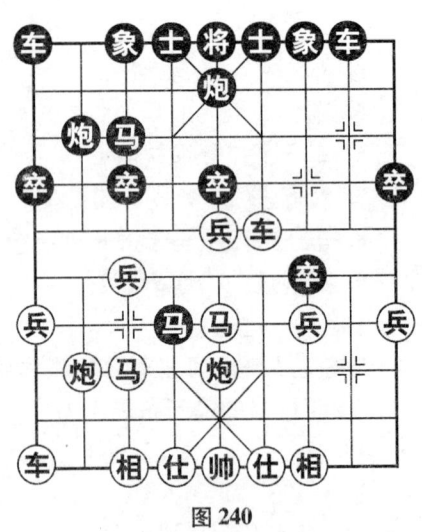

图240

15. 车九平六 车8平4
16. 炮八进三 卒3进1
17. 兵七进一 马4退3
18. 炮五进三 卒5进1
19. 车四平五（图241） 象3进5

倘若象7进5，炮八平六，象3进1，马五进三，车1进1，马三进四，车4退1，炮六平一，车4进7，炮一进三，士6进5，马四进三，将5平6，车五平二，前马进2，车二进四，象5退7，车二退八，象7进5，车二平六，士5进6，马三退二，车1平6，仕六进五，士6退5，马七进六，车6平8，马六进四，马3进2，炮一退五，后马进3，车六进三，马2进3，帅五平六，炮2平4，车六平七，前马退4，帅六平五，红棋优势。

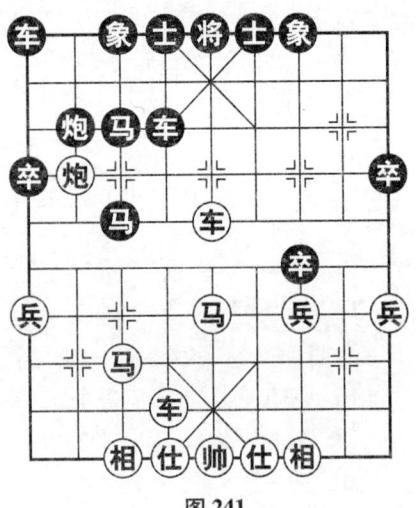

图241

第三章　中炮急冲中兵对屏风马平炮打车

20. 炮八平六　……

绝妙的点穴法！立即使黑棋大有半身不遂的感觉。

| 20. …… | 前马进2 | 21. 马五进三 | 车1进1 |

22. 马三进四　……

似可车五退二，马2退3，马三进四，车4退1，车五平七，炮2进1，车七进二，炮2平6，车七进二，炮6平5，车六进三，红棋胜势。

| 22. …… | 车4退1 | 23. 马七进五 | 炮2进1 |

丢车速败！倘若车1平3，仕四进五，车4平6，马五进三，红棋亦优。

| 24. 马四进六 | 炮2退1 | 25. 炮六进二 | 车1平4 |

26. 马六退七

红胜。

点评：改进型飞刀遭受重挫，重演黑阵有风险。

第53局　冲中兵跳左马对跳外马冲卒逐车

1. 炮二平五　马8进7
2. 马二进三　车9平8
3. 车一平二　卒7进1
4. 车二进六　马2进3
5. 兵七进一　炮8平9
6. 车二平三　炮9退1
7. 兵五进一　炮9平7
8. 车三平四　马7进8
9. 兵五进一　炮7平5
10. 马八进七　卒7进1
11. 车四退一（图242）　……

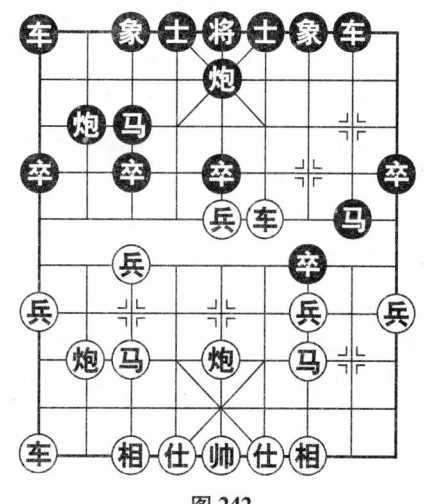

图242

图242形势之下，黑棋有马8退7与马8进7两种选择。

（甲）马8退7

谢北阳　负　黎德志

（2012年10月3日弈于广西柳州象棋公开赛）

| 11. …… | 马8退7 |

广州著名棋手黎德志抛出最新布局飞刀！

12. 车四进一　炮5进3　　13. 马三进五　卒7进1
14. 炮五进三　卒5进1　　15. 马五进六　马3进5
16. 车九进二　……

新颖奇特的构思。

16. ……　　车1进1　　17. 马六进八　车1平2
18. 马七进六　炮2进5　　19. 车九平八　马5退4
20. 马六进七　马4进3　　21. 车四平七　车2进1
22. 车七平三　卒7平6

逃卒对攻！倘若象7进5，车八平六，士4进5，车六进四，车8进2，兵七进一，卒7平8，兵七进一，红棋稍优。

23. 兵七进一　卒5进1　　24. 兵七进一　士6进5
25. 兵七平六　……

随手！似应车八平七，车2平4，马八进七，将5平6，马七退六，马7退9，车七进三，红棋优势。

25. ……　　车2平6　　26. 车八平三　……

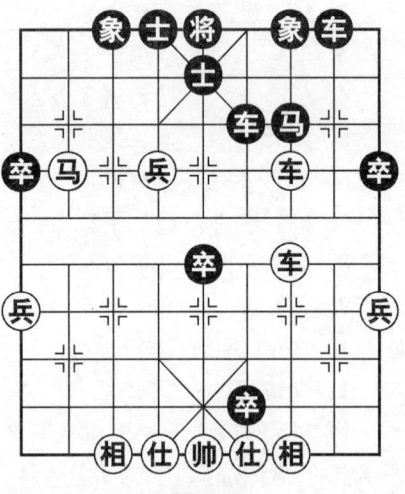

图 243

软着！留下后患。

26. ……　　卒6进1
27. 后车进二　卒6进1（图243）
28. 仕六进五　……

似可前车进一，卒6进1，帅五进一，车8进8，后车退三，车6平7，车三平二，车7平3，车二进三，车3进6，帅五进一，卒5进1，帅五平四，车3退6，车二平四，卒6平7，仕六进五，红棋优势。

28. ……　　车8进2
29. 后车平五　将5平4
30. 车五平三　……

后院已有隐忧，却轻视小卒的威力。似应马八退七加强防御。

30. ……　　车8进6　　31. 后车平五　车6进4

"三车闹仕"，弃马将杀，红棋处于风雨飘摇之中。

32. 车五退二　……

最后的败着。似应马八退七，卒6进1，帅五平六，车6平3，相七进九，车3平4，马七退六，马7退9，车三进二，车8平5，车五退三，车4进1，车五平六，卒6平5，帅六平五，车4进1，车三平一，车4退5，相九退七，和棋之势。

32. ……　　卒6进1
33. 帅五平六　车8平5（图244）
精妙绝伦！弃车巧杀。
34. 车五退一　卒6平5
黑胜。
点评：黑棋飞刀虽然奇袭制胜，红棋倘若谨慎应对尚可一战。

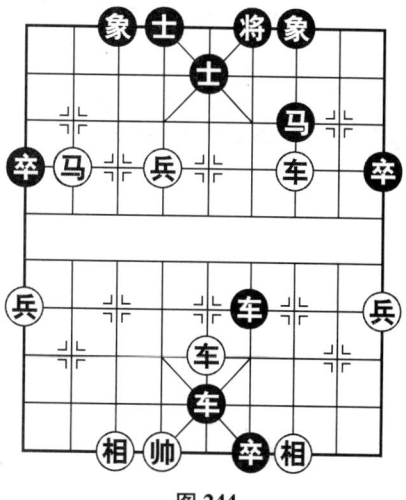

图244

（乙）马8进7

严峻 胜 马维维

（2013年3月10日弈于上海第三届同峰杯象棋大赛）

11. ……　　马8进7（图245）
安徽马维维抛出最新布局飞刀！
12. 马三进五　卒7平6
13. 车四退一　卒5进1
倘若马7进5，炮八平五，炮5进3，车九平八，车1平2，车八进六，红棋稍优。
14. 车四退一　马7退8
15. 马五进六　车8进2
16. 炮八进三　……
颇有攻击力的佳着！
16. ……　　卒3进1
17. 马六进七　车8平3
18. 车九进一　象3进5
19. 车九平四　马8退7
20. 后车平三　马7退9
一步退让，满盘皆输！似应车3进1，车四进五，卒3进1，炮五进五，

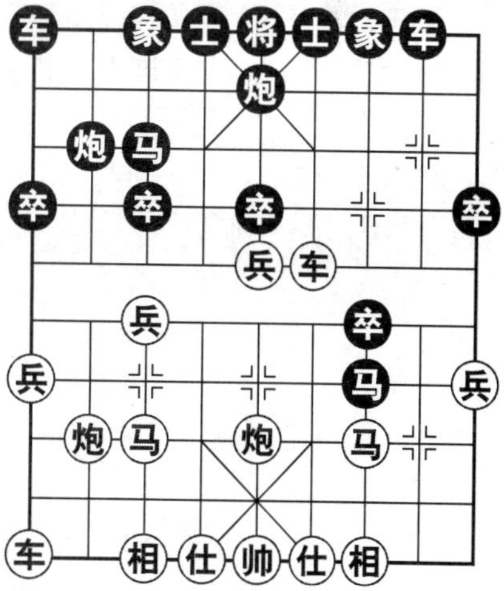

图245

炮5平1，炮八退四，卒3进1，炮八平七，车3退1，炮五平八，车3平2，炮七进二，士4进5，车四退二，车1平3，炮七进三，卒5进1，黑棋足可一战。

21. 仕四进五　炮5平3
22. 炮八平五　士4进5（图246）
23. 前炮平二　……

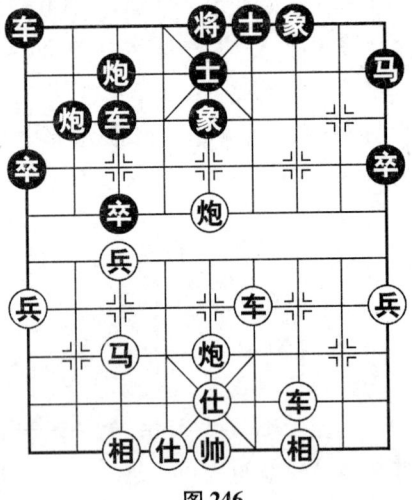

图246

图246 形势之下，红棋优势一目了然。亦可帅五平四，炮2退2，车三平四，将5平4，前车平六，炮3平4，后炮平六，士5进4，车六平四，炮4进6，前车进六，炮2平6，车四进八，将4进1，车四平九，卒3进1，仕五进六，卒3进1，仕六退五，车3进2，炮五退三，卒3进1，车九退一，将4退1，车九平一，红棋胜势。

23. ……　　　车3进1
25. 车四平六　炮2进1
27. 车四平五　车1进2

24. 炮二进四　炮2退2
26. 车六平四　炮3退1
28. 炮五进五　士5进6

似应将5平4，车五平八，炮2进3，车八平六，车1平4，车六进四，士5进4，炮五平二，卒3进1，相三进五，车3平6，车三进七，炮3进7，车三平一，炮2平5，鹿死谁手尚难预料。

29. 炮五退三　卒3进1

分炮闪击一招制胜！

30. ……　　　炮2平5
32. 车三进八　炮3进7

30. 炮五平一　……
31. 炮一进四　车3平8
33. 炮一进一

红胜。

点评：黑棋的反击效果较差，重演此阵请小心为佳。

第54局　肋车捉炮对跳外马

1. 炮二平五　马8进7
3. 车一平二　车9平8
5. 兵七进一　炮8平9
7. 兵五进一　炮9平7

2. 马二进三　卒7进1
4. 车二进六　马2进3
6. 车二平三　炮9退1
8. 车三平四　马7进8

第三章 中炮急冲中兵对屏风马平炮打车

9. 车四进二 ……

"肋车捉炮"是著名象棋大师徐超于2010年抛出的最新布局飞刀！

9. ……　　炮7进1　　　　**10. 兵五进一　马8进7**（图247）

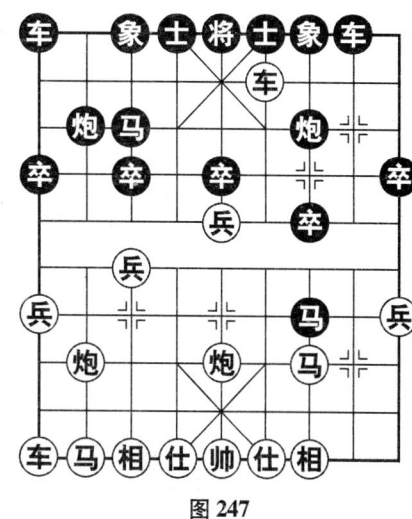

图247

图247形势之下，红棋有车四退五与马八进七两种选择。

（甲）车四退五

徐超　负　汪洋

（2010年9月18日弈于第4届杨官璘杯全国象棋公开赛）

11. 车四退五　士4进5　　　**12. 马八进七　卒5进1**
13. 马七进五　象3进5

倘若卒5进1，炮五进二，象3进5，炮八平四，车8进5，炮四进七，炮2进4，车四进二，车1进2，炮四退五，车8退2，炮五平六，马3进5，炮六进一，车8平6，炮六平五，车1平4，车九平八，车4进4，车四平六，车4进2，马五退六，车6进2，车八进三，车6平5，车八平五，车5平3，黑棋尚可一战。

14. 马五进六　车1平3　　　**15. 炮八平七　车8进3**
16. 车九平八　车8平4　　　**17. 马三进五　卒5进1**
18. 炮五进二　……

实施先弃后取之策！

18. ……　　车4进1　　　　**19. 炮五平三　车4进2**

20. 炮三进三　马7退8　　　21. 炮三平七　车3进2
22. 车八进五　卒3进1　　　23. 仕四进五　炮2平1

黑车拴链车马，时刻威胁红马的安全，黑棋明显优势。

24. 炮七平五　车3退2　　　25. 兵七进一　炮1进4
26. 兵七进一　炮1平5　　　27. 帅五平四　车3平4
28. 车八平三　炮5退1

精巧兑车妙不可言！

29. 车四平六　象5进7　　　30. 车六平二　马8退9
31. 车二平九　象7退5　　　32. 车九进三　车4进6
33. 兵七进一（图248）　车4平7

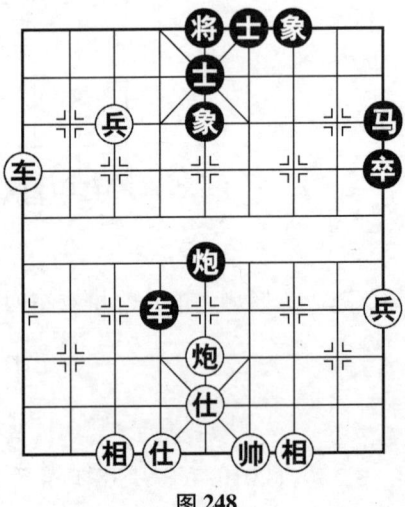

图248

似可卒9进1，车九退二，车4平6，炮五平四，炮5进1，兵一进一，卒9进1，车九平一，马9进8，黑亦胜势。

34. 兵七进一　……

冲兵最后决战！倘若相三进一，车7平9，黑亦胜势。

34. ……　　　　车7进3
35. 帅四进一　车7退1
36. 帅四退一　车7退5
37. 车九退三　车7平6
38. 帅四平五　车6平4

亦可士5退4，车九平五，炮5进2，相七进五，马9进7，车五平三，车6平4，车三进一，马7进5，车三平五，马5退6，兵一进一，马6进7，车五平三，车4进3，黑棋胜势。

39. 车九平五　炮5进2　　　40. 相七进五　马9进7
41. 仕五进四　马7退8　　　42. 仕六进五　马8进6
43. 仕五退六　马6进7

黑马上下腾挪占领"象尖"高地，黑棋胜势。

44. 仕六进五　士5退4　　　45. 仕五退六　士6进5
46. 仕六进五　车4平1　　　47. 兵七平八　士5进6
48. 仕五退六　车1平8　　　49. 仕六进五　车8进6
50. 仕五退四　车8进8　　　51. 车五平八　车8进6
52. 仕四进五　马7进5　　　53. 车八平五　车8进2
54. 仕五退四　马5退3　　　55. 仕四退五　车8退8

第三章　中炮急冲中兵对屏风马平炮打车

56. 兵八进一　车8平2	57. 兵八平九　士4进5
58. 仕五退六　车2平4	59. 仕四进五　车4退1
60. 车五平九　马3进5	61. 帅五平四　马5退7
62. 帅四平五　象5进3	
63. 仕五进四　象3退1（图249）	

残局阶段，汪洋大师采取各个击破的战略取胜，相当精彩！

64. 仕六进五　车4平1
65. 车九平五　车1平2
66. 仕五退六　车2进5
67. 仕六进五　象7进5
68. 仕五退六　车2平6
69. 仕六进五　车6进1
70. 车五平四　马7进6

余略，终局黑胜。

点评："肋车捉炮"是冷门探索型布局战术，至今在大型比赛中还没有打破不胜的魔咒。

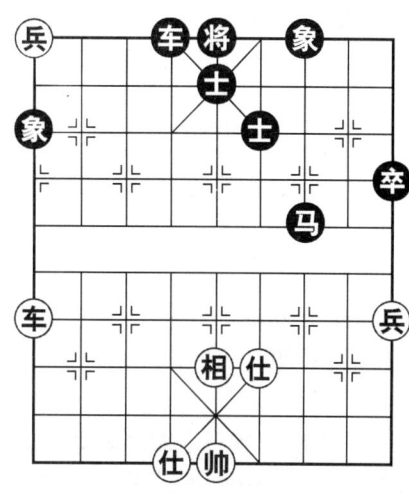

图249

（乙）马八进七

许明龙　负　王建鸣

（2013年4月29日弈于扬州象棋公开赛）

11. 马八进七（图250）……

台湾著名棋手许明龙抛出最新弃子布局飞刀！

11. ……　　　士4进5

倘若马7进5，炮八平五，炮7进5，马七进五，炮7退2，车九平八，车1平2，车四平七，马3退5，兵五进一，车8进6，马五进三，卒7进1，车七平六，车8平5，仕六进五，马5进7，兵五平四，象7进5，车八进三，马7进6，车八平五，马6进5，车六退五，炮2进7，仕五退六，炮2退8，兵四进一，士6进

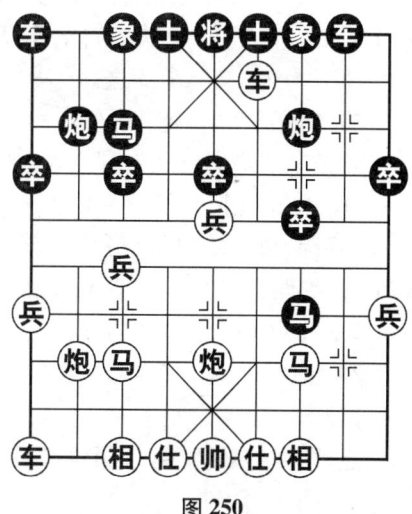

图250

5，车六平五，士5进6，车五平八，将5平6，车八进四，卒9进1，仕四进五，卒3进1，相七进九，卒3进1，相九进七，卒7平8，炮五平八，炮2平6，车八进二，炮2平7，和棋之势。

12. 兵五进一 ……

继续弃子，相当勇猛！

12. …… 马3进5　　13. 炮八进四 ……

似佳实劣！似应车四退五，象3进5，炮五进一，卒7进1，炮八进二，马5进7，炮八平三，炮7进3，车四平三，炮7平5，相三进五，炮2平4，车九平八，平稳之势。

13. …… 卒3进1

14. 车四退二　马7退5（图251）

倒马金枪一招制胜！

15. 车四退五 ……

倘若错走炮五进四，炮2平5，相七进五，马5退6，马三进五，车8进5，炮八平四，车8平5，黑棋胜势。

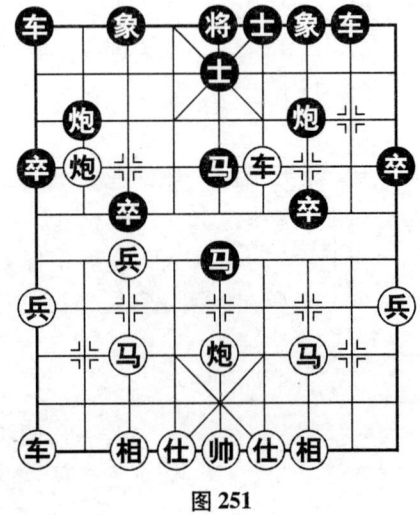

图251

15. …… 前马进4

16. 车四平六　炮7进5

17. 马七进六　炮2平4

18. 仕六进五 ……

倘若车六进一，炮7平4，马六进五，车1平2，马五退七，后炮平5，炮八平五，将5平4，车九进一，车2进3，黑棋优势。

18. …… 象3进5　　19. 马六进五　炮4进6

20. 仕五进六　炮4平7

黑棋车双炮向红棋右翼空城展开毁灭性攻击！

21. 马五退七　车1平4

亦可后炮进2，帅五进一，车1平4，车九平八，后炮平9，炮八平四，车8进8，炮四退五，炮9平6，黑胜。

22. 车九平八　后炮进2　　23. 帅五进一　后炮平9

24. 炮八进三　车4进7　　25. 炮八平四　将5平6

黑胜。

点评：红棋勇猛有余而效果不佳，重演此阵请小心为妙。

第三章 中炮急冲中兵对屏风马平炮打车

第55局 冲中兵七路马对8路车点穴

1989年全国象棋团体赛在黄山脚下、皖南泾县山清水秀的泾川山庄举行。棋坛顶尖级棋手柳大华与胡荣华展开一场别开生面的布局大战。胡荣华首创"8路车点穴"高调亮相！后来者纷纷跟进。

柳大华 胜 胡荣华
（1989年4月23日弈于泾川全国象棋团体赛）

1. 炮二平五　马8进7　　2. 马二进三　车9平8
3. 车一平二　马2进3　　4. 兵七进一　卒7进1
5. 车二进六　炮8平9　　6. 车二平三　炮9退1
7. 马八进七　车8进8（图252）

特级大师胡荣华首创"8路车点穴"最新布局飞刀！

8. 兵五进一　……
针锋相对的佳着！

8. ……　　　炮9平7
9. 车三平四　马7进8

跳外马有冲卒逐车及炮打三兵等变化，形成一触即发之势。

10. 兵五进一　……
柳大华镇定自若，冲中兵对攻。

10. ……　　　炮7平5
还架中炮，稳住阵脚，保留冲7卒逐车的反击手段。

11. 仕六进五　卒7进1
箭在弦上不得不发，展开对攻。

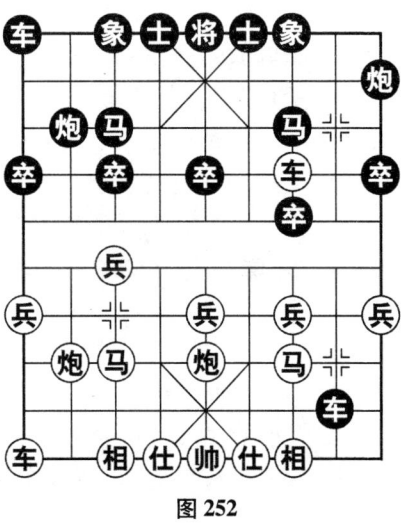

图252

12. 车四平二　卒7进1　　13. 马三进五　炮5平7
14. 马五进三　马8进9　　15. 车二退五　马9进8
16. 炮八进四　……
倘若兵五进一，士4进5，兵五平六，象3进5，炮八进四，红棋亦优。

16. ……　　　象3进5　　17. 炮五进四　马3进5
18. 炮八平五　象5进7

弃空头反击，势在必行！

19. 相七进五　车1平2　20. 马三退五　卒7平6

似应炮2平4，车九平六，车2进2，坚守为宜。

21. 马五进四　炮2平6
22. 车九平六　车2进4（图253）
23. 车六进五　……

似可车六进七，车2平5，马七进六，炮6进1，车六平五，士4进5，车五平三，将5平4，车三进一，红棋优势。

23. ……　　　车2平4
24. 兵五平六　将5进1
25. 马七进六　将5平6
26. 兵六进一　炮6进1
27. 炮五退一　……

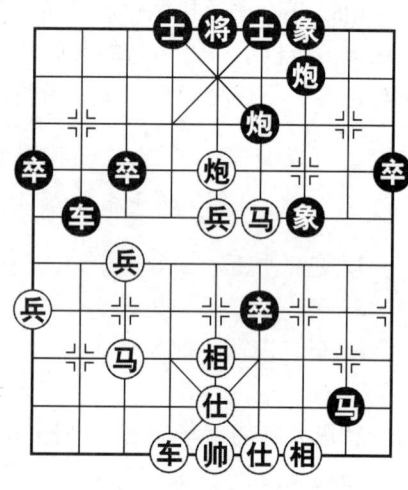

图253

倘若炮五平一，士6进5，兵六平五，炮6平7，帅五平六，将6退1，马六退四，虽然红棋亦优，但不及实战精彩。

27. ……　　　卒6进1　28. 仕五进四　……

倘若炮五平三，士6进5，仕五进四，马8退6，帅五平六，象7进9，炮三进一，马6退5，兵六平五，炮6进6，炮三平七，红棋亦优。

28. ……　　　马8退6　29. 帅五进一　马6退5
30. 兵六平五　炮6平6
31. 马四进三　士6进5
32. 炮五平八　士5进4（图254）
33. 炮八退一　……

似可兵五平四，将6退1，炮八进四，士4进5，炮八退一，士5退4，兵四进一，将6平5，兵四进一，红棋胜势。

33. ……　　　象7退9
34. 兵五进一　马5进7
35. 兵五平六　炮6退6
36. 炮八进五　炮7平8
37. 马六进五　……

兑马简明！进入无风险胜势。

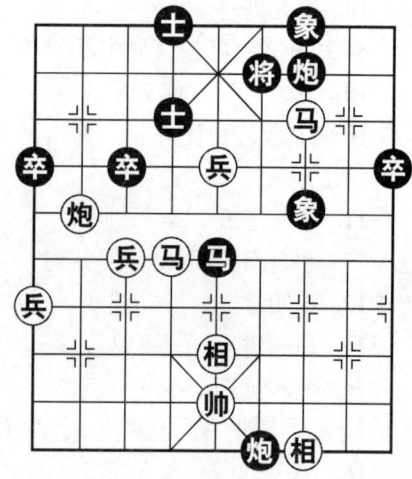

图254

第三章 中炮急冲中兵对屏风马平炮打车

37. ……	马7退5	38. 马三退五	将6平5
39. 帅五平六	象7进5	40. 炮八退二	象5退3
41. 兵六进一	将5退1	42. 炮八进二	炮8进1
43. 马五进七	炮8平4	44. 炮八平六	……

炮轰底士，红棋胜定。

44. ……	炮4退2	45. 兵六平五	将5平6
46. 马七进六	炮6平4	47. 马六退四	

红胜。

点评：在名人效应影响下，"点穴法"遭到重创之后，长达20多年从大型比赛之中绝迹。

第56局　冲中兵七路马对8路车点穴

1. 炮二平五　马8进7
2. 马二进三　车9平8
3. 车一平二　马2进3
4. 兵七进一　卒7进1
5. 车二进六　炮8平9
6. 车二平三　炮9退1
7. 马八进七　车8进8
8. 兵五进一　炮9平7
9. 车三平四　马7进8
10. 兵五进一　炮7平5
11. 马三进五（图255）……

太原著名棋手牛保明抛出最新布局飞刀！

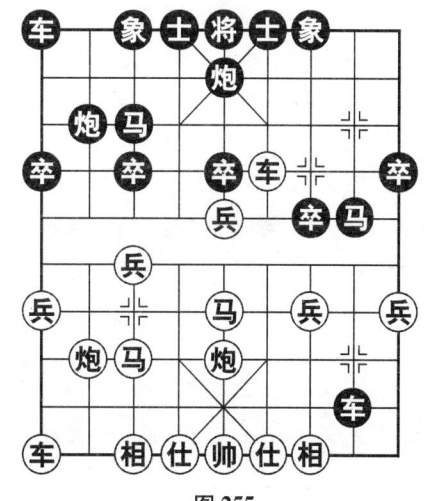

图255

图255形势之下，黑棋有马8进7与卒7进1两种选择。

（甲）马8进7

牛保明　胜　金波

（2012年7月28日弈于洛阳全国象棋精英大赛）

11. ……	马8进7	12. 仕六进五	卒5进1
13. 炮五进三	象3进5	14. 炮五进三	马3退5

倘若士4进5，马五进六，车1平3，马七进五，卒3进1，车四平七，马3退4，马六进四，车8退7，兵七进一，车3进3，兵七进一，红棋优势。

15. 相七进五　车8平6　　　16. 车四退五　……

红棋的控制力很大，似可车四平七，车1平3，车七平三，马5进7，马五进六，红棋优势。

16. ……　　　马7进6　　　17. 车九平六　马6退5
18. 马七进五　马5进7　　　19. 车六进六　炮2平1
20. 车六平七　车1平2　　　21. 炮八进四　卒1进1

倘若炮1进4，兵一进一，马7进8，马五进四，士4进5，车七平一，红棋优势。

22. 马五进六　炮1进1　　　23. 炮八退二　……

倘若炮八进一，车2进2，车七平九，马7进6，马六进四，车2进7，仕五退六，车2退8，车九退一，红棋稍优。

23. ……　　　车2进4　　　24. 车七平九　车2平4
25. 炮八进五　象5退3　　　26. 车九平三　马7退5
27. 车三平五　车4平2　　　28. 炮八退三　卒9进1
29. 兵七进一　……

弃兵的代价很大，但是却有主动鸣金收兵的意味。

29. ……　　　车2平3　　　30. 炮八退二　车3进2
31. 炮八平五　车3平5

倘若车五平一吃兵则轻松和棋。

32. 车五退一

黑方超时。

点评：黑棋只有招架之功而无还手之力，请远离此阵为佳。

（乙）卒7进1

曾军　胜　向有权

(2013年5月2日弈于重庆"五一"象棋公开赛)

11. ……　　　卒7进1（图256）

湖南向有权抛出最新改进型"冲卒逐车"布局飞刀！

12. 车四平二　马8进7　　　13. 车二退五　马7进8
14. 车九进一　马8退7　　　15. 马五进三　马7进5

倘若炮2平1，车九平六，车1平2，车六进五，红棋优势。

第三章 中炮急冲中兵对屏风马平炮打车

16. 炮八平五　卒5进1
17. 马三进二　炮5进6
18. 马二进三　将5进1
19. 相三进五　炮2退1
20. 马三退四　将5退1
21. 车九平八　……

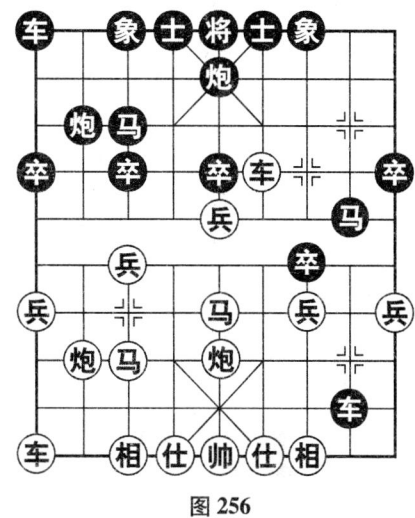

图256

似可车九平六，士6进5，车六进七，炮2进2，马四进三，将5平6，车六平七，车1进2，车七平八，炮2退1，马七进六，卒1进1，马六进七，车1进1，兵七进一，车1平2，马七退五，马3进5，兵七进一，车2进1，马五退七，红棋稍优。

21. ……　　　炮2平6　　　22. 马四进六　炮6平4
23. 车八进五　士4进5　　　24. 马六退五　车1进2

不很明显的软着。似可马3进5，马五进七，炮4平3，前马退五，马5进7，马七进五，象3进5，黑棋尚无大碍。

25. 马七进五　马3进5

强行跳马，实属无奈。

26. 车八平七　马5进7　　　27. 车七进三　炮4退1
28. 后马进三　车1平5　　　29. 马五进七　车5平2
30. 仕六进五　象7进5　　　31. 车七平九　车2平4
32. 车九退三　……

进入残局，红棋净多双兵而优势。

32. ……　　　车4进1　　　33. 兵九进一　士5进6
34. 兵九进一　士6进5　　　35. 兵九平八　将5平6
36. 兵八进一　……

功到自然成，小兵竟在不知不觉之中开赴前沿阵地增援。

36. ……　　　炮4平5　　　37. 车九退三　象5退7
38. 车九平四　车4进5　　　39. 马七退五　……

净多双兵，不怕兑子。

39. ……　　　车4退4　　　40. 马五进三　炮5平1
41. 车四平九　炮1平4　　　42. 兵八平七　车4平6
43. 车九平三　车6退1　　　44. 后马进五　马7退5（图257）

45. 车三平五 ……

亦可前兵平六，以下黑棋有两种选择：①马5退4，马三进二，将6平5，兵六进一，士5进4，马二退四，马4进6，马五进六，红胜。②马5退6，马三进四，将6进1，车三进六，车6进1，马五进六，士5进4，车三平六，红棋胜势。

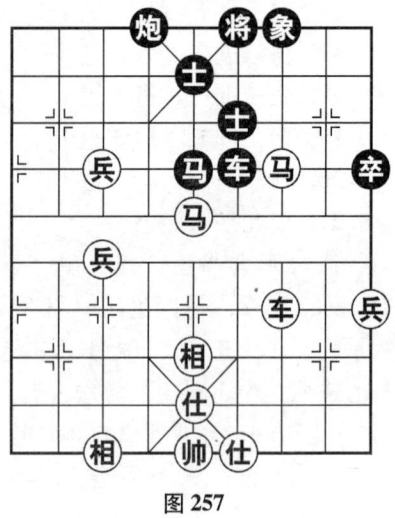

图 257

45. ……	车6进1
46. 马三进二	将6平5
47. 前兵平六	炮4进1
48. 马二退一	马5退6
49. 兵六进一	士5进4
50. 马一进三	

红胜。

点评："冲卒逐车"处于被动挨打境地，重演此阵请谨慎。

第57局　冲中兵七路马对冲卒逐车

1. 炮二平五	马8进7	2. 马二进三	车9平8
3. 车一平二	马2进3	4. 兵七进一	卒7进1
5. 车二进六	炮8平9		
6. 车二平三	炮9退1		
7. 马八进七	车8进8		
8. 兵五进一	炮9平7		
9. 车三平四	马7进8		
10. 兵五进一	卒7进1		
11. 车四进二	……		

著名象棋大师申鹏抛出最新布局飞刀！

| 11. …… | 炮7进5 |
| 12. 马三进五（图258） | …… |

图258形势之下，黑棋有车8平7与马8进6两种选择。

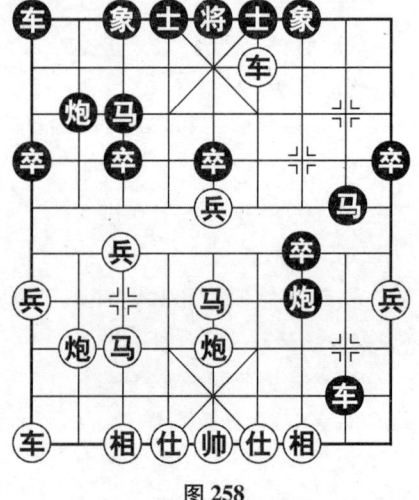

图 258

第三章 中炮急冲中兵对屏风马平炮打车

（甲）车8平7

申鹏 胜 陈富杰

（2006年12月18日弈于第3届波尔轴承杯象棋公开赛）

12. ……　　车8平7　　　　13. 相三进一　炮7平8
14. 仕四进五　炮8进3　　　15. 炮八退一　……

黑棋的攻势锋芒毕露。红棋退炮打车，逼黑棋表态。

15. ……　　车7进1　　　　16. 车四退八　车7平6
17. 帅五平四　马8进6　　　18. 马五进六　马6进5

倘若马6退4，兵五平六，象7进5，炮八平六，车1平2，相一进三，炮2平1，车九平八，车2进9，马七退八，炮1进4，兵六进一，红棋稍优。

19. 相七进五　卒5进1

弃子强硬。似可车1进2，兵九进一，卒5进1，马六进七，炮2退1，前马退五，车1平5，马七进六，卒7平6，炮八进五，炮8退6，黑棋足可一战。

20. 马六进七　车1进1　　　21. 兵九进一　车1平6

似应车1平3，前马退五，炮2退1，车九进三，炮2平5，车九平四，炮8退9，黑可抗衡。

22. 帅四平五　炮2进4　　　23. 后马进五　车6进5
24. 马五进六（图259）　士6进5

似应炮2平9，仕五进四，车6平2，炮八平三，卒7平6，车九进一，卒6进1，黑棋有攻势。

25. 车九进三　卒7进1
26. 仕五进四　卒7进1
27. 仕六进五　炮8平9
28. 马六进八　车6平8
29. 帅五平六　象7进5

似应卒5进1，马七退五，胜负难料。

30. 马八进七　将5平6
31. 后马退五　将6进1
32. 马五进三　炮9退3　　　33. 车九退一　……

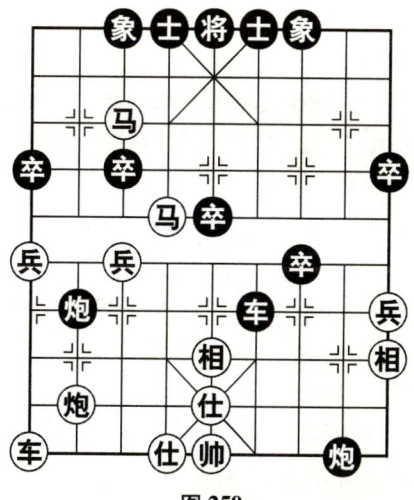

图259

为什么不走相五退三呢？车8平4，帅六平五，炮9平5，帅五平四，车4平3，黑棋有攻势。

33. ……　　　炮9退1　　　34. 炮八退一　车8平4
35. 帅六平五　炮9平5　　　36. 马三进二　将6退1
37. 马二退三　将6进1　　　38. 马三进二　将6退1
39. 帅五平四（图260）　车4平6

与到手的赢棋擦肩而过。似应车4进2，马二退三，将6进1，帅四平五，卒7平6，车九进一，卒6进1，黑胜。

40. 炮八进二　炮5进3
41. 帅四平五　炮5平8

似应炮5平7，车九进一，卒5进1，仕四退五，车6平8，马七退六，炮2平5，帅五平六，车8退6，马六退五，车8进6，炮八平三，炮5平2，黑棋足可一战。

42. 车九退一　……

似应马二退三，将6进1，再车九退一捉炮。

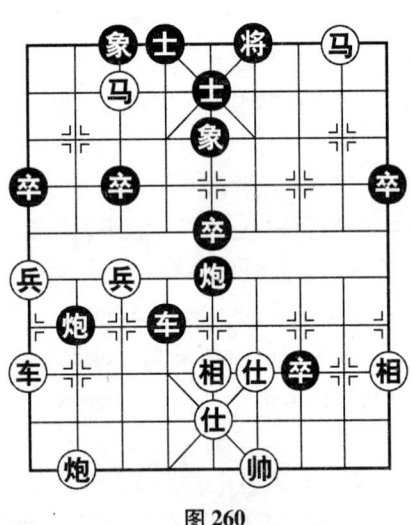

图260

42. ……　　　炮8平7

再度错失良机！似应炮8退7打马，红棋难以招架。

43. 车九平四　卒5进1

似应炮2平5，帅五平六，炮5退1，车四平六，炮5平8，车六进五，炮8退4，仕四退五，炮8平3，炮八平三，车6平8，黑棋优势。

44. 车四退一　卒5平4　　　45. 仕四退五　……

兑死车，打死卒，红棋多子胜势。

45. ……　　　车6进3　　　46. 仕五退四　炮2平5
47. 仕四进五　炮7平6　　　48. 马二退三　将6进1
49. 炮八平三

红胜。

点评：黑棋上演"捉放曹"而惜败。红棋虽然获胜但惊出一身冷汗，重演此阵请小心为佳。

第三章 中炮急冲中兵对屏风马平炮打车

（乙）马8进6

叶建伟 负 倪敏

（2010年10月16日弈于常州第2届松英杯象棋公开赛）

12. …… 马8进6（图261）

安徽名手倪敏抛出最新布局飞刀！

13. 仕四进五 ……

倘若马五进三，马6进4，仕四进五，士4进5，车九进一，车8退3，车四退五，车8平7，车四平六，卒5进1，车六进五，炮7平8，相三进一，车7进1，黑方可抗衡。

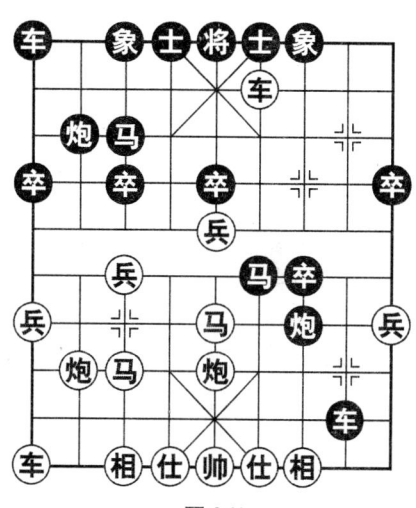

图261

13. …… 车8进1

14. 兵五进一 ……

似可马五进三，马6进4，兵五进一，士4进5，车九进一，车8平7，仕五退四，车7平8，车九平三，马4进2，兵五平六，象3进5，车三进二，炮2退1，车四退四，马2进3，车三平四，前马退4，帅五进一，车8退1，后车退二，车8平6，帅五平四，将5平4，兵六进一，马3退2，车四平六，红棋优势。

14. …… 士4进5	15. 兵五平六 炮7平6
16. 车四平三 车8平7	17. 仕五退四 象3进5
18. 车九进一 车7退3	19. 兵一进一 车1平4

20. 车九平六 ……

似应炮八进二，炮2进1，车三进一，马6进4，炮八平三，红棋优势。

| 20. …… 马6进4 | 21. 炮八进四 卒3进1 |
| 22. 兵六平七 炮2退1 | 23. 车三退二 …… |

似可车三退一，马3退1，炮八平一，车7平8，后兵进一，车8进1，车六平四，卒7平6，马五进六，车8进2，车三退六，马4退3，马六退四，红棋优势。

| 23. …… 马3退1 | 24. 后兵进一 马1进2 |
| 25. 前兵平八 炮2平3 | 26. 兵七平六 …… |

似应兵七平八，虽然也很难，尚可抵挡一时。

199

26. ……　　车7进1（图262）

精妙！倘若炮3进8，仕六进五，车4平3，车六进一，炮3平1，车三退一，马4进2，黑棋亦胜势。

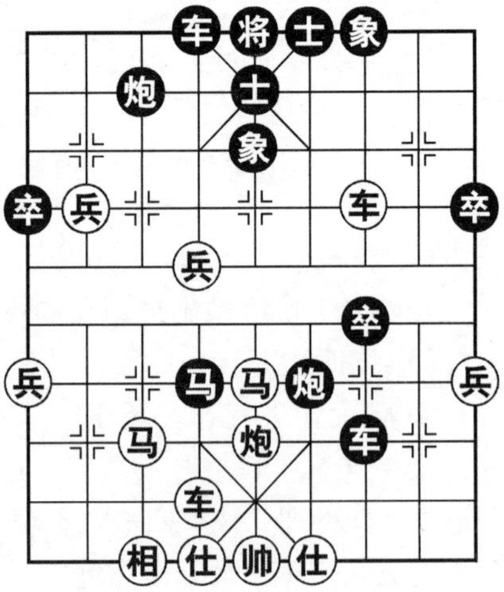

27. 车六进二　　……

倘若马七退五，车7平5，车六进二，车5进1，仕四进五，炮6平4，车三退二，士5进6，黑棋优势。

27. ……　　炮3进8
28. 仕六进五　　车7平5
29. 车六进一　　炮6平9
30. 车三退二　　炮3平1

似可炮9进1打马，黑棋亦优。

31. 车六平八　　车4平3
32. 车八退三　　炮9进3
33. 车三退四　　炮9退1

简捷精巧！

34. 车三进一　　车5退1
35. 马七进五　　车3进9

绝妙！抽车必胜。

36. 仕五退六　　车3退1
37. 车八退一　　车3平7
38. 车八平九　　炮9进1
39. 仕四进五　　车7进1
40. 仕五退四　　车7退3

黑胜。

点评：虽然黑棋飞刀制胜，红棋攻击力绝不可小觑，重演黑阵请谨慎。

第58局　冲中兵七路马对8路车点穴

1. 炮二平五　　马8进7
2. 马二进三　　车9平8
3. 车一平二　　马2进3
4. 兵七进一　　卒7进1
5. 车二进六　　炮8平9
6. 车二平三　　车8进8
7. 马八进七　　炮9退1
8. 兵五进一　　炮9平7
9. 车三平四　　马7进8
10. 兵五进一　　卒7进1（图263）

图263形势之下，红棋有兵五平四与车四平三两种选择。

第三章 中炮急冲中兵对屏风马平炮打车

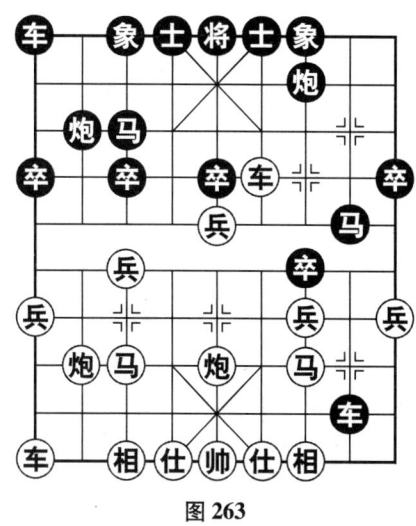

图263

（甲）车五平四

腾飞 负 赵玮

（2009年7月21日弈于北京第六届全国象棋一级棋士赛）

11. 兵五平四 ……

大连青年名手腾飞抛出最新布局飞刀！

11. ……　炮7平5　12. 兵四平三 ……

习惯性思维。似可车四平二，马8进9，车二退五，马9进8，车九进一，马8退7，马三进五，车1进1，马五进三，车1平4，车九平三，马7进5，炮八平五，炮5进6，相三进五，炮2平1，车三平八，马3退5，马三进二，马5进7，车八平三，象7进5，马七进八，红棋优势。

12. ……	马8进7	**13. 马三进五**	车8平2
14. 炮八平九	马7退5	**15. 车四进二**	炮2退1
16. 车四退三	炮5进1	**17. 仕四进五**	车1平2

18. 炮五进二 ……

似可帅五平四，士4进5，炮五进二，炮5进3，马五进三，红棋稍优。

| **18. ……** | 炮5进3 | **19. 相三进五** | 前车退1 |
| **20. 兵七进一** | 卒3进1 | | |

冲兵兑卒反而开通黑马通道，似应车九进一为佳。

| **21. 车四平七** | 前车退5 | **22. 车七平四** | 炮2平3 |

23. 马七进六　象3进5　　　24. 炮九平七　炮3进6
25. 马六退七　前车进5　　　26. 帅五平四　士4进5
27. 相五进三　炮5退1　　　28. 相七进五　……

倘若车九进二，车2平1，相七进九，炮5平7，黑棋亦优。

28. ……　　　后车进6（图264）

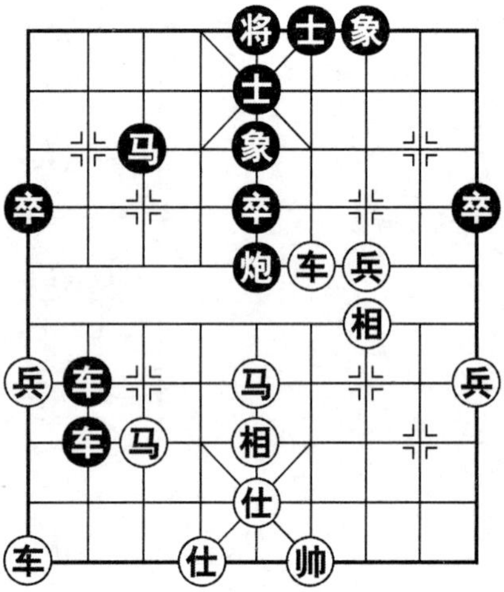

进车威胁红双马的安全，黑棋已呈反先之势。

29. 兵九进一　……

造成丢子失败。倘若车四退三，后车平4，相五退三，炮5平1，车九平七，炮1平3，车七平九，马3进2，黑棋亦优。

29. ……　　　后车平4
30. 车九平七　炮5平3
31. 车七平八　车2进2
32. 马七退八　车4平5
33. 兵三进一　车5平4　　　34. 车四退一　马3进4
35. 车四平七　车4平9　　　36. 帅四平五　马4进5

黑棋在多子形势下攻势即将像潮水般涌来，红棋难以抵抗。

37. 车七平五　炮3平8　　　38. 相三退一　马5进7
39. 相五退三　车9平6

黑胜。

点评：红棋飞刀战术遭到挫折，尚需改进，重演此阵没便宜。

图264

（乙）车四平三

蔡佑广　负　倪敏

(2011年9月17日弈于上海乌镇路全国象棋业余名手邀请赛)

11. 车四平三（图265）　……

广东著名业余棋手蔡佑广抛出最新布局飞刀！

11. ……　　　马8进6

弃炮蹩车，意在谋车！

12. 车三进二　……

倘若兵五平四，炮7平5，马七退五，马6进4，炮八平六，卒7平6，炮五进一，卒6平5，马五进六，前卒进1，马六进八，前卒平6，相七进五，车8平6，仕六进五，卒6进1，炮六退一，炮5进6，帅五平六，炮5平7，车三平一，炮2退1，炮六平四，卒6进1，车九进二，炮2平7，黑棋有攻势。

    12. ……　　　　马6进4
    13. 仕四进五　　马4进3
    14. 帅五平四　　前马进1
连续五步穿槽马，劫吃一车。
    15. 炮八进二　　……
倘若兵五进一，士4进5，兵五平六，象7进5，炮八进二，炮2退1，车三退四，马1退3，炮五进一，车8退7，各有顾忌。

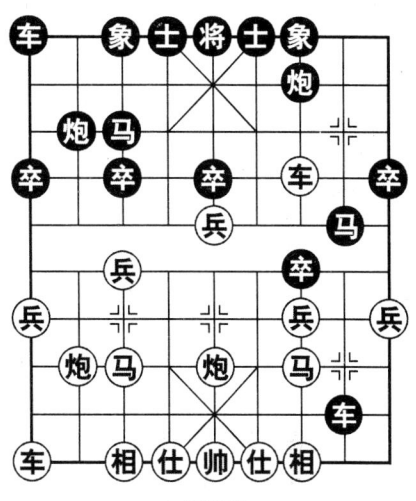

图265

    15. ……　　　　马1退3　　　　16. 炮八平三　　前马退5
    17. 炮三进五　　士6进5　　　　18. 车三平四　　士5进6
    19. 相三进五　　士4进5
似可卒5进1，车四平七，马3退5，炮三退三，马5进4，车七退二，马4进6，黑棋优势。
    20. 车四平一　　车8退8　　　　21. 炮三退二　　象3进5
    22. 车一退二　　车1平4
    23. 兵五进一　　炮2进1（图266）
佳着！优势在扩大。
    24. 炮三平五　　……
倘若兵五平四，车4进3，炮三平五，士5退6，帅四平五，车4平6，车一退一，车6平5，炮五平六，车5平4，炮六平五，马3进5，车一平五，车4退1，马三进五，车8进3，车五平八，车4平5，车八进一，马5进6，黑棋优势。

    24. ……　　　　士5退6
    25. 车一平四　　马3进5
    26. 兵七进一　　……
背水一战！倘若车四退三，车4进2，车四平八，车4平5，车八进三，

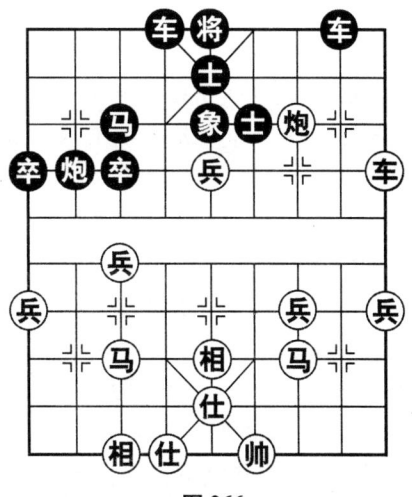

图266

203

士6退5，车八进三，士5退4，帅四平五，马5进6，马七进五，马6进8，黑棋优势。

26. ……   马5进4   27. 车四进一   马4进3
28. 炮五退三   车4进5   29. 车四平五   将5平4
30. 兵七平八   炮2退2   31. 兵八进一   炮2平7
32. 炮五平三   车8进6

红棋处于极度的难以防守状态，黑棋胜势。

33. 车五平四   士6进5   34. 车四进一   炮7进1
35. 兵八平七   车4退3

黑车守关，小兵难进，是保证后院安全的佳着。

36. 车四平三   车8平7   37. 车三进一   将4平1
38. 车三退一   车7进1   39. 帅四平五   马3退4

黑胜。

点评："分车捉炮"的飞刀遭到重创，重演此阵请小心为佳。

第59局 冲中兵七路马对8路车点穴

1. 炮二平五   马8进7
2. 马二进三   车9平8
3. 车一平二   马2进3
4. 兵七进一   卒7进1
5. 车二进六   炮8平9
6. 车二平三   车8进8
7. 马八进七   炮9退1
8. 兵五进一   炮9平7
9. 车三平四   马7进8
10. 车四进二   ……

广州著名棋手黎德志抛出最新布局飞刀！

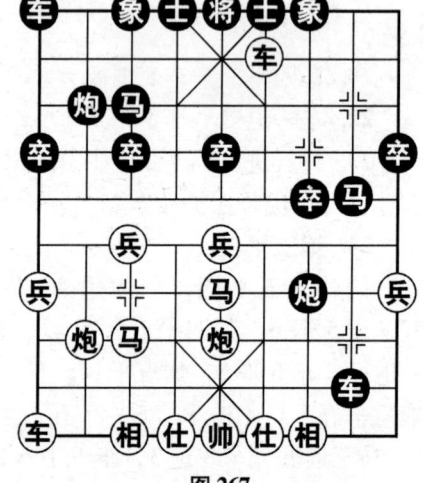

图267

10. ……   炮7进5
11. 马三进五（图267）   ……

图267形势之下，黑棋有车8平7与士4进5两种选择。

第三章　中炮急冲中兵对屏风马平炮打车

（甲）车8平7

黎德志　负　王瑞祥

（2009年11月30日弈于昆明全国象棋个人赛）

11. ……　　车8平7　　　12. 兵五进一　……

刺刀见红的搏杀由此进入高潮！

似可相三进一，炮7平8，炮五平二，马8进7，炮八进一，卒7进1，车四平三，红棋尚可一战。

12. ……　　炮7进3　　　13. 仕四进五　炮7平9
14. 马五进六　车7进1　　　15. 仕五退四　马8进9

凶悍！几乎是致命一击。

16. 马六进七（图268）　……

背水一战不计后果！倘若炮五平一，马3退5，车四退一，车7平8，帅五进一，车8退1，帅五进一，卒5进1，车四平八，车8退1，帅五退一，车8平3，炮一退一，马5进6，黑棋优势。

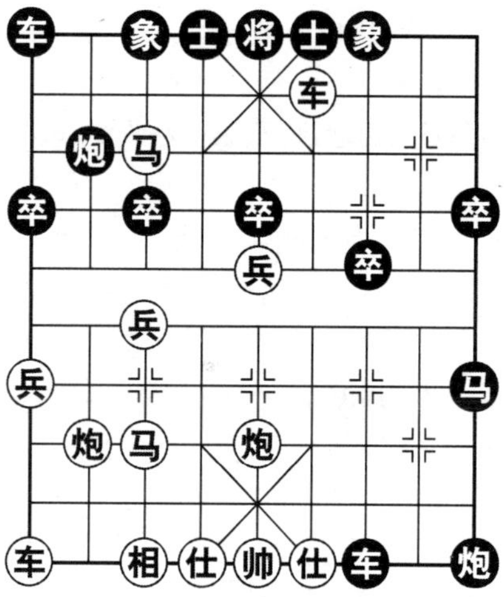

16. ……　　马9进7
17. 兵五进一　士6进5
18. 车四退六　……

别无良策，只好丢车保帅！

18. ……　　车7平6
19. 帅五进一　车6退2
20. 炮五平三　车6平3
21. 炮三平五　车3平2
22. 车九进一　炮2进4

图268

黑胜。

点评：黑棋的反击过于强大，重演此阵请小心！

（乙）士4进5

林川博　负　倪敏

（2012年5月13日弈于仪征市象棋公开赛）

11. ……　　士4进5（图269）

安徽名手倪敏抛出最新改进型布局飞刀！

12. 兵五进一　车8平7
13. 马七退五　卒7进1
14. 兵五进一　……

似可炮八进二，炮2退1，车四退三，马8进9，兵五进一，相互对攻。

14. ……　　　马8进6
15. 兵五平六　象3进5
16. 兵六进一（图270）……

弃兵？难道是看走眼吗？非也！实则是颇有深度的好棋！亦可兵六平七，马3退4，炮八平六，炮7平6，车四平二，红棋足可一战。

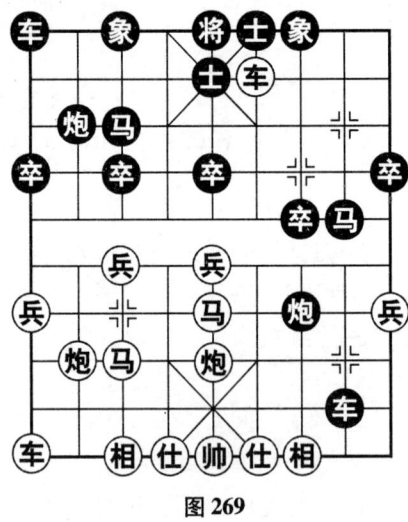

图269

16. ……　　　马6进5
17. 相七进五　炮2平4
18. 炮八退一　……

倘若炮八进二，炮7平8，炮八平三，车1平2，后马进七，局势平稳。

18. ……　　　炮4进6
19. 后马进三　……

操之过急丢子致败！似应车四退二，车1平2，炮八平七，车2进8，车九平七，炮7平1，后马进三，炮4退1，仕六进五，炮4进1，仕五进六，炮1进3，车七平九，车2平3，相五进三，卒3进1，兵七进一，车3退4，平稳之势。

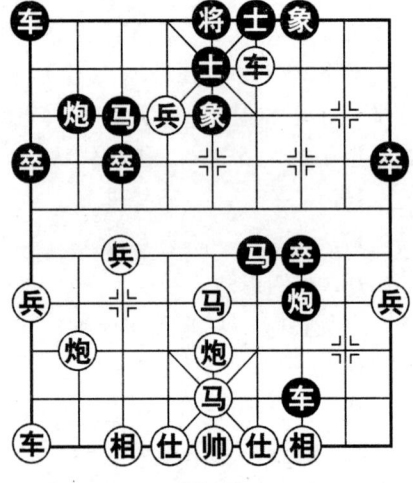

图270

19. ……　　　炮4退7
20. 车四退二　车7平2　　21. 车四平七　车1进2
22. 马五进六　车2退6　　23. 马三进五　炮4平3
24. 车七平四　马3进4　　25. 马五进六　车2进4

黑胜。

点评：红棋虽然不慎而折戟沉沙，其攻击性能亦可圈可点。

第四章　中炮急冲中兵高边车对屏风马

"高边车"是21世纪初推出的新兴战术。因升车于边隅一角大有送死的味道，因而有极强的诱惑力；高边车拙中藏巧，意在引诱黑贪车中计，能否经得起诱惑将是这一战术的关键。可是发明高边车战术不是那些大名鼎鼎的五尺须眉，而是巾帼英雄、著名女子大师励娴，从而引领一场声势浩大的"高边车"争斗潮。

第60局　高边车对象位车

1. 炮二平五　马8进7
2. 马二进三　车9平8
3. 车一平二　马2进3
4. 兵七进一　卒7进1
5. 车二进六　炮8平9
6. 车二平三　炮9退1
7. 兵五进一　士4进5
8. 兵五进一　炮9平7
9. 车三平四　卒7进1
10. 马三进五　车8进8
11. 马八进七　卒7进1
12. 马五进六　象3进5
13. 车九进二　……

象棋大师励娴于2003年首创最新布局飞刀！

13. ……　　　车1平3（图271）

图271形势之下，红棋有兵五进一与马七进八两种选择。

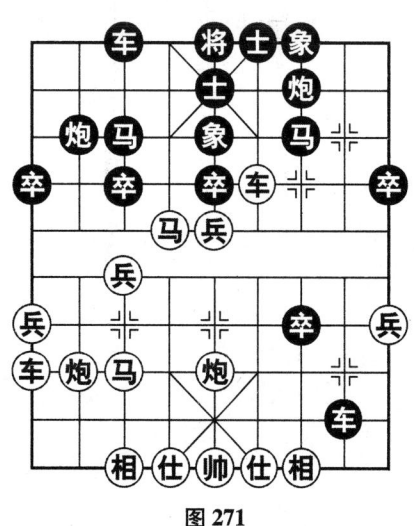

图271

（甲）兵五进一

励娴 负 郭瑞霞

（2003年11月1日弈于武汉全国象棋个人赛）

14. 兵五进一 ……

倘若马七进八，马7进8，车四平三，马8进6，车三进二，炮2进5，车三退五，炮2进2，车九平八，炮2退4，车八进二，卒5进1，马六进七，马6进5，相三进五，车3进2，和棋之势。

14. …… 卒7平6

针锋相对！倘若马3进5，马七进八，炮2进5，车九平八，卒7平6，车四退三，炮7进8，仕四进五，车8进1，马六进四，各有顾忌。

15. 兵五进一 ……

冲兵换象，势在必行。

15. …… 炮7进8　　16. 仕四进五 象7进5

倘若炮2平5，马六进五，象7进5，炮八进五，红棋胜势。

17. 马六进五 ……

励娴以搏杀著称。弃马踏象十分凶悍，体现她的风格。

17. …… 马3进5（图272）

倘若炮2平5，炮八进五，马3退4，炮八平三，车8平7，炮三平一，车7退8，车四退三，红棋优势。

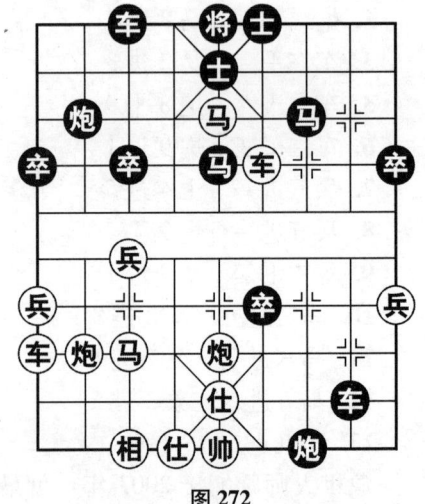

图272

18. 炮八退一 ……

似应马七进八，炮2平4，炮八平六，车8退7，车四退三，炮7退5，车九平八，车8进8，车四退三，车8平6，帅五平四，车3平2，马八进七，车2进7，炮五平八，红棋优势。

18. …… 车8进1　　19. 炮八平六 ……

似凶实软！应走车四退三杀卒，红棋足可一战！

19. …… 车3进2

精妙的反击佳着！

20. 车四平五 炮2平5　　21. 炮五进五 士5退4

第四章 中炮急冲中兵高边车对屏风马

22. 车五退四 ……

倘若车五退二，卒6进1，马七进五，炮7退2，仕五退四，炮7平1，相七进九，马7进6，炮五退一，车3平8，仕六进五，后车平2，黑棋仍优。

22. …… 卒6进1

绝妙！红难抵抗。

23. 车五进三 ……

倘若车五平四，车3平5，黑棋亦胜势。

23. …… 炮7退2　　24. 仕五退四 卒6进1

25. 炮五平四 士6进5　　26. 马七进五 ……

倘若车五平三，车3平5，仕六进五，卒6进1，帅五平六，卒6平5，绝杀黑胜。

26. …… 车8平6

黑胜。

点评：励娴大师为改革付出高昂的代价，重演此阵请小心为宜。

（乙）马七进八

黄惠鹏 和 廖二平

（2004年8月27日江苏无锡全民健身运动会象棋赛）

14. 马七进八（图273） ……

也许因为上局的原因，扬州黄惠鹏抛出改进型布局飞刀！

14. …… 马7进8

15. 车四平三 炮2进5

16. 车三进二 炮2进2

17. 仕四进五 ……

稳健，倘若车三平四，相互对攻。

17. …… 马8进6

倘若车8进1，车三平四，红棋有攻势。

18. 车三退五 卒5进1

19. 车九平六 马6退4

机警！兑子后趋于平淡。

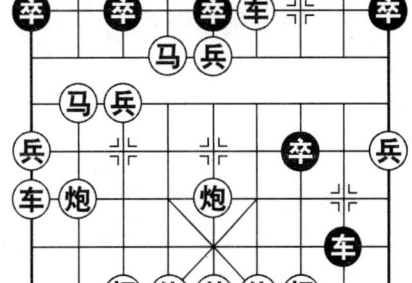

图273

20. 车六进三 车3平2　　21. 马八退七 ……

倘若马八进七，车2进8，仕五退四，车8平3，黑棋优势。

21. ……　　炮 2 平 1　　22. 炮五平四　车 8 平 6
23. 车三平七　卒 5 进 1

似可车 2 进 8，车六平五，卒 1 进 1，黑棋有攻势。

24. 车六退四　车 2 进 4　　25. 车六平九　车 2 平 7
26. 相三进一　车 7 进 3　　27. 车七平二

和棋。

以下倘若接走车 7 平 9，车二退三，炮 1 平 2，马七退八，车 9 平 6，仕五进四，车 6 平 1，马八进九，马 3 进 5，黑棋优势。

点评：虽然和棋，但黑棋的反击力强大，重演红阵请小心为佳。

第 61 局　　高边车对分里卒炮轰底相

2004 年全国象棋个人赛，金波大师首创鬼怪式"高边车"最新战术，差一点把京城名将蒋川拉下马，从而引发一场炮马争战的布局热潮。

1. 炮二平五　马 8 进 7　　2. 马二进三　车 9 平 8
3. 车一平二　卒 7 进 1　　4. 车二进六　马 2 进 3
5. 兵七进一　炮 8 平 9　　6. 车二平三　炮 9 退 1
7. 兵五进一　士 4 进 5　　8. 兵五进一　炮 9 平 7
9. 车三平四　卒 7 进 1　　10. 马三进五　车 8 进 8
11. 马五进六　卒 7 进 1　　12. 仕四进五　卒 7 平 6
13. 马八进七　炮 7 进 8
14. 车四退三　象 3 进 5
15. 车九进二　……

著名象棋大师金波抛出鬼怪式最新冷门飞刀！

15. ……　　车 1 平 3
16. 马七进八　炮 2 进 5
17. 车九平八　车 8 进 4
18. 炮五平三　卒 5 进 1
19. 车四进五　象 5 进 7
20. 相七进五（图 274）　……

图 274 形势之下，黑棋有炮 7 退 1 与炮 7 平 4 两种选择。

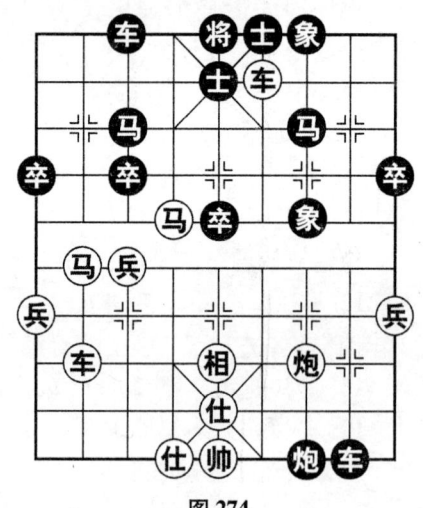

图 274

第四章　中炮急冲中兵高边车对屏风马

（甲）炮7退1

金波 和 蒋川

（2004年11月2日弈于重庆全国象棋个人赛）

20. ……　　马3进5	21. 车四退二　炮7退1
22. 仕五退四　象7退9	23. 车八退一　车8退1
24. 相五退三　卒3进1	

倘若卒5进1，炮三进四，车3平4，马六进八，马5退3，炮三平七，车4进1，兵七进一，炮7平4，后马进六，马3进5，车四平三，红棋优势。

25. 炮三平五　卒3进1	26. 马八进九　炮7平3

倘若马5退4，车四平三，炮7平3，车三进一，车8平4，车八进四，红棋亦优。

27. 仕六进五　卒3平2（图275）

28. 炮五进四　……

错失良机的软手。不如马九进七简明。以下黑棋有两种选择：①炮3退3，马七退五，炮3平5，马五进七，车8退2，车八进三，车8平4，车八退四，红棋胜势。②马5退3，车八平七，马3退1，马六进八，车3平4，马八进七，车4进1，车四平六，红棋胜势。

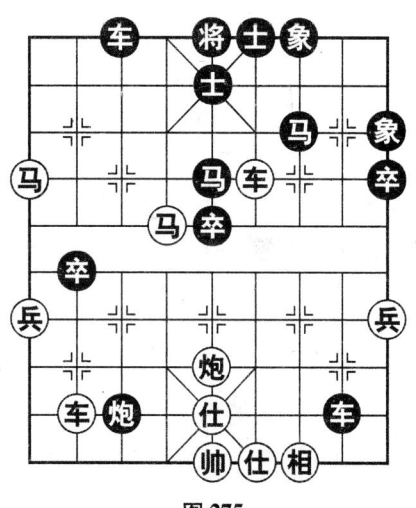

图275

28. ……　　马7进5

29. 车四平五　炮3退3

退炮给红棋制造麻烦，因红有丢车之虞。

30. 车五退一　……

倘若帅五平六，炮3平5，车五平六，车3进9，帅六进一，车8退2，马六进八，卒2进1，车八退一，车3退3，马九退八，车8平9，帅六退一，炮5平8，相互对攻各有顾忌。

30. ……　　炮3平5　　31. 帅五平六　……

出王加大风险！倘若车五退一，车3进9，仕五退六，车8平2，马九退八，红棋虽然赢棋难而和棋轻松。

31. ……　　车3进9	32. 帅六进一　车3退4

33. 车八进一　车8退2
34. 马九退八　炮5平4
35. 仕五进四　……

城门四开，别无良策。

35. ……　　　炮4平2（图276）
36. 马六退八　……

倘若车八进二，车8平4，帅六平五，车4退2，四兑车和棋。

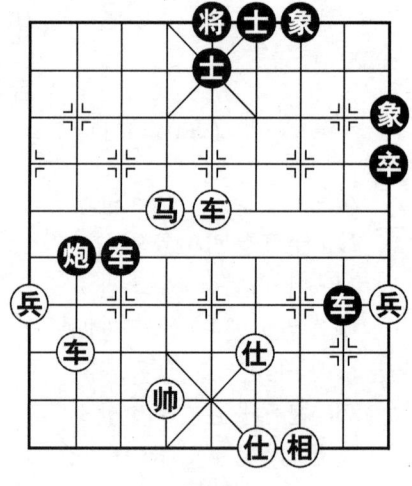

图276

36. ……　　　车8平1
37. 马八退七　车3退5
38. 兵一进一　车1进2

积极进取！倘若车1退1捉卒可成和棋。

39. 帅六退一　车1进1　　40. 帅六进一　车1平6

吃仕展开对杀！

41. 相三进五　……

缺仕怕双车。似可车五平八，车6退2，前车进四，车6平3，后车平七，车3平2，车七进四，和棋之势。

41. ……　　　车6退2　　42. 车八进三　车6退5
43. 车八平七　车6平4　　44. 帅六平五　车3平4
45. 车七退一　……

亦可帅五退一，前车进4，车七退一，前车平9，车五退一，车9进3，帅五进一，车9退1，帅五退一，象9进7，车七平六，车4平2，车六平八，长兑不变和棋。

45. ……　　　前车进6　　46. 帅五退一　后车平1
47. 马七进九　象9进7　　48. 车五退一　象7进5
49. 车五平六　车4平9　　50. 车七平九　车1平3
51. 马九进七　象5进3　　52. 马七退六　象3退5
53. 车九平七　车3平2　　54. 车七平八

和棋。

点评：大力士金波创发的鬼怪式飞刀相当锋利，倘若没有蒋川那么高的武功，重演此阵凶多吉少。

第四章　中炮急冲中兵高边车对屏风马

（乙）炮7平4

赵鑫鑫　胜　于幼华

（2010年8月22日弈于第5届后肖杯象棋大师精英赛）

21. ……　　炮7平4（图277）

特级大师于幼华抛出最新改进型布局飞刀！

22. 仕五退四　车3平4

这是一场师生之战，拼命三郎于幼华显得举棋不定。按三郎的风格应走炮4平6，车四退六，车8退2，车四进二，车3平2，相五退三，车8进2，拼个你死我活。

23. 马六进八　炮4退4
24. 后马进七　炮4平5
25. 相五进三　车4平3
26. 炮三进三（图278）　**车8退9**

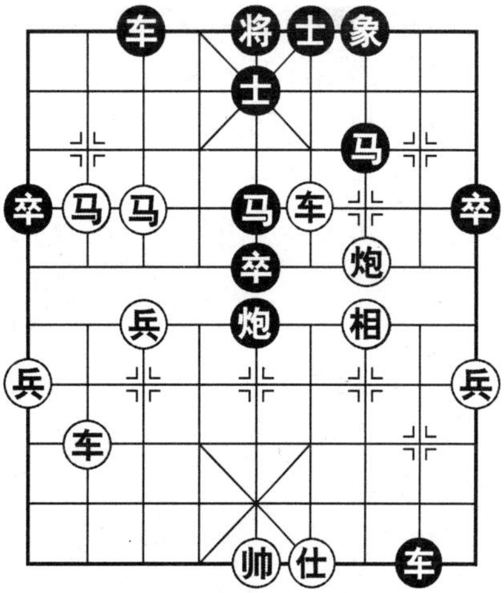

无可奈何。倘若象7进9，马七进五，炮5平4，车八平六，卒5进1，炮三进一，车3进2，炮三平五，红棋胜势。

27. 兵七进一　车3进2
28. 车八进二　车3平2
29. 马七退五　象7进9
30. 兵七进一　……

倘若炮三进一，车8进6，车八平五，车2进1，车四进三，将5平6，炮三平八，车8平6，仕四进五，马5进3，车五平七，车6平2，炮八平六，马3退4，胜负难料。

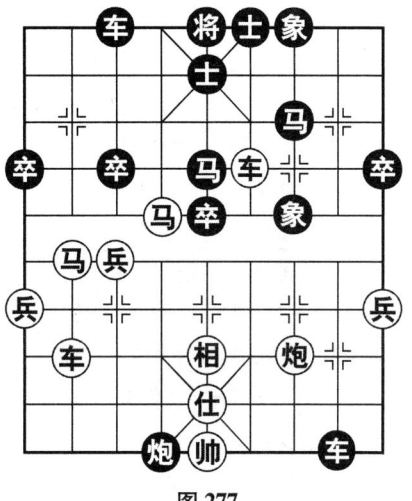

图277

图278

30. ……　　象9进7　　**31. 车八平五　车8进6**
32. 马五退七　车8平4　　**33. 车五进一**
红胜。

点评：黑棋改进型飞刀的反击较弱，重演此阵请谨慎。

第62局　高边车对分里卒炮轰底相开边炮

互联星空休闲游戏大赛，李鸿嘉大师"开边炮"飞刀出鞘。虽然最终受挫，其淋漓尽致攻势如潮的杀招还是令人头痛不已……

1. 炮二平五　马8进7　　2. 马二进三　车9平8
3. 车一平二　马2进3　　4. 兵七进一　卒7进1
5. 车二进六　炮8平9　　6. 车二平三　炮9退1
7. 兵五进一　士4进5
8. 兵五进一　炮9平7
9. 车三平四　卒7进1
10. 马三进五　卒7进1
11. 马五进六　车8进8
12. 马八进七　象3进5
13. 车九进二　卒7平6

分里卒打相是李鸿嘉大师抛出最新布局飞刀！

14. 车四退三　炮7进8
15. 仕四进五　炮7平9
16. 帅五平四　车8进1
17. 帅四进一（图279）　……

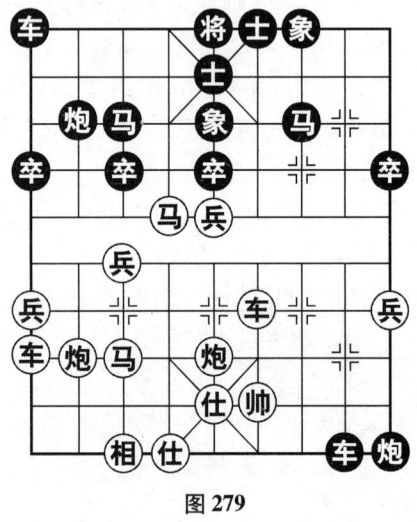

图279

图279形势之下，黑棋有车8退1与车8退5两种选择。

（甲）车8退1

陈应贤　胜　李鸿嘉

（2005年3月弈于深圳互联星空休闲游戏大赛总决赛）

17. ……　　车8退1　　18. 帅四退一　……

弃子争先！似可车1平3坚守。

18. ……　　卒5进1　　19. 马七进八　……

倘若马六进七，车1平3，前马退五，车3平4，兵九进一，车8进1，帅四进一，车8退6，马五进三，炮2平7，车四平五，车4进6，黑棋有攻势。

19. ……　　车8进1　　20. 帅四进一　车1平4

第四章 中炮急冲中兵高边车对屏风马

再度弃子，豪气冲天。

21. 马六进七　车8退1　　　22. 帅四退一　车4进5

弃马再弃炮，最后孤掷一注！

23. 炮八进五　车4平7　　　24. 炮五平三　车8进1

25. 帅四进一（图280）　车7平8

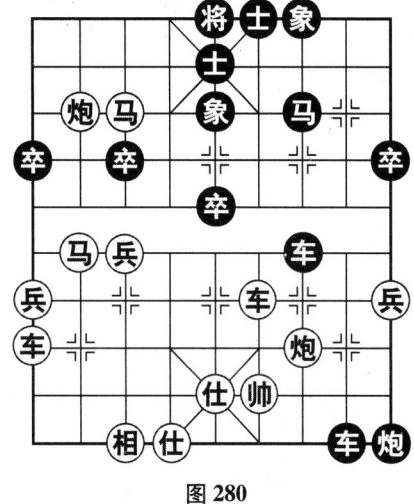

图280

双方对攻十分复杂，另有两种选择：①炮9退2，炮三进一，马7进8，车九平三，车8退4，炮八退二，车7平6，车四进一，车8平6，仕五进四，卒3进1，车三平一，车6平3，炮三平四，车3平2，车一平二，马8进7，车二平三，马7退6，车三进四，红棋优势。②车8退2，车四进六，马7退6，炮三进七，车7退5，车九平二，炮9平3，车二进五，鹿死谁手尚难预料。

26. 炮三平二　后车平7

27. 炮二平三　车7平8

28. 炮三平二　炮9退2

速败！似应后车平7，炮二平三，车8退2，搏杀为佳。

29. 炮八进二　……

精妙绝伦的杀着！

29. ……　　　马7进5

只好仰天长叹，英雄已无用武之地！

30. 马七进九

红胜。

点评：精彩激烈的搏杀惊心动魄，倘若重演黑阵还是小心为宜。

（乙）车8退5

陈兴民 负 肖月清

（2013年8月2日弈于古交市第三届西曲社区杯象棋棋王赛）

17. ……　　　车8退5（图281）

西曲肖月清抛出最新布局飞刀！

18. 马七进八　炮2进5　　　19. 车九平八　车1平3

似可马3退4，马八进七，炮9平3，黑尚可一战。

20. 马八进七　卒5进1

弃马搏象是夺取优势的佳着！

21. 马六进五　象7进5

22. 马七进五　马3进5

23. 马五进三　……

错失良机！似应炮五平七打开车，车8进3，马五进三，将5平4，车四平六，马5退4，车八进六，马7进5，炮七进七，红棋胜势。

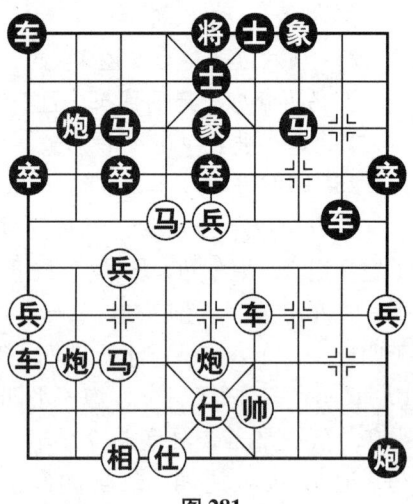

图281

23. ……　　　将5平4

24. 车四平六　马5退4

25. 炮五平六　……

似应马三退五，马7进6，车八进六，车8平7，车八平六，将4平5，马五进七，马6进7，炮五平三，车3进1，前车平七，炮9平3，车七平九，士5退4，车六平四，车7退4，车九退二，红棋胜势。

25. ……　　车8平6　　**26.** 仕五进四　车6退3

27. 马三退一　将4平5　　**28.** 炮六进六　士5退4

29. 车八进五　马7进6　　**30.** 车六进三　车6平5

31. 车八平四　马6进7

32. 帅四平五　车3进5（图282）

33. 车四平三　……

再次错失良机！似应炮六平九，车3退5，车六平四，红棋胜势。

33. ……　　　马7进8

34. 马一进三　车5平7

弃车砍马反败为胜。

35. 车三进一　车3进3

黑胜。

倘若接走车六退五，炮9退1，帅五退一，马8退6，车六平四，车3平6，车三平四，马6进8，黑棋胜势。

点评：红棋多次上演"捉放曹"的悲剧而惜败，重演黑阵有风险。

第四章　中炮急冲中兵高边车对屏风马

第63局　高边车对分里卒炮轰底相进底车

2005年广西"龙城"柳州市江滨公园上演中国象棋特级大师表演赛，特级大师许银川创发最新布局飞刀亮相，并一举成功。

柳大华　负　许银川

（2005年4月10日弈于柳州市中国象棋特级大师表演赛）

1. 炮二平五　马8进7
2. 马二进三　车9平8
3. 车一平二　马2进3
4. 兵七进一　卒7进1
5. 车二进六　炮8平9
6. 车二平三　炮9退1
7. 兵五进一　士4进5
8. 兵五进一　炮9平7
9. 车三平四　卒7进1
10. 马三进五　车8进8
11. 马八进七　卒7进1
12. 马五进六　象3进5
13. 车九进二　卒7平6
14. 车四退三　炮7进8
15. 仕四进五　车8进1（图283）

特级大师许银川抛出最新布局飞刀！

16. 马六进七　卒5进1
17. 后马进八　……

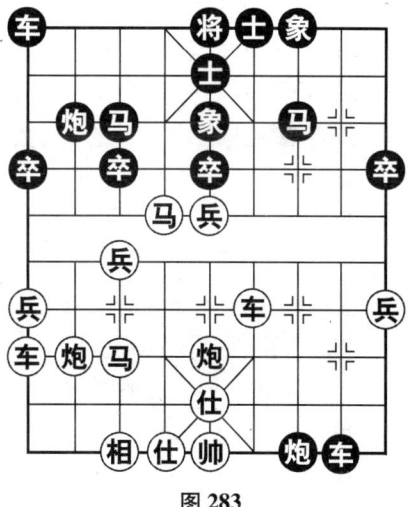

图283

2009年10月14日全国象甲联赛，卜凤波与陶汉明之战又改走：后马进六，车1平3，马六进七，卒5进1，后马退五，车3进2，炮八平七，炮7退2，仕五退四，炮7平3，车九平七，炮2进1，车四进三，炮2平5，马五退三，卒5平6，炮五平三，卒6平7，炮三进五，车3进1，炮三退一，车8退6，兵七进一，象5进3，车七进三，车8平7，车四平三，车3进1，车三平五，车3平1，车五退二，卒7进1，兵九进一，车1平3，相七进五，和棋。

17. ……　　　车1平3
18. 马七进五　士6进5
19. 炮八进五　炮7退2
20. 仕五退四　炮7平1
21. 相七进九　车3进2
22. 炮八退一　车8退4

似可车3平2，炮五平八，马7进8，仕六进五，车8退4，黑棋优势。

23. 马八退七　车3平2　　24. 炮八退二　车8退2
25. 仕六进五　马7进5　　26. 车四平五　……

倘若四进二，车2进2，炮八退四，马5进7，炮八平七，车2进2，车四平五，马7进8，炮五平二，车8平7，黑棋亦优。

26. ……　　　车2进2（图284）
27. 兵七进一　……

为什么不走炮五进三打兵呢？马5进7，炮五退一，车8进4，马七退六，车8平1，黑棋亦优。

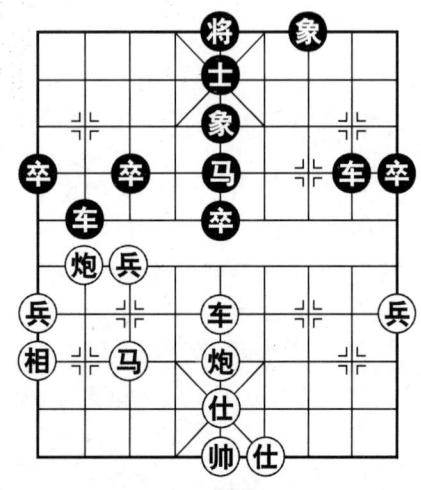

图284

27. ……　　　车2平3
28. 炮八进二　车3平2

倘若车3进3，车五进二，车3平1，车五退二，车1平2，炮八平五，卒3进1，黑棋亦优。

29. 炮八平五　车8平5
30. 马七进六　车2平5
31. 仕五退六　车5平4
32. 马六退七　车2退5

倘若炮五进三，车4进4，红棋崩溃。

33. ……　　　车4平7　　34. 炮五进三　车7进1
35. 炮五退一　车2平5　　36. 车五退一　车7进2
37. 炮五退一　车7平9

黑棋净多双卒而胜势。

38. 车五平三　卒3进1　　39. 仕五退四　车9平5

一车换双，形成必胜残局。

40. 马七进五　车5进2　　41. 仕四进五　车5平1
42. 相九退七　卒1进1　　43. 车三进四　车1进3
44. 相七进五　车1退2　　45. 相五进三　……

倘若相五退三，卒9进1，黑棋亦胜势。

45. ……　　　卒9进1

黑胜。

点评：许银川精雕细琢的"仙刀"十分锋利，重演红阵请谨慎。

第四章　中炮急冲中兵高边车对屏风马

第64局　高边车对分里卒炮轰底相进底车

最新布局武器的发明与创造，并非都是名家大腕的专利。武汉大学"老少幼"的三结合，竟然以中炮急冲中兵高边车的飞刀战术，一举战胜柳大华、党斐两位著名大师，引发棋界惊愕……

李物让、高钏琴、王可然　胜　柳大华、党斐
（2008年11月29日弈于武汉盲棋车轮战）

精彩立体的评析是牧野流星先生赛后复盘杰作，全部转录如下：
"这次比赛是'学府杯'闭幕式的一个表演赛，象棋国际特级大师和国家大师党斐表演一对6台（每台3人商量着下）的盲棋赛。我和武汉大学统战部长兼教工象棋协会会长李物让，还有王可然小朋友（只有10岁，还是柳大华的弟子）同台，戏称'武大老少幼'队，结果我们发挥出色，完整地赢了一盘！"

1. 炮八平五　马2进3　　　　**2.** 马八进七　车1平2
3. 车九平八　……

当时李部长说走车九进一，因为他用横车多次在车轮战里取得好成绩，所以想平稳。我们的王小朋友不肯，硬要出车，呵呵，小孩子固执起来谁也没办法。出横车有个好处，比较稳，并且可以形成横车七路马的经典变化，那也是我们李部长擅长的局面。

3. ……　　　马8进7

这棋很正常，抢挺3卒，避免形成中炮抢进三兵对屏风马的变化，那棋在车轮战里下比较累，呵呵，看来是想来个闪电战啊！

4. 兵三进一　……

没有先进车，让黑方进炮封车，形成双炮过河的变化。本人这段时间研究了一下这个变化，有点把握在盲棋赛里立于不败。

4. ……　　　卒3进1

没有进炮，那正好，看来柳老师他们也怕局面过于复杂不好控制，毕竟一对六，而且他们还是交替下子，不得商量，复杂很难办的。

5. 车八进六　炮2平1　　　　**6.** 车八平七　炮1退1
7. 兵五进一　……

我们准备了马二进三和兵五进一两种变化，想稳点下和棋就进马，但我说最近研究了一把飞刀，是急冲的，小朋友有喜欢攻杀，就同意了我的选择。

7. ……　　　士6进5　　　8. 兵五进一　炮1平3
9. 车七平六　卒3进1　　10. 马七进五　卒3进1
11. 马五进四　车2进8

这是我们实战的走法。此前我准备了两把飞刀，这着棋一出我们的选择就多了。

12. 马二进三　……

实战是跳马了，本来想走马四进三的，看另一路变化：马四进三，车2平8，兵五进一，车8退1，车一进二，当然是我的一厢情愿！红方大优！

12. ……　　　象7进5　　　13. 车一进二　……

飞刀出来了，就是这招车一进二！好邪的一招棋！

13. ……　　　卒3平4　　　14. 车六退三　……

官招！

14. ……　　　炮3进8
15. 仕六进五　车2进1（图285）

都是正着！官招！大师就是牛，此前拆了好久的棋，他们临场也能走得这么精确。

16. 炮五平七　……

这着棋可能出乎他们的意料！也是全盘的精华！盖炮，黑方子力有限，不能成杀，也不能抽子。

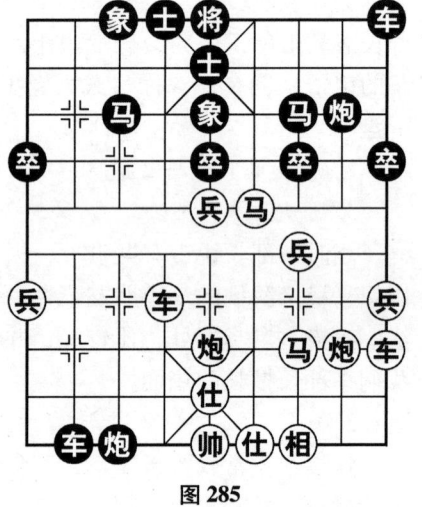

图285

16. ……　　　马3进2

下完后，柳老师说党斐这着跳马随意了，呵呵，结果也验证了柳老师的说法。

（作者认为应走：炮8进2，马四进三，炮8平9，前马退五，炮9进3，相三进一，车9平8，马五进七，炮3退7，仕五退六，车2退5，炮二进一，车2平5，炮二平五，车8进6，黑棋稍优。）

17. 马三进二　炮8进5　　18. 车一平二　车9平7
19. 马二进三　……

我们三个商量着，老少幼，呵呵，看着优势，李部长和小朋友开起了玩笑，呵呵，长者的乐趣莫过于此了。

19. ……　　　马7退6　　　20. 马三进一　车7进5（图286）
21. 车六平三　……

这个棋有两个应法，都是红方大优，还有一个是相三进五，黑方必丢一

第四章 中炮急冲中兵高边车对屏风马

子，读者可以自己验证一下。

21. ……　　　车 7 进 1
22. 马四退三　……

兑车以后，红方车位，马卧槽有杀，已经大优。而黑方车炮低位，而且构不成杀。

22. ……　　　士 5 进 6
23. 车二平六　将 5 进 1
24. 兵五进一　炮 3 平 6
25. 仕五退六　炮 6 退 4
26. 车六进一　……

李部长的这着车六进一真是厉害！伏有炮七平五的狠手！黑方已经很难应了。

26. ……　　　车 2 退 4

无奈之举！

27. 炮七平五　炮 6 平 5　　28. 马三进五　车 2 平 5
29. 兵五平四

红胜。

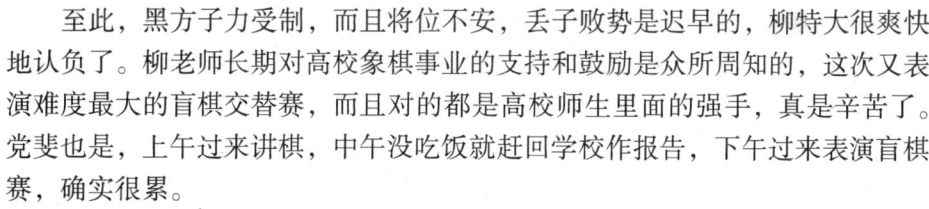

图 286

至此，黑方子力受制，而且将位不安，丢子败势是迟早的，柳特大很爽快地认负了。柳老师长期对高校象棋事业的支持和鼓励是众所周知的，这次又表演难度最大的盲棋交替赛，而且对的都是高校师生里面的强手，真是辛苦了。党斐也是，上午过来讲棋，中午没吃饭就赶回学校作报告，下午过来表演盲棋赛，确实很累。

点评：红棋最新飞刀虽然取得令人惊骇的效果，黑棋的反击不可小觑。

第 65 局　高边车对分里卒打相

2005 年"中炮急冲中兵高边车"战术进入高潮，正是八仙过海各显神通。尤其特级大师卜凤波创出"点穴叫杀"新招，可谓空前绝后，吸引棋界眼球！其后，在全国少年赛小棋手们也纷纷跟进。

1. 炮二平五　马 8 进 7　　2. 马二进三　车 9 平 8
3. 车一平二　马 2 进 3　　4. 兵七进一　卒 7 进 1
5. 车二进六　炮 8 平 9　　6. 车二平三　炮 9 退 1
7. 兵五进一　士 4 进 5　　8. 兵五进一　炮 9 平 7

9. 车三平四　卒 7 进 1　　10. 马三进五　车 8 进 8
11. 马八进七　卒 7 进 1　　12. 马五进六　象 3 进 5
13. 车九进二　卒 7 平 6（图 287）

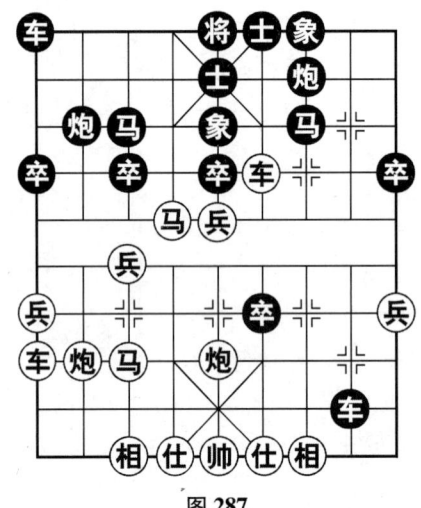

图 287

图 287 形势之下，红棋有马七退五与马六进七两种选择。

（甲）马七退五

卜凤波 和 张强

（2005 年 3 月 24 日弈于北京）

14. 马七退五　……

特级大师卜凤波抛出最新探索型战术！

14. ……　　车 8 平 6

"点穴叫杀"几乎是空前绝后，仅此一局！

15. 相三进一　马 7 进 8

飞刀踏车，逼其表态。

16. 车四进二　……

只能前进。如走车四平三，炮 7 平 6，黑优。

16. ……　　炮 2 退 1　　17. 炮五平三　……

解围佳着！如车四退三，马 8 进 7，车四进一，马 7 进 8，黑优。

17. ……　　车 6 进 1

弃车砍士妙哉！

第四章 中炮急冲中兵高边车对屏风马

18. 帅五平四　炮2平6　　　19. 帅四平五　炮6进1
20. 马五进四　马8进6

好棋！如卒5进1，马四进五，黑棋反而不妙。

21. 炮八进二　……

黑马的威胁力太大，及时驱赶是化解风险的好棋。

21. ……　　马6进4　　　22. 车九平六　马4退5
23. 马四进五　卒5进1　　　24. 炮八进一　……

精巧！

24. ……　　车1平4

如卒5进1，马六进七，炮6平3，炮八平五，炮7平9，车六进五捉双，黑有攻势。

25. 炮八平五　象7进9

倘若马3进5，马六进五，象7进5，炮五进二，士5进4，车六平四，炮6平8，车四进四，马5进4，炮三退一，车4平2，炮三平五，马4进5，相七进五，红棋优势。

26. 炮五退四　车4进3　　　27. 相七进五　象9退7
28. 马六退四　车4进4　　　29. 炮三平六

余略局势平淡，终局和棋。

点评：倒马窝心的新创实战效果一般，还伴有几分风险，重演此阵请小心为宜。

（乙）马六进七

李晓晖 负 范臻周

（2005年8月6日弈于全国象棋少年赛16岁组）

14. 马六进七（图288）　……

河南少年棋手李晓晖抛出最新探索性新着！

14. ……　　炮7进8　　　15. 仕四进五　炮7平9
16. 帅五平四　卒5进1

减轻中路压力，好棋！

17. 车四退三　车1平3　　　18. 前马退五　车3平4

先捉马后出车，井然有序。

19. 马七进八　车4进5

弃炮进车，凶悍有力！

20. 炮八进五　车4平7
21. 炮五平三　……
弃还一子解杀，势在必行！
21. ……　　　马7进5
黑棋虽然少子，但攻势强大。
22. 马八进七　车8进1
23. 帅四进一　车7平8
24. 炮三平二　……
弃炮拦车，为暂解燃眉之急。
24. ……　　　马5进7
25. 车四平三　马7进5
黑马上下腾挪，红难应付。
26. 车三退二（图289）　炮9退2

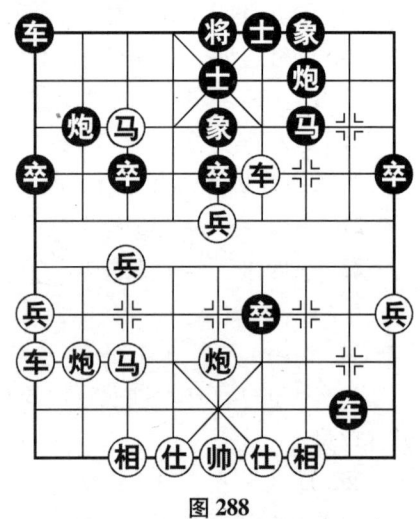

图288

错失良机！似应后车平6，炮二平四，炮9平4，车九退一，炮4平6，仕五退四，马5进6，炮八退三，卒5进1，帅四平五，马6退4，帅五平六，马4进2，帅六平五，车6进4，绝杀黑胜。

27. 炮八退五　前车退2
亦可后车平6，炮二平四，马5进6，仕五进四，车8平4，车九退一，炮9平2，车九平八，卒5进1，马七退五，车4退2，黑棋胜势。

28. 炮八平一　后车平6
29. 仕五进四　……
倘若车九平四，马5进6，炮一平四，卒5进1，黑亦胜势。

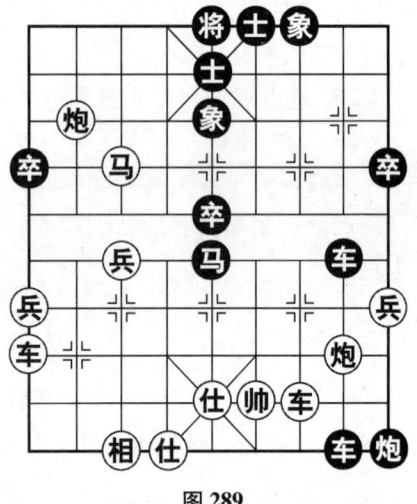

图289

29. ……　　　车8平9　　30. 仕六进五　车6进1
31. 车三退一　……
为什么不走马七进九叫杀呢？车6平7，马九进七，将5平4，车三平二，车7平3，车二平三，马5进7，车三进二，车9进1，帅四退一，车3进3杀相，绝杀黑胜。

31. ……　　　马5进7
似应车9进1，帅四退一，车9平5，马七退六，车5平4，马六退五，车

第四章 中炮急冲中兵高边车对屏风马

6进1,帅四平五,车6进1,黑胜。

32. 帅四退一　车6平3
33. 车九退二　马7进8
34. 帅四平五　车3平5
35. 帅五平六　车9平6（图290）

弃车砍士佳着！

36. 车三进一　车6平9
37. 车三平二　车5平4
38. 帅六平五　车9进2
39. 仕五退四　车4平5
40. 帅五平六　车9平6
41. 帅六进一　车6平5
42. 车九进二　后车平3
43. 车二进一　车3进3

黑胜。

点评：红棋飞刀出师未捷，倘若重演请小心为佳。

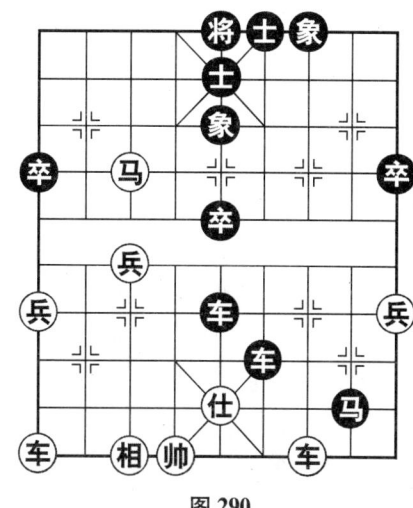

图290

第66局　高边车对分里卒炮轰底相中卒吃兵

1. 炮二平五　马8进7
2. 马二进三　车9平8
3. 车一平二　马2进3
4. 兵七进一　卒7进1
5. 车二进六　炮8平9
6. 车二平三　炮9退1
7. 兵五进一　士4进5
8. 兵五进一　炮9平7
9. 车三平四　卒7进1
10. 马三进五　卒7进1
11. 马五进六　车8进8
12. 马八进七　象3进5
13. 车九进二　卒7平6
14. 车四退三　炮7进8
15. 仕四进五　卒5进1
16. 马七进八　炮2进5（图291）

图291形势之下，红棋有马六进五与

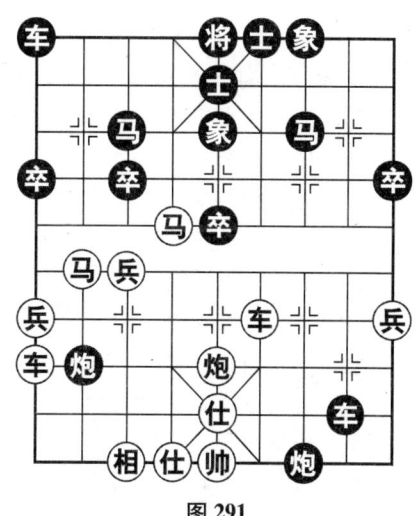

图291

车九平八两种选择。

（甲）马六进五

刘征 负 王瑞祥

（2006年2月27日弈于河北名人战）

17. 马六进五 ……

飞马踏象是北京著名棋手刘征首创最新布局飞刀！

17. ……	象7进5	18. 炮五进五	士5退4
19. 车九平八	炮7平9	20. 帅五平四	车1进1
21. 车八平一	车8进1	22. 帅四进一	车1平8

双车一线，红难招架！

23. 马八进七	后车进7	24. 帅四进一	后车退4
25. 车一平三	前车退2	26. 车三平二	车8进3
27. 帅四退一	车8退3		

黑胜。

点评：马踩中象有失轻率！一旦踏入此阵风险较大。

（乙）车九平八

李家华 负 赵国荣

（2007年11月7日弈于象甲联赛）

17. 车九平八（图292）……

李家华大师抛出最新布局飞刀！

17. …… 车8进1

18. 马六进五 ……

飞马踏象看似凶悍，实则是导致失败的主要因素。似应炮五平三，马3进5，马八进七，相互对攻。

18. …… 象7进5
19. 炮五进五 士5退4
20. 车八平三 车1平2
21. 车三进五 ……

倘若马八进七，车2进9，马七退五，马3进5，车三平七，车2退7，炮

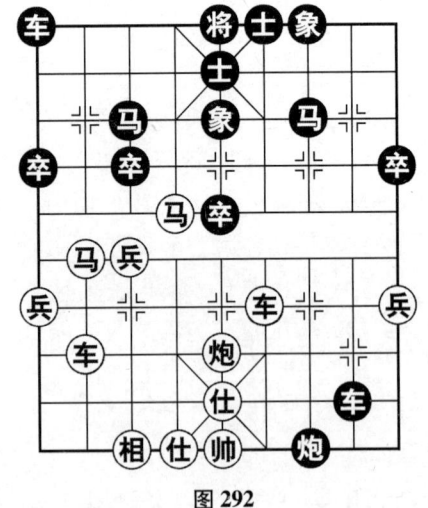

图292

第四章　中炮急冲中兵高边车对屏风马

五平四，士4进5，炮四退一，炮7平4，仕五退四，炮4退7，兵七进一，炮4平5，兵七平六，车2进2，车四平六，马5进3，马五进四，士5进6，兵六平七，车2进1，炮四退五，车2平6，车六退二，马7进6，黑棋优势。

21. ……　　车2进5（图293）

艺高胆大！竟然不怕红棋双车炮的攻势。

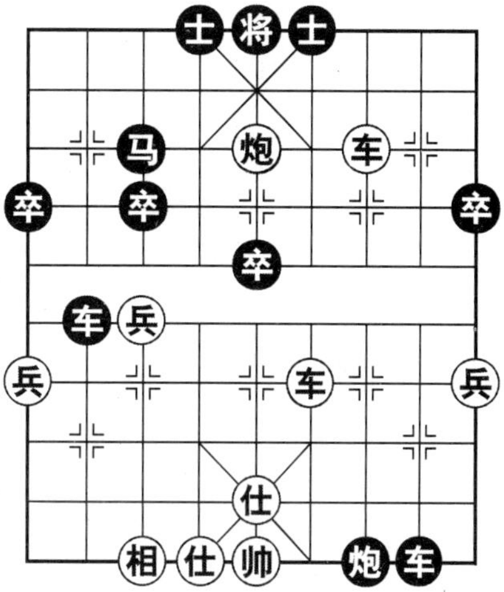

22. 帅五平四　……

为什么不走车三进二呢？炮7平4，仕五退四，炮4平6，车四退三，车8平6，帅五平四，车2平3，车三平四，将5进1，相七进九，车3平8，黑棋优势。

图293

22. ……　　炮7平4
23. 帅四进一　炮4退1
24. 仕五退六　车8退1
25. 帅四退一　车8进1
26. 帅四进一　车8退9

退车护守后院，红棋的攻势黯然失色！

27. 车三退二　炮4平1

分炮拦车，无奈之举。

28. 炮五平二　……
28. ……　　车2进3
29. 帅四退一　车2平8
30. 车三平五　士6进5

黑胜。

点评：弃马踩象搏杀是海市蜃楼般诱人幻觉，误入此阵后果严重。

第67局　高边车对分外卒打相

2004年第13届亚洲象棋锦标赛，孙勇征"分外卒打相"新战术登台亮相，从而为屏风马应战中炮急冲中兵战术增添新的内容。

1. 炮二平五　马8进7　　2. 马二进三　车9平8
3. 车一平二　马2进3　　4. 兵七进一　卒7进1
5. 车二进六　炮8平9　　6. 车二平三　炮9退1
7. 兵五进一　士4进5　　8. 兵五进一　炮9平7
9. 车三平四　卒7进1　　10. 马三进五　车8进8
11. 马八进七　卒7进1　　12. 马五进六　象3进5

13. 车九进二　　卒 7 平 8

"分外卒打相"是特级大师孙勇征抛出的最新布局飞刀！

14. 仕四进五（图 294）　　……

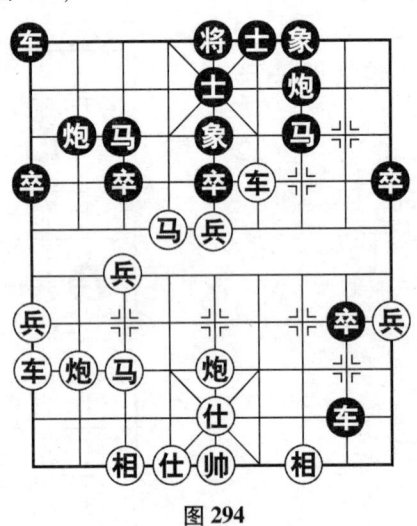

图 294

图 294 形势之下，黑棋有车 8 进 1 与炮 7 进 8 两种选择。

（甲）车 8 进 1

黄俊铭　和　孙勇征

（2005 年 11 月 23 日弈于银荔杯第 13 届亚洲象棋锦标赛）

14. ……　　车 8 进 1　　　15. 马七进八　　……

稳健！激进点可走马六进七，炮 7 进 8，后马进五，卒 5 进 1，炮五进三，炮 7 退 2，仕五退四，炮 7 平 1，马五进三，卒 8 平 9，相七进九，车 8 退 5，炮八进三，车 8 退 3，车四平七，红棋有攻势。

15. ……　　炮 2 进 5　　　16. 车九平八　　炮 7 进 8

17. 车八进一　　车 1 平 2

2010 年 4 月 18 日惠州象棋公开赛，广西陈建昌与深圳曹伟之战又有新的改进：卒 5 进 1，马六进七，车 1 平 3，马八进九，马 7 进 8，车四进二，士 5 进 6，车四退一，卒 8 平 7，车四进一，红胜。

18. 兵七进一　　……

似应马六进七，炮 7 退 4，仕五退四，车 2 进 2，兵五进一，红棋优势。

18. ……　　炮 7 退 5　　　19. 仕五退四　　炮 7 平 4

第四章 中炮急冲中兵高边车对屏风马

20. 兵七平六　卒8平9　　　21. 车四退二　卒3进1
22. 兵六平七　卒5进1　　　23. 车八平五　象5进3
24. 车五进二　象3退5　　　25. 马八进七　车8退5

红棋杀气腾腾,黑方不得不撤军兑车。

26. 车五退二　车8平3

似可车8平4,车四平七,车4退1,车五平一,马3进5,仕四进五,马5进7,黑棋稍优。

27. 马七退五　马3进5　　　28. 车四进二　车2进5
29. 马五退六　车3进2　　　30. 炮五进四　车2平4

倘若车2退2,车四平三,车2平5,车三平五,马7进5,车五进三,车3平4,车五平九,后卒进1,车九退一,和棋之势。

31. 车四退三　马7进5　　　32. 车五进三　车3平4

和棋。

点评:黑棋最新飞刀属于冷门战术,重演黑阵请谨慎为宜。

(乙) 炮7进8

陈建昌　胜　曹伟
(2010年4月18日弈于深圳桃花源杯象棋公开赛)

14. ……　　　炮7进8(图295)

深圳曹伟首创炮轰底相布局飞刀!

15. 马七进八　炮2进5
16. 车九平八　车8进1
17. 车八进一　卒5进1

倘若车1平3,马八进七,马7进8,车四进二,马8进7,兵五进一,马7进5,相七进五,炮7退6,仕五退四,炮7平3,兵五平六,车3平4,兵六平七,车4进4,前兵进一,红棋优势。

18. 马六进七　车1平3
19. 马八进九　马7进8

倘若炮7平4,仕五退四,炮4退4,车四进二,炮4平5,炮五进三,车8退2,车四退四,车8平5,仕四进五,车5平2,车八平五,红棋优势。

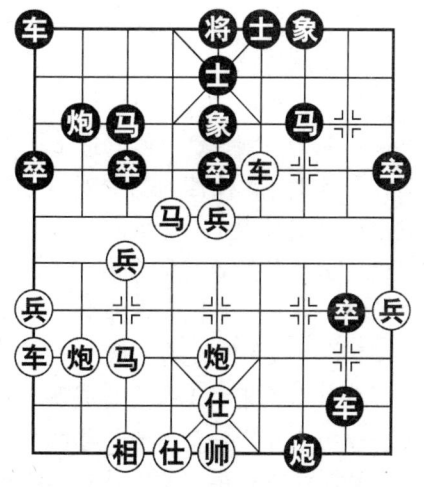

图295

20. 车四进二　士5进6　　21. 车四退一　卒8平7
22. 车四进一
红胜。
点评：黑棋新着折戟沉沙，重演此阵有风险。

第68局　高边车对五步穿槽马弃炮谋车

1. 炮二平五　马8进7　　2. 马二进三　车9平8
3. 车一平二　卒7进1　　4. 车二进六　马2进3
5. 兵七进一　炮8平9　　6. 车二平三　炮9退1
7. 兵五进一　士4进5　　8. 兵五进一　炮9平7
9. 车三平四　卒7进1　　10. 马三进五　卒7进1
11. 马五进六　车8进8
12. 马八进七　象3进5
13. 车九进二　马7进8（图296）

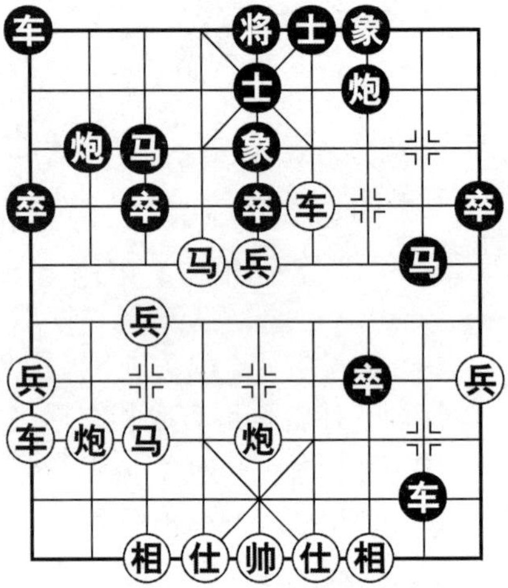

著名象棋大师张申宏抛出最新布局飞刀！

14. 车四平三　马8进6

展开弃炮谋车的布局大战，至此大有似曾相识的感觉。但是现在是高边车，一步小小的改变，结果却有天壤之别。

15. 车三进二　……

倘若车三退三，炮7进8，车三退三，马6进4，仕四进五，马4进3，帅五平四，前马退1，马六进七，卒5进1，黑棋优势，其结果与实战有天壤之别。

15. ……　　　　马6进4　　16. 仕四进五　马4进3
17. 帅五平四　前马退1　　18. 马六进七　卒5进1

为什么不走车1平3捉马呢？前马进五，士6进5，炮五进四，将5平4，车三平五，车3进2，马七进六，车8退1，相七进五，红棋胜势。

19. 后马进五　车8退4（图297）

图297形势之下，红棋有相七进九与车三平四两种选择。

图296

第四章 中炮急冲中兵高边车对屏风马

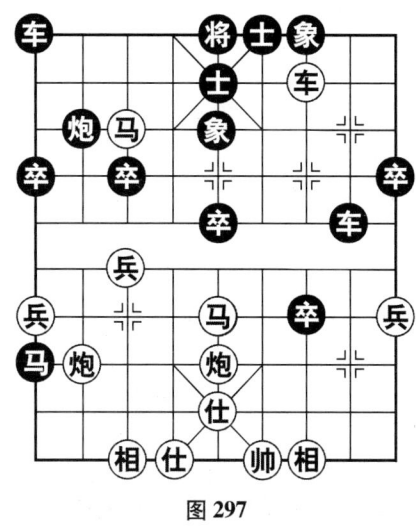

图 297

（甲）相七进九

苗利明 胜 张申宏

（2005年3月23日弈于北京第1届全国象棋排名赛）

20. 相七进九　车1平3　　**21.** 马五进六　卒5进1
22. 兵七进一　卒7平6　　**23.** 车三平四　车8进5

另有两种选择：①卒5进1，马七进五，士6进5，炮五进五，士5进6，炮五退三，车8进1，炮五进二，车8平5，炮五平二，象7进9，炮二进三，红棋优势。②车3进1，车四退五，车8平7，车四进五，车7进5，帅四进一，车7退7，兵七进一，红棋优势。

24. 马七进五　……

冷箭突发！弃马踏士是擒王的最佳突破刀口！

24. ……　　　　车8平7　　**25.** 帅四进一　士6进5
26. 炮五进五　士5进6　　**27.** 炮五退一　炮2进1

无奈献炮。倘若车7退6，炮八进四，车7进5，帅四退一，车7进1，帅四进一，炮2退1，车四平八，将5平6，炮五平二，车7平8，车八平三，象7进9，马六进五，士6退5，炮二进二，红棋胜势。

28. 炮五平八　卒5进1　　**29.** 车四退一　车3平1

倘若车7退5，前炮平一，将5进1，车四平二，车3平6，马六进七，将5退1，炮一进三，红棋胜势。

231

30. 马六退五

红胜。

点评："五步穿槽马弃炮谋车"曾是抵抗中炮急冲中兵重要的防御武器，但是抵抗"高边车"则是误落陷阱。

（乙）车三平四

夏刚 胜 林创强

（2013年3月9日弈于上海第三届同峰杯象棋大赛）

20. 车三平四（图298） ……

贵州夏刚抛出最新改进型布局飞刀！

20. ……　　炮2退1

21. 车四退二　车1平3

倘若马1进2，兵五进一，马3进5，车四平五，马2退3，车五平四，马3退5，马六退五，车8退7，帅四平五，卒7平6，车四退三，车1平4，黑可抗衡。

22. 马五进六　卒5进1

23. 兵七进一 ……

倘若马六进五，象7进5，炮五平五，士5进6，马七退五，炮2进2，相七进九，另有一场搏杀。

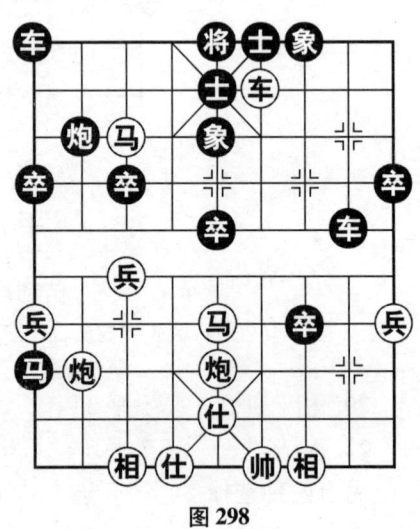

图298

23. ……　　马1进2

倘若卒3进1，炮五平九，卒5进1，炮九进四，卒7平6，炮八进五，红棋优势。

24. 炮八进三　车8平4

一车换双，打破封锁！

25. 炮八平六　车3进2　　**26. 兵七进一　车3平4**

似应车3平2，黑可抗衡。

27. 兵七平六　车4平3　　**28. 炮六平五　炮2退1**

29. 兵六进一　车3平4　　**30. 车四平八　炮2平3**

似应炮2平4坚守为宜。

31. 车八退六　卒5进1（图299）

似应车4退2，前炮进一，车4退1，车八进三，卒7进1，前炮退一，车

4进1，车八平三，卒7进1，黑棋和望甚浓。

32. 车八进九　车4平3

随手！似应炮3平4，炮五平六，车4平3，坚守为佳。

33. 后炮平九　车3进2

34. 炮五进一　卒1进1

形同虚设！还是应走炮3平4为宜。

35. 炮九进三　车3退1
36. 炮九进四　炮3平4
37. 炮五退二　车3平5

无奈之策！

38. 车八退三　……

精妙速胜佳着！

38. ……　　炮4进3　　**39.** 炮五平八

红胜。

点评：黑棋只有苦守而难反击，重演此阵请谨慎。

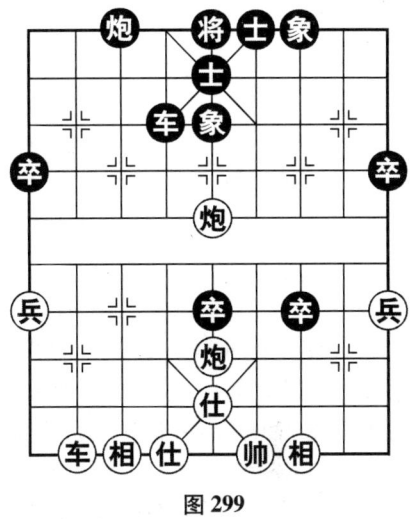

图299

第五章　中炮缓冲中兵对屏风马

2003年亚洲象棋名手邀请赛，菲律宾庄宏明与香港赵汝权之战，不冲中兵却跳左马，然后再飞边相盘头马，一种"缓冲"战术低调亮相。当时并未引人关注，可是后来逐渐形成潮流……

第69局　盘头马飞边相对担子炮

1. 炮二平五　马8进7
2. 马二进三　车9平8
3. 车一平二　马2进3
4. 兵七进一　卒7进1
5. 车二进六　炮8平9
6. 车二平三　炮9退1
7. 兵五进一　士4进5
8. 马八进七　炮9平7
9. 车三平四　马7进8
10. 马三进五　卒7进1
11. 车四平三　马8退7
12. 车三平四　卒7进1
13. 相三进一　象3进5
14. 炮八平九　……

河南著名棋手李林抛出最新布局飞刀！

2003年亚洲象棋名手邀请赛，菲律宾庄宏明与香港赵汝权之战曾走兵五进一，终局和棋。

14. ……　　　炮2退1（图300）

图300形势之下，红棋有车九平八与兵五进一两种选择。

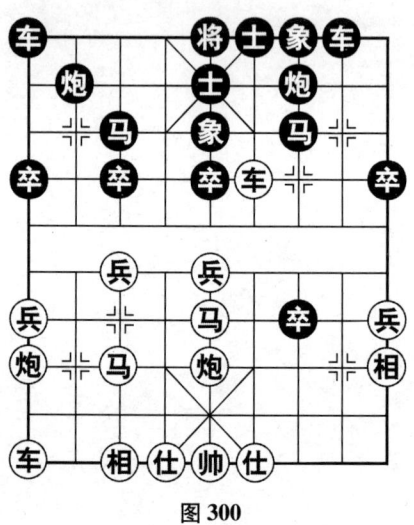

图300

第五章　中炮缓冲中兵对屏风马

（甲）车九平八

李林　负　黄海林

（2006年4月5日全国象棋团体赛）

15. 车九平八　车8进4　　16. 车八进七　马3退4
17. 兵五进一　……

似可马七进八，车1平3，马八进九，炮2平3，仕六进五，红棋形势不差。

17. ……　　卒5进1　　18. 马七进六　卒5进1
19. 炮五进二　车8平4　　20. 马六退七　……

倘若马五退七，炮2平4，炮五退二，炮4进4，马七进六，车4进1，车四进二，炮7平9，车四进三，车4平3，车三退一，车3进4，相一退三，车3退2，炮九退一，车3进1，炮九进一，卒7平6，车三进二，车3退1，车三退一，炮9进1，车三退一，车3平1，车三平一，卒6进1，炮五平八，前车退1，黑棋优势。

20. ……　　车4平5　　21. 炮五平三　卒3进1
22. 兵七进一　车1平3　　23. 炮三进四　炮2平7
24. 炮九退一　马7进8　　25. 车四进二　炮7进1

倘若炮7进3，兵七进一，车3进3，炮九平五，车5平3，马七进六，后车退1，车八退三，红棋有攻势。

26. 车八退一　卒7平6

为什么白白弃卒呢？倘若车3进4，炮九平五，车5平7，马七进六，红棋有攻势。

27. 车四退五　车3进4
28. 炮九平五　车5平7
29. 马七进六　车3进2（图301）
30. 马五进四　……

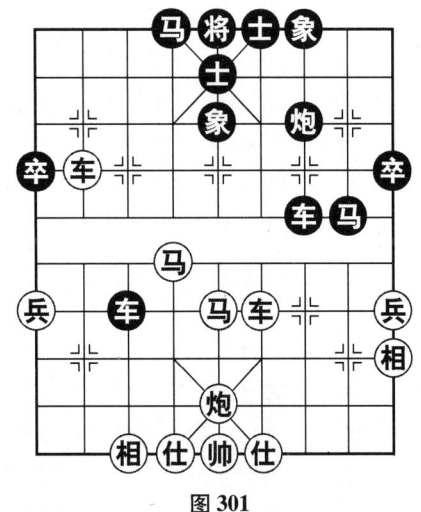

图301

似应车八平九吃卒为宜，马8进7，马五进七，以下黑棋有两种选择：①车3平6，马六退四，车7平3，马七进五，红棋有攻势。②车3退1，车九平四，车7平5，相七进五，红棋优势。

30. ……	车3平6	31. 马四进六	车7平4
32. 后马退四	马4进3	33. 炮五进一	炮7退1
34. 车八平七	马3进5	35. 马六进五	……

踢士交换稍得便宜。

| 35. …… | 士6进5 | 36. 车七平五 | 车4进2 |
| 37. 马四进五 | …… | | |

作茧自缚！似可马四进二，炮7进5，车五平九，炮7平5，仕四进五，马8进6，车九进三，士5退4，车九退五，马6进5，相七进五，炮5平1，兵一进一，炮1平2，马二进一，平稳之势。

| 37. …… | 车4平5 | 38. 相一进三 | …… |

如车五平三，马8退9，车三平五，士5退4，仕六进五，炮7平5，车五平九，车5退2，黑棋优势。

| 38. …… | 马8退7 | 39. 车五平九 | 车5退2 |

余略，第70回合黑胜。

点评：红棋最新飞刀虽然受挫，但其攻击力不可低估。

（乙）兵五进一

张兰天 负 程鸣

（2013年3月18日弈于江苏省象棋公开赛）

15. 兵五进一（图302）　……

6年之后，张兰天大师抛出最新布局飞刀！

15. ……	马7进8
16. 车四退一	马8退7
17. 车四进一	卒5进1
18. 马五进六	马3退4
19. 车九平八	车8进4
20. 车四平七	卒5进1
21. 兵七进一	卒7平6
22. 仕六进五	……

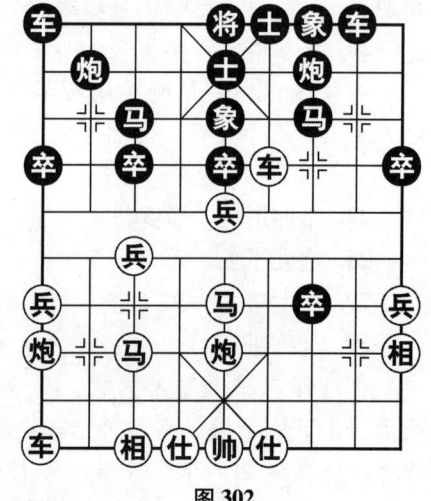

图302

两位青年大师争斗纠缠各有千秋。现在似可炮五退一，车8平7，车八进四，象5进3，马六进四，马4进5，马四退五，马5进3，马五进三，象3退

5, 马三进四, 将 5 平 4, 车八进二, 士 5 进 6, 车八平七, 士 6 退 5, 马七进六, 卒 6 平 5, 炮九进四, 红棋尚无大碍。

22. ……　　　卒 5 进 1（图 303）

23. 炮五平三　……

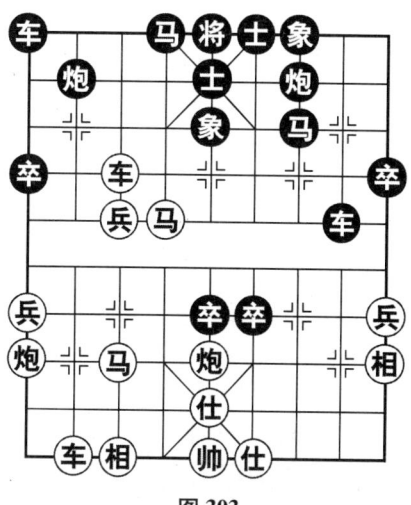

图 303

似可马六进四, 车 8 平 6, 马七进六, 车 6 进 1, 马四进三, 炮 2 平 7, 马六进五, 马 7 进 5（如车 6 退 2, 车七平九）, 炮五进四, 炮 7 平 8, 炮九平二, 红棋足可一战。

23. ……　　　车 8 平 5
24. 车八进六　象 5 进 3
25. 车七退一　……

贪胜。似应炮三进六, 炮 2 平 7, 马七进八, 象 7 进 5, 兵九进一, 红棋尚可坚守。

25. ……　　　象 7 进 5　　26. 车八平六　炮 7 进 6
27. 炮九平三　炮 2 平 4

精妙！

28. 马七进八　……

倘若车七平八, 车 1 平 3, 车六进二, 车 3 进 7, 黑棋优势。

28. ……　　　士 5 进 4

撑士打车精巧！奠定胜势。

29. 车六进一　象 5 进 3　　30. 马八进七　……

倘若车六进一, 马 7 进 5, 车六平二, 马 5 进 7, 黑棋多子胜势。

30. ……　　　车 5 平 7　　31. 炮三进五　士 6 进 5

似可炮 4 进 3, 炮三平一, 象 3 退 5, 黑棋亦胜势。

32. 马七进六　象 3 退 5　　33. 车六平五　车 7 平 4

黑胜。

点评：最新布局飞刀出师未捷, 重演此阵请谨慎。

第70局　盘头马飞边相对担子炮

1. 炮二平五　马 8 进 7　　2. 马二进三　车 9 平 8
3. 车一平二　卒 7 进 1　　4. 车二进六　马 2 进 3

5. 兵七进一　炮8平9
6. 车二平三　炮9退1
7. 马八进七　士4进5
8. 兵五进一　炮9平7
9. 车三平四　马7进8
10. 马三进五　卒7进1
11. 车四退一　卒7进1
12. 相三进一　马8退7
13. 车四进一　象3进5
14. 炮八平九　车8进4

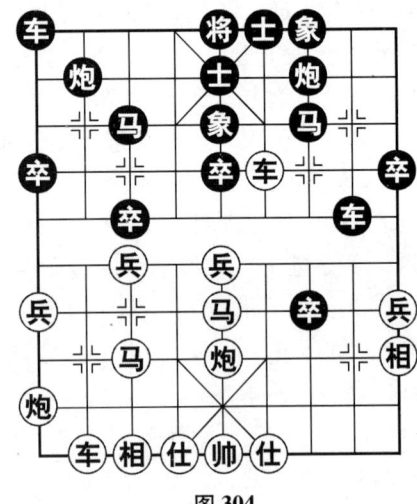

图304

"巡河车"是特级大师潘振波抛出的最新布局飞刀！

15. 车九平八　炮2退1
16. 炮九退一　卒3进1（图304）

图304 形势之下，红棋有炮九平三与兵五进一两种选择。

（甲）炮九平三

刘智 胜 潘振波

（2006年4月8日弈于全国象棋团体赛）

17. 炮九平三　马7进6　　18. 炮三进七　马6进5
19. 马七进五　炮2平7　　20. 兵五进一　卒7平6

弃卒调车趣向！似可卒5进1，马五进四，车1平2，车八进九，马3退2，马四进二，车8平7，车四进二，炮7进1，兵七进一，卒5进1，车四退三，将5平4，车四进一，炮7平8，黑棋足可一战。

21. 车四退三　卒5进1　　22. 车四进五　卒5进1
23. 马五进三　车8平7　　24. 炮五进五　……

倘若炮五平三，车7进1，相一进三，炮7进6，兵七进一，象5进3，车四退三，象7进5，车八进四，平淡之势。

24. ……　　　将5平4　　25. 车八进六　车1进1
26. 炮五平二　车1平4　　27. 仕六进五　炮7进2
28. 车八平四　……

势在必行。倘若车八平七，卒5平6，黑棋优势。

28. ……　　　车4进4　　29. 炮二进二　将4进1

无奈！因红有前车平五杀士的凶着。

30. 炮二退七　炮 7 退 1　　　**31.** 后车进一　车 4 退 3

倘若马 3 进 5，后车平五，车 4 平 3，炮二平六，车 3 进 4，炮六退二，卒 5 平 6，车五退一，将 4 退 1，马三退四，红棋优势。

32. 后车平六　将 4 进 1　　　**33.** 炮二平三　车 7 进 1

34. 相一进三　炮 7 进 5

35. 相三退五（图 305）　将 4 退 1

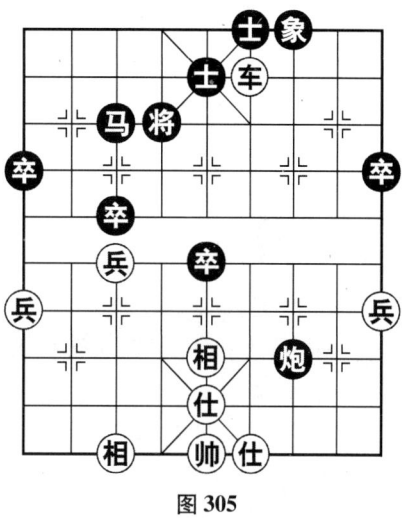

图 305

为什么不走卒 3 进 1 呢？车四平三，炮 7 平 8，车三退一，象 7 进 5，车三退一，象 5 进 3，相五进七，炮 8 进 2，车三退六，炮 8 退 8，相七退五，将 4 退 1，车三进六，马 3 进 2，车三平二，炮 8 平 6，车二平一，马 2 进 1，车一平六，士 5 进 4，车六平九，红棋胜势。

36. 车四退二　卒 3 进 1

37. 车四平七　马 3 退 4

38. 车七平六　士 5 进 4

39. 车六平九　炮 7 退 6

40. 车九平三

红胜。

点评：飞刀乍试显露锋芒！那么如何应对呢？请看下局。

（乙）兵五进一

党斐 负 蒋川

（2012 年 3 月 20 日弈于湖南耒阳象棋精英邀请赛）

17. 兵五进一（图 306）　……

著名象棋大师党斐抛出最新布局飞刀！

17. ……　　　卒 5 进 1　　　**18.** 兵七进一　卒 5 进 1

19. 炮五进二　车 8 平 3　　　**20.** 炮九平七　车 3 平 5

21. 炮七平五　……

倘若炮七进六，马 7 进 8，炮五平九，车 1 平 3，车四平七，卒 7 平 6，炮九平二，卒 6 平 5，黑棋优势。

21. ……　　　车 5 平 3　　　**22.** 后炮平七　车 3 平 5

23. 炮七平五　车5平3
24. 马七进六　炮2平3
25. 马五退七　车3平4
26. 车八进七　马7进8
27. 前炮平三　……

倘若车四平三，炮7进1，车八退三，炮3进6，马六退七，车1平4，车三平七，后车进3，车八进二，后车平3，车八平七，马8进6，黑棋稍优。

27. ……　　　马3进5
28. 炮五进六　象7进5
29. 车四平五　马8进6（图307）
30. 车五进一　……

激进贪胜造成形势逆转！似应车五退三，炮3进8，仕六进五，车1平3，车五进一，车4平6，车八退七，炮3退1，车五进三，车6平7，车五退三，马6进7，马六进五，车7退1，炮三进四，车7退2，马七进八，红棋前景光明。

30. ……　　　马6进4

飞马奔槽，红棋崩溃！

31. 相七进五　马4进6
32. 帅五进一　车4平8
33. 车五平二　车8退2
34. 车八平二　车1平2
35. 相五退三　……

倘若帅五平四，炮7平6，马六退四，车2进8，仕四进五，马6退8，炮三平四，车2退2，马七进六，车2平4，红棋胜势。

35. ……　　马6退4　　36. 帅五退一　马4进6
37. 帅五进一　车2平8　　38. 帅五进一　马6退5
39. 车二平五　炮3进4　　40. 车五平七　卒7平6
41. 仕四进五　炮7进3　　42. 车七退二　车2退1

绝杀佳着！

43. 车七平四　卒6平5　　44. 帅五平四　卒5平4

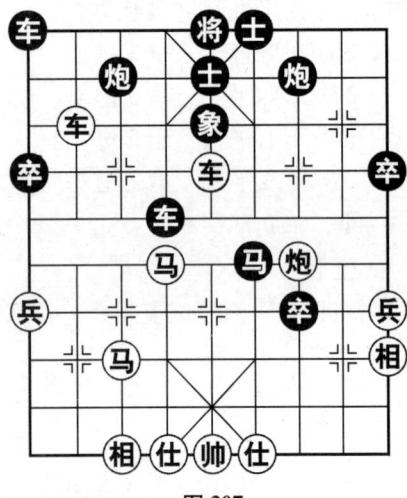

图307

第五章 中炮缓冲中兵对屏风马

黑胜。

点评：新着折戟沉沙，但其攻击力绝不可低估！重演黑阵请小心为宜。

第71局 盘头马飞边相对进炮二路

著名象棋大师聂铁文于2007年全国象棋甲级联赛抛出鬼怪式"进炮二路"布局飞刀，看似既不顶车，也没有明显攻击意图，被红棋上仕拦挡之后，孤炮越发显得呆板。可是后来竟然奇迹出现了……

何刚 负 聂铁文

（2007年11月7日弈于全国象甲联赛）

1. 炮二平五	马8进7	2. 马二进三	车9平8
3. 车一平二	卒7进1	4. 车二进六	马2进3
5. 兵七进一	炮8平9	6. 车二平三	炮9退1
7. 马八进七	士4进5	8. 兵五进一	炮9平7
9. 车三平四	卒7进1	10. 马三进五	卒7进1
11. 相三进一	象3进5		
12. 炮八平九	炮2进6（图308）		

进炮红棋二路，是聂铁文大师首创鬼怪飞刀！

13. 仕六进五 ……

红棋补仕之后，似乎黑进炮成为废棋，实则是未雨绸缪之计！

13. …… 炮7平8
14. 炮五平二 炮8平7
15. 车九平八 ……

出车捉炮被黑车开出，反而形成顶车之势，似应炮二平五为宜。

15. …… 车1平2

16. 炮二平六 ……

似可兵五进一，卒7进1，炮二进四，马7进8，车四平三，马8进6，马五进四，炮7平6，炮九平三，马6进7，车三退四，卒5进1，车三进四，红棋足可一战。

16. …… 车8进4　　17. 兵五进一 车8平5

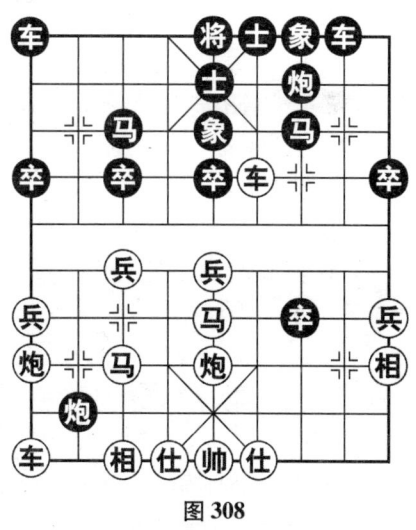

图308

18. 炮六平五　车5平7　　　19. 炮九平八　炮2平4
20. 炮五平六　炮4平3　　　21. 车四进二　……

倘若车八进一，炮7平9，车八平七，炮9进5，马五退四，车2进6，炮六平五，车7平6，车四平三，车6进4，车三进一，车6退3，黑棋弃子抢攻。

21. ……　　　炮7平9　　　22. 炮八进五　炮9进1
23. 马七进六　卒5进1　　　24. 炮六平五　……

倘若马五进六，马3进5，车八进六，卒3进1，炮六平五，卒3进1，前马进五，炮9平5，马六进五，马7进5，炮五进四，炮3退2，车四退二，卒5进1，黑棋优势。

24. ……　　　卒5进1
25. 炮五进二　马3进5（图309）
26. 马五退七　……

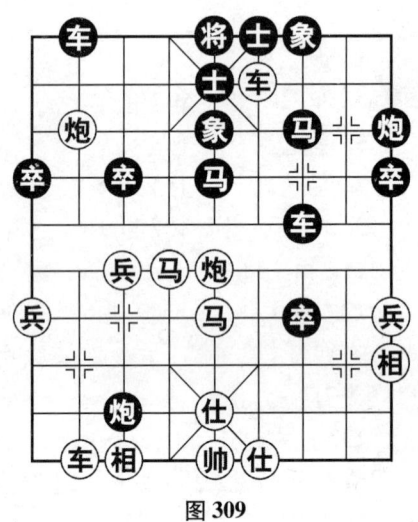

图309

为什么不走马六进五呢？马7进5，炮八进一，马5进4，车八进二，炮9平4，马五退六，炮9平8，黑棋优势。

26. ……　　　马5进4
27. 马七进六　炮3退2
28. 相七进五　车7平4
29. 马六退七　马7进6
30. 炮八退三　炮9进4

黑胜。

点评：冷门飞刀十分厉害，倘若重演红阵请小心为佳。

第72局　盘头马飞边相对8路车点穴

2006年全国象棋团体赛，河南小将曹岩磊首创"8路车点穴"布局飞刀，从而引发一场布局争斗热潮。

1. 炮二平五　马8进7　　　2. 马二进三　车9平8
3. 车一平二　卒7进1　　　4. 车二进六　马2进3
5. 兵七进一　炮8平9　　　6. 车二平三　炮9退1
7. 兵五进一　士4进5　　　8. 马八进七　炮9平7
9. 车三平四　卒7进1　　　10. 马三进五　卒7进1

第五章 中炮缓冲中兵对屏风马

11. 相三进一　车8进8

曹岩磊抛出最新布局飞刀！

12. 炮八平九　马7进8（图310）

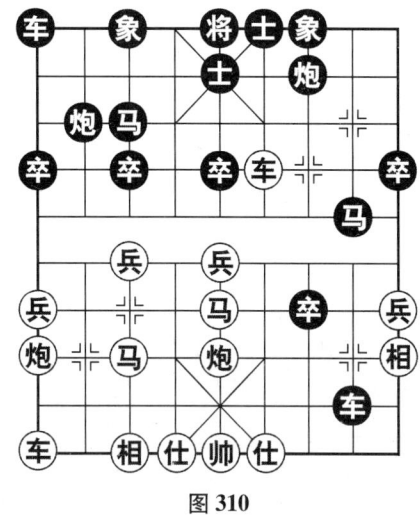

图310

图310形势之下，红棋有车四平三与车四退一两种选择。

（甲）车四平三

李晓晖 负 曹岩磊

（2006年4月3日弈于全国象棋团体赛）

13. 车四平三　马8退7

另有两种选择：①2006年启新高尔夫杯全国象棋甲级联申鹏与李雪松之战曾走：炮2退1，车九平八，卒7平6，炮五平三，卒6平7，炮三平五，卒7平6，炮五平三，卒6平7，炮三退二，象3进5，仕四进五，炮2平4，马五进三，马8退9，车三平二，车8退5，马三进二，炮7进8，相一退三，车1平2，车八进九，马3退2，马七进六，炮4进3，马二退四，卒7平8，马四退五，卒8平9，兵五进一，炮4平1，炮九平五，卒5进1，兵七进一，卒3进1，马六进八，余略，第111回合和棋。②2013年第三届同峰杯象棋大赛，湖南严峻与陈少华之战又有新的改进：炮7进1，兵五进一，马8进6，车三退三，马6进4，炮五平六，卒5进1，仕六进五，炮2进4，车三进四，炮2平5，帅五平六，象3进5，车三退四，卒5进1，炮六退一，车8进1，相一退三，马4进2，车九平八，马2退3，车八进四，卒3进1，马七进五，

中炮急冲中兵对屏风马

卒5进1，炮九平七，车1平2，车八进五，后马退2，相七进九，马3进1，炮七退一，马1进3，炮六进一，马3退2，车三平五，前马进1，车五平八，马1进3，车八进六，士5退4，炮六平七，车8平7，车八平六，将5进1，黑优，终局和棋。

14. 车三平四　车1平2　　　15. 兵五进一　马7进8
16. 车四平三　马8进6

弃炮踏车奔槽是算度深远的佳着！

17. 车三退三　马6进4　　　18. 炮五平六　炮2进4
19. 车九进一　……

兑车机警！倘若车三进五，炮2平5，车三退五，炮5退1，车三平六，车2进8，炮六退一，车8平4，车六退二，车2平4，车九进一，车4退2，车九平四，卒5进1，黑棋优势。

19. ……　　　车8平1　　　20. 马七退九　卒5进1
21. 炮九平七　……

倘若炮六退一，卒5进1，车三进五，炮2平5，炮九平三，象3进5，马九进七，车2进8，炮三退一，车2平4，马七进五，车4平3，仕四进五，车3进1，马五进三，马3进5，黑棋优势。

21. ……　　　炮2平3　　　22. 车三进五　炮3平5
23. 车三退五　卒5进1　　　24. 炮七进一　……

倘若车三进一，卒5平6，车三退一，炮5平6，仕四进五，象3进5，炮六平三，马3进5，黑棋优势。

24. ……　　　车2进7
25. 炮七平五　车2平4
26. 炮五退二　……

倘若仕六进五，车4平9，炮五平四，卒5平4，马九进八，卒4平3，马八退六，后卒进1，黑棋优势。

26. ……　　　车4进1
27. 马九进七（图311）　将5平4

似可马4进6，炮五平四，车4平6，车三平四，卒5平6，车四进一，车6平5，帅五进一，马6退4，帅五退一，马4退6，黑棋胜势。

28. 炮五平四　……

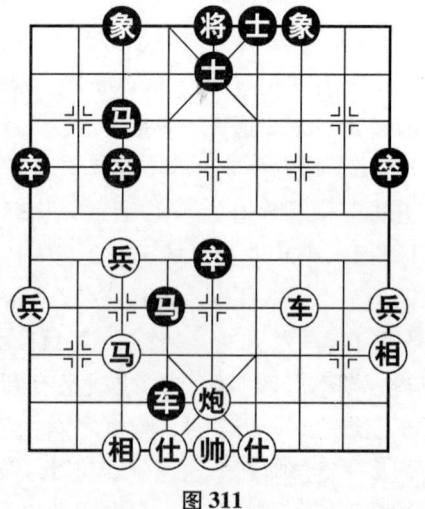

图311

第五章 中炮缓冲中兵对屏风马

似应相七进九为宜。

28. ……	马4进3	29. 炮四平七	车4进1
30. 帅五进一	车4退1	31. 帅五退一	车4平3
32. 马七退五	车3退3	33. 相七进五	车3平4
34. 马五进七	车4退2	35. 仕四进五	象7进5
36. 车三平八	马3进5		

亦可卒3进1，车八进一，车4平5，相一退三，马3进4，黑棋胜势。

37. 车八进三	马5进6	38. 相五进三	车4平8
39. 相一退三	马6进7	40. 车八平九	马7退9

退马吃兵确保胜势。

41. 相三退一	马9进7	42. 车九平八	卒9进1
43. 车八退三	马7退6	44. 相一进三	卒3进1
45. 车八进一	车8平5	46. 马七进六	车5平7

黑胜。

点评：飞刀反击锐利，重演红阵请小心为宜。

（乙）车四退一

孟辰 负 武俊强

(2011年1月12日弈于衡阳珠晖杯象棋大师邀请赛)

15. 车四退一（图312） ……

孟辰大师抛出最新改进型布局飞刀！

15. ……	车1平2
16. 车九平八	炮2进4
17. 兵五进一	卒7平6
18. 炮五平三	马8进7
19. 车四平三	卒6平5
20. 车三进三	象7进5
21. 兵五进一	……

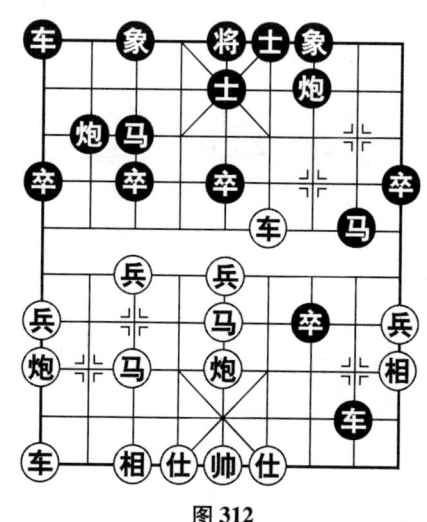

图312

倘若马七进五，卒5进1，车三平四，卒5进1，马五退四，车8平7，马四进三，卒5进1，马三进四，车7退1，马四退五，车7平4，车四退三，炮2进2，黑棋稍优。

21.	……	马7进9	22. 马七进五	马9进7
23. 马五退四	马3进5		24. 车三退五	炮2进2
25. 炮九平五	车8退4		26. 炮五退一	车2进4
27. 兵七进一	……			

弃兵设下埋伏。倘若炮五平三，炮2平7，车八进五，车8平2，炮三平二，车2平7，炮二平九，局势平淡。

27. ……	车8平3
28. 炮三平二	马7退8（图313）

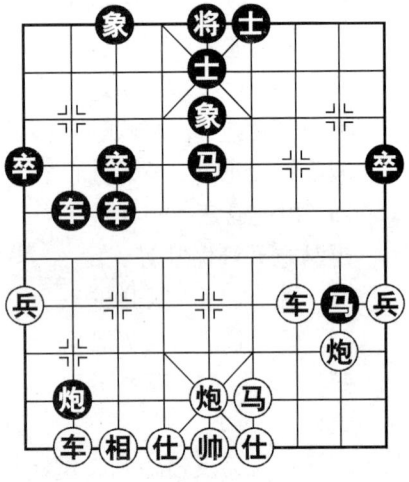

图313

精妙！倘若车3平8，炮五平三，车8进3，车八进一，红棋得子。

29. 车三平二	炮2平6
30. 车二平四	……

似可车八进五，车3平2，车二进三，炮6平9，车二平五，炮9进1，炮二退二，车2平6，炮五进一，车6进5，帅五进一，车6平8，车五平七，车8退1，帅五退一，象3进1，车七平九，车8进1，帅五进一，车8平4，车九进一，将5平4，车九平五，车4退1，帅五退一，炮9平3，炮五平二，鹿死谁手尚难预料。

30. ……	炮6平7	31. 炮二进七	炮7退8
32. 车八进五	车3平2	33. 车四进三	车2平5
34. 炮五进一	车5进2	35. 炮二平一	卒1进1

精细！为残局保存多卒奠定基础。

36. 仕四进五	马5进4	37. 车四平一	卒3进1
38. 兵一进一	车5平1	39. 车一平三	车1平5
40. 炮五平四	车5平8	41. 兵一进一	车8退6
42. 炮一平三	象5退3		

倘若车8平7，车三进三，象5退7，红棋尚有一线和棋之望，所以没有主动兑车。

43. 车三退三	卒1进1	44. 车三平六	车8进5
45. 炮四平五	象7进5	46. 仕五退四	卒3进1

双卒渡河，胜势在望。

47. 仕六进五	车8平5	48. 兵一平二	车5退2
49. 炮五平一	车5平9	50. 炮一平六	马4退3

51. 炮六平五	卒3平4	52. 车六平七	卒1平2
53. 车七平二	车9平5	54. 兵二进一	马3进1
55. 炮五平一	车5平3	56. 相七进五	马1进2
57. 炮一退一	车3平5	58. 车二退一	卒4平5
59. 兵二进一	卒5进1	60. 相五退三	车5平9
61. 炮一平四	车9平3	62. 炮四平一	车3平9
63. 炮一平四	车9平1	64. 炮四平一	将5平4
65. 仕五退六	车1平4		

黑胜。

点评：改进型飞刀付出高昂代价，重演此阵请谨慎。

第73局　盘头马飞边相对8路车点穴

从李晓晖与曹岩磊之战可以看到，红棋"开边炮"遭到黑方强烈反击，迫使后来者不得不另辟蹊径。在2006年全国象棋甲级联赛，著名特级大师赵鑫鑫改进型冲中兵飞刀横空出世……

1. 炮二平五	马8进7	2. 马二进三	车9平8
3. 车一平二	马2进3	4. 兵七进一	卒7进1
5. 车二进六	炮8平9	6. 车二平三	炮9退1
7. 马八进七	士4进5		
8. 兵五进一	炮9平7		
9. 车三平四	马7进8		
10. 马三进五	卒7进1		
11. 车四退一	马8退7		
12. 车四进一	卒7进1		
13. 相三进一	车8进8		
14. 兵五进一	……		

赵鑫鑫抛出最新改进型布局飞刀！

14. ……	马7进8
15. 车四退一	卒7平6
16. 炮五平三	象7进5（图314）

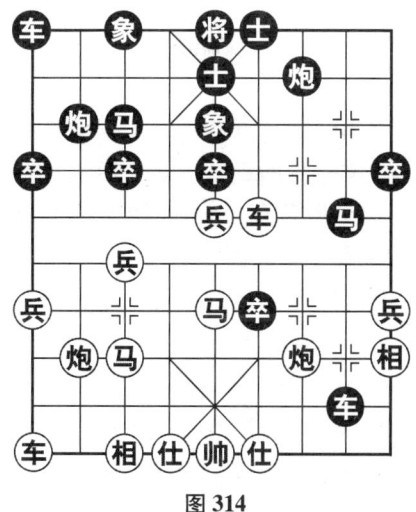

图314

图314形势之下，红棋有车四退二与马五进六两种选择。

（甲）车四退二

赵鑫鑫 和 张强

（2006年5月17日弈于全国象棋甲级联赛）

17. 车四退二　卒5进1　　18. 马五进四　马3进5
19. 马四进二　炮2退1　　20. 马七进八　……

倘若相一进三，炮7进6，炮八平三，马8进9，车四平一，车8退5，车九平八，炮2平3，相七进五，卒5进1，车八进六，马5进4，马七进六，卒5平4，黑棋优势。

20. ……　　卒5进1　　21. 炮八进六　炮7平2
22. 马八进七　马8进6　　23. 马二退四　卒5进1

弃卒逼兑是化解红棋攻势的佳着！

24. 车四平五　马6进7　　25. 车五进三　车8平6
26. 仕六进五　车6退4　　27. 马七进八　车6平2
28. 马八退七　卒9进1

余略，终局和棋。

点评："退车吃兵"保持小优势，虽然赢棋难，输棋也难。

（乙）炮2退3

程进超 胜 王瑞祥

（2009年7月25日弈于北京全国象棋一级棋士赛）

15. 马五进六　炮2进2
16. 车四进三　炮2退3（图315）

退炮打车是河北青年名手王瑞祥首发最新布局飞刀！

17. 车四退五　卒5进1

弃马抢先！倘若车1进2，马六进八，炮2进1，车四进五，红棋有攻势。

18. 炮八进四　……

为什么不走马六进七，车1进2，前马退九，车1进1，马七进八，炮2进6，马八进九，炮2平9，炮三退二，炮9进2，相七进五，卒5进1，黑棋虽然少子

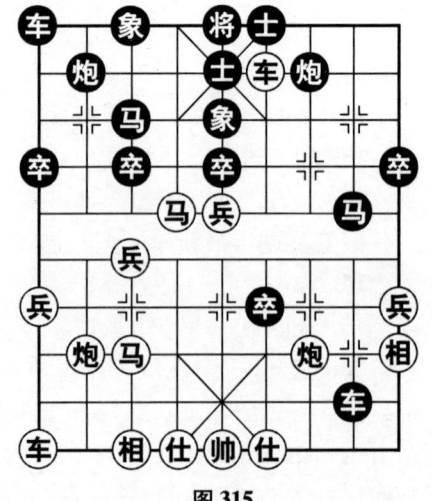

图315

第五章 中炮缓冲中兵对屏风马

但有攻势。

18. …… 车1进2
19. 炮八平一 马8退7
20. 炮三进六 炮2平7
21. 车九进一 车8平1
22. 炮一进三 炮7退1

似应象5退7，马七退九，马3进5，马九进七，车1平4，马六退八，卒5进1，黑棋足可一战。

23. 马七退九 马3进5
24. 车四进三 车1平4
25. 马六退五 卒5进1
26. 马五进三 车4进4
27. 兵一进一 ……

倘若相七进五，车4平1，马九退七，卒5平6，马三进一，卒1进1，黑棋优势。

27. …… 将5平4
28. 仕四进五 车4平1
29. 马九进七 车1平3
30. 马七退九 车3退1

多兵之势确立，庞大卒团令人不寒而栗！

31. 相七进五 车3退1
32. 马三进二 卒1进1
33. 马九进八 车3平2
34. 马八退六 卒5平4
35. 相五退三 车2平5

似可车2平4，马六进四，卒3进1，马四进二，卒3进1，黑棋优势。

36. 马六进四 车5进1
37. 马二退三（图316） 马7进8

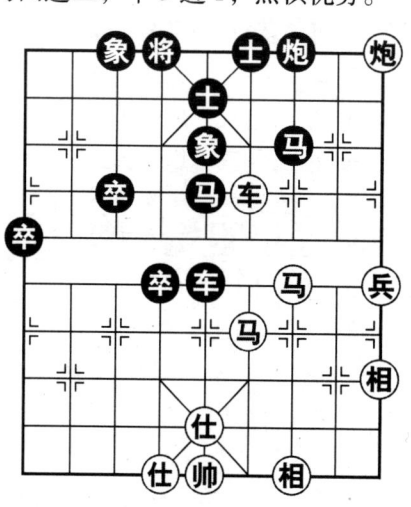

图316

红棋在右翼集聚全部兵力，存在攻击态势，所以黑棋不应沉湎于多卒物质优势中，而应车5平6，车四退二，马5进6，马四进六，卒3进1，相三进五，卒1进1，黑棋稍优。

38. 马四进三 车5平6
39. 车四平五 象5进7
40. 车五进二 ……

倘若车五平七，象3进5，车七平九，将4平5，兵一进一，马8退9，车九退一，炮7平8，黑可抗御。

40. …… 象3进5
41. 兵一进一 马8退9
42. 车五平九 马9进7
43. 车九退三 卒3进1
44. 车九进四 将4进1
45. 车九退一 将4退1

46. 兵一平二　象7退9　　47. 兵二进一　马7进5
48. 兵二进一　……

小兵迫近九宫，黑棋陷于危境之中。

48. ……　　马5退7　　49. 兵二平三　炮7平8
50. 车九平二　炮8平7　　51. 车二退二　马7进5
52. 车二平六　将4平5　　53. 马三进二　……

左右夹击，黑难招架。

53. ……　　马5进6　　54. 马二进三　车6退4
55. 车六平四

红胜。

点评：黑棋的最新飞刀虽然受挫，其反击威力不可低估，重演红阵请小心。

第74局　盘头马飞边相对8路车点穴

2006年全国象甲联赛，苗利明大师最新飞刀出鞘，向全球第一高手许仙刺去，引发一场战火纷飞的惊天大战！在形势危难之际，特级大师许银川上演"卖马救主"之计，终于化险为夷……

1. 炮二平五　马8进7　　2. 马二进三　车9平8
3. 车一平二　马2进3　　4. 兵七进一　卒7进1
5. 车二进六　炮8平9
6. 车二平三　炮9退1
7. 兵五进一　士4进5
8. 马三进五　炮9平7
9. 车三平四　马7进8（图317）
10. 马八进七　……

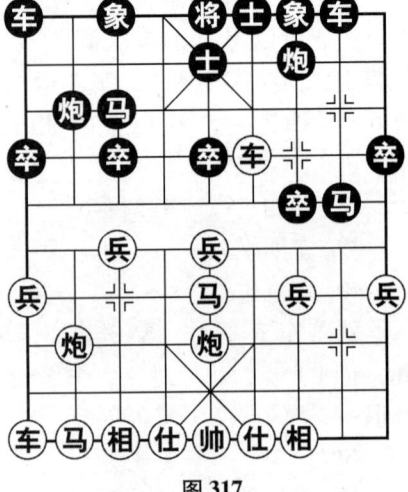

图317

2008年9月6日全国象棋个人赛，杭州蒋家宾与党斐之战曾走：兵五进一，卒7进1，车四平三，马8退7，车三平四，车8进8，马八进七，卒7进1，兵五进一，卒7平6，炮五平三，卒6平5，炮三进六，马3进5，仕六进五，车8退7，炮八进四，卒3进1，兵七进一，马5进3，炮三平四，马7进5，马七进五，车8平6，黑胜。

第五章 中炮缓冲中兵对屏风马

10. ……　　　卒7进1
11. 车四平三　马8退7
12. 车三平四　卒7进1
13. 相三进一　车8进8
14. 兵五进一　马7进8
15. 车四退一　卒7平6
16. 炮五平三　象7进5
17. 马五进六　……

苗利明大师抛出最新布局飞刀!

17. ……　　　炮2进2
18. 车四进三　炮2平5（图318）

"许仙"艺高胆大,炮轰中兵,弃马弃炮悉听尊便。

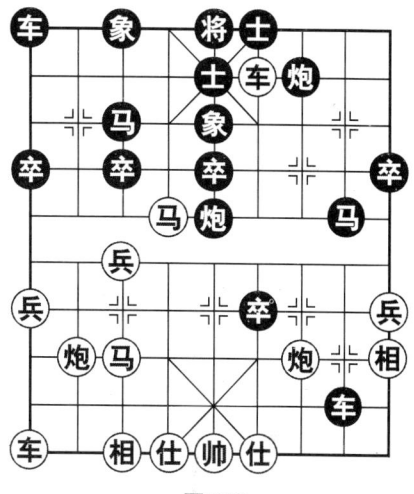

图318

图318形势之下,红棋有马六进八与炮八进三两种选择。

（甲）马六进八

苗利明 负 许银川

（2006年弈于全国象甲联赛）

19. 马六进八　……

苗利明大师面对泰山压顶的空心炮,毫不示弱跳马卧槽瞄吃黑车而杀气腾腾!刹那间两军阵前风云突起,一场生死搏杀近在眼前!

19. ……　　　马8进6（图319）

高!就是高!许仙上演卖马救主大戏!非许银川难有如此大手笔!

20. 车四退四　……

为什么不走车四平三吃炮呢?马6进4,炮三退一,马4进3,帅五进一,前马进1,车三退四,士5进4,马八进七,将5平4,前马进九,马1退2,黑棋优势。

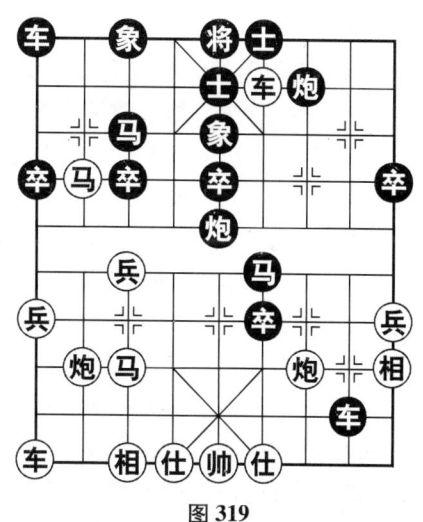

图319

20. ……　　　马3退1

终于解除卧槽马的威胁。

21. 马八进九	车1进1	22. 车九进一	车8平1
23. 炮八进七	士5退4	24. 马七退九	车1平2
25. 炮八平九	……		

倘若车四退一，车2退1，车四平八，车2平1，马九进七，车1进2，马七进六，车1平4，马六进七，车4进5，黑棋稍优。

25. ……	车2进6	26. 炮三平七	车2进1
27. 车四退一	炮7进6		

死子不急吃！倘若车2平1，车四进三，红棋尚可坚守。

28. 炮七平九	……		

似应炮七平四拦挡为佳。

28. ……	车2平1	29. 后炮进四	炮7平5
30. 车四平五	前炮平1	31. 车五进二	……

弃车砍炮是无奈之举！

31. ……	卒5进1	32. 相七进九	卒9进1
33. 相一退三	……		

似可后炮退一，卒5进1，兵一进一，卒9进1，后炮退一，士6进5，后炮平五，车1平7，兵九进一，卒9进1，炮五退二，卒9进1，炮五平七，尚有一线和棋之望。

33. ……	车1平9	34. 相九退七	车9退2
35. 后炮退二	车9平3	36. 相三进五	……

似应相七进五为宜。

36. ……	卒3进1	37. 兵七进一	……

倘若前炮退四，卒3进1，前炮平一，车3平4，炮一退四，将5进1，炮一平五，将5平4，炮五进四，车4进3，帅五进一，卒3平2，帅五平四，车4退3，仕四进五，车4平1，黑棋胜势。

37. ……	车3退2	38. 后炮平七	车3平1
39. 炮九平八	卒5进1	40. 炮八退七	车1进2

以下是"车双卒必胜双炮"实战残局，请看"许仙"如何取胜。

41. 炮七退三	士6进5	42. 炮七平五	卒5平4
43. 炮五平三	卒9进1	44. 仕四进五	卒9进1
45. 炮三平四	卒9平8	46. 炮四平一	车1退2
47. 炮一进一	车1平9	48. 炮八平九	卒8平7
49. 仕五退四	卒7平6	50. 仕六进五	卒6平5
51. 炮一平二	车9平5	52. 相五退三	车5平7

53. 相三进五　卒4进1（图320）
54. 炮二平一　……

倘若炮二进一，卒5进1，相七进五，卒4平5，仕五进六，车7平3，仕四进五，车3进3，炮九退一，车3平1，炮九平六，卒5进1，红棋亦难和棋。

54. ……　　　车7平1
55. 炮九平八　车1平2
56. 炮八平六　卒5进1
57. 相七进五　车2平5

黑胜。

相必丢，形成"车卒必胜双炮双仕"残局，故放弃续弈。

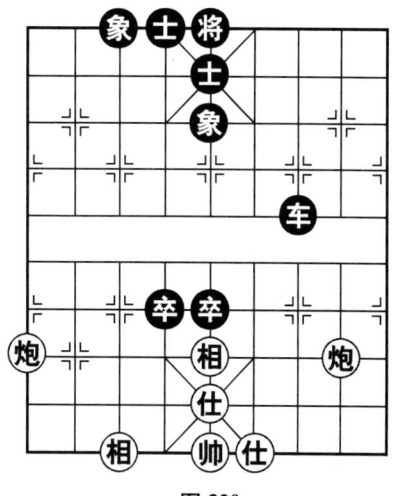
图320

点评：许仙重型武器"空心炮"击溃虎视眈眈卧槽马强大攻势。也许在这盘棋名人效应的影响下，红方这一战术从此退出大型比赛的主战场。

（乙）炮八进三

范思远　胜　王瑞祥

(2008年9月27日弈于荥阳楚河汉界杯象棋棋王争霸赛)

辽宁著名棋手范思远抛出最新布局飞刀!

17. 炮八进三（图321）　炮5平2
18. 车九平八　炮7进3
19. 车八进五　车1平2
20. 车八退一　车8退1

似可马8进9，炮三进二，车2进5，马七进八，马9退7，相一进三，马3退1，车四退五，车8平4，马六进四，炮7平2，车四进一，卒3进1，仕四进五，马1进3，兵七进一，象5进3，车四平七，象3进1，黑棋优势。

21. 炮三平五（图322）　……

倘若马六进七，车2进5，后马进八，车8平7，马七退五，炮7平5，车四退三，炮5进1，黑棋优势。

21. ……　　　车8平9

弃子抢攻！似可炮7平5，仕六进五，卒6进1，炮五进一，卒6进1，车八进五，马3退2，炮五退一，卒6平5，仕四进五，车8进2，车四退八，车8平6，帅五平四，马8进9，黑棋优势。

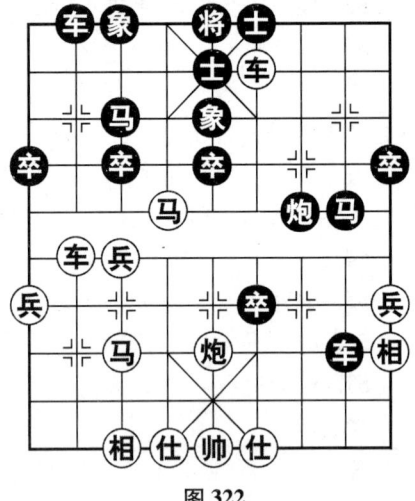

图322

22. 马六进七　车2进5
23. 后马进八　炮7进5
24. 仕四进五　车9进2
25. 马八进九　炮7退5

似可炮7平4，仕五退四，炮4平6，车四退五，炮6平3，帅五进一，车9退1，帅五退一，车9退1，帅五进一，卒5进1，黑棋尚可一战。

26. 仕五退四　炮7平5

似可卒3进1，车四退五，卒3进1，炮五平八，炮7进5，仕四进五，卒3平2，炮八平四，卒5进1，黑棋尚可支撑一时。

27. 炮五进四　……

佳着！空心炮的威胁有惊无险。

27. ……　　　马8退7　　　28. 车四退一　车9退1

无奈！倘若车9平7，马九进八，绝杀红胜。

29. 车四平三　卒6进1　　　30. 车三退二　炮5进1
31. 车三平六

红胜。

点评：红胜不等于布局红优，黑棋的反击威力不可小觑。

第75局　盘头马飞边相对8路车点穴

2007年全国象棋甲级联赛，甘肃名将何刚首创最新探索型布局飞刀，虽然效果不很理想，但为这一战术增添了新的攻守内容。

何刚　负　汪洋

(2007年12月19日弈于全国象甲联赛)

1. 炮二平五　马8进7　　　2. 马二进三　车9平8

第五章 中炮缓冲中兵对屏风马

3. 车一平二　马2进3
5. 车二进六　炮8平9
7. 马八进七　士4进5
9. 车三平四　马7进8
11. 车四平三　马8退7
13. 车四平三　马8退7
15. 车四平三　马8退7
16. 车三平四　卒7进1
17. 相三进一　车8进8
18. 兵五进一　马7进8
19. 车四平二（图323）……

甘肃名手何刚抛出最新布局飞刀！

19. ……　　　卒7平6
20. 炮五平三　象3进5
21. 马五进六　车8平3
22. 马七进六　……

4. 兵七进一　卒7进1
6. 车二平三　炮9退1
8. 兵五进一　炮9平7
10. 马三进五　卒7进1
12. 车三平四　马7进8
14. 车三平四　马7进8

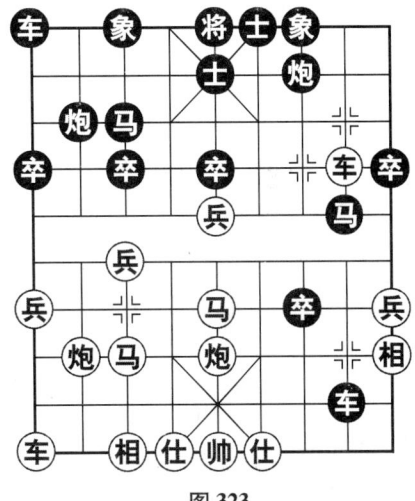

图323

倘若马七退五，马8进6，炮三退一，车3退3，马六进七，车3平5，炮三平四，卒6平7，炮八平四，炮7进1，马七退五，卒7进1，后炮进三，卒7平6，前马进三，炮2平7，车二平四，炮7进4，炮四进五，士5退6，车四退四，车1平4，黑棋优势。

22. ……　　　马8进6
23. 炮八平六　……

倘若后马退五，马6进4，马六进七，车3退3，车二平四，炮7进1，马七进五，士6进5，车四退三，车1平4，兵五进一，车3平5，车九进一，车5退2，黑棋稍优。

23. ……　　　卒6进1
24. 车九平八　卒6进1（图324）
25. 后马退五　……

倘若车八进七，马6进7，后马退五，卒6进1，马五退四，马7进6，帅五平四，炮7进1，马六进七，车3进1，

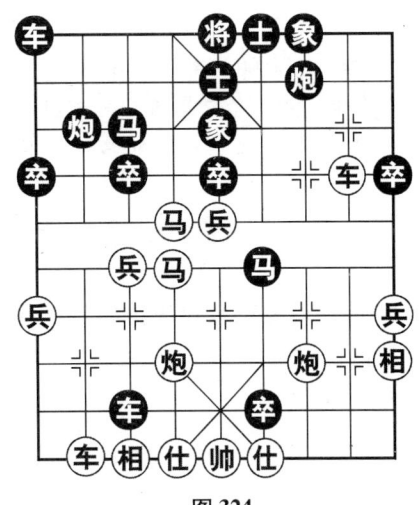

图324

帅四平五，炮7平3，车八平七，车1平4，车二退四，卒5进1，车七退一，车4进6，各有顾忌。

25. ……　　马6退4　　　　**26.** 兵五平六　车1平2
27. 车二平四　炮7进1　　　**28.** 仕四进五　车3退3

倘若卒6平5，仕六进五，车3退3，车四进二，象7进9，马五进四，炮7平6，马四进三，象5进7，炮三平五，红棋有攻势。

29. 车四退五　炮2进5　　　**30.** 车四进七　象7进9

倘若炮7平6，车八进二，车2进7，马五进三，象7进9，炮三平八，红棋得子。

31. 马五进四　炮2平7　　　**32.** 车八进九　马3退2
33. 马四退三　炮7平6　　　**34.** 兵六进一　车3平5
35. 炮六平四　……

似应车四平二为宜。

35. ……　　马2进4　　　　**36.** 车四平一　……

似应炮四进四，马4进2，车四平三，马2进3，车三退五，坚守为宜。

36. ……　　马4进2　　　　**37.** 兵六平五　象5进7

精巧！红棋反而尴尬。

38. 炮四平五　……

似可兵五进一，车5退3，车一平二，加强防守为宜。

38. ……　　炮6平3

一炮定乾坤！

39. 仕五进六　炮3退1　　　**40.** 车一进一　炮3进8

黑胜。

倘若接走帅五进一，炮3退5，相一退三，炮3平5，兵五进一，车5平7，帅五平四，象7退5，炮五进五，将5平4，黑棋胜势。

点评：红棋飞刀的攻势效果不佳，重演此阵请谨慎。

第76局　盘头马飞边相对巡河车

2007年全国象棋甲级联赛，谢岿大师抛出"巡河车"最新战法，一举战而胜之，从而引起棋界的关注。

蒋川　负　谢岿
（2007年12月弈于上海象甲联赛）

1. 炮二平五　马8进7　　　**2.** 马二进三　车9平8

第五章 中炮缓冲中兵对屏风马

3. 车一平二　马2进3
5. 车二进六　炮8平9
7. 马八进七　士4进5
9. 车三平四　马7进8
11. 车四平三　马8退7
13. 相三进一　马7进8
15. 车四进一　马7进8
17. 车四进一　车8进4（图325）

4. 兵七进一　卒7进1
6. 车二平三　炮9退1
8. 兵五进一　炮9平7
10. 马三进五　卒7进1
12. 车三平四　卒7进1
14. 车四退一　马8退7
16. 车四退一　马8退7

著名象棋大师谢岿抛出最新布局飞刀！

18. 兵五进一　象3进5
19. 马五进六　……

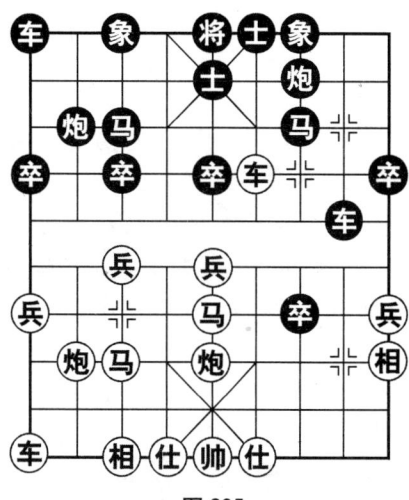

图325

为什么不走兵五进一呢？马3进5，炮五进四，卒7平6，炮五进二，车1平4，炮八平九，士6进5，车九平八，炮2进2，车四退三，炮2平5，相七进五，车8平6，黑可抗衡。

19. ……　　　车1平3
20. 马七进五　卒5进1
21. 炮八进三　卒3进1
22. 马六进七　车3进2

23. 马五进六　……

倘若炮八平五，车3平4，车九平八，炮2退1，兵七进一，车4进4，兵七平六，车4平5，车四平九，炮2平4，车八进九，炮4退1，车九平六，车5退2，兵六平五，车8平5，黑可抗衡。

23. ……　　　车3退2

24. 炮五进五　……

弃炮轰象展开搏杀，略有稍早之嫌！似应车九进一为佳。

24. ……　　　象7进5
26. 相七进五　车3进2
28. 兵七进一　车8平6

25. 马六进五　士5进6
27. 马五退六　车3平4

似可士6退5，仕六进五，卒5进1，车四平八，炮2进2，马六进四，车4平6，车九平六，士5退4，兵七平八，车8退3，马四退五，卒7进1，黑棋优势。

29. 车四平九　士6进5
31. 马六退五　车6退1

30. 仕六进五　马7进8
32. 炮八平五　将5平6

33. 炮五平四　卒7平6　　　　34. 前车平四　马8退6
35. 马五进七　……

倘若马五进六，车4进1，车九平八，炮2平4，车八进三，炮4进2，兵七平六，车4进1，车八平四，炮7平6，车四平二，将6平5，炮四退一，炮6退1，相一退三，红棋还要苦苦求和。

35. ……　　　车4进3
36. 车九平八　炮2平5
37. 车八进九　士5退4
38. 马七进九　将6平5
39. 车八退三　炮7平5
40. 相一退三　卒6进1（图326）
41. 马九进七　……

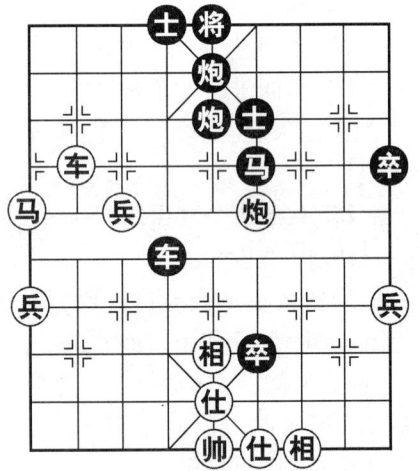

图326

倘若车八平四，卒6平5，炮四平五，卒5进1，仕四进五，后炮进3，帅五平四，前炮平1，黑棋优势。

41. ……　　　车4退2
42. 车八进一　马6退4
43. 车八退五　卒6进1
44. 炮四平六　车4平5
45. 马七进五　车5退1
46. 兵七进一　马4进5

马跳中路，红棋很难抵抗。

47. 兵七平六　马5进4
48. 车八平六　车5进4
49. 炮六平八　卒6进1（图327）
50. 帅五平六　……

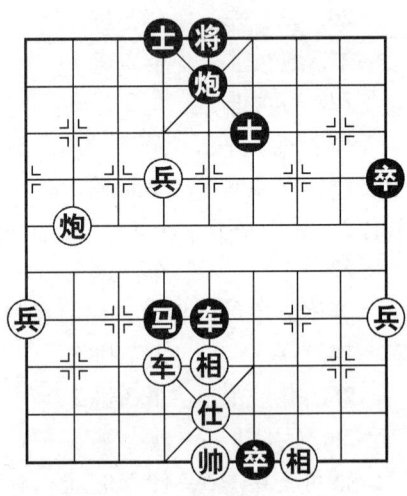

图327

倘若帅五平四，车5平6，帅四平五，马4进6，帅五平六，炮5进7，黑棋亦优。

50. ……　　　炮5进4
51. 炮八退二　马4退3

倘若马4退2，车四进二，炮5退1，仕五退四，车5平2，黑棋胜势。

52. 炮八进六　士4进5　　53. 仕五退四　车5平4

兑车是无风险取胜之策！似可马3进2，车六退一，车5平3，车六进四，

第五章 中炮缓冲中兵对屏风马

车3平6,帅六进一,炮5平4,黑棋胜势。

54. 车六进一　马3进4　　**55.** 炮八退八　炮5平4
56. 帅六平五　……

似应炮八平六兑炮,也许尚有一线和棋之望。

56. ……　　马4进3　　**57.** 帅五进一　卒9进1
58. 兵九进一　炮4平8

黑胜。

点评:"巡河车"的防御性能可圈可点。红棋倘若急攻反而欲速不达。

第六章 中炮拐弯兵对屏风马

"拐弯兵"是什么武器呢？其实是指中兵渡河之后，横向移一步，故名曰拐弯兵。

第77局 中炮拐弯兵对屏风马

2002年全国象棋个人赛，厦门著名棋手郭福人首创"肋道出车"最新布局飞刀，从而演绎别开生面的激烈搏杀！

1. 炮二平五　马8进7
2. 马二进三　马2进3
3. 兵七进一　卒7进1
4. 车一平二　车9平8
5. 车二进六　炮8平9
6. 车二平三　炮9退1
7. 兵五进一　炮9平7
8. 车三平四　士4进5
9. 兵五进一　卒7进1
10. 兵三进一　象3进5
11. 兵五平四（图328）……

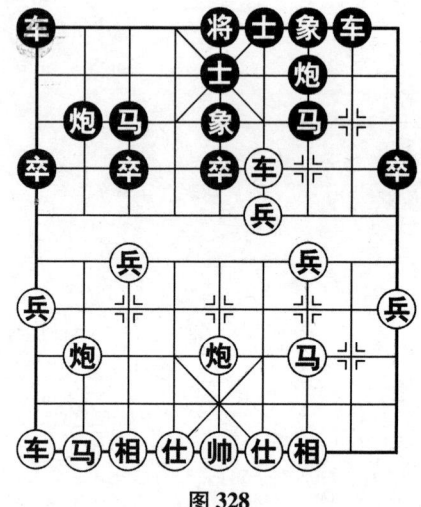

图328

中兵横向移动一步，被称为："中炮拐弯兵。"

图328 形势之下，黑棋有车1平4与炮7进4两种选择。

（甲）车1平4

王晓华　胜　郭福人

（2002年11月9日弈于宜春全国象棋个人赛）

11. ……　　　车1平4

厦门著名棋手郭福人抛出最新布局飞刀！

260

12. 兵四平三 ……

王晓华大师以不变应万变的策略,依然横兵形成叠兵之势,黑军如何反击则悉听尊便!

12. ……　　　车4进7　　　13. 炮八平七　车8进6
14. 仕四进五　车4退2　　　15. 马八进九　车8平2

倘若车4平7,车九平八,炮2退1,兵三进一,马7退9,车八进七,马3退4,车四平五,车8平7,相三进一,后车退2,车五平三,车7退3,马三进五,马9退7,车八退一,红棋稍优。

16. 相三进一　炮2进1
17. 前兵进一　马7退9

倘若卒3进1,车四退二,车4平6,马三进四,炮7进2,兵七进一,马3退4,马四进三,炮2平7,车九平八,车2平9,兵九进一,炮7平8,车八进四,车9平7,相互对攻各有顾忌。

18. 车四进二　炮2退2
19. 炮五进五 (图329) ……

远炮轰象是高瞻远瞩弃子抢攻佳着!

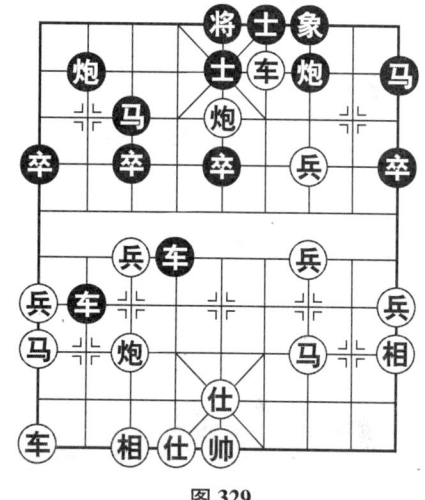

图329

19. ……　　　将5平4
20. 车四退四　车4平6
21. 马三进四　象7进5
22. 马四进六　马3退2

似应车2退4坚守为宜。

23. 马六进五　车2退4
24. 炮七平五　炮7平8
25. 马九退七　炮8进5

过河炮是当前反击的好棋。

26. 兵九进一　炮8平5
27. 马五退七　炮2平3
28. 车九进三　炮5退1
29. 车九平五 (图330) ……

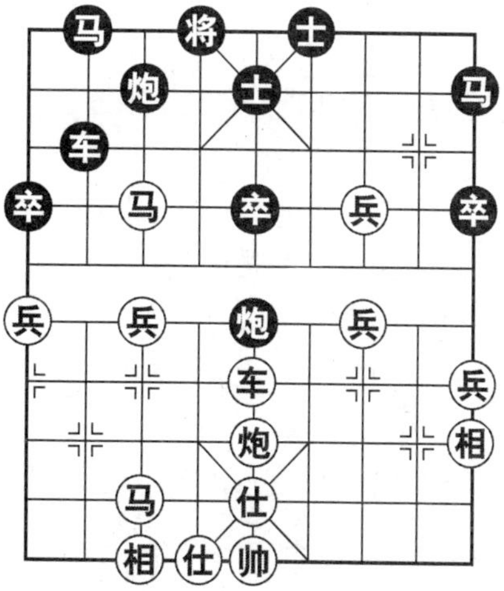

主动兑炮是保持多兵的佳着。

29. ……　　　炮5进2

倘若车2平3,前马退六,卒5进1,

图330

炮五平六，将4平5，相七进五，车3平8，马六进七，马2进3，前马退五，炮5平1，车五平八，红棋优势。

30. 相七进五　马2进4　　　　**31.** 前马进六　将4进1

32. 马七进八　卒5进1

倘若将4退1，马八进七，车2平5，马七进九，卒5进1，马九退七，马9退7，后兵进一，红棋优势。

33. 马八进七　车2平3

"盲棋"丢车速败！倘若炮3进2，车五进二，将4退1，车五进一，车2平3，马七进九，车3退2，兵九进一，红棋亦胜势。

34. 车五平六

红胜。

点评：飞刀出鞘折戟沉沙，从此无影无踪。

（乙）炮7进4

郭信勇　胜　李波

（2002年11月9日弈于新乡市首届藏营桥俱乐部杯象棋赛）

11. ……　　炮7进4（图331）

济源名手李波抛出最新布局飞刀！炮轰三兵新颖趣向，使红棋叠兵之阵化为泡影！

12. 马三进五　炮7平4

13. 马五进六　车1平3

14. 车四平三　马7退9

15. 马八进七　炮4平5

似应车8进5，马七进六，车8平4，马六进四，士5进6，仕六进五，红棋虽然稍优，要比实战好点。

16. 仕六进五　车8进4

17. 车三退二　……

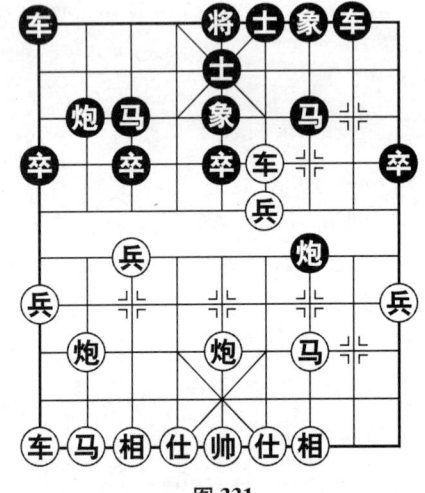

图331

似应马七进五，卒5进1，兵四平五，炮5进2，相七进五，车8平5，车三平七，马3进5，车七平九，马9进7，炮八进三，车5进1，马六进四，车5平6，马五进六，车6进1，后车平六，红棋优势。

17. ……　　卒5进1

第六章 中炮拐弯兵对屏风马

加速失败进程！似应车8平6，马六进七，卒5进1，前马退五，炮2进1，马五进三，马9进7，车三进三，车6平2，炮八进二，卒3进1，炮八平五，卒5进1，车三退一，炮2进3，兵七进一，车3进4，车九进二，车6平3，车九平八，炮2平9，黑棋尚可一战。

18. 炮八进三　卒3进1
19. 马六进七　车3进2（图332）
20. 兵四平五　……

亦可炮八平五，车8平6，车三平五，卒3进1，马七进五，卒3进1，车五平六，车6进2，马五进六，车3平4，马六进五，车4进3，马五退七，炮2平5，马七退六，红棋亦胜势。

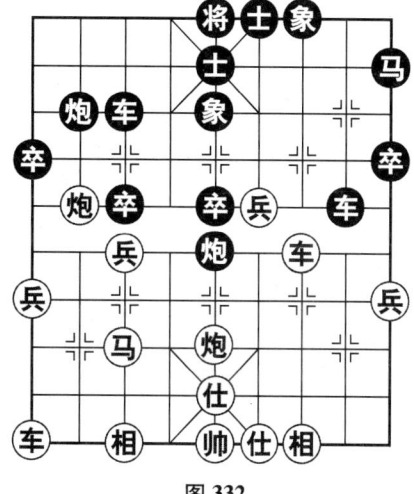

图332

20. ……　　　炮5进3
21. 仕四进五　车8进2
22. 马七进六　……

似可兵五进一，卒3进1，兵五进一，象7进5，炮八平四，炮2进4，车九平八，卒3进1，车三平八，红棋亦胜势。

22. ……　　　卒3进1　　23. 马六进五　车3进1
24. 炮五平四　车3平4

似应车8平5捉兵为佳。

25. 炮八平六　炮2进2　　26. 炮六退五　卒3进1
27. 车九平八

余略，终局红胜。

点评：炮轰三兵的布局飞刀，虽然破坏了红棋叠兵之阵，但是留下无穷后患，重演黑阵请小心为佳。

第78局　中炮左拐弯兵对屏风马

2007年全国象甲联赛，岭南许仙首创"左拐弯兵"最新战术，从而引发小小的高潮！

1. 炮二平五　马8进7　　2. 马二进三　车9平8
3. 车一平二　马2进3　　4. 兵七进一　卒7进1
5. 车二进六　炮8平9　　6. 车二平三　炮9退1

7. 兵五进一　士4进5
8. 兵五进一　炮9平7
9. 车三平四　卒7进1
10. 兵三进一　象3进5
11. 兵五平六　……

特级大师许银川抛出最新布局飞刀!

11. ……　　　车8进6
12. 相三进一（图333）……

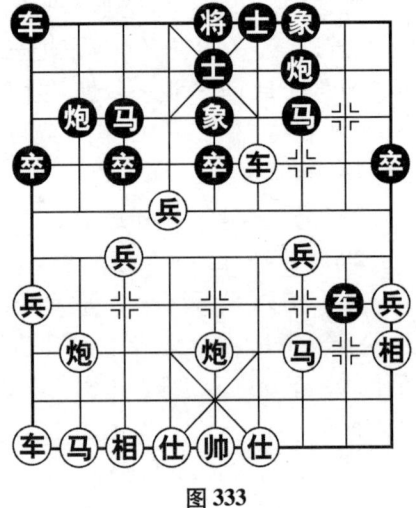

图333

图333形势之下,针对"左拐弯兵"黑棋有车1平4与炮2平1两种选择。

（甲）车1平4

许银川 胜 蒋凤山

（2007年6月13日弈于全国象甲联赛）

12. ……　　　车1平4　　13. 马三进四　卒3进1

强势反击!似可车8平6,炮八平六,车4平2,车四进二,马7进8,兵三进一,马8进7,兵六进一,炮2进4,马八进七,炮2平5,仕六进五,炮7平8,兵三平二,马7退8,车四平二,马8进6,车二平四,车2进6,黑棋尚可一战。

14. 兵七进一　象5进3　　15. 车四进二　炮7进4

似可炮2进3,车四平三,炮2平5,仕六进五,马3进4,马四退三,马7进6,马八进七,车8平3,马七进五,炮5进2,相七进五,马4进5,马三进五,车3平5,相一退三,象3退5,局势平稳。

16. 炮八平六　车4平2　　17. 炮六进二　炮2进3
18. 炮六平三　炮2平7　　19. 炮五平三　车2进8

倘若车8平6,相一进三,马3进4,炮三进五,车6退1,车四退四,马4进6,马八进九,车2进2,炮三进一,车2平7,炮三平四,车7进3,车九平八,车7退4,炮四退二,红棋优势。

20. 仕六进五　马3进4（图334）　21. 炮三退一　……

为什么不走马四进六吃马呢?炮7平5,相七进五,马7进8,炮三退一,

第六章 中炮拐弯兵对屏风马

车8平1，相一进三，马8进7，炮三平八，车1进3，炮八平六，车1平2，炮六退一，炮5退1，黑棋优势。

21. ……　　车8进2

稳健。倘若车2退1，马四进六，炮7平5，相七进五，马7进8，马八进六，车2平5，前马退五，车5退1，马六进五，车8平5，帅五平六，车5平4，仕五进六，车4进1，帅六平五，车4退1，黑棋少子，但有攻势各有顾忌。

22. 相一进三　　车8平7
23. 马四进六　　车7退2

为什么不走车7退3吃相呢？马六退七，车2退1，相七进九，红棋优势。

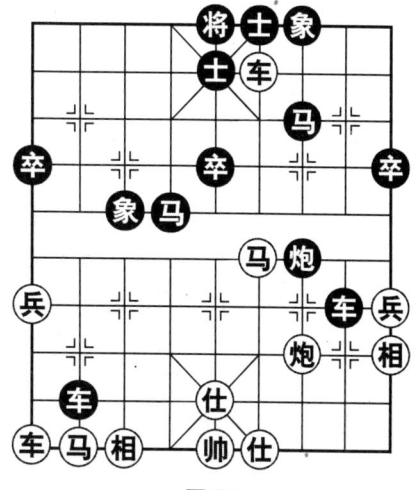

图334

24. 车四退二　车7平4	**25.** 马六退四　车4平6
26. 相三退一　象3退5	**27.** 兵一进一　车6平2
28. 车四平三　马7退8	**29.** 车三平五　前车进1
30. 车九平八　车2进3	**31.** 马四进六　……

倘若车五平七，马8进7，相一退三，马7进6，相三进五，车2退4，和棋之势。

31. ……　　车2平3　　**32. 仕五退六　……**

进入残局，红棋的小优似乎可以忽略不计，看来和棋不是难事，黑棋如何正确决策呢？

32. ……　　卒1进1

似可马8进7，车五平九，马7进6，车九平一，马6进8，车一平六，马8进6，仕四进五，车3退5，黑棋利用攻势牵制，有和棋之望。

33. 马六进八　　车3退5

似佳实软！应车3退3瞄兵，大有和棋之望。

34. 车五平一　马8进7	**35.** 车一平三　车3平5
36. 仕六进五　马7进5	**37.** 帅五平六（图335）　……

平地惊雷！第33回合改走车3退3，现在则会安然无恙。

37. ……　　士5进4	**38.** 马八进六　将5平4
39. 仕五进六　车5进2	**40.** 马六退八　马5进3

还是应走士6进5为宜。

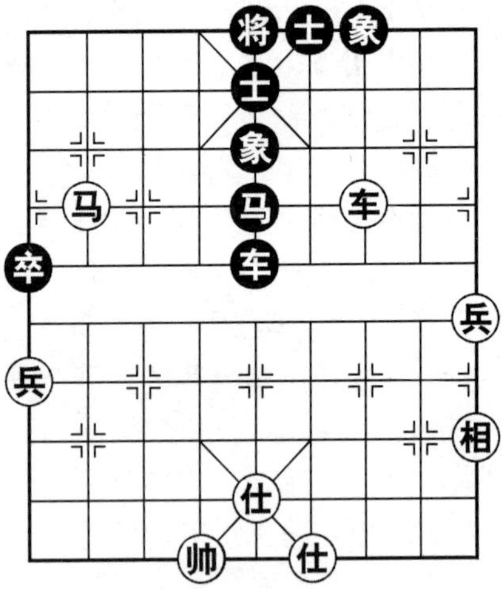

41. 车三平四　士6进5

42. 车四平六　士5进4

43. 马八进六　车5平1

倘若马3退4兑马，车六进一，将4平5，车六退二，车5平1，兵一进一，卒1进1，黑棋尚有一线和棋之望。

44. 马六退八　将4平5

45. 马八进七　将5进1

46. 车六平二　将5平4

似应车1进3，帅六进一，车1平6，相互对攻红棋也有所顾忌。

图335

47. 车二进二　将4退1

48. 车二平四　车1进3

"车怕低头"，似应车1平5为佳。

49. 帅六进一　车1退1　　50. 帅六退一　车1进1

51. 帅六进一　车1平5　　52. 车四退三　将4进1

53. 车四平六　将4平5　　54. 仕六退五　……

退仕叫杀，黑难招架！

54. ……　　　　马3退2　　55. 车六平二　将5平6

56. 车二进三　将6退1　　57. 车二退二　将6进1

58. 车二平四　将6平5　　59. 车四平三　将5平6

60. 马七退五

红胜。

点评：最新飞刀虽然优势不大，但与许仙炉火纯青的残局功夫相配合，就成为一把致命的利刃。

（乙）炮2平1

蒋凤山　胜　孙博

（2008年荥阳楚河汉界杯象棋棋王争霸赛）

12. ……　　　　炮2平1（图336）

北京名将孙博抛出最新布局飞刀！

2008年全国象棋个人赛，蒋凤山与周涛之战曾走：炮2退1，马八进七，马7进8，车四退四，车8平3，车九进一，马8进7，相一退三，车1平4，车九平六，马7退5，炮五进一，炮2进5，车六进三，炮2平5，车六平五，炮5平7，相三进一，车4进4，车五退一，车4平5，车四平五，黑好，终局和棋。

13. 马八进九　车1平2
14. 车九平八　车2进6
15. 马三进四　车8平6
16. 兵六进一　卒5进1

似可马7进8，兵三进一，马8进7，仕四进五，卒5进1，兵六平七，马3退4，炮五平二，马7进6，炮二进四，卒5进1，马四进三，车6平8，车四退五，车8退3，马三退五，炮1进4，黑可抗衡。

17. 车四进二　卒5进1

似应炮7平9缓冲一下，兵六进一，炮9进1，兵六平七，卒5进1，车四平三，车6退1，车三退一，卒5进1，炮五退一，车6平4，炮五平二，车4进2，炮二进七，炮9进4，黑棋足可一战。

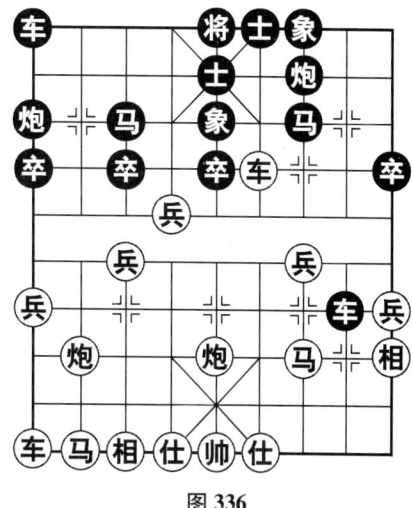

图336

18. 车四平三　马7进6
19. 兵六平七　车6退1
20. 车三平四　炮1退1

似应马3退4先避为佳。

21. 炮五进五　……

弃炮轰象展开对攻，好棋！

21. ……　　　马6退5
22. 车四退四　卒5平6
23. 前兵进一　炮1进5

轻率！似应卒6平5坚守为好。

24. 前兵平六（图337）　……

精巧！因有闪击，黑棋有丢子之虞。

24. ……　　　炮1退2
25. 兵七进一　……

稳妥。倘若兵六平五，炮1平5，黑棋有攻势。

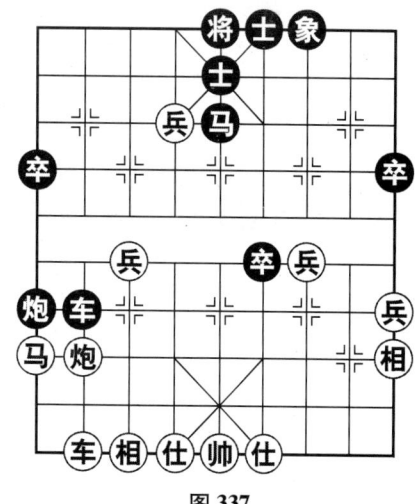

图337

25. ……　　　士5进4
26. 炮八平五　车2平5
27. 车八进九　将5进1
28. 车八平四　卒6平5

29. 车四退三　炮1进2　　30. 车四平九　炮1平9
31. 车九平一　车5平2　　32. 兵三进一　将5平4
33. 车一退二
红胜。

点评：虽然红棋旗开得胜，黑棋反击也不可小觑，重演红棋请谨慎。

第79局　中炮左拐弯兵对屏风马

2013年第3届周庄杯海峡两岸象棋大师赛，黑龙江新秀郝继超大师以20世纪60年代老盘定式"左拐弯兵"开战，江苏程鸣大师飞刀出鞘，一场布局大战一触即发……

1. 炮二平五　马8进7
2. 马二进三　车9平8
3. 车一平二　卒7进1
4. 车二进六　马2进3
5. 兵七进一　炮8平9
6. 车二平三　炮9退1
7. 兵五进一　士4进5
8. 兵五进一　炮9平7
9. 车三平四　象3进5
10. 兵五平六（图338）……

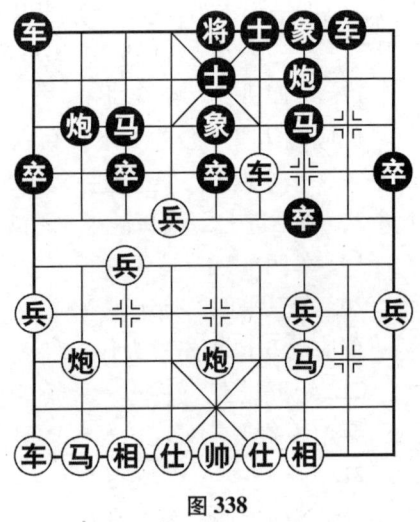

图338

20世纪60年代的冷门兵器，重新子弹上膛，在大型比赛的战场上东山再起！

图338形势之下，黑棋有车1平4与马7进8两种选择。

（甲）车1平4

郝继超　胜　程鸣

(2013年4月26日弈于昆山海峡两岸象棋大师赛)

10. ……　　车1平4　　11. 马三进五　卒7进1

程鸣大师抛出弃7卒的怪异型最新布局飞刀！

2013年1月25日重庆首届"少年宫杯"青少年象棋赛，重庆许文章与重庆杨一帆之战曾走：马7进8，炮八平六，车4平2，马八进七，马8进7，炮五平三，炮7平9，车四平一，炮9进1，车九平八，炮2进4，相七进五，马7退5，仕六进五，炮9进4，车一退二，马5退6，兵六进一，红棋优势。

12. 炮八平六　车4平2　　　　**13.** 马五进三　炮7进4

倘若马7进8，车四进二，炮7进1，马八进七，马8进7，车四退五，马7进8，马三进四，炮7平6，马四退五，车8进4，车九进一，炮2进3，兵七进一，卒3进1，车九平三，红棋优势。

14. 兵三进一　车8进4　　　　**15.** 兵六进一　车8平4

16. 兵六平七　车4进3

兑子势在必行！倘若马3退4，仕四进五，红棋优势。

17. 前兵进一　炮2进1　　　　**18.** 车四进二　车2平3

19. 仕四进五　车4平2

似应车4退1，马八进七，车3进2，车九平八，炮2进3，黑棋尚无大碍。

20. 车九进二（图339）　车2平1

另有两种选择：①炮2平3，炮五进五，将5平4，相三进五，车2平1，马八进九，车3进2，兵七进一，炮3平4，兵七进一，车3进1，炮五平九，车3退1，车四退四，红棋优势。②车2进2，炮五进五，士5退4，前兵进一，车3进1，车四平七，象7进5，车七退一，红棋胜势。

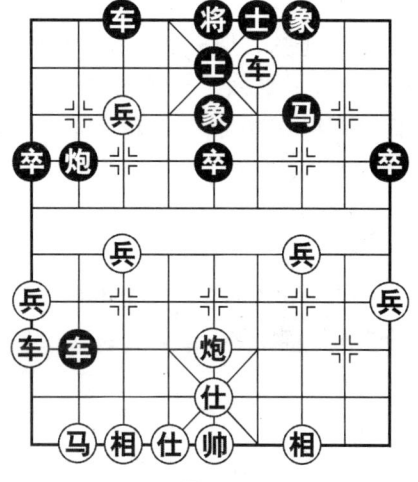

图339

21. 相七进九　车3进2

22. 马八进七　车3平4　　　　**23.** 车四退五　车4进2

24. 车四平八　炮2平4　　　　**25.** 马七进五　车4平8

26. 炮五平三　马7退8

似应炮4退1坚守为宜。

27. 车八进三　炮4进3

倘若车8平5，马五进四，车5平6，车八平六，车6平5，车六平九，红棋优势。

28. 车八平五　炮4平9　　　　**29.** 车五平一　炮9平1

30. 车一平九　炮1退2　　　　**31.** 兵七进一　……

弃兵取势，妙不可言！

31. ……　　　　车8平3　　　　**32.** 炮三平五　炮1平2

33. 车九平八　将5平4

34. 马五进七（图340）　士5进4

倘若马8进7，炮五平七，以下黑棋有两种选择：①车3平6，炮七平三，马7进8，马七进六，炮2平5，炮三平五，车6退1，车八进三，将4进1，马六进八，将4进1，车八退一，炮5平4，炮五平六，炮4平5，仕五退四，象5退3，马八退七，将4平5，车八退一，士5进4，马七进六，红棋胜势。②车3平8，炮七平三，马7退9，车八进三，将4进1，马七进六，炮2平5，帅五平四，炮5退1，炮三平六，士5进4，马六退五，车8平4，车八退三，炮5进1，车八进二，将4退1，车八平一，红棋胜势。

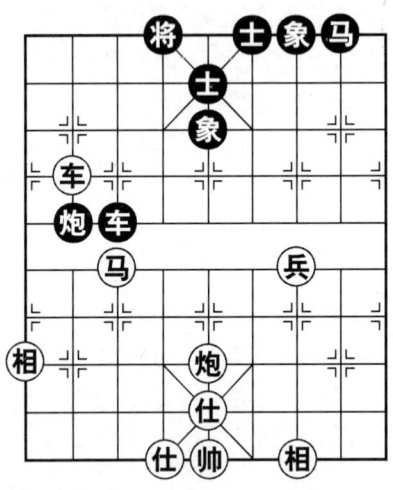

图340

35. 炮五平七　车3平8　　36. 炮七平六　将4平5

37. 炮六平五　将5平4　　38. 车八进三　将4进1

39. 马七进九　车8平3　　40. 马九进八　……

似可炮五平八，车3平6，车八退一，将4退1，车八平二，车6进1，相三进五，将4平5，车二退三，炮2退4，车二进四，红棋胜势。

40. ……　　　　车3退2　　41. 马八进九　车3平9

42. 炮五平六　士4退5　　43. 相三进五　……

似可炮六退一，以下黑有两种选择：①马8进7，仕五进六，士5进4，车八退二，将4退1，车八平六，将4平5，车六进二，将5进1，车六退一，将5退1，马九退七，红棋胜势。②车3平4，车八退四，车3平4，车八进三，将4退1，车八进一，将4进1，马九退八，将4进1，车八退一，红棋胜势。

43. ……　　　　马8进7　　44. 车八退一　将4退1

45. 马九退七　车3退2　　46. 车八进一　象5退3

无奈！倘若将4进1，车八退四，红胜。

47. 车八平七　将4进1　　48. 车七平八　车3退1

49. 车八退四　将4退1　　50. 车八进四　将4进1

51. 车八退三　将4退1　　52. 车八平三　车3进1

53. 相五进七

红胜。

点评：老谱重续出其不意！重演黑阵请谨慎。

（乙）马7进8

彭炎军 胜 许明

（2010年6月14日弈于景德镇市象棋棋王赛）

10. …… 马7进8（图341）

20世纪60年代开始盛行的主流战术。

11. 车四平三 ……

景德镇名手彭炎军抛出最新布局飞刀！

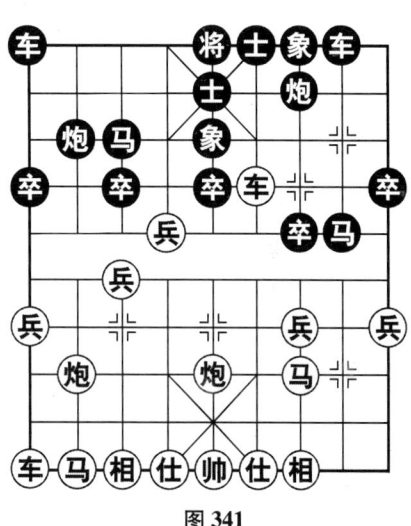

图341

11. …… 马8退9

12. 车三平四 炮2进1

13. 马八进七 ……

也可车四进二，马3退4，马三进五，红棋亦优。

13. …… 炮7进5

似可卒7进1，马三进五，卒7进1，相三进一，车8进8，黑棋足可一战。

14. 马三进五 车8进8　　**15.** 炮五退一 车8退2
16. 兵一进一 车1平4　　**17.** 炮五平六 车4平3
18. 炮八平九 卒3进1

挺卒打车寻求突破。

19. 兵六进一 马3进2

倘若卒3进1，车九平八，马3退5，炮六平七，卒3进1，车四退三，卒7进1，马五进六，车3进4，马六退七，马9进7，一场乱战胜负难料。

20. 车四退一 马2进1　　**21.** 车九平八 马1进3
22. 马五退七 炮7平2　　**23.** 炮九进一 ……

好棋！逼兑后红棋渐入佳境。

23. …… 后炮进6　　**24.** 炮九平二 前炮平1
25. 兵七进一 炮2平3　　**26.** 马七进九 卒7进1
27. 兵七进一 车3平2　　**28.** 马九进八 炮3平5
29. 兵六平五 ……

倘若炮六平八，炮1退5，车四进四，士5退6，炮八进八，卒9进1，兵一进一，炮1平9，帅五进一，相互对攻各有顾忌。

29. ……　　　马9进7
30. 兵五进一（图342）……

撞开防线是突破佳着！

30. ……　　　炮1退5

倘若马7退5，车四平五，卒7平6，炮六平三，炮1退4，马八退六，车2进8，车五平三，将5平4，炮三进八，将4进1，炮二进五，士5进6，车三进三，红棋胜势。

31. 马八进六　马7退5
32. 车四平五　车2进8
33. 车五退二　车2平4
34. 炮二进六　……

红棋攻势强大，黑难招架。

34. ……　　　车4平8
35. 车五进四　车8退8
36. 车五平八　将5平4
37. 车八进二　将4进1
38. 兵七进一

红胜。

点评：老谱翻新更加精彩！虽然红棋攻城擒王，黑棋的反击潜能也不可低估。

第七章　中炮肋道踏马对屏风马

中炮肋道踏马对屏风马在《中炮急冲中兵》（上册）已有研究，但是近年来又有新战术不断的推出，以下供读者朋友赏析！

第 80 局　肋道踏马对分左卒轰相

"肋道踏马对分左卒轰相"是中炮急冲中兵对屏风马的冷门战术。2005 年全国象棋个人赛，吉林洪智创出"长兑车"最新战术应对岭南巨星许银川，双方形成快速和棋之战。

洪智　和　许银川
（2005 年 10 月 30 日弈于太原全国象棋个人赛）

1. 炮二平五	马 8 进 7	2. 马二进三	车 9 平 8
3. 车一平二	马 2 进 3	4. 兵七进一	卒 7 进 1
5. 车二进六	炮 8 平 9	6. 车二平三	炮 9 退 1
7. 兵五进一	士 4 进 5	8. 兵五进一	炮 9 平 7
9. 车三平四	卒 7 进 1	10. 马三进五	车 8 进 8
11. 马八进七	卒 7 进 1	12. 马五进六	象 3 进 5
13. 马六进七	车 1 平 3	14. 前马退五	卒 7 平 8
15. 仕四进五	炮 7 进 8	16. 炮八退一	车 8 进 1
17. 车九进二	马 7 进 8	18. 车四退五	……

针对飞马蹬车，几乎百分之百是走退车升根。

18. ……	炮 2 进 4	19. 车四平二	（图 343）……

特级大师洪智抛出最新布局飞刀！

19. ……	车 8 平 9	20. 车二平一	车 9 平 8
21. 车一平二	车 8 平 9	22. 车二平一	车 9 平 8
23. 车一平二	车 8 平 9	24. 车二平一	车 9 平 8

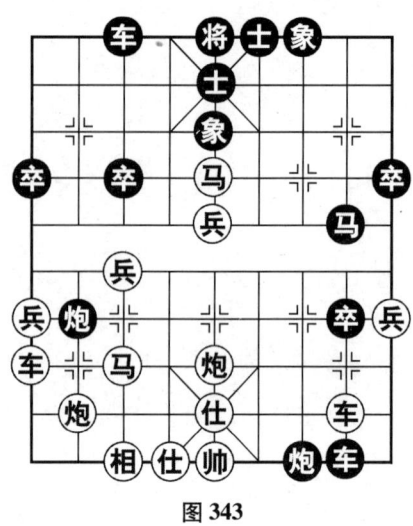

图 343

25. 车一平二　车 8 平 9　　　26. 车二平一　车 9 平 8
和棋。

点评："长兑车"使岭南大英雄许仙也不敢轻易变招，只好平分秋色！现在老调重弹，是为了加深对下一局的理解。

第 81 局　肋道踏马对分左卒轰相

"分左卒轰相"战术沉寂多年，但是在 2013 年偶有探索型新招萌发。从而丰富了这一战术内容。

1. 炮二平五　马 8 进 7　　　2. 马二进三　车 9 平 8
3. 车一平二　马 2 进 3　　　4. 兵七进一　卒 7 进 1
5. 车二进六　炮 8 平 9　　　6. 车二平三　炮 9 退 1
7. 兵五进一　士 4 进 5　　　8. 兵五进一　炮 9 平 7
9. 车三平四　卒 7 进 1　　　10. 马三进五　卒 7 进 1
11. 马五进六　车 8 进 8　　　12. 马八进七　象 3 进 5
13. 马六进七　车 1 平 3　　　14. 前马退五　卒 7 进 8
15. 仕四进五　炮 7 进 8　　　16. 炮八退一　车 8 进 1
17. 车九进二（图 344）　……

图 344 形势之下，黑棋有炮 2 进 4 与车 3 平 4 两种选择。

第七章　中炮肋道踏马对屏风马

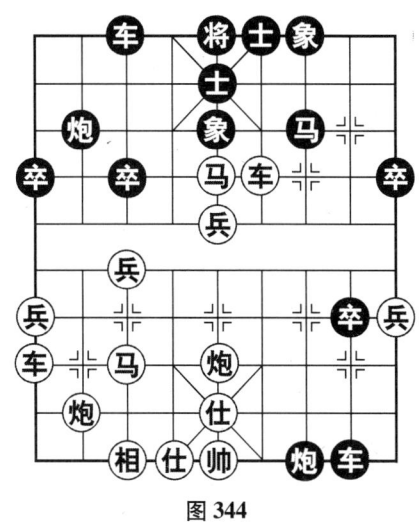

图 344

（甲）炮 2 进 4

申鹏 胜 刘明

（2013 年 8 月 15 日弈于全国象甲联赛）

17. ……　　炮 2 进 4

煤矿著名棋手刘明抛出最新探索型飞刀！

18. 车四退三　炮 7 退 3　　19. 仕五退四　炮 7 平 9
20. 车四平八　……

弃车砍炮，多吃一子！

20. ……　　炮 9 平 2
21. 马五进三　车 3 平 4
22. 车九平八　炮 2 平 7
23. 马三退四　……

搏杀是申鹏大师强项，稳健点可走炮八平三拦挡。

23. ……　　车 4 进 8
24. 马四退三　卒 8 平 7
25. 兵五进一　卒 7 平 6
26. 兵五进一　象 7 进 5
27. 车八进七　车 4 退 8
28. 车八平六（图 345）……

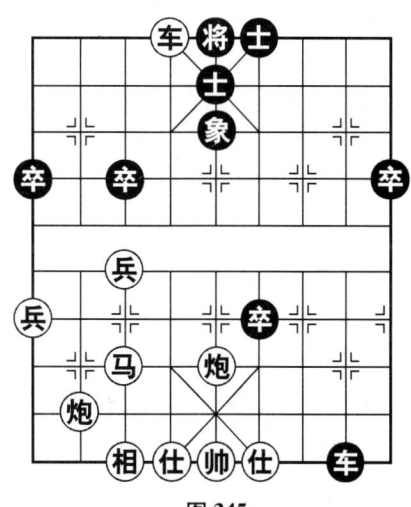

图 345

申鹏大师中局向残局的转换天衣无缝。现在兑车形成"无车杀有车"。

28. ……　　　　将5平4　　　29. 马七进六　卒6进1
30. 炮五平六　将4平5　　　31. 马六进七　卒6进1

卒临城下虽然有一定的攻击力，但是因缺少后续兵力，显得心有余而力不足。

32. 仕六进五　卒6平5　　　33. 帅五进一　士5进4
34. 帅五退一　……

"维稳后院"是正确决策。

34. ……　　　　车8退1　　　35. 炮八平五　士6进5
36. 马七进五　车8平6　　　37. 炮五进二　将5平6
38. 仕四进五　车6退2　　　39. 马五退六　车6退2
40. 兵七进一　……

马炮兵形成互保，尽管有车，黑棋也无可奈何。

40. ……　　　　卒9进1　　　41. 炮六平四　车6平8
42. 炮五平四　将6平5　　　43. 后炮平五　将5平6
44. 炮四退二　卒9进1　　　45. 马六进五

红胜。

点评：黑炮过河是探索型新招，倘若重演黑阵请小心为佳。

（乙）车3平4

华辰昊　负　李华

（2013年3月23日弈于上海第五届草根象棋交流赛）

17. ……　　　　车3平4（图346）

华辰昊抛出最新布局飞刀！

18. 车九平八　炮2进6
19. 车八退一　马7进8
20. 车四退四　……

似应车四进二为宜。

20. ……　　　　马8进7
21. 马七进五　……

似应马五进七，车4进2，车八进八，士5退4，前马进六，炮7平4，仕五退四，炮4退9，车四进一，士6进5，兵五进一，红棋优势。

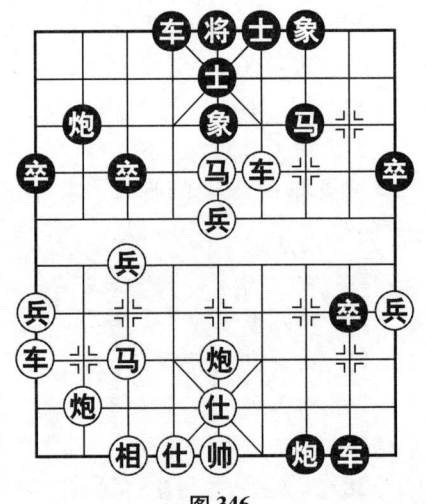

图346

第七章　中炮肋道踏马对屏风马

21. ……　　　炮7平4

发动攻势早了一步！似应马7进8，车四进六，炮7平4，仕五退四，马8进6，黑棋有攻势。

22. 仕五退四　马7进5

似应车四平五为佳。

23. 车4进6
24. 车八进八　士5退4
25. 前马进三　士6进5（图347）

26. 马三退四　……

23. 相七进五　……

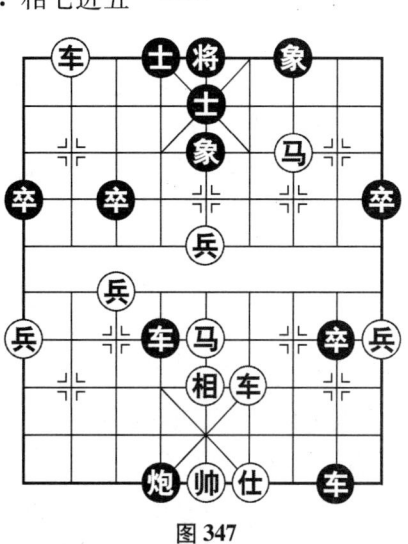

图347

错失良机！应走车四进六，车4退5，兵五进一，象5进7，兵五平六，红棋胜势。

26. ……　　　象5进7
27. 车八退三　……

似可车八退九，炮4平6，车四退二，车8退2，相五退三，卒8平7，兵五进一，红棋足可一战。

27. ……　　　炮4平1

抢先发动攻势，红棋处于危境之中。

28. 车八平七　车4平2
29. 车四退一　……

慌不择路而丢车！倘若相五退三，车2进3，帅五进一，车2退1，帅五退一，炮1平6，车七平六，车2进1，帅五进一，炮6退5，车四进三，车8平7，黑棋胜势。

29. ……　　　车2进3
30. 帅五进一　车2退1

黑胜。

点评：红棋虽然终局失利，其攻击力不容小觑。重演黑阵请小心为宜。

第82局　肋道踏马对贴将马

"肋道踏马对贴将马"战术在20世纪80年代高调亮相，曾是十分流行的大众武器。随着屏风马抗击打性能不断加强，使急冲战术渐成明日黄花。但是近年来，在名家大腕领衔主演下，各种飞刀战术争奇斗艳，美不胜收。

1. 炮二平五　马8进7　　　2. 马二进三　车9平8
3. 车一平二　马2进3　　　4. 兵七进一　卒7进1

5. 车二进六　炮8平9
6. 车二平三　炮9退1
7. 兵五进一　士4进5
8. 兵五进一　炮9平7
9. 车三平四　卒7进1
10. 马三进五　卒7进1
11. 马五进六　马3退4（图348）

图348形势之下，红棋有车四进二、仕四进五、兵五进一三种选择。

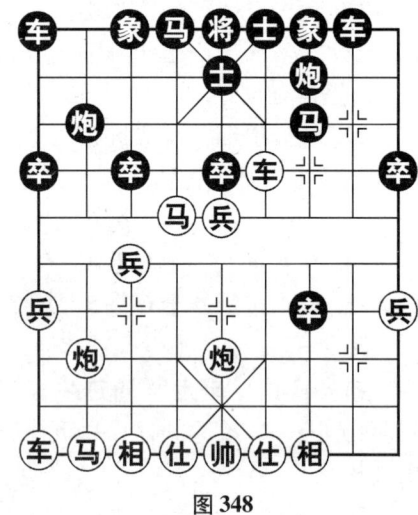

图 348

（甲）车四进二

李辉斌　负　郑惟桐

（2012年1月1日弈于西安迎新春象棋公开赛）

12. 车四进二　……

进车捉炮是西安李辉斌抛出的探索型最新布局飞刀！

12. ……　炮2退1　　　13. 车四退四　卒5进1
14. 车九进一　……

气势非凡！在著名青年象棋大师郑惟桐面前弃子亮剑。

14. ……　马7进8　　　15. 车四平二　……

倘若错走车四平三，马8退6，车三退一，马6进4，黑棋得子胜势。

15. ……　马4进5

也许红棋来势凶猛，小将郑惟桐小优即安，实施忍为高和为上的战略。似可炮2进8，车九平二，马4进5，前车进一，车8进4，车二进四，炮7进8，仕四进五，马5进4，车二平五，马4进3，黑棋胜势。

16. 炮五进五　象3进5　　17. 炮八平二　车1平4
18. 车九平六　……

似应马六进七为佳。

18. ……　炮7进3　　　19. 马六退七　车4进8
20. 马七退六　炮7进5　　21. 仕四进五　炮2进4（图349）

第七章 中炮肋道踏马对屏风马

精妙佳着!

22. 兵七进一　卒5进1
23. 车二平五　马8进9
24. 车五平八　车8进7
25. 车八平一　车8退1
26. 仕五进四　炮7平9

黑胜。

点评：红棋折戟沉沙毫无战斗力，重演此阵大有风险。

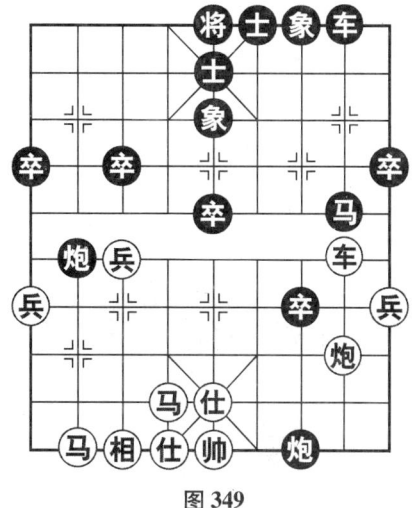

图349

（乙）仕四进五

柳大华　胜　赵国荣

（2013年1月31日弈于广州全国电视象棋快棋邀请赛）

12. 仕四进五（图350）……

特级大师柳大华抛出最新奇特布局战术！自20世纪80年代至今名家绝对主流是兵五进一。

12. ……　　　卒5进1
13. 马八进七　马4进5
14. 马七进五　马7进8

似应卒7平6，车四退三，马5进4，马五进六，炮7进8，车九进一，炮7平9，帅五平四，车8进9，帅四进一，车8退5，车九平七，车8平6，车四进二，马7进6，仕五进四，象3进5，炮八平六，车1平2，车七进二，炮2进7，车七平四，车2进4，马六退七，马6进8，车四平二，马8退7，黑棋优势。

15. 车四退四　马5进4

似可炮7进8，车四平二，卒7平6，马六进五，象3进5，马五进四，车8进2，车二退二，炮7退5，兵九进一，马8进9，车二平一，马9退7，车

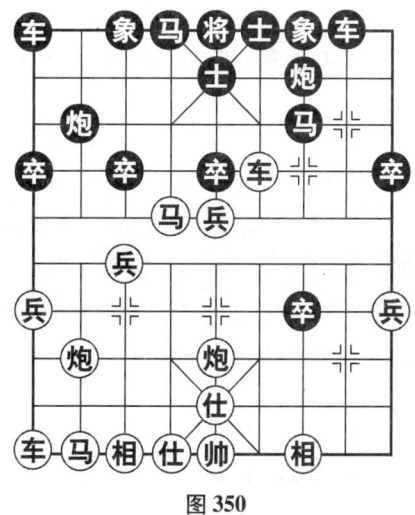

图350

中炮急冲中兵对屏风马

九进三，卒6平5，炮五平六，车1平4，黑棋优势。

16. 马五进六　车8进3　　　17. 炮八进三　车8平4
18. 炮八平五　象7进5

似可炮2平5，马六退五，车1平2，马五进四，马8进9，相三进一，车2进4，前炮退一，车4平6，马四退三，车6进4，仕五进四，车2平7，马三退四，马9退8，黑棋优势。

19. 帅五平四　马8退6　　　20. 前炮平二　马6进8
21. 炮二进四　炮7退1　　　22. 车四进三　……

倘若马六退五，马5进3，车九平八，车1平2，马五进三，马3进5，相七进五，象5进7，车四进六，炮2进6，帅四平五，象3进5，局势平稳。

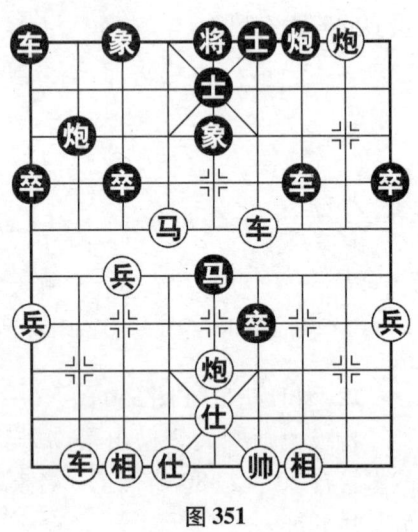

图351

22. ……　　　卒7平6

似可车1平2，车九平八，炮2进5，马六退五，车4平6，车四进一，马5退6，马五进四，车2进6，黑可抗衡。

23. 车九平八　车4平7（图351）
24. 车四退一　……

相互搏杀进入高潮！倘若相三进一，车7平8，车四退二，车8进6，帅四进一，车8退9，马六进五，以下有两种选择：①象3进5，车八进七，炮7进4，炮五进五，士5进6，车四进一，车8进6，车四平五，车8平6，仕五进四，车1平4，炮五退一，相互搏杀胜负难料。②炮2平4，马五退六，炮7进1，车四平五，车8进8，帅四退一，车8进1，帅四进一，炮7平6，炮五进二，炮4平5，车八进七，车8退5，马六进五，象3进5，车八平五，车1平4，前车平三，士5进6，炮五平四，士6退5，车三平四，炮6进4，车四退三，车8进4，车四进二，红棋优势。

24. ……　　　车7进6　　　25. 帅四进一　车7退1
26. 帅四退一　车7进1　　　27. 帅四进一　炮2进6（图352）

刺刀见红的搏杀。

倘若炮2平4，车八进八，车7平8，车八平六，车8退1，帅四退一，车8退8，车四平五，炮7进2，炮五进五，士5退4，炮五退二，炮4平6，车五平四，车1进2，马六进五，士6进5，马五退七，将5平6，马七进九，红棋优势。

第七章　中炮肋道踏马对屏风马

28. 车八进一　车7退1
29. 帅四退一　车7进1
30. 帅四进一　卒6进1
31. 仕五进四　车7退1
32. 帅四退一　车7进1
33. 帅四进一　车7退1
34. 帅四退一　车7进1
35. 帅四进一　车7退1
36. 帅四退一　车7平2

因这是快棋赛，通过频频打将缓解时间恐慌。

37. 车四平五　车2平4

黑棋虽有双车却因皆在低头位，呈左右难以兼顾之势。倘若车2平8，马六进八，红亦胜势。

38. 车五平四　将5平4（图353）
39. 马六进七　……

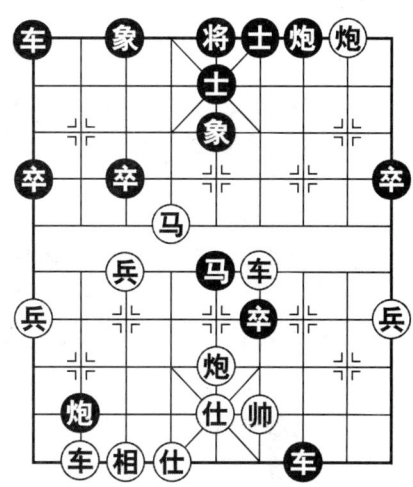

图352

似可炮五进六，车4进1，帅四进一，车4退1，帅四退一，车4退4，车四进五，将4进1，炮五平一，红棋胜势。

39. ……　　　将4进1
40. 炮二退一　将4进1
41. 仕四退五　车1进2
42. 炮五平六　象5进7

倘若象5进3，车四平六，将4平5，马七退五，车4退1，车六退二，红棋亦胜势。

43. 炮二退七　车4退1
44. 仕五进六　将4退1
45. 炮二平六　士5进4
46. 车四进四　……

连珠妙杀一气呵成！

46. ……　　　士6进5
47. 仕六退五

红胜。

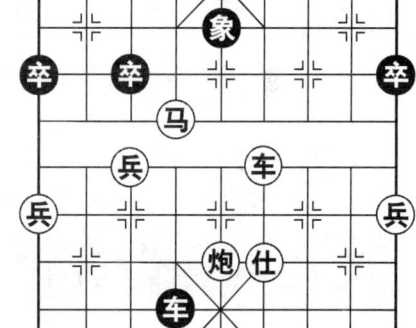

图353

点评：快棋赛中抛出飞刀，往往会收到出其不意攻其不备的效果。本局最新飞刀战术虽然高奏凯歌，但有可抵抗之策，重演红阵请谨慎。

（丙）兵五进一

孙勇征 胜 赵国荣

（2012年12月16日弈于广州全国象棋冠军邀请赛）

12. 兵五进一　马7进8　　13. 车四退四　……

退车是1985年全国象棋团体赛，由著名特级大师王嘉良所创。

13. ……　　炮7进8

炮轰底相是全国冠军于幼华于2010年第4届杨官璘杯全国象棋公开赛所创。

14. 仕四进五　马8进9

15. 兵五平六（图354）　……

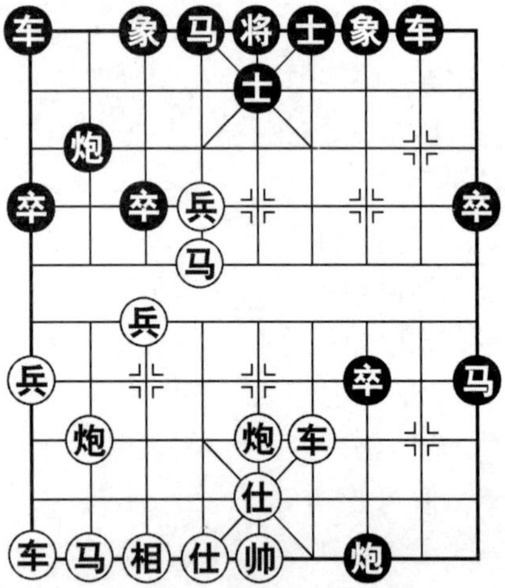

全国象棋冠军孙勇征抛出最新布局飞刀战术！过去皆走车四平二。

15. ……　　马4进5

16. 车四平二　……

先分兵一将，再兑车，封堵了右炮左移的通道。

16. ……　　车8进7

17. 炮八平二　炮2进4

倘若卒7进1，兵六进一，卒7平8，马六进四，以下黑棋有两种选择：①车1进1，车九进二，炮2进4，兵六平五，象3进5，车九平八，车1平2，马四进六，车2平4，车八进一，车4进1，车八平一，红棋优势。②将5平4，兵六平五，象3进5，车九进一，炮2退1，车九平六，炮2平4，车六进二，红棋优势。

18. 车九进二　……

意境高远，超凡脱俗的构思！

18. ……　　炮2平6　　19. 炮五进二　马9进8

20. 相七进五　炮7平9　　21. 兵六进一　……

倘若兵六平五，炮6进3，相五退三，炮6退5，相三进五，卒7进1，兵五进一，卒7进1，另有一番搏杀。

21. ……　　车1平2

似可炮6进3，相五退三，炮6平4，相三进五，炮4退7，马六进四，炮4退1，车九平八，相互搏杀，胜负难料。

图354

282

第七章 中炮肋道踏马对屏风马

22. 马六进四　车2进9
23. 马四进三　炮6退5
24. 兵六平五　象3进5（图355）
25. 炮二进六　……

似可炮五平三，士5进4，炮二进六，将5进1，炮三平五，象5进7，炮二平四，将5平6，炮五平四，士6进5，相五退七，车2退3，马三退四，士5进6，车九平五，马8进6，帅五平四，车2平6，帅四平五，车6退1，马四进六，象7退5，车五进五，车6平4，仕五进六，红胜。

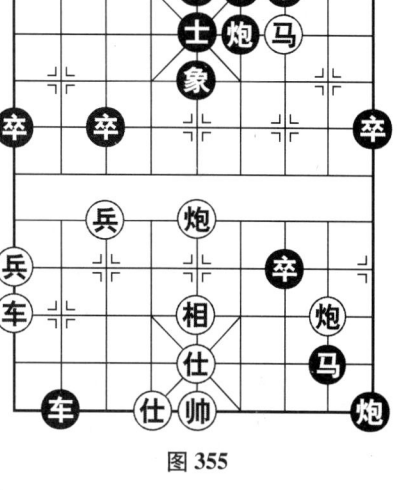

图355

25. ……　　　炮9平4
26. 相五退七　炮4退8　　　27. 炮五平三　象5进7

倘若士5进4，炮三进五，将5进1，车九平五，炮6平8，马三退四，将5平6，炮三退五，红棋优势。

28. 仕五退六　……

退仕借助帅力，是攻守两利的佳着！

28. ……　　　马8退9

另有两种选择：①将5平4，炮二平四，炮4平6，车九平六，士5进4，车六进五，炮6平4，炮三平六，马8退6，帅五平四，车2退8，仕六进五，士6进5，车六退二，马6进8，帅四平五，象7退5，马三退四，红棋优势。②车2退7，马三退二，车2平5，仕六进五，炮6平7，炮三进四，车5平8，马二进四，车8平6，炮三平六，车6平8，炮二平一，卒7平6，相互对攻，各有顾忌。

29. 车九平五　……

凶悍！倘若炮二平四，炮4平6，车九平四，马9退7，车四进六，将5平4，车四退四，车2退7，车四平三，车2平7，马三进一，卒7平6，仕六进五，卒9进1，红棋虽然多子，黑棋尚有一线和棋之望。

29. ……　　　车2退8（图356）

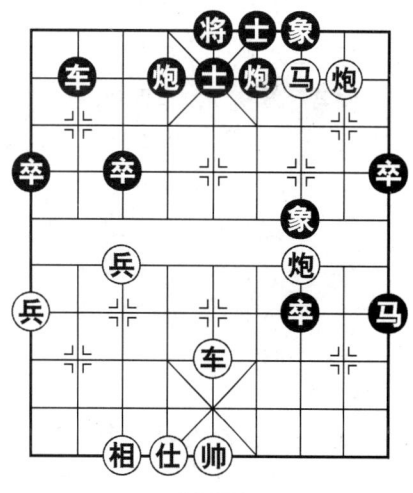

图356

败着！似可马9退7，炮二进一，将5平4，车五进六，象7退5，车五平四，炮4平7，车四进一，将4进1，车四退一，将4进1，炮二退二，炮7进1，车四退四，将4退1，车四平六，将4平5，车六平三，车2退3，车三进三，车2平5，仕六进五，象5进7，车三进一，将5退1，车三进一，将5进1，车三退一，将5退1，车三退三，车5进2，帅五平四，车5进1，帅四进一，车5退3，炮二退五，卒1进1，以下争斗十分复杂，鹿死谁手尚难预料。

30. 炮二进一　炮4进5

倘若炮4进2，马三退四，炮4平5，车五进四，马9退7，马四退三，红棋亦优势。

31. 马三退四　马9退7

无可奈何！倘若将5平4，炮三进五，将4进1，车五进五，马9进8，炮二退一，马8进6，帅五进一，车2进7，帅五进一，车2退1，帅五退一，马6进7，帅五退一，红胜。

32. 马四进六　将5平4

倘若车2平4，车六进六，将5平4，车五进一，红胜。

33. 马六进八　炮6平2　　34. 车五进六　炮2进4
35. 车五平八　炮4退1　　36. 兵七进一　炮2平3
37. 车八平四　卒7进1

倘若卒3进1，车四进一，将4进1，车四退一，将4进1，车四退二，马7进5，车四平六，将4平5，车六平五，将5平4，车五退三，红胜。

38. 车四进一　将4进1　　39. 车四退一　将4进1
40. 兵七进一　马7进6　　41. 帅五平四　将4平5
42. 兵七平六　马6进4　　43. 仕六进五　卒7进1
44. 兵六平五　将5平4　　45. 车四退五　炮3进3
46. 车四平六

红胜。

点评："孙氏飞刀"十分锋利，重演黑阵请小心为佳。

第八章　中炮急冲中兵补右仕对屏风马

"中炮急冲中兵补右仕对屏风马"于2004年应运而生。其新颖惊险的搏杀受到进攻型棋手的青睐，从而成为拼命一族的重磅武器，并引发各种攻守新战术……

第83局　补右仕对分外卒轰相

1. 炮二平五　马8进7
2. 马二进三　车9平8
3. 车一平二　马2进3
4. 兵七进一　卒7进1
5. 车二进六　炮8平9
6. 车二平三　炮9退1
7. 兵五进一　士4进5
8. 兵五进一　炮9平7
9. 车三平四　卒7进1
10. 马三进五　车8进8
11. 马八进七　卒7进1
12. 马五进六　象3进5
13. 仕四进五　……

"补右仕"是2004年由四川名手吴优首创。

13. ……　　　卒7平8（图357）

"分外卒"轰相是著名象棋大师李群抛出的最新布局飞刀！

图357形势之下，红棋有炮八平九与炮五平三两种选择。

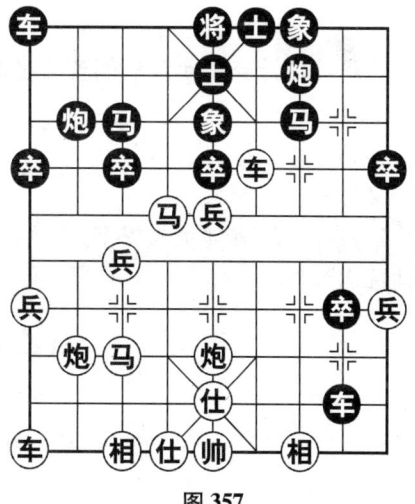

图357

（甲）炮八平九

吴文虎 胜 李群

（2006年1月22日弈于南京江苏省第9届象棋名手赛）

14. 炮八平九 ……

弃相开边炮，佳着！

14. ……　　马3退4

为什么不走炮7进8打相搏杀呢？车九平八，以下黑棋有车1进2、炮2平1、马7进8等变化，黑棋均不利。

15. 车九平八　炮2退1

另有两种选择：①炮2退2，兵五进一，马4退2，兵五进一，马7进5，兵五进一，士6进5，车四平五，炮2进9，车五平三，将5平6，车三进二，象7进9，车三平五，红棋优势。②车1进2，兵五进一，炮7进8，兵五进一，象7进5，车四平七，炮2退1，马六进八，炮2平4，马八进七，车1退1，后马进五，红棋优势。

16. 兵五进一　炮7进8　　17. 兵五进一　象7进5
18. 马六进五　马4进5　　19. 车八进八　车8进1
20. 马七进五　马7进5　　21. 车四平五　……

将计就计弃车换双！倘若改走车四进二，红棋亦胜势。

21. ……　　炮7退8　　22. 仕五退四　炮7平2
23. 车五进一　……

红胜。

点评：红棋强大攻势把"倒退贴将马"撕成碎片。重演黑阵风险太高，请远离为佳。

（乙）炮五平三

申鹏 负 景学义

（2006年8月30日弈于象甲联赛）

14. 炮五平三 ……

"卸中炮兑炮"是著名象棋大师申鹏抛出的最新布局飞刀！

14. ……　　马7进8（图358）　15. 车四平三　……

似可车四退一，以下黑棋有两种选择：①炮7进8，车四平二，车8进1，相七进五，炮7平4，炮三退二，炮4平7，相五退三，车8平7，仕五退四，

第八章 中炮急冲中兵补右仕对屏风马

车 1 平 3，车二退二，卒 3 进 1，兵七进一，马 3 进 4，兵五平六，象 5 进 3，马七退五，车 7 退 5，炮八平五，车 7 平 4，马五进三，炮 2 平 5，炮五进五，象 3 退 5，红棋多子，但要赢棋也难。②马 8 进 7，车四退五，炮 7 进 6，炮八平三，马 3 退 4，车九平八，车 1 进 2，兵五进一，红棋优势。

15. ……　　　炮 7 进 6
16. 炮八平三　　车 8 进 1
17. 车九平八　　……

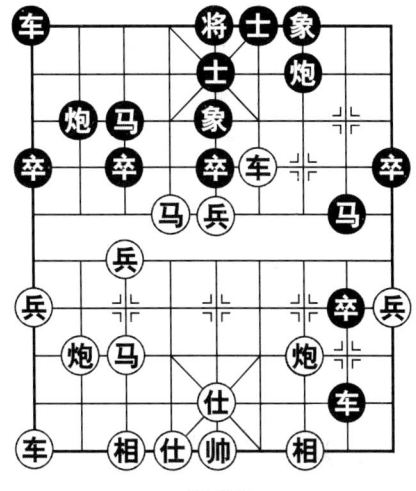

图 358

倘若兵五平四，卒 8 平 7，炮三平六，车 8 平 7，仕五退四，车 1 平 3，车九平八，卒 3 进 1，马六进四，马 8 退 6，车八进七，卒 3 进 1，兵四进一，卒 3 进 1，马七退九，卒 3 平 4，炮六平七，马 3 进 4，仕六进五，车 7 退 1，各有顾忌。

17. ……　　　马 8 进 6　　18. 车三平四　　……

为什么不走车三退二呢？车 8 平 7，仕五退四，马 6 进 7，仕六进五，马 7 进 5，马七进五，车 7 退 4，马五进三，马 5 退 3，车八进七，车 1 平 2，车八进二，后马退 2，兵五进一，马 3 退 1，黑棋优势。

18. ……　　　马 6 退 4　　19. 兵五平六　　车 8 平 7
20. 车四退六　　……

倘若仕五退四，车 7 退 2，马七进五，车 7 退 1，马五进四，车 7 平 6，黑棋优势。

20. ……　　　车 7 退 2　　21. 马七进五　　车 7 退 1
22. 马五进四　　车 7 平 4　　23. 车八进七　　车 1 平 3
24. 兵六进一　　卒 5 进 1　　25. 兵六平七　　马 3 进 5
26. 马四进二　　车 3 进 3

吃掉小兵，确保黑棋多卒优势。

27. 车四进六　　象 5 退 3　　28. 兵七进一　　马 5 退 4（图 359）

巧妙兑子，摆脱危险境地！

29. 车四平七　　……

似应兵七进一，马 4 进 2，马二进三，将 5 平 4，兵七进一，马 2 进 3，兵七进一，双方各有顾忌。

| 29. …… | 马4进2 |

| 30. 车七平八 | 车4退4 |

31. 兵七平六 ……

似应马二退三，车4平5，兵七平八，卒5进1，马三进四，将5平4，车八平七，象3进1，车七平九，马2退4，车九退二，卒5进1，马四退六，车5进2，马六进七，将4平5，车九进三，士5退4，车九退一，马4进6，车九平一，局势平稳。

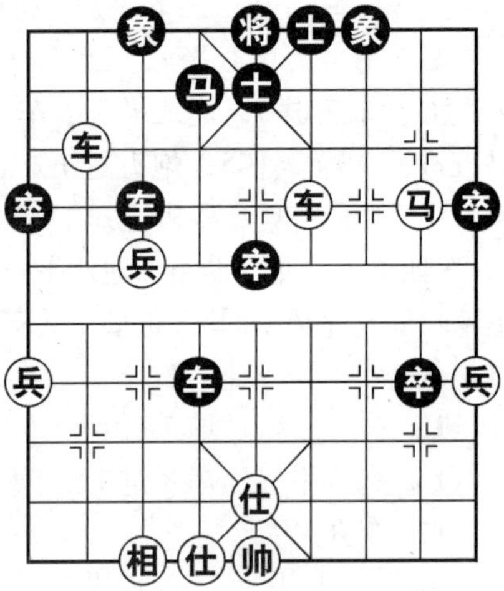

| 31. …… | 卒5进1 |

| 32. 马二进三 | 将5平4 |

| 33. 马三退四 | 车4平5 |

| 34. 车八平九 | 卒5平6 |

| 35. 兵一进一 | 卒8进1 |

| 36. 车九平八 | 卒8进1 |

| 37. 兵九进一 | 卒8平7 |

38. 相七进五 ……

图359

似应车八退二，卒6进1，车八平四，车5进4，马四退三，车5平3，相七进五，红棋尚无大碍。

| 38. …… | 卒7平6 |

| 39. 车八退二 | 后卒进1 |

40. 车八平四 ……

过高估计车双卒的威力。似应车八平五，车5平7，车五平三，车7平3，车三平七，车3平7，车七平三，不变则和棋。

| 40. …… | 车5平7 |

| 41. 仕五退四 | …… |

导致最后败局。还是应该车四平三兑车，不变和棋。

| 41. …… | 车7进7 |

| 42. 仕六进五 | 前卒平5 |

| 43. 帅五进一 | 车7平6 |

| 44. 帅五平六 | …… |

似应马四退三坚守为佳。

| 44. …… | 卒6进1 |

| 45. 相五进三 | 卒6进1 |

46. 帅六进一 ……

倘若车四平八，马2进3，车八平七，象3进1，马四退五，车6平5，马五进七，象1进3，车七平四，卒6平5，帅六进一，车5平3，帅六平五，卒5平6，帅五平四，卒6平7，帅四平五，车3平5，帅五平六，车5平4，帅六平五，车4退5，红棋优势。

| 46. …… | 车6平3 |

| 47. 车四退一 | 马2进3 |

第八章 中炮急冲中兵补右仕对屏风马

48. 车四平九　马3进4

黑胜。

点评:"卸中炮兑炮"求稳,反而遭到黑棋强烈反击。重演此阵红棋没便宜。

第84局　补右仕兑炮对分里卒轰相

2006年楚河汉界杯全国等级赛,湖北名手潘文亮首创"分里卒轰相"新战术,从而引起一场激战热潮!

1. 炮二平五　马8进7
2. 马二进三　车9平8
3. 车一平二　马2进3
4. 兵七进一　卒7进1
5. 车二进六　炮8平9
6. 车二平三　炮9退1
7. 兵五进一　士4进5
8. 兵五进一　炮9平7
9. 车三平四　卒7进1
10. 马三进五　卒7进1
11. 马五进六　车8进8
12. 马八进七　象3进5
13. 仕四进五　卒7平6

湖北名手潘文亮抛出最新布局飞刀!

14. 炮五平三　马7进8
15. 车四平三（图360）……

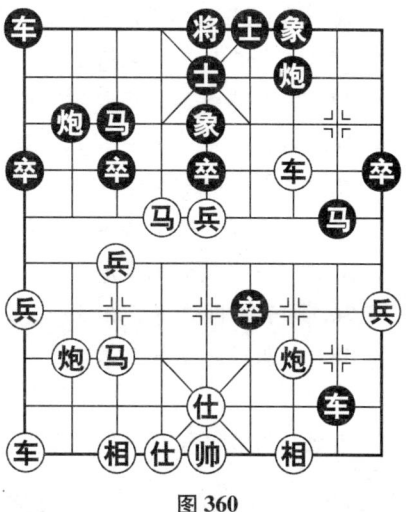

图360

图360形势之下,黑棋有马8进6与炮7进6两种选择。

(甲) 马8进6

李景林　胜　潘文亮

(2006年10月13日弈于全国等级赛)

15. ……　马8进6

弃炮飞马奔槽过于强硬,导致严重后果。

16. 车三进二　马6进4
17. 车九进一　卒5进1

宁丢两子,不失一先。

18. 车九平六　马4进6　　　19. 炮八平四　卒6进1
20. 炮三进七　……

弃炮轰象是佳着，继续保持多子优势。

20. ……　　象5退7　　　21. 马六进七　车8退6
22. 前马进五　……

飞马踏士，简洁有力！

22. ……　　士6进5　　　23. 车三进一　士5退7
24. 仕五进四　……

稳健！车六进五亦可。

24. ……　　炮2平5　　　25. 仕四退五　车8平6
26. 车六进五　车1平4　　　27. 车六平五　卒5进1
28. 马七进八　卒5平4　　　29. 相七进五　炮5退1
30. 马八进七　卒4进1　　　31. 马七退五　车6平2
32. 车五进一　车6退3　　　33. 车三退二　车4进4
34. 兵七进一　……

精巧！倘若车三平四，车4平5，车五平七，炮5进6，相三进五，车6进1，车七平四，卒1进1，红方无趣。

34. ……　　车4退3　　　35. 车三平四　车6平7
36. 帅五平四　车7退1　　　37. 车四退一　将5平4
38. 车四平九　炮5退1　　　39. 马五进四

红胜。

点评："弃炮奔槽"似凶实劣，重演此阵请止步！

（乙）炮7进6

许楗 负 赵剑

（2008年5月9日弈于济南象棋大奖赛）

15. ……　　炮7进6（图361）

江苏著名象棋大师赵剑抛出最新布局飞刀！

16. 炮八平三　马8进4　　　17. 车三退二　马6退4
18. 兵五平六　炮2进4　　　19. 车九平八　……

倘若兵六进一，车1平2，相七进五，炮2平9，炮三平一，车2进4，黑棋优势。

19. ……　　炮2平9　　　20. 炮三平一　车8退4

第八章 中炮急冲中兵补右仕对屏风马

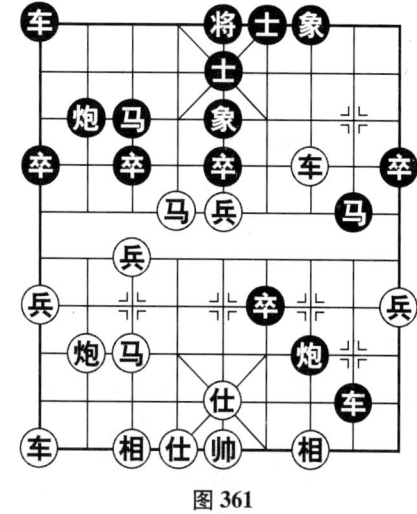

21. 兵六进一　卒 3 进 1
22. 兵六平七　马 3 退 4
23. 车八进五　车 1 平 3
24. 前兵平六　炮 9 平 8
25. 炮一平二　炮 8 平 7
26. 炮二平一　炮 7 平 8
27. 炮一平二　炮 8 平 9
28. 炮二平一　炮 9 平 8
29. 炮一平二　炮 8 平 7
30. 炮二平一　炮 7 平 8
31. 炮一平二　炮 8 平 9
32. 炮二平一　炮 9 退 2

余略，终局黑胜。

图 361

点评：赵剑大师的反击飞刀颇有力度，取得足可抗御的效果。

第 85 局　补右仕退车吃卒对炮轰底相

2006 年全国象棋个人赛，党斐大师首创"退车吃卒与挺进边兵"新招，从而引发惊心动魄的搏杀。

1. 炮二平五　马 8 进 7　　　2. 马二进三　卒 7 进 1
3. 车一平二　车 9 平 8　　　4. 车二进六　马 2 进 3
5. 兵七进一　炮 8 平 9　　　6. 车二平三　炮 9 退 1
7. 兵五进一　士 4 进 5　　　8. 兵五进一　炮 9 平 7
9. 车三平四　卒 7 进 1　　 10. 马三进五　卒 7 进 1
11. 马五进六　象 3 进 5　　 12. 马八进七　车 8 进 8
13. 仕四进五　卒 7 平 6　　 14. 车四退三　……

退车吃卒是著名象棋大师党斐抛出的最新布局飞刀！

14. ……　　　炮 7 进 8　　15. 兵九进一　……

悠闲地挺进边兵，明显是赛前有所研究与准备。

15. ……　　　卒 5 进 1

弃马抢先，背水一战！倘若车 1 平 3，车九进三，炮 7 平 9，帅五平四，卒 5 进 1，另有一场激战。

16. 马六进七　车 1 平 3　　17. 前马退五　车 3 平 4
18. 车九进三　车 8 进 1　　19. 马五进七（图 362）……

· 291 ·

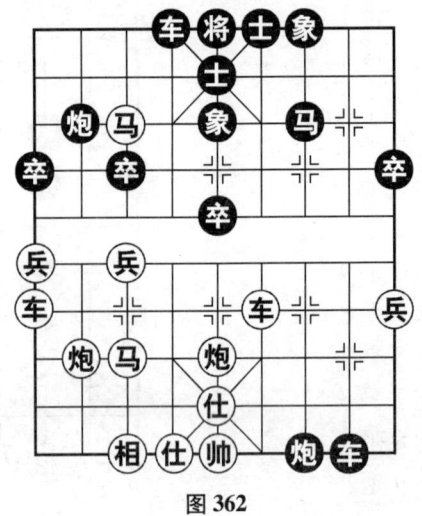

图 362

图362形势之下，黑棋有车4进2与车4平3两种选择。

（甲）车4进2

党斐 负 徐超

（2006年11月20日弈于深圳全国象棋个人赛）

| 19. …… | 车4进2 | 20. 前马进八 | 炮7退2 |

算度深远的搏杀之着！

21. 车四退三	车8平6	22. 帅五平四	炮7平3
23. 车九平七	炮3平4	24. 仕五进六	车4进5
25. 炮八进三	……

倘若炮八退二，卒5进1，帅四平五，马7进6，仕六进五，车4进1，炮五平二，卒5进1，炮二退一，车4退8，车七退一，车4平3，炮八进一，相互对攻，胜负难料。

25. ……	车4进2	26. 帅四进一	车4退1
27. 帅四退一	车4平2	28. 兵七进一	卒5进1
29. 炮五平九	车2退3	（图363）

倘若卒3进1，炮九进四，炮2退1，炮九进三，象5退3，车七进二，象7进5，车七平五，卒5进1，炮九退二，马7退8，兵九进一，车2进1，车五退二，车2平3，帅四进一，车3退7，兵九进一，象5进3，炮九进二，车3平2，炮八平九，马8进6，后炮退三，鹿死谁手尚难预料。

292

第八章 中炮急冲中兵补右仕对屏风马

30. 马八退六 ……

似可炮九进四，车 2 平 1，炮九平八，炮 2 进 2，兵七平八，马 7 进 6，车七进三，卒 5 进 1，炮八平一，马 6 进 4，车七退三，卒 5 进 1，马八退六，车 1 退 4，炮一进二，车 1 退 1，帅四平五，胜负难料。

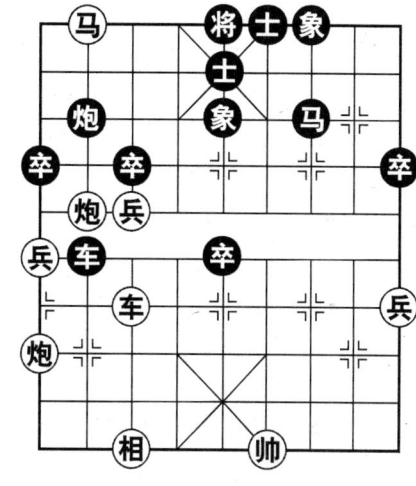

图 363

30. ……	炮 2 平 4
31. 炮九进四	车 2 平 1
32. 兵七进一	车 1 退 2
33. 炮八进四	车 1 退 2
34. 兵七进一	车 1 平 2
35. 炮八平九	车 2 平 1
36. 炮九平八	车 1 平 2

"一跟一捉"，不变和棋，但党斐大师主动求变。

37. 兵七平六 ……

37. …… 士 5 进 4

38. 马六退四 将 5 进 1

39. 炮八平六 ……

似应炮八平九为佳。

39. …… 马 7 进 6

40. 帅四平五 卒 5 进 1

41. 车七进一 将 5 平 4

42. 炮六平三 ……

似应炮六退二，马 6 退 4，车七平六，马 4 退 6，炮六平四，将 4 平 5，也许红棋尚有和棋之望。

42. …… 马 6 退 4

一脚踩双，黑棋胜势。

43. 炮三退一 将 4 退 1

44. 车七平九 车 2 进 8

黑胜。

点评：党斐大师不肯和棋，付出高昂代价，新招还是有可圈可点之处。

（乙）车 4 平 3

徐超 胜 李家华

（2007 年 8 月 1 日弈于象甲联赛）

19. …… 车 4 平 3

著名象棋大师李家华抛出最新布局飞刀！现在徐超借党斐败局之阵重新子

弹上膛，可能使李家华大师心存疑虑，临阵推出改进型新战术。

20. 前马进八 ……

倘若马七退五，车3平4，马五进七，车4平3，不变和棋。

20. …… 炮7退2

急于夺回失子非上策。似应卒5进1，车四进五，炮7平4，仕五退四，炮4退8，车四退五，车8退5，车九平八，炮2进5，车八退一，卒3进1，马八退九，卒3进1，车八进六，车8平4，马九进七，马7进6，黑棋足可一战。

21. 仕五退四 炮7平3

似应炮7平9，然后再伺机而战。

22. 车九平八 炮2进5　　**23.** 车八退一 车8退5

不很明显的软着。似应车8退4，车四进五，车8平5，马八退九，炮3退1，车八进一，车5进1，车八进五，车5平4，马九进七，车4退5，车八退五，车3进1，车八平七，车4进4，黑可抗衡。

24. 车四平七（图364） 卒3进1

怪！为什么白白弃送一炮呢？炮3平4，车七平六，炮4平3，马八退九，炮3进1，车八进七，士5退4，车八平七，红棋胜势。

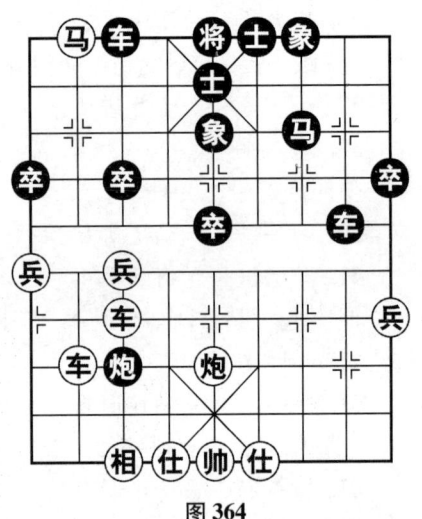

图364

25. 车七退一 卒3进1
26. 车七平六 卒5进1
27. 车六进六 卒3平4
28. 马八退七 车8平3
29. 马七退六 马7进6
30. 车八进四 ……

倘若马六进四，马6退8，红棋反而无趣！

30. …… 前车退1　　**31.** 马六进四 马6退8
32. 车六退二 前车平4　　**33.** 车八平六 车3进9
34. 车六平九 将5平4

倘若车3退8，炮五平一，车3进5，炮一进四，红棋亦优。

35. 车九进三 象5退3　　**36.** 炮五平一 车3退3
37. 炮一进四 ……

似应炮一平八，车3退3，炮八进七，象3进5，炮八平四，将4进1，车九退一，将4退1，马四进五，马8进6，炮四退一，红棋胜势。

第八章　中炮急冲中兵补右仕对屏风马

37. ……　　　　士5进6　　　38. 马四退二　……

似应车九退三，马8进6，马四进六，士6进5，马六进八，将4平5，炮一平五，将5平6，车九平七，红棋胜势。

38. ……　　　　马8进6　　　39. 炮一进三　……

似应炮一平八为佳。

39. ……　　　　马6进8
41. 帅五平四　马6进7　　　42. 仕五进四　车3进3
43. 仕四退五　马7退5　　　44. 帅四平五　马5退7
45. 帅五平四　车3退3　　　46. 仕五进四　马7退5
47. 仕六进五　车3退3　　　48. 兵一进一　马5退3

倘若马5退6，马二退四，卒5平6，炮一平四，象7进5，炮四退五，红棋胜势。

49. 马二进三　马3进4

李大师的搏杀功夫相当不一般，使徐超不得不唱"空城计"。黑棋的攻势像暴风雨般袭来。

50. 马三退四　车3进6　　　51. 帅四进一　卒5平6
52. 仕五进六　……

为什么不走马四退六吃卒呢？马4退5，马六退五，车3退2，仕五进六，车3平4，车九平七，将4进1，车七退一，将4进1，帅四平五，卒6进1，炮一平四，士6退5，黑棋有攻势。

52. ……　　　　将4平5
53. 仕四退五（图365）　卒4平5

与赢棋擦肩而过！似应卒6进1，威胁再冲卒，车3平6的"弃卒倒勾"。红棋只好马四进五，卒4进1，炮一平四，卒4进1，车九平七，车3退9，炮四平七，象7进5，炮七退八，卒4平5，黑棋胜势。

54. 马四进二　……

致命一击！

54. ……　　　　车3退6

丢车速败！倘若士6退5，马二进三，将5平4，车九退三，车3退7，炮一退四，车3平7，车九平六，士5进4，炮一平六，红棋亦胜势。

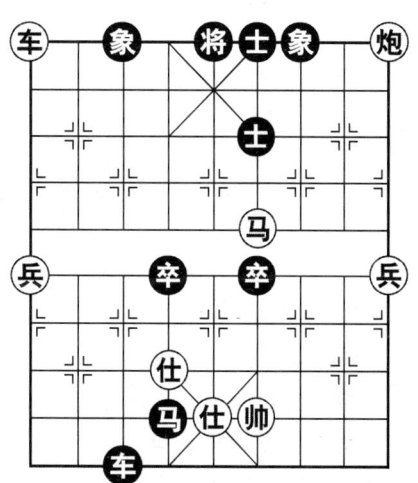

图365

55. 马二进三　将5平4　　　56. 马三退五
红胜。

点评：黑棋的飞刀虽然受挫，其反击性能亦不可小觑。

第86局　补右仕退车吃卒对炮轰底相

1. 炮二平五　马8进7　　　2. 马二进三　车9平8
3. 车一平二　马2进3　　　4. 兵七进一　卒7进1
5. 车二进六　炮8平9
6. 车二平三　炮9退1
7. 兵五进一　士4进5
8. 兵五进一　炮9平7
9. 车三平四　卒7进1
10. 马三进五　车8进8
11. 马五进六　象3进5
12. 马八进七　卒7进1
13. 仕四进五　卒7平6
14. 车四退三　炮7进8
15. 马六进七　……

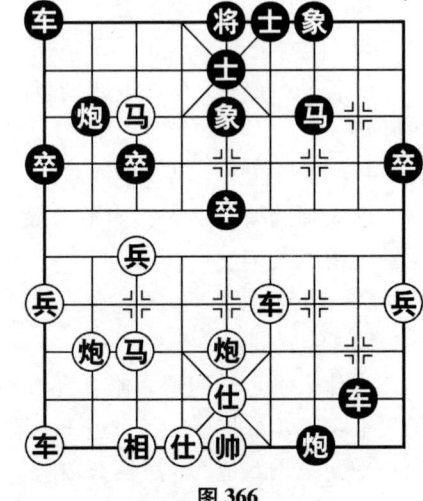

图366

最新布局飞刀出鞘！

15. ……　　　卒5进1（图366）

图366形势之下，红棋有车四进五、车九进一、炮八退一三种选择。

（甲）车四进五

申鹏 张江 胜 徐天红 王斌
（2007年1月18日全国象棋男子双人表演赛）

16. 车四进五　炮7平9　　　17. 帅五平四　车8进1
18. 帅四进一　马7进8　　　19. 后马进五　车8退1
20. 帅四退一　马8进7　　　21. 炮五平三　……

倘若马五退三，马7进5，相七进五，车1平3，马七退五，车8进1，帅四进一，车8退6，帅四退一，车8平5，黑棋优势。

21. ……　　　车8进1　　　22. 帅四进一　炮2退1

错失良机！似应卒5进1对攻，红棋有多种选择，黑棋足可一战。

第八章 中炮急冲中兵补右仕对屏风马

23. 车四退五　车8退1　　　　**24.** 帅四退一　卒5进1

再进中卒明显是晚了一步。

25. 车四平三　卒5进1　　　　**26.** 车三平五　车1平3

倘若车1进2，炮三进五，车1平2，炮八平五，炮9平4，仕五退六，车2进6，仕六进五，车2平5，炮五进五，象7进5，车五退二，车8平5，车九平八，炮2进7，相七进五，红棋优势。

27. 马七退九　车8进1　　　　**28.** 帅四进一　车8退1

29. 帅四退一　炮2平4

似应炮2进3为佳。

30. 车五平六　车3平2　　　　**31.** 炮八进六　炮4进1

32. 炮三平五　车8进1　　　　**33.** 帅四进一　车8退2

34. 车九进二　车2平4　　　　**35.** 车九平八　……

五子攻城，黑棋难以招架！

35. ……　　　　炮9平3　　　**36.** 炮八进一　车4进1

37. 炮八平九　炮3退1　　　　**38.** 仕五进四　车8进1

39. 帅四退一

红胜。

点评：黑棋虽然在强大的攻势下折戟沉沙，但其反击性能绝不可小觑。

（乙）车九进一

陆江华 负 赵鑫鑫

（2006年11月8日弈于浙江省象棋团体锦标赛）

16. 车九进一（图367）　……

业余棋手陆江华抛出最新布局飞刀，向全国冠军赵鑫鑫发出挑战！

16. ……　　　车1平3　　　**17.** 车四平三　……

似应前马退五为佳。

17. ……　　　炮7平9　　　**18.** 车三进四　车3进2

19. 车九平六　……

倘若帅五平四，卒3进1，炮八退一，车8进1，帅四进一，卒3进1，车三退四，卒3进1，炮八平七，车3进1，炮七进二，炮2进4，炮七进二，车3平6，炮五平四，车8退1，帅四退一，象5进3，黑棋优势。

19. ……　　　车8进1　　　**20.** 仕五退四　卒3进1

21. 车六进七　车3退1（图368）

精妙！

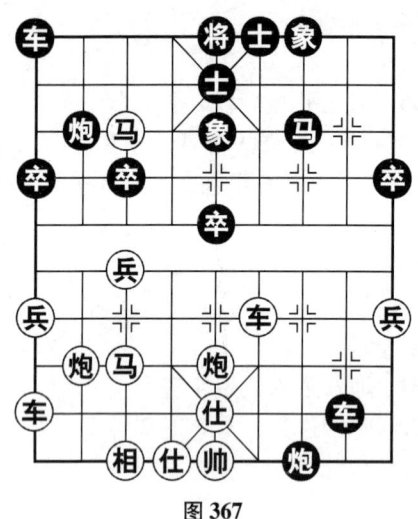
图 367

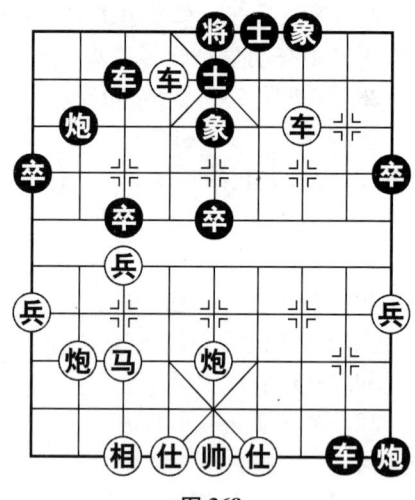
图 368

22. 车六平七　炮2平7
24. 炮三平六　车7退1
26. 炮六平二　车7进1
28. 炮二平六　车8退1
30. 炮六平二　车7退2

23. 炮五平三　车8平7
25. 仕四进五　炮7平8
27. 仕五退四　车7平8
29. 仕四进五　车8平7

似应车7进1，仕五退四，车7退2，仕四进五，车7平3，炮八进七，车3平8，赢得更加简单。

31. 炮二进二　车7平3
33. 兵七进一　象5进3

32. 炮八进七　将5平4
34. 车七进一　将4进1

黑胜。

点评：飞刀战术遭到毁灭性打击。

（丙）炮八退一

李群　负　万春林

（2011年11月18日弈于第2届全国智力运动会）

16. 炮八退一（图369）　……

"退炮打车"是李群大师抛出的最新布局飞刀！

16. ……　　　　车8进1
18. 前马进八　车3平4

17. 车九进二　车1平3
19. 车九平八　车4平2

简明！倘若炮2进6，车八退一，车4进2，马七进五，炮7平4，仕五退

第八章 中炮急冲中兵补右仕对屏风马

四，卒5进1，炮五进二，炮4退6，车八进四，炮4平5，车八平五，车8退5，车五平二，马7进8，相七进五，车4进3，黑棋亦优。

20. 炮八进六　马7进8
21. 炮五平三　卒5进1
22. 相七进五　炮7平4
23. 仕五退四　卒5平6
24. 车四平八　……

倘若车四退二，炮4退5，相五进三，炮4平6，炮三进七，象5退7，炮八平五，士5退4，车八进七，炮6进4，炮五退六，炮6平7，相三退五，士6进5，车八退六，炮7平9，黑棋亦优。

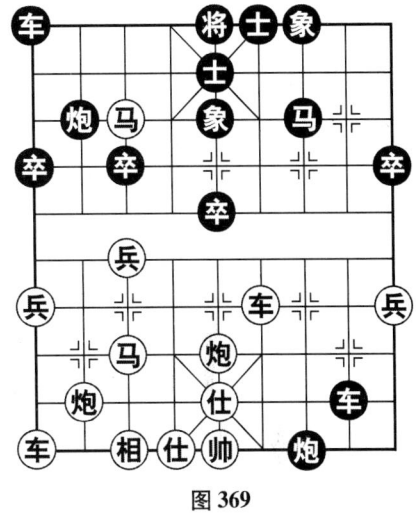

图369

24. ……　　　炮4平6　　25. 炮八平九　……

倘若炮三退二，炮6退2，炮八退二，炮6平3，炮八平五，车2平4，前车进六，马8进7，前车平六，将5平4，车八平七，马7进5，车七平五，车8平7，帅五进一，车7退1，帅五退一，车7平4，黑棋少子有攻势。

25. ……　　　炮6退2　　26. 帅五进一　车2平4
27. 前车进六　马8进9

黑胜。

为什么放弃续战呢？前车平六，士5退4，炮三进四，车8退6，炮九进二，象5退3，车八进一，炮6平3，车八平一，车8平7，黑棋胜势。

点评："退炮打车"遭到强烈反击，红棋没便宜。

第87局　补右仕退车吃卒对炮轰底相

2010年第4届芳庄旅游杯越南象棋公开赛，越南著名棋手陶高科与中国香港国际特级大师赵汝权之战，赵汝权飞刀出鞘，引发一场相当激烈的攻杀，惊险跌宕，扣人心弦……

陶高科　负　赵汝权

（2010年4月22日弈于胡志明市越南象棋公开赛）

1. 炮二平五　马8进7　　2. 马二进三　车9平8

3. 车一平二　马2进3
5. 车二进六　炮8平9
7. 兵五进一　士4进5
9. 车三平四　卒7进1
11. 马五进六　车8进8
13. 仕四进五　卒7平6
15. 车四退三　卒5进1
17. 前马退五　炮7平9（图370）

4. 兵七进一　卒7进1
6. 车二平三　炮9退1
8. 兵五进一　炮9平7
10. 马三进五　卒7进1
12. 马八进七　象3进5
14. 兵九进一　炮7进8
16. 马六进七　车1平3

中国香港国际特级大师赵汝权抛出最新布局飞刀！

18. 帅五平四　车8进1
19. 帅四进一　车8退6
20. 炮八进四　……

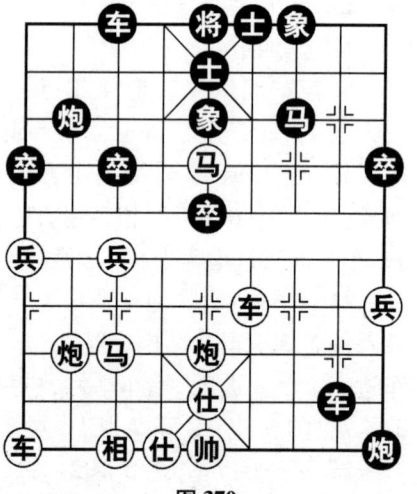

图370

如马五进三，炮2平7，车四进五，车3平2，车九平八，炮7平6，炮八进六，卒5进1，炮五进五，将5平4，车八进三，车8进5，帅四退一，车8进1，帅四进一，卒5平6，仕五进四，车8退1，帅四退一，车2进1，车八平六，车2平4，炮五平六，将4平5，炮六退二，卒6进1，帅四进五，车4进2，车六平四，车4平7，黑胜。

20. ……　　　炮2平4
21. 马七进六　……

倘若帅四进一，车8进5，车九进一，车3平2，炮八退二，车8退5，车九平六，马7进5，炮五进四，车8平5，黑棋胜势。

21. ……　　　车8进2
22. 车九平八　炮4平2
23. 炮五平八　车3平4
24. 马六退五　车8进3
25. 帅四进一　……

倘若帅四退一，车8进1，帅四进一，炮9平4，车八进一，炮4退1，仕五进六，车4进7，后马退四，车4平5，车八平六，车5进2，帅四进一，车5平6，车六平四，车6平3，后炮平六，马7进5，黑棋胜势。

25. ……　　　炮9平3

绝妙！

26. 车四平七　……

为什么不走车八平七吃炮呢？炮2进5，车七进二，车4进5，炮八退二，车4平3，车七平八，车3平7，黑胜。

26. ……　　　马7进8　　　27. 前马进七　……

倘若前炮退二，车4进8，后马进四，炮3退2，帅四平五，车8退1，仕五进四，炮2进5，车八进二，炮3平6，黑胜。

27. ……　　　炮3退2　　　28. 仕五进六　……

倘若马五进六，车4进5，帅四平五，马8进6，车七平四，车8退1，仕五进四，车4平5，帅五平六，车8平6，黑胜。

28. ……　　　车4进5　　　29. 前炮退二　车4平3

黑胜。

点评：最新飞刀相当锋利，重演红阵请小心为妙。

第88局　五九炮对进车粘相

1. 炮二平五　马8进7　　　2. 马二进三　车9平8
3. 车一平二　卒7进1　　　4. 车二进六　马2进3
5. 兵七进一　炮8平9　　　6. 车二平三　炮9退1
7. 兵五进一　士4进5　　　8. 兵五进一　炮9平7
9. 车三平四　卒7进1　　　10. 马三进五　卒7进1
11. 马五进六　车8进8
12. 马八进七　象3进5
13. 仕四进五　车8进1
14. 炮八平九　……

特级大师谢靖抛出"五九炮"最新布局飞刀！

14. ……　　　马7进8
15. 车四平三　炮2退1
16. 车九平八　车8平7
17. 仕五退四　马8进6
18. 车三平四（图371）　……

图371形势之下，黑棋有马6进4与马6退4两种选择。

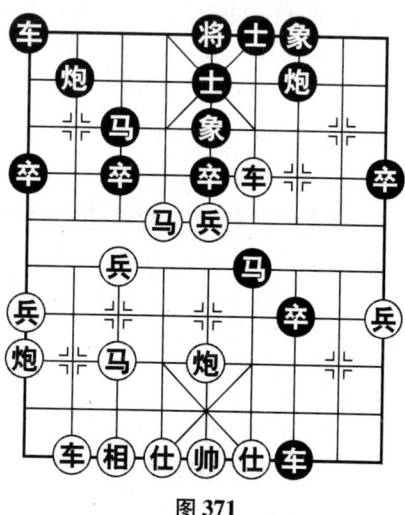

图371

（甲）马6进4

谢靖 胜 谢岿

（2006年7月26日弈于北京全国象棋排名赛）

18. ……　　马6进4

飞马奔槽，气势汹汹。

19. 炮五平六　　……

当前形势之下，红棋有多种选择。谢岿是稳健派，平炮顶马是必然选择。倘若马六进七怎样呢？马4进3，帅五进一，炮7平8，红棋得不偿失。

19. ……　　车7退2

似可车1平3，车八进七，卒5进1，相七进五，车7退1，仕四进五，车7平9，马六进七，卒5进1，车八退四，卒5进1，前马退九，炮2平4，黑棋双卒渡河而各有顾忌。

20. 仕四进五　　……

似应仕六进五为宜。

20. ……　　车1进2

21. 马七进六　　车7进2

22. 仕五退四　　卒7平8

似应卒3进1，兵七进一，马3进4，兵五平六，炮2进6，相互搏杀，鹿死谁手尚难预料。

23. 兵五进一　　……

兵临城下，攻势强大！

23. ……　　车7退5

风险即在眼前，现在退车后果严重。似应卒3进1，兵七进一，马3进4，兵七平六，车7退4，兵六进一，炮2进6，车四退三，车7进1，车四平三，卒8平7，黑棋尚可一战。

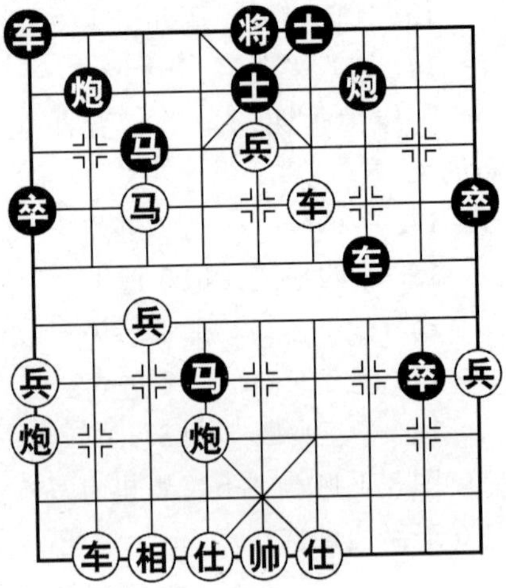

24. 前马进五　　……

飞马踢象，艺高胆大！

24. ……　　象7进5

25. 马六进七　　车1退2

26. 兵五进一（图372）　炮2进6

似应炮2平3，兵五进一，士6进5，车八进七，炮3进2，车四平七，车

图372

7平5，仕四进五，马3进5，车八平二，炮7平6，车二退四，车1平4，相互对杀，胜负难料。

27. 车八进一　马4进6　　　**28.** 车八平四　车1平4

倘若炮7进2，兵五进一，马3退5，马七进五，车7平5，炮六平五，炮7进6，仕四进五，车5退2，前车平八，炮2平3，仕五进四，炮3退1，车四平三，红棋优势。

29. 炮六进五　马6退5　　　**30.** 前车退二　炮2退2

31. 兵五进一　士6进5　　　**32.** 炮九平五

红胜。

点评："飞马奔槽"飞刀出鞘，引发惊险搏杀，虽然最后遭到挫折，其反击性能还是可圈可点。

（乙）马6退4

谢宏峰　负　邢文阳

（2009年8月3日弈于盘锦辽宁象棋精英赛）

18. ……　　　马6退4（图373）

哈尔滨邢文阳抛出最新改进型布局飞刀！

19. 兵五平六　炮7平8

20. 车四平二　卒7平6

21. 马七进六　……

倘若车八进七，卒6进1，车八平七，卒6进1，炮五平四，卒6进1，帅五进一，车7退1，炮四退一，炮2进7，黑棋有攻势。

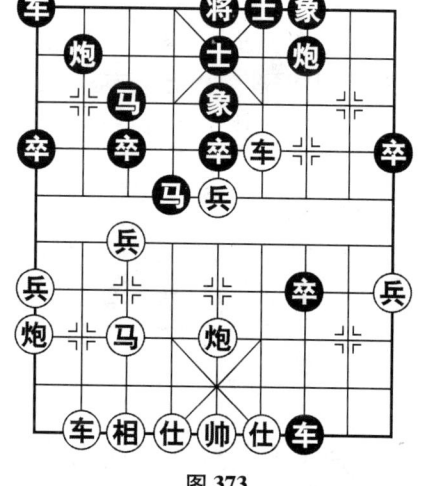

图373

21. ……　　　车1平4

22. 车二退一　……

为什么不走马六退四踏兵呢？车7退3，车八进三，车4进4，炮五进一，车7进1，炮九平五，车7退2，黑棋优势。

22. ……　　　卒6平5　　　**23.** 炮五平二　炮8平9

24. 车八进七　炮9进5

弃子抢攻，令人震撼！

25. 炮二平一　……

倘若车八进一，炮9进3，炮二平四，炮9平6，相七进五，炮6退1，帅五进一，象5进7，黑棋攻势强大。

| 25. …… | 炮2平4 | 26. 马六退七 | 前卒平4 |

再度弃子，气势逼人。

| 27. 仕六进五 | 车4平3 |

似可卒4进1，炮九平六，炮4进6，仕五进六，车7退2，黑棋有攻势。

| 28. 车二退二 | 炮9退2 | 29. 兵六进一 | …… |

倘若兵六平五，卒5进1，车二平六，炮9平8，炮一平二，炮4进1，车八退七，卒3进1，黑棋优势。

29. ……	炮9平5	30. 炮一平五	车7退4
31. 车八退三	卒4进1	32. 炮九平六	炮4进6
33. 车二平六	炮5平9	34. 帅五平六	炮9进5
35. 帅六进一	炮4退4	36. 车六进三	车3平4
37. 车六进三	士5退4	38. 马七进五	车7进1
39. 马五进四	车7退2	40. 马四退五	卒3进1
41. 车八进二	马3进4		

似可车7进2，马五进四，车7平4，仕五进六，车4平3，仕六退五，卒3进1，马四进二，士6进5，马二进三，将5平6，炮五平四，卒3平4，车八退二，炮9退1，仕五进六，车3进2，帅六退一，车3进1，帅六进一，车3平6，黑棋胜势。

42. 车八平五	马4进3	43. 炮五平七	卒9进1
44. 车五平六	士6进5	45. 车六退三	卒3进1
46. 相七进九	马3进1		

强大攻势使红棋难以抵挡。

| 47. 炮七平八 | 车7平2 | 48. 炮八平二 | 卒3进1 |

黑胜。

点评：黑棋的反击效果颇佳，重演红阵谨慎为宜。

第89局　五九炮对退边马

1. 炮二平五	马8进7	2. 马二进三	车9平8
3. 车一平二	马2进3	4. 兵七进一	卒7进1
5. 车二进六	炮8平9	6. 车二平三	炮9退1

第八章 中炮急冲中兵补右仕对屏风马

7. 兵五进一　士4进5

8. 兵五进一　炮9平7

9. 车三平四　卒7进1

10. 马三进五　卒7进1

11. 马五进六　车8进8

12. 马八进七　象3进5

13. 仕四进五　车8进1

14. 炮八平九　马7进8

15. 车四平三　马8退9

"退边马"是著名象棋大师韩松龄抛出的最新布局飞刀!

16. 车三退二　炮2进4（图374）

图374形势之下,红棋有车九平八与兵一进一两种选择。

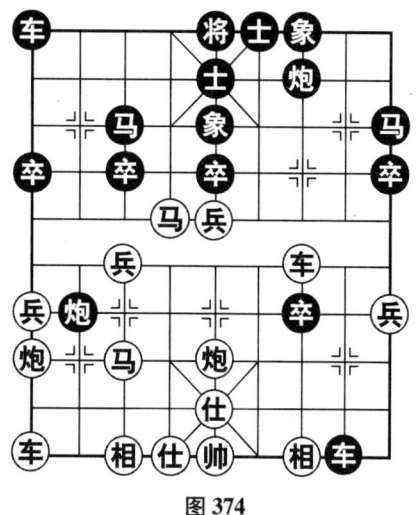

图374

（甲）车九平八

曹岩磊　胜　韩松龄

（2006年10月21日弈于广州深圳象棋交流赛）

17. 车九平八　炮2平9

弃马搏杀!倘若车8平7,仕五退四,车1进2,马七进八,红棋优势。

18. 炮五平一　炮9退2

19. 马六进七　炮9平7

20. 车三平四　前炮进5

21. 相七进五　马9进7

22. 车四进二　前炮退2

23. 车四退六　车8平6

24. 帅五平四　马7进8

25. 炮一平二　卒5进1

黑棋虽然少子,但是净多三卒也颇为壮观。

26. 车八进三　马8进6

27. 仕五进四　后炮进1

28. 前马退五（图375）　车1平4

似应后炮平6,帅四平五,车1平4,

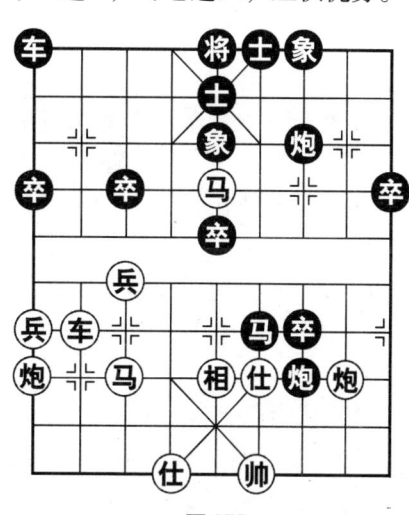

图375

仕六进五，卒3进1，炮九进四，卒3进1，相五进七，车4平3，黑棋尚可一战。

29. 马五进三　炮7退5　　　　30. 仕六进五　马6退7

31. 炮二进四　象5退3

似可炮7进1，炮九进四，炮7平1，炮二平九，卒7平6，炮九平八，卒5进1，炮八进三，车4进3，炮八平九，车4平8，黑棋拼命，红棋也有顾忌。

32. 炮二平九　车4进4　　　　33. 相五进三　炮7进3

为什么不走卒7进1呢？前炮进三，士5退4，马七进五，卒5进1，马五退三，红棋优势。

34. 车八平三　炮7平6　　　　35. 帅四平五　象7进5

36. 前炮退二　卒5进1　　　　37. 后炮平八　炮6平3

似应车4平2，炮八进二，卒3进1，炮八平五，马7进5，炮九平五，卒3进1，也许尚有一线和棋之望。

38. 马七进八　车4平3　　　　39. 马八进九　车3平2

40. 炮九平八　车2平4　　　　41. 前炮进五　士5退4

42. 马九进八

红胜。

点评："退边马"虽然折戟沉沙，其反击性能不可小觑。

（乙）兵一进一

李荣　负　蔡佑广

（2012年11月3日弈于第八届南京市象棋公开赛）

17. 兵一进一　……

安徽李荣抛出最新布局飞刀！

17. ……　　　卒7进1

18. 马七进五（图376）　卒7平6

似可卒7平8，仕五进四，炮7进8，帅五进一，炮2进2，炮九退一，车1平2，车九平八，车2进7，黑棋有强大的攻势。

19. 炮九平四　炮7进8

20. 车九进一　……

似应相七进九为佳。

20. ……　　　炮7平4

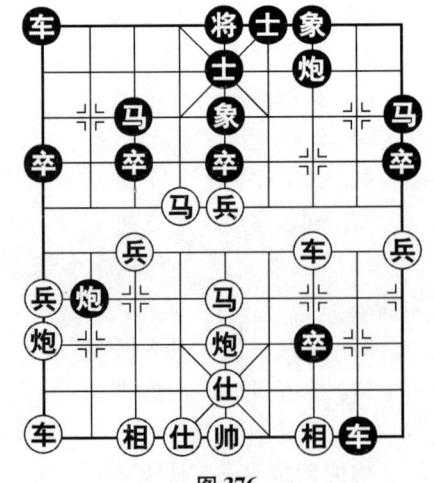

图376

第八章　中炮急冲中兵补右仕对屏风马

21. 炮四退二　……

倘若仕五退四，炮4平6，帅五进一，另有一场搏杀。

| 21. ……　　　炮4平6 | 22. 仕五退四　炮2进3 |
| 23. 相七进九　炮2平6 | 24. 马五退三　车8平7 |

25. 马三进一　……

似应马三进五兑车为宜。

25. ……　　　车7平9	26. 马一退二　炮6退7
27. 马二退四　车1平2	28. 车九平七　车2进6
29. 车三平四　马9进7	

"天马行空"，红棋大势去矣。

| 30. 车四进二　马7进8 | 31. 车七进二　车2进1 |

黑胜。

点评：黑棋攻势强大，重演红阵请谨慎。

第90局　五九炮对进车粘相

1. 炮二平五　马8进7	2. 马二进三　车9平8
3. 车一平二　马2进3	4. 兵七进一　卒7进1
5. 车二进六　炮8平9	
6. 车二平三　炮9退1	
7. 兵五进一　士4进5	
8. 兵五进一　炮9平7	
9. 车三平四　卒7进1	
10. 马三进五　卒7进1	
11. 马五进六　车8进8	
12. 马八进七　象3进5	
13. 仕四进五　车8进1	
14. 炮八平九　马7进8	
15. 车四平三　炮2退1（图377）	

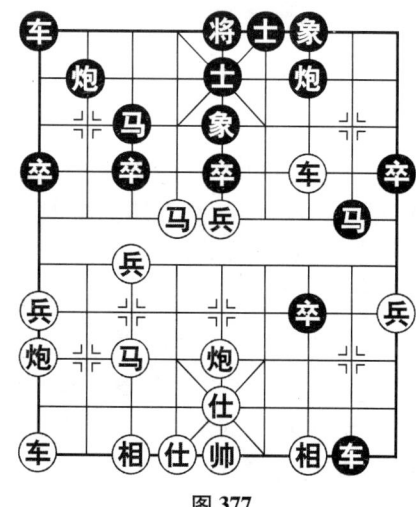

图377

图377形势之下，红棋有兵五平四与马六进七两种选择。

（甲）兵五平四

徐超 胜 洪智

（2006年7月29日弈于全国象棋排名赛）

16. 兵五平四 ……

著名象棋大师徐超抛出最新布局飞刀！

16. …… 马3退4

2006年全国象棋个人赛，张学潮与张申宏之战曾改走：卒7平6，炮五平三，炮7进6，车三退四，车1进2，车九平八，马3退4，相七进五，车1平4，炮九进四，车4进2，炮九进三，马4进3，车八进八，车4平1，车八进一，士5退4，车八退二，车1退4，车八平七，车1进4，车七退一，车1平6，车七平五，卒6平7，和棋。

17. 车九平八　车1进2　　　18. 炮五平六　卒5进1

19. 炮六进七　……

佳着！从此渐入佳境。

19. ……　马8进6

另有两种选择：①将5平4，车三进二，炮2平7，车八进九，将4进1，马七进八，士5进4，车八平五，红棋胜势。②车1平4，炮六平八，马8进6，兵七进一，卒3进1，炮九进四，车4平1，炮九平七，车1退2，马六进七，马6进4，后马进五，红棋优势。

20. 炮六退三　车1平4

为什么不走马6退4吃马呢？兵四平五，车8平7，仕五退四，马4进3，车八进三，红棋优势。

21. 相七进五　车8退5

22. 马七进六　炮7平6

为什么还不走马6退4呢？炮九平六，车4平3，后炮进三，红棋优势。

23. 炮九平六　马6进8（图378）

24. 后炮退一　……

也可改走车三退三，车4进1，兵四平五，炮6平7，兵五进一，车4进1，炮六进三，车8平4，车三平二，车4进1，车八进六，红棋残局优势。

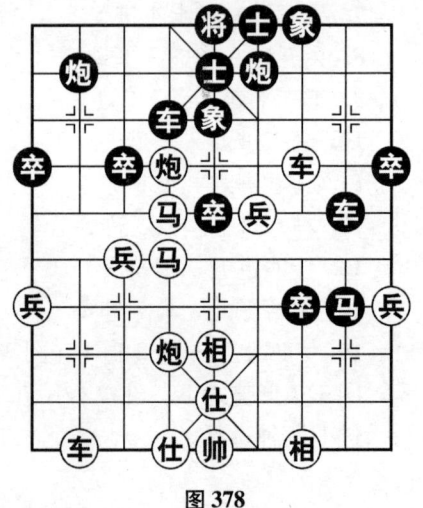

图378

第八章　中炮急冲中兵补右仕对屏风马

24. ……　　　卒 5 进 1　　25. 前马进四　……

两军阵前的纠缠相当复杂。现在倘若车三退三，车 8 平 6，前马进四，车 6 退 1，前炮平九，车 4 进 3，炮九平四，车 4 进 3，车三平二，红方胜势。

25. ……　　　车 4 进 1　　26. 车三退三　车 8 平 6
27. 炮六进五　车 6 退 1　　28. 炮六平九　卒 3 进 1
29. 炮九退二　卒 5 平 4　　30. 车三平二　卒 3 进 1
31. 相五进七　卒 4 平 3　　32. 相三进五　……

经过大量子力交换后，红棋以多子之优进入残局。

32. ……　　　车 6 平 1　　33. 相五进七　炮 2 平 1

黑棋尽力通过兑子谋求和棋。

34. 车二进五

红方多子胜定，余略。

点评：飞刀高调亮相，黑棋措手不及。

（乙）马六进七

范磊　负　刘沛罡
（2008 年 6 月 22 日弈于绥芬河杯象棋大奖赛）

16. 马六进七　……

鞍山新秀范磊抛出最新布局飞刀！

16. ……　　　马 8 进 6（图 379）
17. 车三退三　……

倘若兵五平四，卒 7 平 6，炮五平三，车 8 平 7，仕五退四，卒 6 进 1，炮九平四，马 6 进 4，车九进一，马 4 进 6，车九平四，马 6 退 4，后马进五，炮 7 进 6，车三退四，车 7 退 2，马五退三，炮 2 平 3，黑棋稍优。

17. ……　　　炮 7 进 8
18. 车九进一　炮 2 进 8

凶悍！红棋难以抵挡。

19. 兵五进一　……

倘若帅五平四，卒 5 进 1，车九平八，炮 2 平 1，车三退二，炮 7 平 4，帅四进一，炮 4 退 6，前马退五，车 8 平 3，黑棋亦胜势。

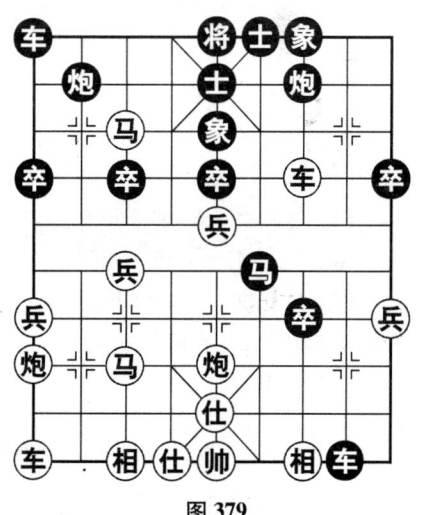

图 379

19. ……　　炮7平4　　　　20. 仕五退四　炮4平6
21. 后马退八　马6进5　　　22. 相七进五　炮6退1
23. 帅五进一　炮6平1

车双炮横扫九宫，使红王处于风雨飘摇之中，黑棋胜势。

24. 马八进七　车1平3　　　25. 后马退九　车3进2
26. 马九进七　车3平4

黑胜。

点评："得子失先非上策"，重演此阵请小心为妙。

第91局　五九炮对象位车

1. 炮二平五　马8进7　　　2. 马二进三　车9平8
3. 车一平二　马2进3　　　4. 兵七进一　卒7进1
5. 车二进六　炮8平9　　　6. 车二平三　炮9退1
7. 兵五进一　士4进5　　　8. 兵五进一　炮9平7
9. 车三平四　卒7进1
10. 马三进五　车8进8
11. 马八进七　卒7进1
12. 马五进六　象3进5
13. 仕四进五　车1平3

2006年亚洲象棋锦标赛，印度尼西亚著名棋手张敬和抛出最新布局飞刀！

14. 炮八平九　卒3进1
15. 车九平八　炮2退1
16. 马六进七　车3平2
17. 兵五进一（图380）……

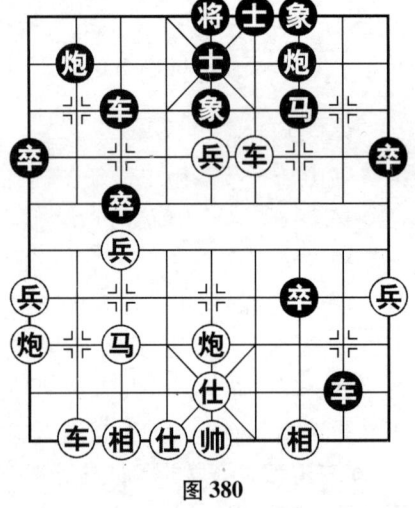

图380

图380形势之下，黑棋有车8进1与象5退3两种选择。

（甲）车8进1

张高扬　胜　张敬和

（2006年11月5日弈于越南亚洲象棋锦标赛）

17. ……　　　车8进1

坏棋！

第八章 中炮急冲中兵补右仕对屏风马

18. 兵五进一　象7进5
精妙！黑棋丢子崩溃。
19. ……　　　马7进5
21. 马七进六　车8退6
红胜。

19. 车四进二　……
20. 车八进八　炮7进8
22. 炮九进四

点评：红棋攻势猛烈，重演此阵必败无疑！

（乙）象5退3

王顺波　胜　韩小红

（2010年10月10日弈于武汉职工象棋赛）

17. ……　　　象5退3（图381）

黄冈韩小红抛出改进型飞刀！倘若马7进8，车四退一，车3平4，炮九进四，车4进4，兵五进一，象7进5，车八进七，红棋攻势强大。

18. 炮九进四　车3平1
19. 兵五平六　将5平4

倘若象7进5，兵六进一，卒3进1，兵六进一，炮7平4，车八进八，红棋胜势。

20. 兵六进一　……
弃兵凶悍！

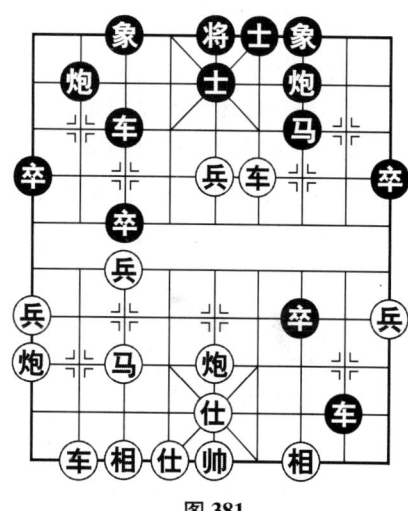

图381

20. ……　　　车1平4
21. 炮九进三　象3进5
23. 车七进三
红胜。

22. 车四平七　炮2进1

点评：请勿重演黑阵，否则难逃必败命运。

第92局　仕角炮对贴将车

2012年第二届辛集国际皮革城杯象棋公开赛，黄竹风大师突发飞刀，以不计后果的凶招向程鸣大师展开猛攻，最后攻营劫寨！什么样的秘密武器有如此强大的杀伤力呢？原来是程鸣大师上演"捉放曹"的大戏……

程鸣 负 黄竹风
（2012年10月27日弈于辛集象棋公开赛）

1. 炮二平五　马8进7
2. 马二进三　车9平8
3. 车一平二　马2进3
4. 兵七进一　卒7进1
5. 车二进六　炮8平9
6. 车二平三　炮9退1
7. 兵五进一　士4进5
8. 兵五进一　炮9平7
9. 车三平四　卒7进1
10. 马三进五　卒7进1
11. 马五进六　车8进8
12. 马八进七　象3进5
13. 马六进七　车1平3
14. 前马退五　车3平4
15. 炮五平六　……

卸中炮是蒋川大师于2000年全国象棋个人赛首创。

15. ……　　　马7进5
16. 相七进五　炮2进4（图382）

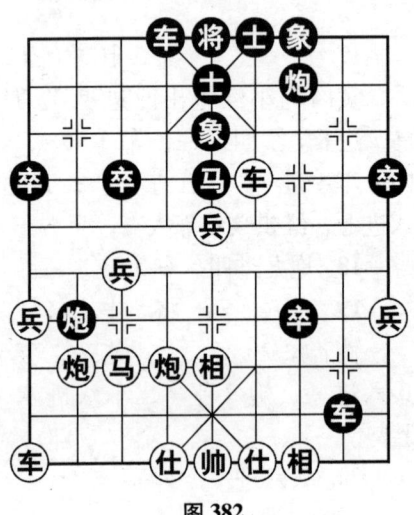

图382

著名象棋大师黄竹风抛出最新布局飞刀！过去皆走车8平3。

倘若马5退3，车四平三，炮2退1，车三退三，红棋稍优。

17. 仕六进五　炮7进3
18. 兵五进一　炮2平5
19. 帅五平六　炮5进2
20. 仕四进五　车8平5
21. 兵五平六　……

随手而自毁长城！似应炮六进四全力封锁，车5平3，车九平七，车3平9，车七平八，炮7平2，炮八平九，炮2平8，车四平二，炮8进2，马七进六，车9进1，车八进七，炮8进3，相三进一，风暴过后红棋必将迎来彩虹！

21. ……　　　炮7平4

因闷杀而不得不跳马献炮。

22. 马七进六　……
22. ……　　　炮4进3
23. 马六进七　……

似应马六退七，车4平2，炮八平六，车2进8，车九进一，车5平4，帅六平五，车2平1，马七退九，车4退1，马九退七，车4退1，马七进五，红棋多子尚可一战。

23. ……　　　车5平2
24. 炮八平七　车4平2

第八章　中炮急冲中兵补右仕对屏风马

25. 车九平七　前车平5　　**26.** 马七进九　……

只能实施围魏救赵之计，暂解燃眉之急，否则黑棋有车2进8的攻击，红棋难应。

26. ……　　　车2进8　　**27.** 马九进七　将5平4
28. 炮七退一　炮4平3　　**29.** 兵六进一　炮3退6
30. 兵六进一　将4平5　　**31.** 车四平九　炮3退1
32. 车九平七　炮3平4　　**33.** 兵六进一　士5退4
34. 前车平六　车5平3

倘若士6进5，车六退五兑死车。

35. 车七进一　车2平3　　**36.** 车六进三　将5进1
37. 车六退一　将5退1　　**38.** 车六平三　卒7平6

红棋很难抵挡黑棋的车卒攻势，胜势已定。

39. 车三平四　卒6平7

黑胜。

点评：最新飞刀取胜而一鸣惊人，倘若重演黑阵请注意风险。

第九章　中炮急冲中兵对屏风马拐弯卒

"中炮急冲中兵对屏风马拐弯卒"最早是20世纪70年代出现的冷门战术，并于80年代形成主流，其后逐渐沉寂。但从2008年开始，拐弯卒得到很多棋手的青睐，而且在比赛中胜率相当高。

第93局　急冲中兵对拐弯卒

1. 炮二平五　马8进7
2. 马二进三　卒7进1
3. 车一平二　车9平8
4. 车二进六　马2进3
5. 兵七进一　炮8平9
6. 车二平三　炮9退1
7. 兵五进一　士4进5
8. 兵五进一　炮9平7
9. 车三平四　卒7进1
10. 马三进五　卒7平6（图383）

弃卒献吃！作者把这种战术称为"拐弯卒。"

11. 车四退二　卒5进1
12. 炮五进三　马3进5
13. 车四进四　炮2退1
14. 车四退二　象3进5
15. 炮八平五　……

还架中炮属于冷门战术。

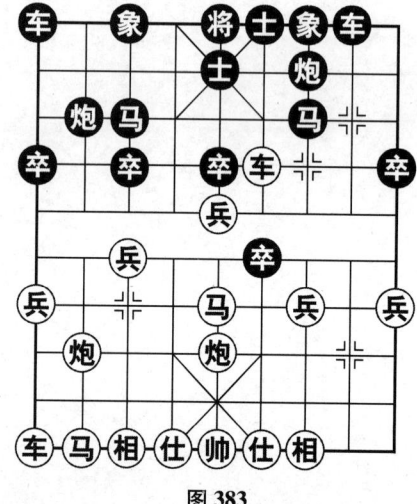

图383

15. ……　　车1平4
16. 马八进七（图384）……

图384形势之下，黑棋有车4进6与马7进8两种选择。

第九章　中炮急冲中兵对屏风马拐弯卒

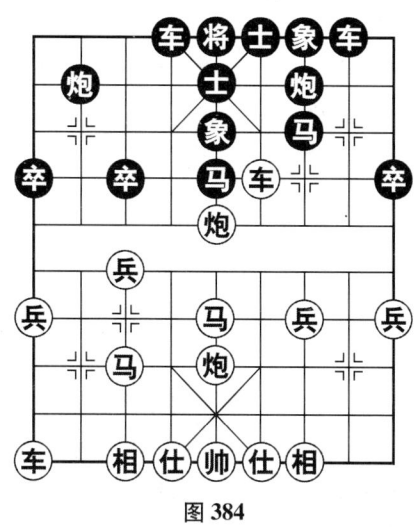

图 384

（甲）车 4 进 6

王嘉良　胜　刘殿中

（1975 年 7 月 9 日弈于河北辽宁黑龙江三省邀请赛）

16. ……　　　车 4 进 6	17. 车九平八　炮 2 进 5
18. 车四进二　车 8 进 4	19. 前炮进二　将 5 平 4
20. 后炮平六　车 4 进 1	21. 车八进三　炮 7 平 9

22. 仕六进五　……

似应车八进六，将 4 进 1，车八退一，将 4 退 1，车八退一为佳。

| 22. ……　　　车 4 退 5 | 23. 车八进六　将 4 进 1 |
| 24. 马七进八　车 4 平 5 | 25. 车四退六　…… |

调集全部兵马展开围攻。

25. ……　　　马 5 退 3

似应车 5 平 3 加强防御为佳。

26. 车八退二　车 5 进 4

风险来临！似应车 5 平 4 坚守为宜。

27. 车四平六　士 5 进 4	28. 车八平七　将 4 平 5
29. 车七平六　车 5 退 4	30. 前车退一　车 8 平 2
31. 马八退七　马 7 进 5	

似可车 2 退 4，兵三进一，炮 9 平 7，后车平四，炮 7 进 4，黑棋尚可

一战。

32. 前车平七　炮9平7　　　**33.** 相三进五　炮7平8

还是应走车2退4维稳为宜。

34. 车六进四　车2平5

似应车2进3捉马为宜。

35. 仕五进四　前车进1　　　**36.** 仕四进五·卒1进1
37. 兵三进一　将5平6　　　**38.** 车六退一　后车平8

倘若将6平5，车六平二，炮8平6，车七进三，前车平6，车二平九，红棋优势。

39. 车六平四　将6平5　　　**40.** 车四进四　……

"缺士怕双车"红棋掌握主动权。

40. ……　　　车8进7　　　**41.** 仕五退四　车8平9
42. 仕四退五　车9退2　　　**43.** 帅五平六　马5进4

倘若车9退1，车四平三，车9平4，帅六平五，炮8进8，相五退三，车4平6，车七进二，马5退4，车三退一，车6退5，车三平四，将5平6，车七平六，红棋胜势。

44. 车七平二　……

弃马捉炮是扩大优势的佳着。倘若马七进六，车5平4，帅六平五，车4平5，车七平二，炮8平6，车二平四，炮6平8，后车进二，将5进1，前车平五，将5平4，车五平六，将4平5，帅五平六，红胜。

44. ……　　　炮8平6　　　**45.** 车二平四　……

似可马七进六，车5平4，帅六平五，红棋胜势。

45. ……　　　马4退5　　　**46.** 帅六平五　炮6平8
47. 后车平二　炮8平6　　　**48.** 车四平三　马5退3
49. 车三平七　马3退1

倘若车5退3，车二进三，车5平4，车二平五，将5平4，兵七进一，红棋亦胜势。

50. 车七平四　马1进3　　　**51.** 车二平四　马3进5
52. 马七进六

红胜。

点评："拐弯卒"打响第一枪。虽然遭到挫折，其反击力不容小觑。

第九章　中炮急冲中兵对屏风马拐弯卒

（乙）马7进8

张强 胜 郑一泓

（2003年8月27日弈于北京象甲联赛）

16. ……　　　马7进8（图385）

飞马踏车是特级大师郑一泓抛出的最新探索型布局飞刀！

17. 前炮平三　……

平炮拦马是抢先佳着！

17. ……　　　马5进4
18. 马七进六　车4进5
19. 马五进四　车4进1

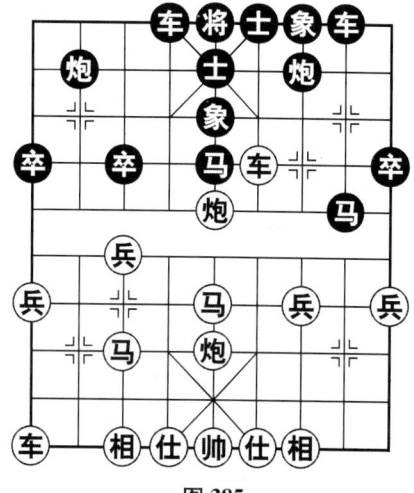

图385

倘若车4平6，车四平七，炮2平4，车七平二，车6退1，车二退一，炮7平8，车九平八，车6平5，炮三平四，红棋优势。

20. 车四平二　车8平9
21. 车二退一　将5平4　　22. 炮三进四　……

稳健！倘若炮三进一，车4进3，帅五进一，炮2进3，马四进二，卒3进1，车二退三，车4退1，帅五退一，炮7进5，炮五平六，卒3进1，车九平八，炮2进1，车八进三，红棋优势。

22. ……　　　象5退7　　23. 仕四进五　车9进2
24. 车九平八　炮2进5　　25. 炮五平二　车9平6
26. 车二平三　……

细腻老练！倘若炮二进一，车4退2，车八进三，车4平6，车二平四，车6进2，车八进六，将4进1，炮二进五，红棋无趣，难与实战媲美。

26. ……　　　炮2退5　　27. 车八进五　车6平8
28. 炮二平八　炮2退6　　29. 车八进四　将4进1
30. 车八退七　炮7平9　　31. 车三进一　……

似可车八进六，将4退1，车八进一，将4进1，马四进三，以下黑棋有两种选择：①炮9进5，马三进四，士5退6，车三进三，士6进5，车八退一，将4进1，车八退一，将4退1，车八平二，红棋胜势。②炮9平7，马三进五，车8平5，相七进五，士6进5，车三进三，象7进9，车三退二，车4退4，车三平七，车4平3，车七平九，车3平1，车九平六，车5平4，车六平一，红棋胜势。

31. ……　　　　炮9进5

孤注一掷！否则也难于招架。

32. 仕五进六　车4平2　　33. 车八进一　炮9平2
34. 车三平七　车8平4　　35. 车七平九　……

红棋庞大兵团，胜势已定。

35. ……　　　　象7进5　　36. 车九平一　车4进5
37. 车一平六　车4退4　　38. 马四进六

红胜。

点评："飞马踏车"的布局飞刀付出高昂代价！重演此阵请小心为佳。

第94局　急冲中兵对拐弯卒

1. 炮二平五　马8进7
2. 马二进三　车9平8
3. 车一平二　卒7进1
4. 车二进六　马2进3
5. 兵七进一　炮8平9
6. 车二平三　炮9退1
7. 兵五进一　炮9平7
8. 车三平四　士4进5
9. 兵五进一　卒7进1
10. 马三进五　卒7平6
11. 车四退二　卒5进1
12. 炮五进三　马3进5（图386）

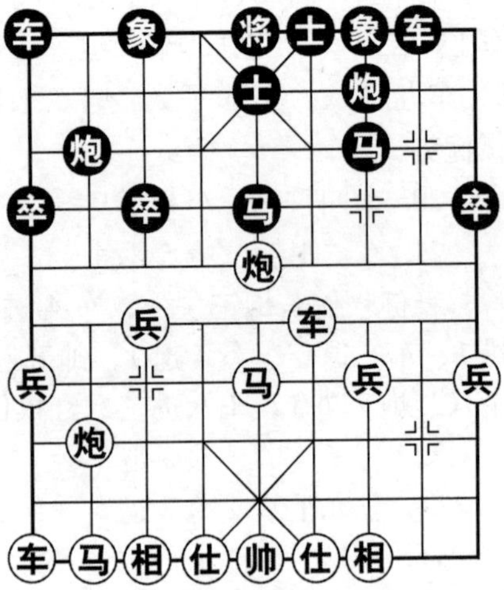

图386

图386形势之下，红棋有炮八平三与车四进四两种选择。

（甲）炮八平三

秦河　负　刘星

(1976年6月弈于兰州全国棋类预赛)

13. 炮八平三　……

内蒙古著名棋手秦河抛出最新布局飞刀！

第九章　中炮急冲中兵对屏风马拐弯卒

13. ……　　　马7进8	14. 车四平二　炮7进6
15. 马五退三　炮2平7	16. 马三退五　……

似可马八进七，炮7进5，马七进六，车8进3，车九进二，炮7进1，马六进四，车8平6，车二进一，红棋稍优。

16. ……　　　车1平2	17. 马八进七　车2进4
18. 炮五退三　……	

亦可马五进四，红棋亦优。

18. ……　　　象7进5	19. 车九平八　车2平4
20. 马七进五　车4进1	21. 兵三进一　马5进6
22. 后马进七　车4进1	23. 炮五平二　马6退7
24. 车二退一　炮7进3	25. 相七进五　……

似可炮二进三，炮7平5，相七进五，马7进6，车二平四，马6退8，车八进五，红可抗衡。

25. ……　　　炮7平5	26. 仕六进五　马7进6
27. 相五进三　……	

飞相是败局的主要症结。似应车二平四，车8平7，车八平六，炮5退2，车六进三，马6进4，车四进二，马4进3，帅五平六，马8进7，相五进三，红棋尚无大碍。

27. ……　　　炮5平7	28. 炮二进三　炮7退5

似可炮7平3，车二平四，马6退8，黑棋优势。

29. 车二退一　车8进4	30. 车二进三　马6退8
31. 车八平六　马8进7	32. 马五进三　车4平3
33. 车六进二　马7退5	34. 马三退五　车3平5

黑胜。

点评：红棋的攻势力较弱，重演此阵没便宜。

（乙）车四进四

赵国荣 负 刘星

（1979年9月17日弈于全国运动会）

13. 车四进四　炮2退1	14. 车四退二　象3进5
15. 炮八平五　马7进8（图387）	16. 车四平五　……

吃马遭到炮轰底相的猛烈攻击。倘若前炮平三，马5进4，炮五退一，车8进2，相七进五，车1平4，炮五平六，车4平2，兵三进一，象7进9，车

四退二，马4退5，车四平五，马5进7，兵三进一，马8进7，车五平四，象9进7，马八进七，炮2平1，局势平稳。

16. ……　　　炮7进8
17. 仕四进五　马8进7
18. 车九进二　炮7平9
19. 后炮平二　马7进9
20. 马五进三　车8进5
21. 车五平三　车1平4
22. 车九平四　车4进6

亦可车4进5，相七进五，炮2进6，马八进七，炮2平5，炮二平五，马9进8，车四退二，车4平7，车三平七，车7平3，车七平九，车3退5，马七进五，马8退9，车四平一，马9进7，帅五平四，车8平6，后炮平四，马7进9，黑棋优势。

23. 相七进五　炮2进6　　24. 马八进七　炮2平5

弃炮精妙，是攻城擒王的佳着！

25. 炮二平五　……

倘若车四平五，车4平7，车三平四，车8平7，炮二平三，前车进1，车五平三，车7进2，仕五进四，马9进7，帅五平四，车7平8，绝杀，黑胜。

25. ……　　　车8进4　　26. 仕五退四　车8退6
27. 帅五进一　车8平7　　28. 车四平一　车7进2
29. 车一退二　车7进3　　30. 帅五退一　车7退1

黑胜。

点评：黑棋反击猛烈，重演红阵请谨慎为宜。

第95局　急冲中兵对拐弯卒

1978年全国象棋团体赛，作者与广东刘星大师相遇，赛前并无准备，而是临场突发奇想，抛出冷门的"出将逐车"新招，终局平分秋色。

刘星 和 梁文斌

(1978年4月15日弈于厦门全国象棋团体赛)

1. 炮二平五　马8进7　　2. 马二进三　卒7进1

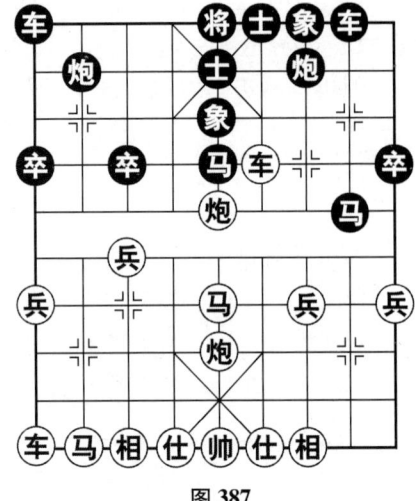

图387

第九章　中炮急冲中兵对屏风马拐弯卒

3. 车一平二	车9平8	4. 车二进六	马2进3
5. 兵七进一	炮8平9	6. 车二平三	炮9退1
7. 兵五进一	士4进5	8. 兵五进一	炮9平7
9. 车三平四	卒7进1	10. 马三进五	卒7平6

11. 车四退二　……

退车吃卒正确。作者在20世纪80年代全国象棋团体赛执黑棋遇到马五进六，马7进8，车四平三，马8退9，红棋必然丢底相，因而很快败局。

11. ……　　　卒5进1
12. 炮五进三　马3退5
13. 车四进四　将5平4（图388）

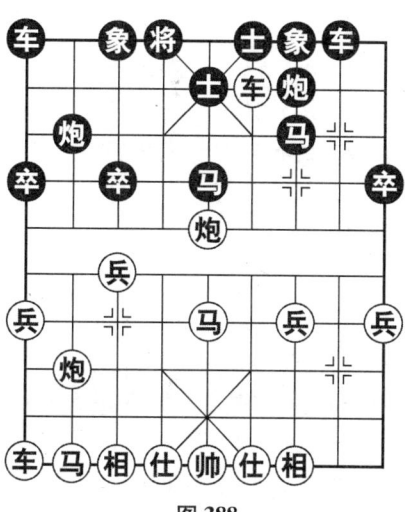

图388

趣向新颖！后来主流是炮2退1打车。

14. 车四退二　象7进5
15. 炮八平五　炮2平4
16. 车九进一　车1平2
17. 马八进七　车2平4

这不是要丢子吗？难道是盲棋吗？非也！

| 18. 前炮平六 | 将4平5 | 19. 炮五进四 | 马7进5 |

20. 相七进五　……

倘若车四平五，炮7进8，仕四进五，炮7平9，黑棋弃子有攻势。
关于补相的方向还是应走相三进五为佳。

20. ……	马5进4	21. 马七进六	炮4进3
22. 车四退二	炮4进1	23. 车九平六	炮4平3
24. 车六平七	车2进2	25. 车四平三	……

倘若炮六平五，炮3平1，马五进三，车2平4，仕四进五，炮7进5，车四进二，炮7平8，车四平七，将5平4，后车退一，炮8进3，仕五退四，车8进8，前车平四，炮1退1，黑棋有攻势。

| 25. …… | 车8进4 | 26. 车三进四 | 炮3平1 |
| 27. 马五退七 | 车8平4 | 28. 马七进九 | 车2平1 |

和棋。

点评："出将逐车"反击力较弱，重演此阵没便宜。

第96局　急冲中兵对拐弯卒

1. 炮二平五　马8进7
2. 马二进三　车9平8
3. 车一平二　马2进3
4. 兵七进一　卒7进1
5. 车二进六　炮8平9
6. 车二平三　炮9退1
7. 兵五进一　士4进5
8. 兵五进一　炮9平7
9. 车三平四　卒7进1
10. 马三进五　卒7平6
11. 车四退二　卒5进1
12. 炮五进三　马3进5
13. 车四进四　炮2退1
14. 车四退二　象3进5
15. 炮八平三　……

著名象棋大师谢业枧抛出最新布局飞刀!

15. ……　　　车8进4（图389）

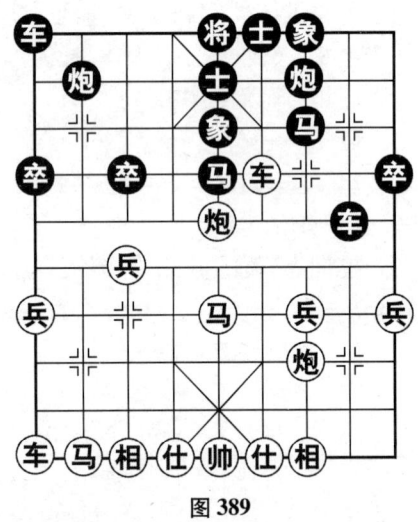

图389

图389 形势之下，红棋有炮五平六与炮五进二两种选择。

（甲）炮五平六

谢业枧　胜　尚威

（2003年11月26日弈于象甲联赛）

16. 炮五平六　……

谢业枧大师抛出新奇怪着!

16. ……　　　马5进4
17. 相七进五　车8平5
18. 马八进六　马7进8

似可马7进5，车九平八，车1平4，兵三进一，车5进1，车八进五，马5进6，炮三进六，炮2平7，仕四进五，卒3进1，炮六平二，马4进5，相三进五，车4进8，炮二退一，车5进1，炮二平四，象5退3，兵七进一，车5进1，兵三进一，车4退2，黑棋尚可一战。

19. 炮六平二　车5平8
20. 炮三进六　炮2平7

21. 马六进四	车1平2	22. 仕六进五	车2进6
23. 马五进三	马4进6	24. 马三进二	车8平7
25. 车九平六	炮7进5	26. 车四平七	车2平4

倘若炮7进2，车七平九，象5退3，兵七进一，象7进5，车九平六，车7退2，后车进三，车2平4，车六退三，炮7平6，马四进二，马6退5，车六平五，车7进1，兵七平六，马5退6，前马退三，红棋优势。

27. 车六进三	炮7平4	28. 车七平九	炮4退4
29. 兵九进一	卒9进1	30. 车九平六	车7平2
31. 马二进三	将5平4	32. 马三退四	炮4退1
33. 仕五退六	士5进6	34. 仕四进五	士6进5
35. 前马退五	车2进2	36. 兵九进一	

余略，终局红胜。

点评："巡河车"新招属于防守型，重演此阵请谨慎为宜。

（乙）炮五进二

陈启欢 胜 赵明

（2006年8月2日弈于郑州全国少年象棋赛）

16. 炮五进二 ……

2004年全国象棋个人赛，甘肃潘振波与沈阳苗永鹏之战曾走：炮三进五，车8平5，马八进七，炮2平4，相七进五，炮4进2，车四退一，车5进1，炮三退三，车1平2，仕六进五，车2进6，车九平六，炮4进3，炮三平一，马5退7，车四进三，炮4平7，马五进三，车5平7，车四平三，车7平9，车三退一，余略，终局和棋。

16. ……	象7进5	17. 炮三进五	马5进4

另有车8平5，马八进七，①卒3进1，车九平八，卒3进1，相三进五，卒3进1，马五进七，车5平7，车四平五，车7退2，后马进五，车1进2，马五进四，车7平8，车五平一，红棋优势。②炮2平4，相七进五，炮4进2，车四退一，车5进1，炮三平二，车5平8，炮二平一，马5进6，车九进一，红棋优势。

18. 马八进七	马4进3	19. 马五退七	车1平4
20. 车四平五	炮2进3	21. 车五进一	……

接受"空头炮"的挑战！

21. ……	车4进7	22. 车九进二	炮2平5

23. 车九平八 ……

搏杀进入高潮。

23. ……　　　将5平4

倘若车4平5，仕四进五，车5平3，车五退二，车8平5，车八平七，红棋优势。

24. 车八进七　　将4进1

25. 车八退四（图390）　　车4平5

倘若将4退1，车八平五，车8平5，车五退二，车4平3，车五平六，将4平5，炮三平一，炮7进8，帅五进一，车3平8，车六进一，红棋胜势。

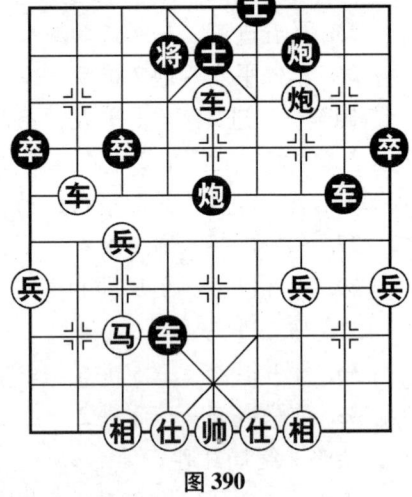

图390

26. 仕四进五 ……

亦可马七退五，车5平4，马五进七，黑棋要变着。

26. ……	车5平3	27. 相七进五	车3平4
28. 车五退二	车8平5	29. 车八平五	车4退5
30. 炮三退三	炮7进5	31. 车五退二	……

细腻！由此红棋渐入佳境。

31. ……	炮7进2	32. 车五进三	车4进4
33. 车五平七	炮7退2	34. 兵九进一	车4退1
35. 车七进二	将4进1	36. 炮三进四	士5退4
37. 车七平四	炮7平1	38. 仕五进六	……

似可车四进一，炮1进3，相五退七，将4平5，相三进五，红棋亦胜势。

| 38. …… | 车4进2 | 39. 仕六进五 | 车4平2 |
| 40. 仕五进六 | 炮1平5 | 41. 帅五平四 | …… |

似可相五进三为佳。

41. ……	车2进2	42. 帅四进一	车2平7
43. 炮三平一	士4进5	44. 车四退五	炮5退1
45. 车四平六	将4平5		

红胜。

点评：红棋炮轰中象是抢先佳着！重演黑阵请小心为佳。

第九章 中炮急冲中兵对屏风马拐弯卒

第97局 急冲中兵对拐弯卒

1. 炮二平五 马8进7
2. 马二进三 车9平8
3. 车一平二 马2进3
4. 兵七进一 卒7进1
5. 车二进六 炮8平9
6. 车二平三 炮9退1
7. 兵五进一 士4进5
8. 兵五进一 炮9平7
9. 车三平四 卒7进1
10. 马三进五 卒7平6
11. 车四退二 卒5进1
12. 炮五进三 马3进5
13. 车四进四 炮2退1
14. 车四退二 象3进5
15. 炮八平三 马7进8

飞马蹬车，先弃后取，是特级大师苗永鹏所创反击杰作。

16. 车四平五 马8进6
17. 马五进四 炮7进6
18. 车九进二 马6进4
19. 车九平六 马4退5
20. 车五退一 炮7平8
21. 车五平八 炮2进8

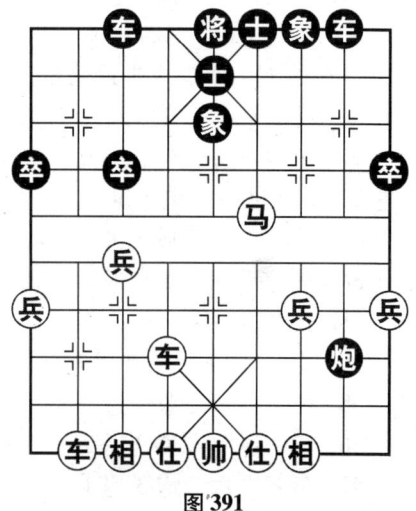

图391

倘若炮2平1，马八进七，炮8平3，车八进三，炮1进1，车八退一，炮1退1，车六平七，车1平4，车八平九，炮1平3，车七平四，卒3进1，相七进五，卒3进1，相五进七，平稳之势。

22. 车八退五 车1平3（图391）

图391形势之下，红棋有仕六进五与车八进五两种选择。

（甲）仕六进五

蒋川 胜 苗永鹏

（2005年3月27日弈于全国象棋排名赛决赛）

23. 仕六进五 士5进6

似可炮8进2摆脱牵制，马四进六，炮8退8，黑棋尚无大碍。

24. 马四进六 士6进5
25. 车六平四 炮8退6

似应车8进2，预防红马的突然袭击为佳。

26. 马六进四 ……

弃马换士，犹如一把利剑插进黑棋的心脏地带！因缺士怕双车，黑棋进入充满荆棘的防守之路。

26. …… 士5进6　　27. 车四进五　炮8平3

黑棋虽然多子，但是红棋双车的威胁不可低估。似应车3进1，车八进三，象5退3，车八平六，象7进5，车四退一，炮8平6，兵三进一，车8进4，坚守为宜。

28. 车四进一　车8进6

似可炮3进4，车八进四，车3进1，车四退一，卒3进1，相七进五，炮3进2，车八平四，车8进1，坚守为佳。

29. 车八进五　车8平7　　30. 车八平四　车7退4
31. 相三进五　象7进9　　32. 后车进一　卒9进1
33. 兵九进一　车7平8

红棋的围困使黑棋进退两难。

34. 后车平七　车8进2　　35. 车四平六　卒1进1

倘若车8平6，车七平九，炮3进2，车六平二，车6退2，兵九进一，车6进2，车九进一，炮3退1，车九进一，炮3退1，兵九进一，车6平1，兵九进一，车1进2，兵七进一，红棋胜势。

36. 车七平五　象9退7　　37. 车六平四　车8退2
38. 兵九进一　……

边兵从容渡河，黑难招架。

38. ……　　象7进9　　39. 车四平六　炮3进1
40. 车六退一　象9退7　　41. 兵九进一　车8退1
42. 车五平六　炮3退1　　43. 帅五平六

红胜。

点评：飞刀战术的小优势可圈可点。虽然赢棋难，却安全无风险。本局是"缺士忌双车"的真实写照。

（乙）车八进五

申鹏　胜　李雪松

（2009年9月12日弈于象甲联赛）

23. 车八进五　……

李雪松大师老谱重续，显然必有准备。现在申鹏大师抛出最新改进型布局

第九章 中炮急冲中兵对屏风马拐弯卒

飞刀！

23. ……	炮8进2	24. 仕六进五	车8进6
25. 兵一进一	士5进6	26. 车六进四	士6进5
27. 车六平一	……		

净多双兵，优势在扩大。

27. ……	炮8平9	28. 车一平二	车8平9
29. 车二进三	炮9退4		

弃象打兵是好棋！

30. 车八退二	炮9退3
31. 马四进二	炮9平7

倘若车9退2，兵三进一，卒1进1，车八平四，红棋亦有攻势。

32. 相三进五	车3平4
33. 车八平四	车4进2
34. 马二进三	将5平4
35. 车四平八	象5退3（图392）
36. 马三退一	……

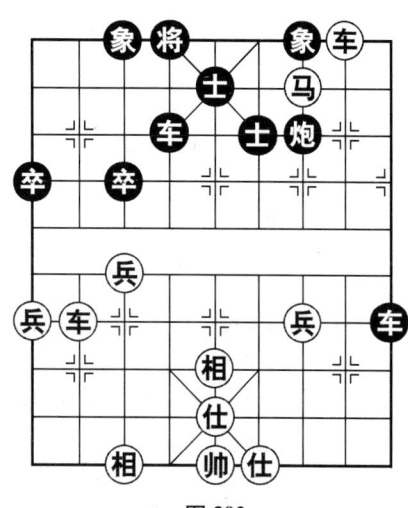

图392

佳着！倘若车二退二，炮7进2，车二退二，炮7退1，车二进一，炮7进1，车二平七，象7进5，马三退五，炮7退4，马五退四，红棋亦胜势。

36. ……	车4平2	37. 车八平六	车2平4
38. 车六平八	车4平2	39. 车二平三	将4进1
40. 车八平六	车2平4	41. 车六进四	炮7平4
42. 马一退二	车9退2	43. 马二进四	卒3进1
44. 车三平七	卒3进1	45. 车七退五	车9平6
46. 车七进二	卒1进1	47. 兵三进一	……

黑棋少双象，呈现败局之势。

47. ……	将4退1	48. 车七平六	炮4退1

倘若将4平5，马四进六，士5进4，车六进一，车6进2，车六平九，红棋胜势。

49. 马四退六	车6平5	50. 马六进八	车5平2
51. 马八进九	车2平3	52. 兵三进一	炮4进1
53. 兵三进一	将4平5	54. 兵三平四	炮4平1
55. 车六平九			

红胜。
点评：红棋的小优势"绵里藏针"，重演黑阵请谨慎为宜。

第98局　急冲中兵对拐弯卒飞右象

1. 炮二平五　马8进7
2. 马二进三　卒7进1
3. 车一平二　车9平8
4. 车二进六　马2进3
5. 兵七进一　炮8平9
6. 车二平三　炮9退1
7. 兵五进一　士4进5
8. 兵五进一　炮9平7
9. 车三平四　卒7进1
10. 马三进五　马7进8
11. 车四平三　马8退7
12. 车三平四　卒7平6
13. 车四退二　卒5进1
14. 炮五进三　象3进5
15. 炮八平五　车1平4
16. 马八进七（图393）……

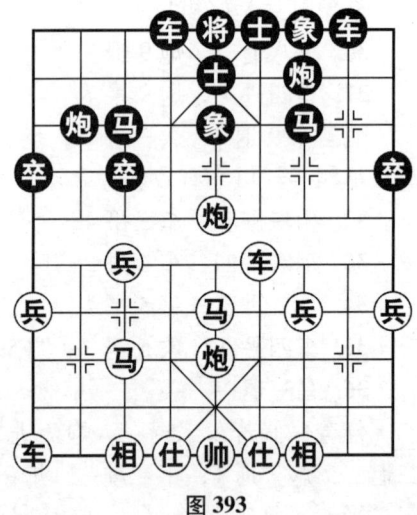

图393

图393形势之下，黑棋有炮2进4与车4进6两种选择。

（甲）炮2进4

刘殿中　和　王秉国

（1985年6月27日弈于邯郸"将相杯"名手邀请赛）

16. ……　　　炮2进4　　　17. 车四平六　……

特级大师刘殿中抛出最新改进型布局飞刀！

1979年全国象棋团体赛，安徽丁晓峰与北京傅光明之战曾走：马五进三，炮7进4，车四平三，车8进4，前炮退二，马7进6，车三平四，炮2平7，车九平八，炮7退4，车八进五，卒3进1，车八进一，卒3进1，车八平四，车4进4，前炮进五，士6进5，马七进五，马6进7，马五进六，马4进5，后车退三，马5退7，后车进二，炮7进7，仕四进五，马3进4，前车平九，马7退6，车九退一，炮7平9，仕五进六，马4进5，相七进五，车8进5，帅五进一，车8退1，帅五退一，马6进8，车四退一，马8进7，黑胜。

17. ……　　炮2平7　　　**18.** 车六进五　马3退4
19. 车九平八　前炮平8　**20.** 马五进六　……

飞马向前，弃相诱敌。

20. ……　　车8进4

稳健！倘若炮7进8，帅五进一，车8进4，马七进五，一场乱战，胜负难料。

21. 马七进五　炮8进3　　**22.** 马五进三　马4进2

为什么不走炮7进4打马呢？马六进八，炮7平4，车八进五，车8平6，马八进七，炮4退4，车八平六，车6进5，帅五进一，炮8退8，前炮退一，车6退4，前炮平六，马7进5，炮六进四，士5进4，马七进九，马4进2，车六平五，将5平4，车五进一，将4进1，车五平二，炮8平6，兵七进一，象5进3，马九退八，将4退1，车二平七，象3退5，车七平九，炮6平3，车九进三，炮3退1，车九平八，红棋优势。

23. 马六进七　车8平7
24. 马七退九（图394）　车7进1

错失良机！似应马2退4，后炮进五，象7进5，相七进五，车7平6，炮五退一，炮7进4，相五进三，车6进5，帅五进一，车6退4，炮五退二，车6平3，黑棋优势。

25. 马九进八　炮7平2
26. 车八进八　将5平4
27. 车八进一　将4进1
28. 车八退四　车7平4
29. 后炮平六　马7进5
30. 车八平六　士5进4
31. 车六进一　车7退5　　**32.** 仕四进五　将4平5
33. 炮六平五　……

简明的子力交换，保持多兵之优。

33. ……　　车7平5　　　**34.** 炮五进四　将5平6
35. 炮五平七　车5平6　　**36.** 仕五进四　士6进5

倘若车6进3，车六进一，红棋亦优。

37. 炮七平一　车6进2　　**38.** 兵一进一　车6退1

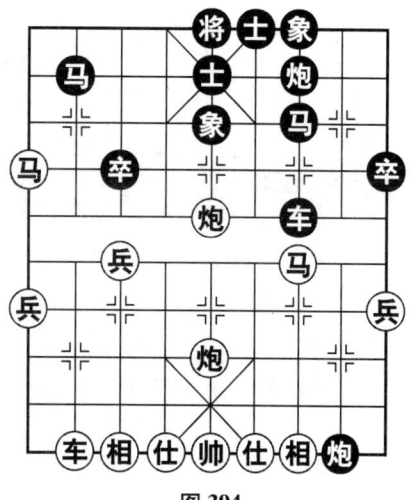

图394

39. 兵一进一	车6退1	40. 炮一平三	车6平9
41. 车六平四	士5进6	42. 炮三退二	车9平5
43. 帅五平四	……		

似应仕四退五为宜。

43. ……	车5进1	44. 炮三平四	车5平3
45. 炮四进三	将6平5	46. 仕四退五	……

倘若炮四平六，车3平4，炮六退一，车4进4，帅四进一，炮8平3，兵九进一，车4退1，帅四退一，车4退4，红棋仍优势。

46. ……	炮8退7	47. 炮四平三	车3平7
48. 炮三退一	车7进4	49. 帅四进一	炮8平6
50. 车四平九	车7退5	51. 帅四退一	象5退3

和棋。

点评：相互搏杀，十分激烈，黑棋的反击不可低估。

（乙）车4进6

张惠民 胜 李艾东

（1991年5月24日弈于无锡全国象棋团体赛）

16. ……	车4进6

李艾东大师抛出最新探索型布局飞刀！

17. 车四平六	……

兑车是抢先佳着！

17. ……	车4平2

为什么不走车4平3呢？车九平八，炮2退1，车八进七，马7进5，相三进一，卒3进1，车六进二，炮7进2，车六进二，车8进4，前炮平四，炮7退2，炮四进三，卒3进1，炮五进四，卒3平4，车六平八，马3进5，后车平五，红棋优势。

18. 车九进一	车8进4	19. 车九平四	炮2退1
20. 车四进六	……		

1999年1月26日全国象棋团体赛宋国强与胡荣华之战曾走：车四进五，车2平3，仕四进五，马3进5，车六进二，车8进5，车六平七，车8平7，仕五退四，车7退3，马五进六，车3平4，前炮进二（似应兵七进一，车7退2，前炮退二，红棋胜势），象7进5，马六进五，炮7平8，车四平二，车4进2，车二退四，车7平3，炮五进三，车4退4，车七进三，士5退4，马

五进三,马5退6,车七退四,车4平3,兵七进一,车3退2,炮五退二,炮2平7,车二进六,车3进3,车二平三,马7进6,炮五退二,后马进4,车三退二,将5进1,车三平五,将5平4,炮五平六,车3平4,帅五进一,士4进5,黑胜。

20. ……　　　马3进5（图395）
21. 车四退一　……

错失良机！似可前炮进二,象7进5,炮五进四,炮2进1,车六进三,车8平5,车四平三,车5退1,车六平五,车5退1,车三平五,炮7进8,仕四进五,炮2进2,马五进四,红棋优势。

21. ……　　　车2平3
22. 车六退三　炮2进5
23. 车四进二　炮2平5
24. 马七进五　车8平5

弃车砍炮,暂解燃眉之急。

25. 马五进六　……

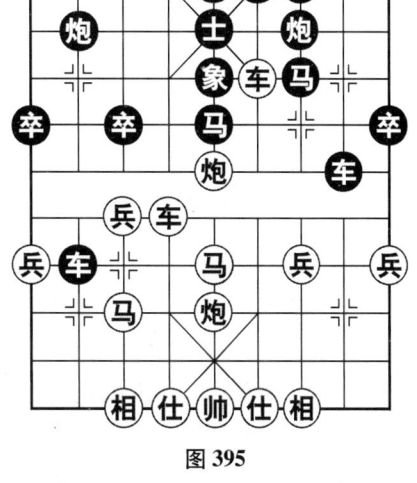

图395

为什么不走炮五进三,车3平5,车六平五,车5进2,帅五进一,炮7进5,炮五进二,士5进4,车四退五,象7进5,车四平三,士4退5,黑棋尚有一线和棋之势。

25. ……　　　车3平2　　26. 马六进五　车2退5
27. 马五退七　马5退6　　28. 马七退五　车2退5
29. 车六进五　炮7进5　　30. 仕六进五　马6进5

借暗根保护,趁势跳中马。

31. 帅五平六　车2平5　　32. 马五退三　车5退1
33. 马三进四　车5进1　　34. 兵七进一　炮7平6
35. 马四进三　炮6退5　　36. 兵七进一　士5进4
37. 车六退三　车5退1　　38. 兵七平六　士6进5

倘若将5平4,兵六进一,士6进5,兵六平五,马5进4,炮五平六,车5退3,车六进一,将4平5,炮六平五,将5平6,车六平七,红棋优势。

39. 兵六平五　马7进5　　40. 车六进三　马5进6
41. 车六退二

红胜。

点评：红棋攻势强大,重演黑阵请小心为妙。

第 99 局　急冲中兵对拐弯卒飞右象

1. 炮二平五　马 8 进 7
2. 马二进三　车 9 平 8
3. 车一平二　马 2 进 3
4. 兵七进一　卒 7 进 1
5. 车二进六　炮 8 平 9
6. 车二平三　炮 9 退 1
7. 兵五进一　士 4 进 5
8. 兵五进一　炮 9 平 7
9. 车三平四　卒 7 进 1
10. 马三进五　马 7 进 8
11. 车四平三　马 8 退 7
12. 车三平四　卒 7 平 6
13. 车四退二　卒 5 进 1
14. 炮五进三　象 3 进 5
15. 炮八平三　……

特级大师柳大华抛出最新布局飞刀！

15. ……　　　车 8 进 4
16. 车四平五　马 7 进 5

弃炮突发奇想！倘若马 3 进 5 会怎样呢？马八进七，车 1 平 4，车九平八，炮 2 退 1，车八进五，车 8 进 2，车五平四，马 7 进 8，车四进一，马 5 退 7，车四退二，车 4 进 6，相七进五，车 8 平 9，马七进八，车 9 退 1，兵三进一，车 9 平 7，炮三进五，马 8 退 7，车八平六，车 7 平 4，车六退一，车 4 退 1，马五退七，车 4 退 2，马八进九，炮 2 平 3，局势平稳。

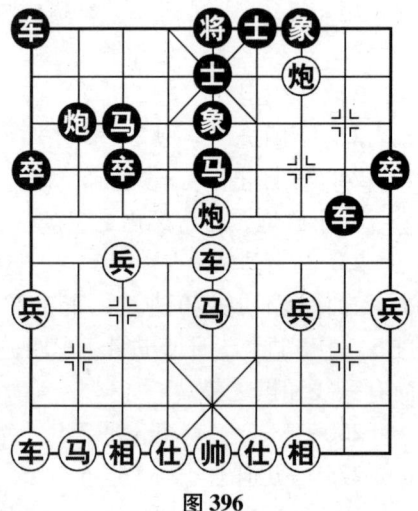

图 396

17. 炮三进六（图 396）　……

图 396 形势之下，黑棋有炮 2 进 6 与炮 2 进 3 两种选择。

（甲）炮 2 进 6

柳大华　胜　李艾东
（1987 年 7 月 2 日弈于全国象棋团体赛）

17. ……　　　炮 2 进 6
18. 炮五进二　……

弃炮轰象，构思深远！倘若炮三平四，马 5 退 7，车九进二，车 1 平 2，仕四进五，红棋优势。

18. ……　　　象 7 进 5
19. 兵七进一　……

弃兵，开通红车横向通道。

19. ……　　马5进3（图397）

20. 车五平八　　……

稳健！倘若车五进三，车8平7，以下红棋有两种选择：①车九进一，车1平2，炮三平一，后马进5，马五进六，马3进4，马六退七，马4进3，马七退六，车2平4，车五平八，车4进8，炮一进一，车7退4，车八退六，车7平9，车八平七，车4退5，车九平八，车9平7，车七进二，红棋稍优。②炮三平一，前马进2，相七进五，车1平4，相五进七，马2进3，马八进六，炮2平4，车九平七，炮4退7，车七进一，炮4平9，车五平七，车7平5，后车平五，车5进1，车七平一，炮9平6，马五退七，车5平3，车五进一，炮6进3，车一退一，车4进4，相互对攻。

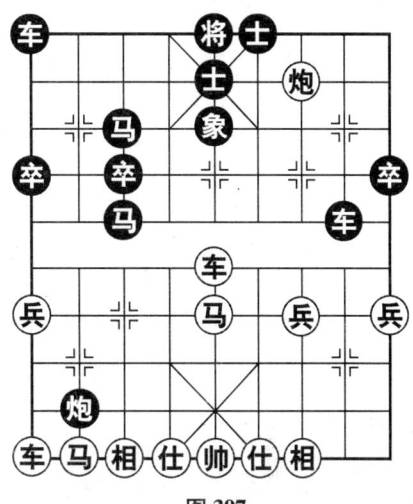

图397

20. ……　　前马进4　　21. 车八退三　　车8平5
22. 相七进五　　车5平2　　23. 兵三进一　　车1平4
24. 马八进六　　车5平8　　25. 车九平七　　卒3进1

似可马4退5，马六进四，车8平6，仕四进五，马3进5，黑棋尚无大碍。

26. 车八进六　　车4平2　　27. 炮三退一　　士5进6
28. 仕六进五

红棋稍优，余略。

点评：柳大华的布局飞刀出鞘，大战106回合终于凯旋。可是为什么这把飞刀遭到遗弃呢？请看下局。

（乙）炮2进3

张强 负 柳大华

（2001年8月16日弈于北京象棋超级排位赛）

17. ……　　炮2进3（图398）

特级大师柳大华抛出最新改进型布局飞刀！

18. 炮五进二　　象7进5　　19. 兵七进一　　马5进3

20. 车五平八 ……

倘若车五进三，车8平7，炮三平一，炮2平5，仕四进五，后马进5，车五平一，车1平4，黑棋兵力活跃红棋没便宜。

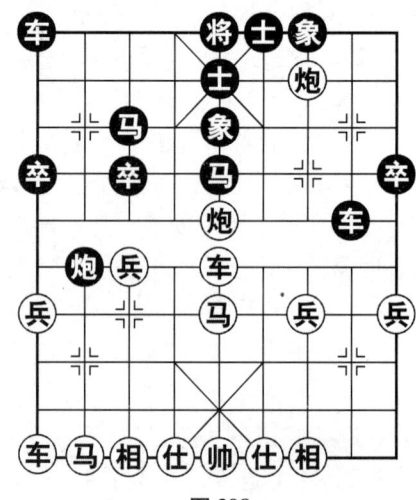

图398

20. ……　　　前马进4
21. 车八退三 ……

至此形成有趣的殊途同归。

21. ……　　　车8平5
22. 相七进五　车5进2
23. 兵三进一　车1平4
24. 马八进六　车5平9

柳大华抛出最新改进型布局飞刀！上局是车5平8。

25. 车九平七　卒3进1　　　26. 车八进六　车4进2
27. 炮三退一　士5进6　　　28. 仕六进五　马4退5
29. 马六进七　马3退4　　　30. 车八平六　马5退4
31. 马七进六　前马进5　　　32. 仕五进四　……

似应车七进三，车9平3，马六退七，马5进4，马七进八，红棋尚无大碍。

32. ……　　　车9平1

再吃一兵，多卒之势一目了然。

33. 仕四进五　将5进1

御驾亲征是逼退红马的佳着！

34. 马六退七　马5进4　　　35. 炮三退一　后马进3
36. 炮三平七　卒3进1　　　37. 马七退六　马4退5
38. 炮七平二　……

倘若相五进七，车1平4，马六进八，车4平2，马八退六，车2退3，黑棋胜势。

38. ……　　　车1平8　　　39. 炮二平四　车8平4
40. 马六进八　车4平2　　　41. 马八退六　车2平6
42. 炮四平二　车6平8　　　43. 炮二平四　车8平4
44. 马六进八　车4平2　　　45. 马八退六　车2平4
46. 马六进八　车4平3

第九章　中炮急冲中兵对屏风马拐弯卒

兑车立于不败之地！

47. 兵三进一　车3进3　　　　**48.** 马八退七　马5进4

49. 兵三进一　将5退1

稳健。倘若卒9进1，兵三进一，黑棋也有风险。

50. 炮四平一　士6进5

黑棋稍优，余略。

点评：改进型飞刀夺取多卒之势，红棋没便宜。

第100局　急冲中兵对拐弯卒

1. 炮二平五　马8进7　　　　**2.** 马二进三　车9平8

3. 车一平二　马2进3　　　　**4.** 兵七进一　卒7进1

5. 车二进六　炮8平9　　　　**6.** 车二平三　炮9退1

7. 兵五进一　士4进5　　　　**8.** 兵五进一　炮9平7

9. 车三平四　卒7进1　　　　**10.** 马三进五　卒7平6

11. 车四退二　卒5进1　　　　**12.** 炮五进三　象3进5

13. 炮八平四　车8进4　　　　**14.** 马五进四　……

1974年7月13日成都全国象棋个人赛，言穆江与徐天利两位大师之战：炮四进七，车8平5，炮四平九，车5进2，相三进五，马7进5，车四平二，车5平7，车二平三，车7退1，相五进三，卒3进1，马八进七，卒3进1，车九平八，炮2进2，马七进五，卒3进1，马五进六，炮2平1，马六进七，马5退3，车八进九，士5退4，车八退二，炮1退4，车八平七，和棋。

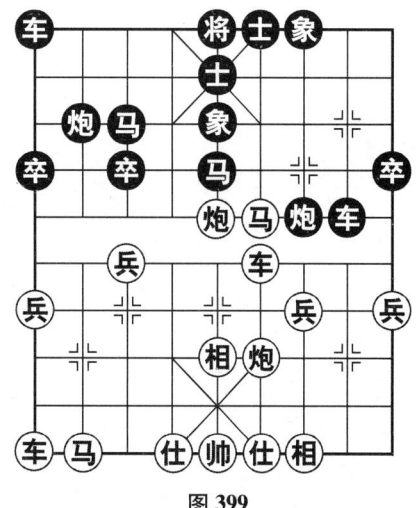

图399

14. ……　　　　马7进5

妙着！

15. 相七进五　……

惯性思维的随手棋！似应相三进五，免去黑炮的攻击靶点。

15. ……　　　　炮7进3（图399）

图399形势之下，红棋有炮五进二与车四平五两种选择。

（甲）炮五进二

李锦林 负 龙龚

(2008年11月19日弈于东莞杨官璘杯全国象棋公开赛)

16. 炮五进二 ……
无奈！

16. …… 炮2平5　　**17.** 马四进五　炮7平5
简明得子，优势极大。

18. 仕六进五　炮5退2
黑多子胜定，余略。

点评：倘若重演红阵，必将踏上充满荆棘之路。

（乙）车四平五

张才 负 徐建斌

(2013年2月22日弈于朔州朔城区第九届财盛杯象棋公开赛)

16. 车四平五（图400）　炮7进5
错失良机！应炮7平5，车五进一，马5退7，马八进七，车8平6，车五平四，马7进6，黑棋多子胜势。

终局黑胜，余略。

点评：黑棋的反击力强大，请远离红阵为妙。

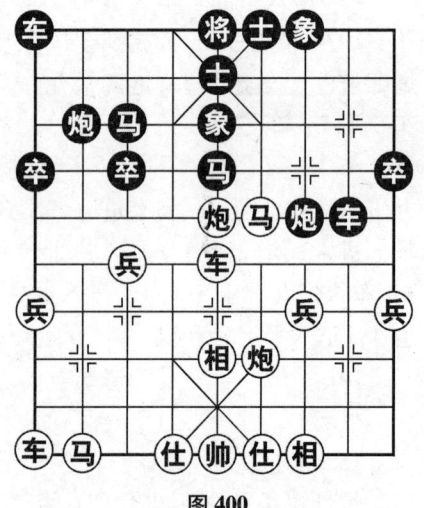

图400